Alois Goller

Klettersteige Julische Alpen

mit Steiner Alpen, Karawanken und Karnischem Hauptkamm

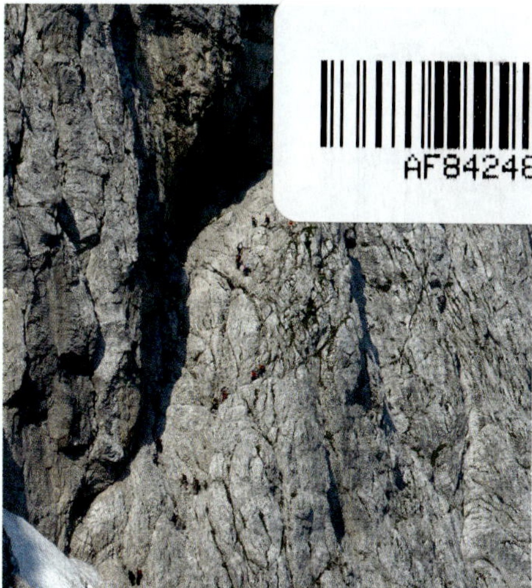

ROTHER
BERGVERLAG

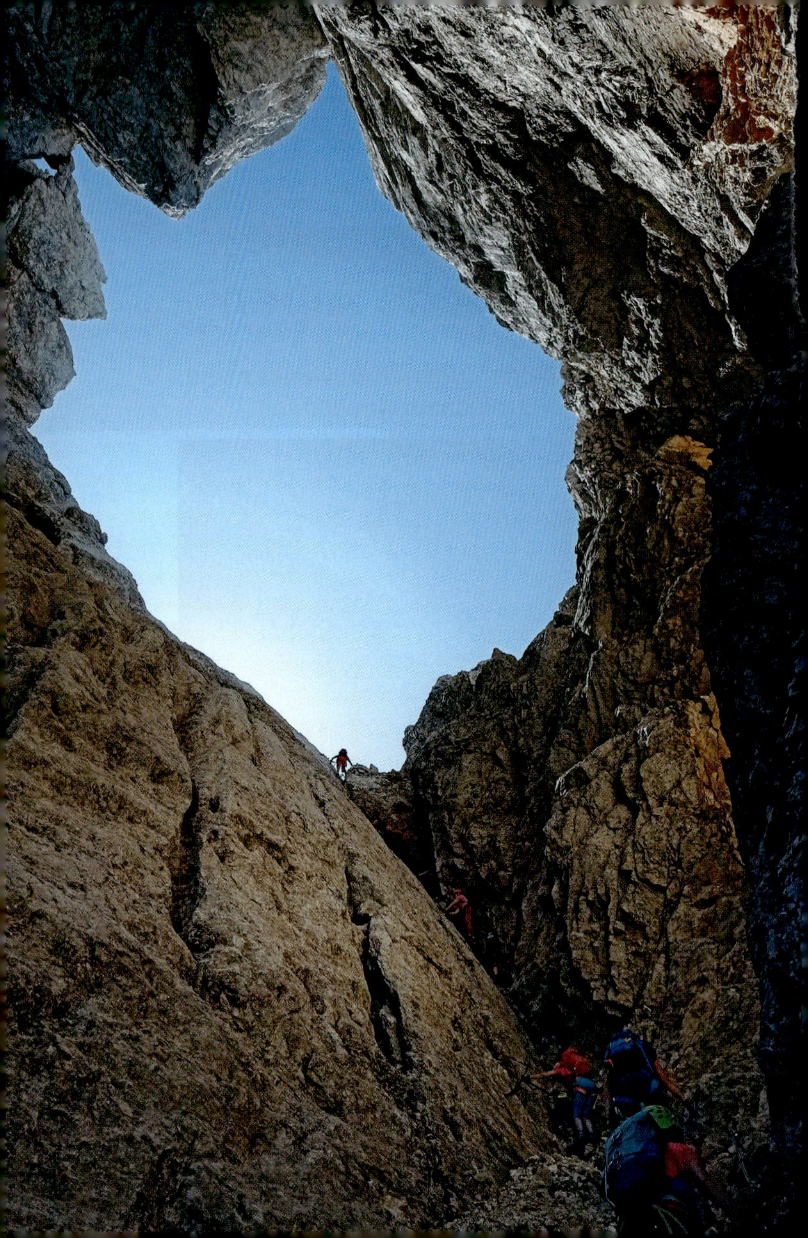

Vorwort

Nun ist es also bereits Auflage Nr. 6, die dank Ihrem ungebrochenen Interesse am Klettersteigen in dieser äußerst variantenreichen und pittoresken Gegend notwendig geworden ist. Sehr erfreulich! Leider war es aufgrund diverser Corona-Regeln über längere Zeit nicht oder nur schwer möglich, Touren im Ausland durchzuführen. Auch die Abstimmung mit Kollegen, auf deren wertvolle, aktuelle Informationen ich angewiesen bin, war erschwert. So kamen bei dieser 6. Auflage keine neuen Touren hinzu. Glücklicherweise sind die meisten Berge so stehen geblieben, wie sie vor sechs Jahren waren. Einige Änderungen an den Wegen und Steigen gab es aber trotzdem. So wurden besonders in Italien vermehrt Klettersteige komplett saniert, teilweise mit neuer Routenführung.
Bezüglich des mittlerweile im deutschsprachigen Raum weitgehend etablierten Verständnisses von Klettersteigen muss man lapidar feststellen, dass es in Slowenien – nach wie vor – faktisch keinen einzigen solchen gibt. Wenn man diesen strengen Maßstab anlegen würde, wäre dieses Buch sehr dünn! Daher habe ich mich entschieden, auch spärlichst gesicherte Touren, die weder durchgehend klassische Klettersteige noch reine Wanderungen sind, weiterhin in diesem Führer zu beschreiben. Sie führen (unter anderem) auf die größten Gipfel der Julischen Alpen. Wie schon in der 5. Auflage unterscheide ich bereits im Infoblock zwischen den diversen Steigtypen. Damit haben Sie einen besseren Überblick, ob es sich um eine lange Bergtour mit ein paar wenigen Stellen mit Seil handelt, oder ob es wirklich eine nahezu durchgängige Drahtseilversicherung gibt.
Alle Beschreibungen und Recherchen wurden mit größtmöglicher Sorgfalt und Gewissenhaftigkeit durchgeführt. Dennoch könnten sich Fehler eingeschlichen haben, oder die Realität hat sich mittlerweile ganz einfach verändert. Daher freue ich mich über jede Rückmeldung.
Ich wünsche Ihnen viel Spaß bei der Lektüre dieser Auflage und hoffe, Sie finden viele Anreize, diese wunderschöne Gegend oft und gerne zu besuchen, schöne Stunden zu erleben, und ob der richtigen Tourenwahl auch sicher wieder nach Hause zurückzukehren!

Villach, im Sommer 2024 — DI Dr. Alois Goller

Ausstieg aus dem großen Fenster des Prisojnik (Tour 31).

Inhaltsverzeichnis

Vorwort . . . 3

GPS-Tracks und Koordinaten der Ausgangspunkte . . . 6

Übersichtskarten . . . 8

Schwierigkeitsbewertung . . . 13

Schwierigkeitsskala . . . 14

Sicherheit . . . 17

Top-Klettersteigtouren . . . 19

Hütten . . . 21

Literatur und Navigation . . . 22

Alpines Wörterbuch . . . 23

Julische Alpen West

1 9.00 Std. Via ferrata Norina auf den Monte Cimone . . . 26
2 10.00 Std. Via Amalia Zuani-Bornettini auf den Jôf di Montasio . . . 28
3 6.30 Std. Findeneggweg auf den Jôf di Montasio . . . 32
4 6.00 Std. Leiterweg auf den Jôf di Montasio . . . 34
TOP 5 6.30 Std. Sentiero attrezzato Leva auf die Cima di Terrarossa . . . 36
6 10.00 Std. Sentiero attrezzato Ceria Merlone . . . 38
7 9.00 Std. Über die Cime Castrein . . . 42
8 9.00 Std. Über die Forcella Mosè auf den Jôf Fuart . . . 44
9 9.00 Std. Normalweg auf den Jôf Fuart . . . 46
10 10.00 Std. Sentiero attrezzato Anita Goitan . . . 48
11 7.30 Std. Sentiero del Centenario . . . 51
12 7.00 Std. Teils gesicherter Steig auf den Monte Nabois Grande . . . 54
13 8.30 Std. Carlo-Chersi-Steig über die Sella Nabois . . . 56
14 3.00 Std. Teils gesicherter Steig auf die Cima del Cacciatore . . . 59
15 6.30 Std. Steig auf den Jôf di Miezegnot . . . 61
16 5.30 Std. Sentiero Battaglione Alpini Gemona im Mittagskofel-Zug . . . 64
17 5.30 Std. Teils gesicherter Steig auf den Due Pizzi . . . 66
18 2.00 Std. Via ferrata Ferrante am Rio degli Uccelli . . . 68
19 10.00 Std. Via ferrata Divisione Julia auf den Kanin . . . 70
20 11.00 Std. Normalweg auf den Kanin . . . 72

Julische Alpen Zentral

21 4.30 Std. Slowenischer Klettersteig auf den Mangart . . . 74
TOP 22 3.30 Std. Via Italiana auf den Mangart . . . 76
23 10.00 Std. Via della Vita auf die Veunza . . . 79
24 17.00 Std. Überschreitung des Ponzagrates . . . 82

25 8.00 Std. Klettersteig auf die Hohe Ponza ... 85
26 12.00 Std. Normalweg auf den Jalovec ... 88
TOP 27 11.00 Std. Über den Nordwestgrat auf den Jalovec ... 92
28 5.00 Std. Klettersteig auf die Mala Mojstrovka ... 94
29 9.00 Std. Teils gesicherter Steig auf den Bavški Grintavec ... 96
30 9.00 Std. Klettersteig Silva Koren auf den Krn ... 99

Julische Alpen Ost

TOP 31 7.00 Std. Fensterweg auf den Prisojnik ... 102
32 9.00 Std. Jubiläumsweg über den Prisojnik ... 105
33 8.00 Std. Hanzasteig auf den Prisojnik ... 108
34 9.00 Std. Teils gesicherter Steig durch die Kriška stena auf den Križ ... 111
35 8.00 Std. Überschreitung des Špik ... 114
36 10.00 Std. Normalweg auf die Škrlatica ... 116
37 9.00 Std. Komarsteig und Nordwandbänderweg am Kanjavec ... 118
TOP 38 12.00 Std. Bamberg-Weg auf den Triglav ... 120
39 11.00 Std. Prag-Weg auf den Triglav ... 123
40 11.00 Std. Tominšek-Weg auf den Triglav ... 126
41 10.00 Std. Teils gesicherter Steig auf den Cmir ... 128
42 8.30 Std. Klettersteig auf die Vrbanova špica ... 130
43 9.00 Std. Klettersteig auf die Rjavina ... 133

Steiner Alpen

44 5.30 Std. Über den Skozi žrelo auf den Krainer Storžič ... 136
45 11.00 Std. Klettersteig auf die Jezerska und Kokrska Kočna ... 138
TOP 46 10.00 Std. Klettersteig auf den Grintovec ... 140
47 9.00 Std. Normalweg auf den Grintovec ... 142
48 11.00 Std. Klettersteig über den Dolgi hrbet auf die Skuta ... 144
49 9.00 Std. Teils gesicherter Steig auf die Rinke ... 146
50 8.00 Std. Teils gesicherter Steig auf die Mrzla gora ... 148
51 8.00 Std. Klettersteig auf die Turska gora ... 150
52 10.00 Std. Über die Brana auf die Turska gora ... 152
53 9.00 Std. Kopinšek-Steig auf die Ojstrica ... 154

Karawanken

54 5.00 Std. Teils gesicherter Steig auf den Kordeschkopf ... 156
55 2.30 Std. Walter-Mory-Klettersteig ... 158
56 4.30 Std. Zu den Felsentoren der Uschowa ... 160
TOP 57 3.00 Std. Klettersteig auf den Türkenkopf ... 162
58 4.00 Std. Krainersteig auf den Kärntner Storschitz ... 164
59 5.00 Std. ÖTK-Steig auf den Koschutnikturm ... 166
60 7.00 Std. Klettersteig auf den Lärchenturm ... 169
61 6.00 Std. Teils gesicherter Steig auf den Hochturm ... 172

TOP 62 6.30 Std. Klettersteig auf den Hochstuhl 174
63 2.00 Std. Rotschitza-Klettersteig 176

Karnischer Hauptkamm

64 4.00 Std. Däumling-Klettersteig 178
65 4.30 Std. Klettersteig über den Winkelturm 180
66 6.00 Std. Via ferrata Enrico Contin auf den Rosskofel 182
67 5.00 Std. Via ferrata Crete Rosse auf den Trogkofel 184
68 4.30 Std. Uiberlachersteig auf den Trogkofel 186
TOP 69 6.00 Std. Überschreitung von Monte Zermula und Zuc della Guardia . 188
70 4.00 Std. Klettersteig auf den Hohen Trieb 191
71 2.30 Std. Klettersteig durch den Cellonstollen 194
72 3.00 Std. Oberst-Gressel-Gedenkweg auf die Cellonschulter 196
73 5.00 Std. Steinbergerweg auf den Frischenkofel 198
TOP 74 6.00 Std. Weg ohne Grenzen auf den Frischenkofel 200
75 11.00 Std. Weg der 26er auf die Hohe Warte 202
76 12.00 Std. Sentiero Spinotti auf die Hohe Warte 206
77 6.00 Std. Teils gesicherter Steig auf die Westliche Raudenspitze 208
78 8.00 Std. Via ferrata Sartor auf den Monte Peralba 210
79 4.30 Std. Klettersteig auf den Monte Chiadenis 214
80 8.30 Std. Via ferrata CAI Portogruaro auf den Monte Chiadenis 216
81 5.30 Std. Überschreitung der Porze 219
82 8.00 Std. Sentiero attrezzato d'Ambros über die Filmoorhöhe 222
83 7.30 Std. Klettersteig auf die Große Kinigat 225

Stichwortverzeichnis 228

GPS-Tracks und Koordinaten der Ausgangspunkte

Auf **gps.rother.de** stehen zu diesem Klettersteigführer GPS-Tracks und die Koordinaten der Ausgangspunkte zum kostenlosen Download bereit. Dieser QR-Code führt direkt zum Download.
6. Auflage, Passwort: 337206dwg
Die GPS-Tracks können in die **Rother App** importiert werden. In der App kann man unterwegs stets sehen, wo man gerade ist und wo es langgeht. **Anleitungen dazu: rother.de/gps**
Trotz sorgfältiger Prüfung können wir Fehler und zwischenzeitliche Veränderungen nicht ausschließen. Verlassen Sie sich für die Orientierung niemals einzig und allein auf die GPS-Daten, sondern beurteilen Sie die Verhältnisse vor Ort.

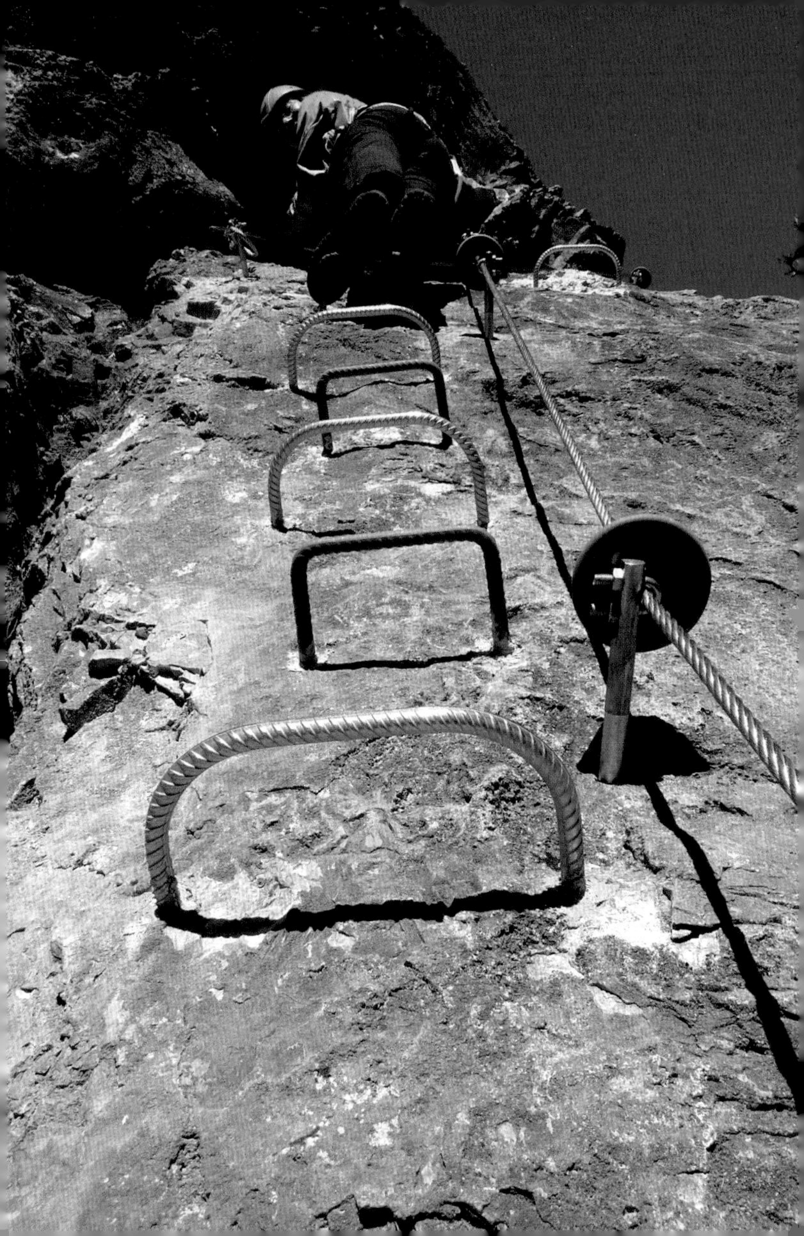

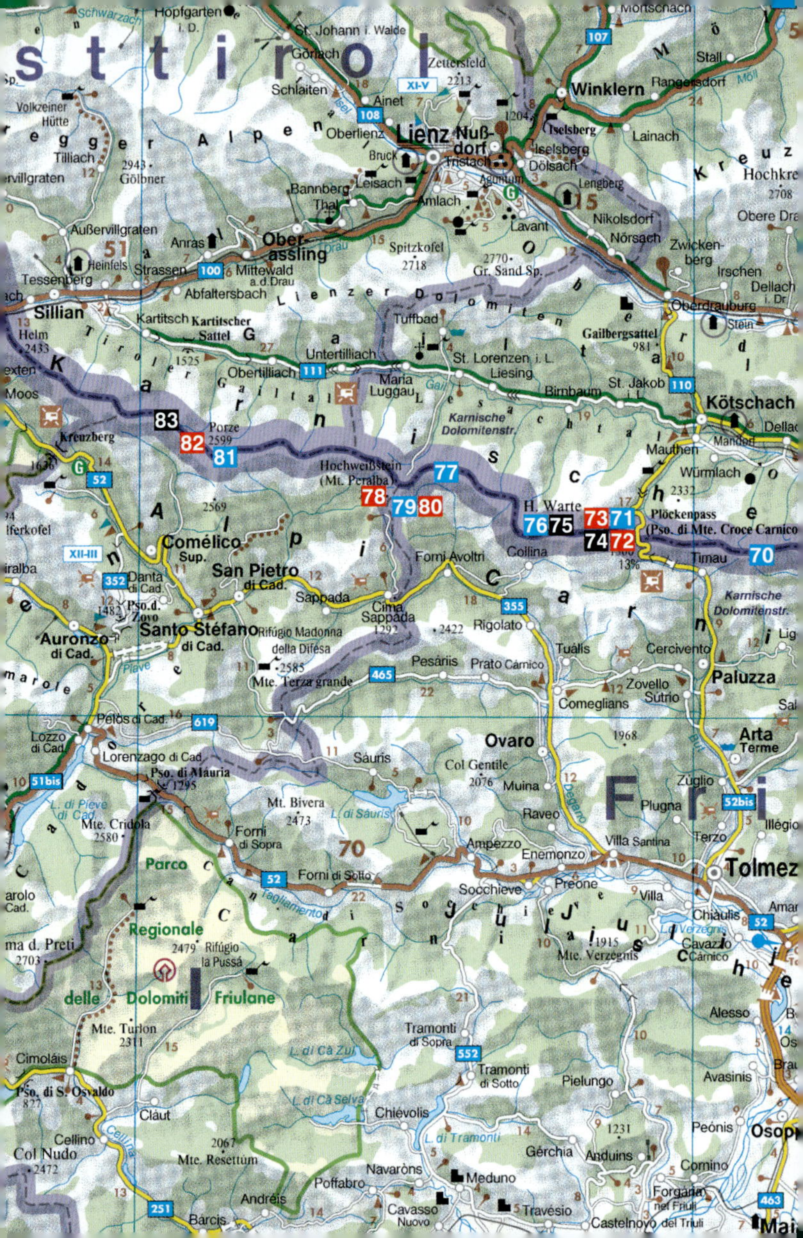

Osttirol
Hopfgarten i. D.
St. Johann i. Walde
Görtschach
Schlaiten
Zettersfeld
Ainet
Oberlienz
Lienz
Nußdorf
Tristach
Dölsach
Iselsberg
Winklern
Rangersdorf
Stall
Lainach
Lengberg
Nikolsdorf
Nörsach
Zwickenberg
Irschen
Dellach i. Dr.
Oberdrauburg
Stein
Kreuzeck
Hochkreuz
Obere Dra
Volkzeiner Hütte
Villgratner Alpen
Tilliach
Gölbner
Innervillgraten
Außervillgraten
Heinfels
Tessenberg
Sillian
Strassen
Anras
Ober-assling
Mittewald a.d.Drau
Abfaltersbach
Bannberg
Thal
Leisach
Amlach
Aguntum
Lavant
Spitzkofel 2718
Gr. Sand Sp. 2770
Lienzer Dolomiten
Tuffbad
Kartitsch
Kartitscher Sattel
Tiroler Karnischer Kamm
Untertilliach
Obertilliach
Maria Luggau
St. Lorenzen i. L.
Liesing
Birnbaum
St. Jakob i. L.
Gailbergsattel 981
Kötschach
Mauthen
Würmlach
Lesachtal
Gailtal
Karnische Dolomitenstr.
Helm 2433
Kreuzberg
Porze 2599
Hochweißstein (Mt. Peralba)
Karnische Alpen
H. Warte
Plöckenpass (Pso. di Mte. Croce Carnico)
Collina
Forni Avoltri
Timau
Comélico Sup.
San Pietro di Cad.
Sappada
Cima Sappada 1292
Danta di Cad.
Pso. d. Zovo
Santo Stéfano di Cad.
Auronzo di Cad.
Rifúgio Madonna della Difesa
Mte. Terza grande
Rigolato
Tuàlis
Cercivento
Pesàriis
Prato Càrnico
Zovello
Sutrio
Comeglians
Paluzza
Pelos di Cad.
Lozzo di Cad.
Lorenzago di Cad.
Pso. di Máuria 1295
Sàuris
Col Gentile 2076
Ovaro
Muina
Arta Terme
Zùglio
Plugna
Raveo
Mt. Bivera 2473
L. di Sàuris
L. di Pieve di Cad.
Mte. Cridola 2580
Forni di Sopra
Forni di Sotto
Ampezzo
Enemonzo
Villa Santina
Terzo
Tolmezzo
Socchieve
Preone
Villa
Chiaulis
Cavazzo Càrnico
L. di Verzegnis
Mte. Verzegnis 1915
Prealpi Carniche
Parco Regionale delle Dolomiti Friulane
Rifúgio la Pussá
Mte. Turlon 2311
Tramonti di Sopra
Tramonti di Sotto
L. di Cà Zul
L. di Cà Selva
Cimolàis
Pso. di S. Osvaldo 827
Claut
Chièvolis
L. di Tramonti
Pielungo
Alesso
Avasinis
Cellino
Col Nudo 2472
Mte. Resettum 2067
Gèrchia
Anduins
Peónis
Osoppo
Navaróns
Meduno
Poffabro
Andréis
Barcis
Cavasso Nuovo
Travésio
Cornino
Forgaria nel Friuli
Castelnovo del Friuli
Piave
Tagliamento
Degano
Bût
Cellina
Drau
Isel
Gail
Friuli

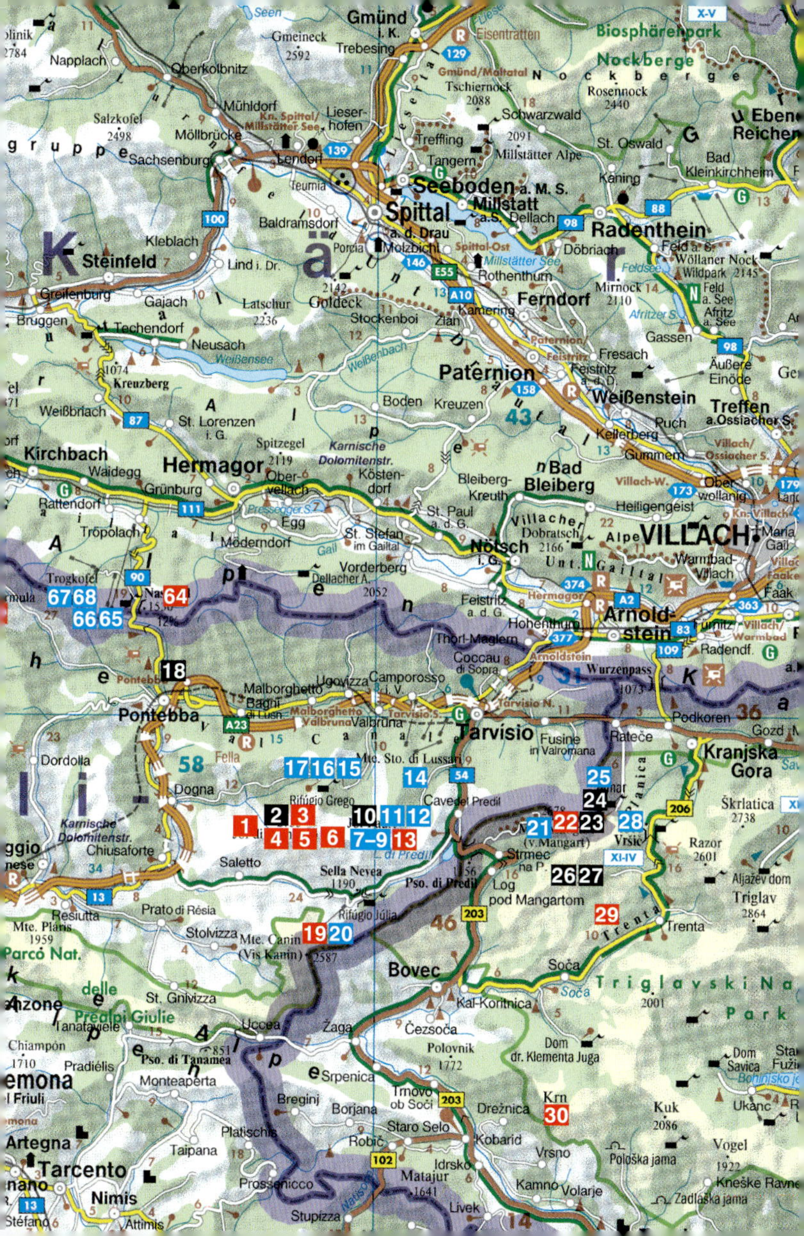

Gmünd i. K.
Gmeineck 2592
Trebesing
Eisentratten
Biosphärenpark Nockberge
X-V
Napplach
Oberkolbnitz
Gmünd/Maltatal
Tschiernock 2088
Rosennock 2440
Eben Reichen
Mühldorf
Salzkofel 2498
Kn. Spittal/ Millstätter See
Lieserhofen
Schwarzwald
Möllbrücke
Treffling
Millstätter Alpe
St. Oswald
Sachsenburg
Lendorf
Tangern
Bad Kleinkirchheim
Kaning
Teurnia
Seeboden a. M. S.
Spittal a. d. Drau
Millstatt
Dellach
Radenthein
Baldramsdorf
Kleblach
Steinfeld
Lind i. Dr.
Porcia
Molzbichl
Spittal-Ost
Millstätter See
Döbriach
Feld a. S.
Wöllaner Nock 2145
Wildpark
Rothenthurn
Feldsee
Mirnock 2110
Feld a. See
Afritz a. See
Greifenburg
Gajach
Goldeck 2142
Latschur 2236
Stockenboi
Kamering
Ferndorf
Afritzer S.
Bruggen
Techendorf
Neusach
Weißensee
Zlan
Gassen
Paternion
Feistritz a. d. D.
Fresach
Äußere Einöde
Kreuzberg 1074
Weißbach
Weißbriach
St. Lorenzen i. G.
Boden
Kreuzen
Weißenstein
Treffen a. Ossiacher S.
Puch
Kellerberg
Gummern
Villach/ Ossiacher S.
Spitzegel 2119
Karnische Dolomitenstr.
Kirchbach
Hermagor
Waidegg
Rattendorf
Grünbung
Obervellach
Köstendorf
Bleiberg-Kreuth
Bad Bleiberg
Villach-W.
Oberwollanig
Heiligengeist
Pressegger S.
Tröpolach
Egg
Möderndorf
St. Paul a. d. G.
St. Stefan im Gailtal
Villacher Alpe
Dobratsch 2166
VILLACH
Warmbad-Villach
Gail
Nötsch i. G.
Untergailtal
Trogkofel
Dellacher A. 2052
Vorderberg
Hermagor
Feistritz a. d. G.
Arnoldstein
Fürnitz
Villach/ Warmbad
Faak
Hohenthurn
Thörl-Maglern
Radendf.
Coccau di Sopra
Arnoldstein
Wurzenpass 1073
Pontebba
Malborghetto
Bagni di Lusn.
Ugovizza
Camporosso i. V.
Valbruna
Tarvisio N.
Tarvisio S.
Tarvisio
Fusine in Valromana
Rateče
Podkoren
Kranjska Gora
Gozd
Dordolla
Fella
Mte. Sto. di Lussari
Dogna
Rifugio Grego
Cave del Predil
Planica
Vršič
Škrlatica 2738
Karnische Dolomitenstr.
Chiusaforte
L. di Predil
(v. Mangart)
Strmec na P.
Razor 2601
Aljažev dom
Saletto
Sella Nevea 1190
Pso. di Predil
Log pod Mangartom
Triglav 2864
Resiutta
Prato di Résia
Rifugio Júlia
Trenta
Mte. Plaris 1959
Parco Nat.
Stolvizza
Mte. Canin (Vis Kanin) 2587
Bovec
Soča
Triglavski Narodni Park
St. Gnivizza
Kal-Koritnica
delle Prealpi Giulie
Uccea
Žaga
Čezsoča
Dom dr. Klementa Juga
Chiampon 1710
Pradiélis
Pso. di Tanamea
Polovnik 1772
Dom Savica
Monteaperta
Srpenica
Bohinjsko jezero
Gemona del Friuli
Breginj
Trnovo ob Soči
Drežnica
Krn
Kuk 2086
Ukanc
Borjana
Staro Selo
Artegna
Platischis
Robič
Kobarid
Vogel 1922
Tarcento
Taipana
Idrsko
Vrsno
Pološka jama
Matajur 1641
Kamno
Volarje
Kneške Ravne
Nimis
Prossenicco
Zadlaška jama
Stupizza
Livek
Attimis

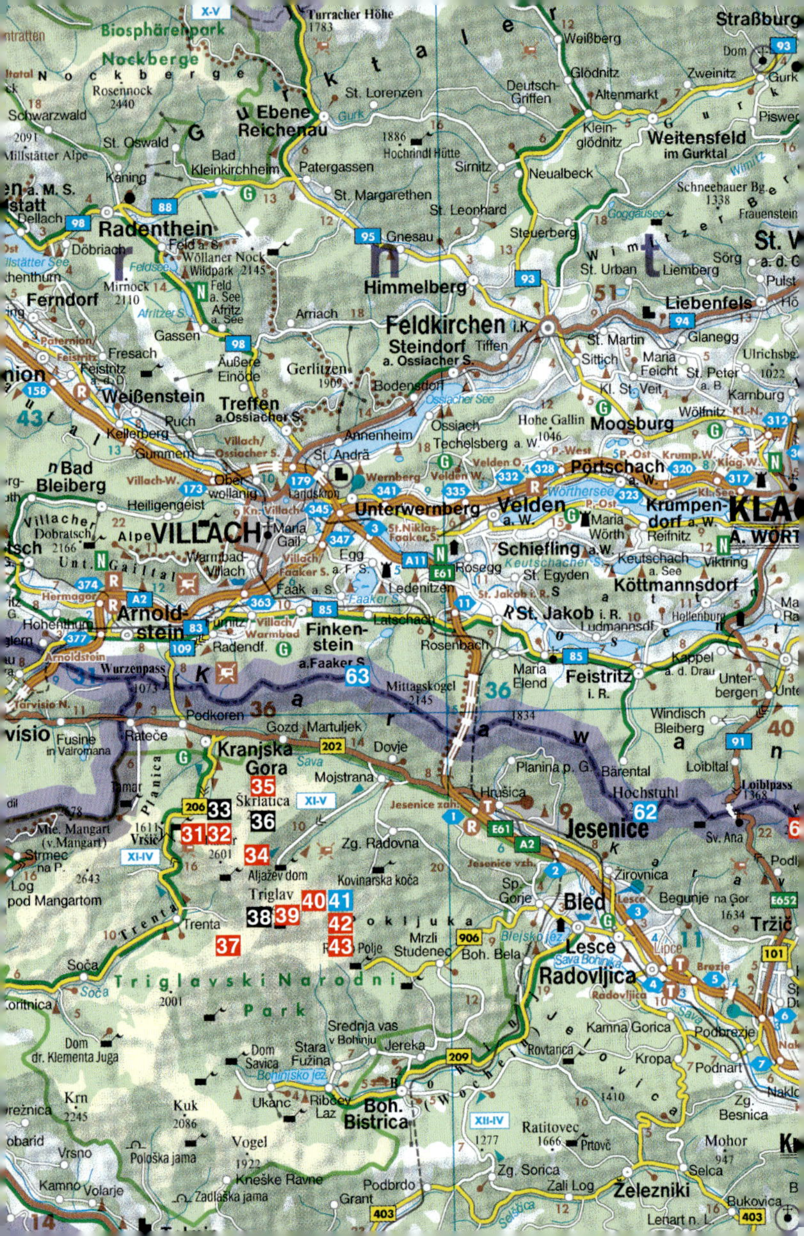

Turracher Höhe
1783
Biosphärenpark
Nockberge
N o c k b e r g e
Rosennock
2440
Schwarzwald
St. Oswald
Ebene
Reichenau
St. Lorenzen
Gurk
Straßburg
Dom
Weißberg
Glödnitz
Zweinitz
Deutsch-Griffen
Altenmarkt
Klein-glödnitz
Weitensfeld
im Gurktal
Pisweg
Millstätter Alpe
Bad Kleinkirchheim
Kaning
Patergassen
1886
Hochrindl Hütte
Sirnitz
Neualbeck
Schneebauer Bg.
1338
Frauenstein
St. Margarethen
Radenthein
Dellach
Döbriach
Feld a. S.
Wöllaner Nock
Wildpark
2145
St. Leonhard
Gnesau
Steuerberg
St. Urban
Sörg
Liemberg
Mirnock
2110
Feld a. See
Afritz a. See
Himmelberg
Ferndorf
Arriach
Liebenfels
Gassen
Feldkirchen
Steindorf
a. Ossiacher S.
Tiffen
St. Martin
Glanegg
Sittich
Maria Feicht
St. Peter
Ulrichsberg
1022
Fresach
Feistritz a. d. D.
Äußere Einöde
Gerlitzen
1909
Bodensdorf
Ossiacher See
Kl. St. Veit
Karnburg
Weißenstein
Treffen
a. Ossiacher S.
Ossiach
Hohe Gallin
1046
Moosburg
Wölfnitz
Ruch
Kellerberg
Gummern
Annenheim
Techelsberg a. W.
St. Andrä
Pörtschach a. W.
Bad Bleiberg
Villach-W.
Ober wollanig
Landskron
Wernberg
Velden
Wörthersee
Krumpendorf a. W.
Heiligengeist
Villacher Alpe
Dobratsch
2166
VILLACH
Maria Gail
Unterwernberg
Velden a. W.
Maria Wörth
Reifnitz
A. WÖRT
Warmbad-Villach
Egg a. F. S.
Schiefling a. W.
Keutschacher S.
Keutschach a. See
Viktring
Gailtal
Faak a. S.
Rosegg
Ledenitzen
St. Egyden
Köttmannsdorf
Hermagor
Arnoldstein
Fürnitz
Finkenstein
Faaker S.
Latschach
St. Jakob i. R.
Ludmannsdf.
Hollenburg
Hohenthurn
Radendf.
Rosenbach
Wurzenpass
1073
a. Faaker S.
Mittagskogel
2145
Maria Elend
Feistritz i. R.
Kappel a. d. Drau
Unterbergen
Tarvisio
Podkoren
Windisch Bleiberg
Fusine in Valromana
Rateče
Kranjska Gora
Gozd Martuljek
Dovje
1834
Planina p. G.
Bärental
Loibltal
Loiblpass
1368
Sava
Mojstrana
Hrušica
Hochstuhl
Tamar
Škrlatica
Jesenice
Sv. Ana
Mte. Mangart (v. Mangart)
Vršič
1611
2601
Zg. Radovna
Strmec na P.
2643
Log pod Mangartom
Aljažev dom
Kovinarska koča
Žirovnica
Begunje na Gor.
1634
Tržič
Triglav
Sp. Gorje
Bled
Lesce
Trenta
Mrzli Studenec
Boh. Bela
Pokljuka
Radovljica
Soča
Triglavski Narodni Park
2001
Kamna Gorica
Podbrezje
Srednja vas v Bohinju
Stara Fužina
Jereka
Kropa
Podnart
Dom dr. Klementa Juga
Dom Savica
Bohinjsko jez.
Rovtarica
Ukanc
Ribčev Laz
Boh. Bistrica
1410
Zg. Besnica
Krn
2245
Kuk
2086
Ratitovec
1666
Prtovč
Mohor
947
Bovec
Kobarid
Vogel
1922
Vrsno
Pološka jama
1277
Zg. Sorica
Zali Log
Selca
Kamno
Volarje
Kneške Ravne
Zadlaška jama
Podbrdo
Grant
Železniki
Bukovica
Lenart n. L.
Selščica

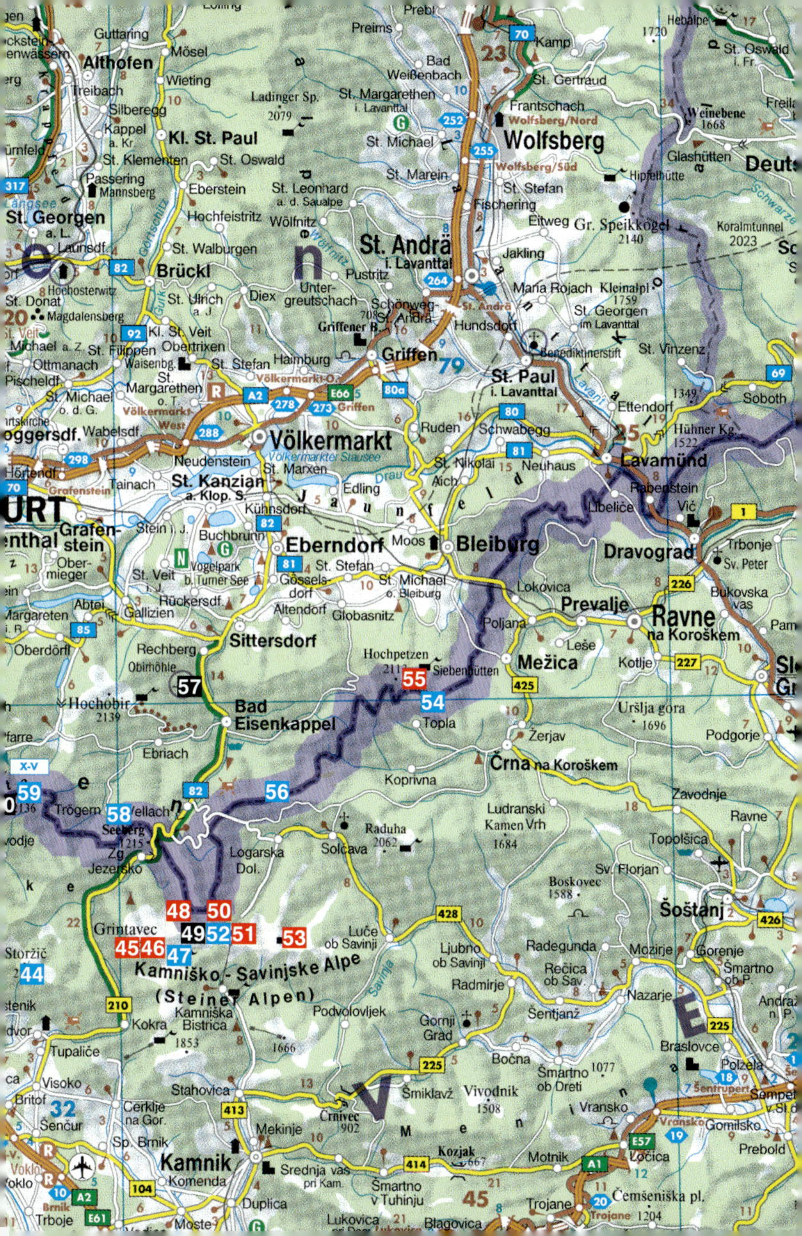

Guttaring
Preims
Prebl
Althofen
Mösel
Bad Weißenbach
Kamp
St. Gertraud
St. Oswald i. Fr.
Hebalpe
Treibach
Wieting
Ladinger Sp. 2079
St. Margarethen i. Lavanttal
Frantschach
Silberegg
Kappel a. Kr.
Kl. St. Paul
Wolfsberg/Nord
Wolfsberg
Weinebene 1668
St. Michael
St. Klementen
St. Oswald
Glashütten
Deut
Passering
Mannsberg
St. Marein
Wolfsberg/Süd
Eberstein
St. Leonhard a. d. Saualpe
St. Stefan
Hipfelhütte
St. Georgen a. L.
Hochfeistritz
Wölfnitz
Fischering
Eitweg
Gr. Speikkogel 2140
Koralmtunnel 2023
Launsdf.
St. Walburgen
St. Andrä i. Lavanttal
Jakling
Brückl
Pustritz
Hochosterwitz
St. Ulrich a. J.
Diex
Unter-greutschach
Schönweg
St. Andrä
Maria Rojach
Kleinalpl 1759
St. Donat
Magdalensberg
St. Georgen im Lavanttal
Griffener B.
Hundsdorf
Kl. St. Veit
Michael a. Z.
St. Filippen
Obertrixen
Benediktinerstift
St. Vinzenz
Ottmanach
Waisenbg.
St. Stefan
Haimburg
Griffen
Pischeldf.
St. Margarethen o. T.
Völkermarkt-O.
St. Paul i. Lavanttal
Soboth
St. Michael o. d. G.
Völkermarkt West
Griffen
Ettendorf
Wabelsdf.
Ruden
Schwabegg
Hühner Kg. 1522
Völkermarkt
Neudenstein
Völkermarkter Stausee
St. Nikolai
Neuhaus
Lavamünd
Tainach
St. Marxen
Aich
Rabenstein
St. Kanzian a. Klop. S.
Edling
Drau
Libeliče
Vič
Kühnsdorf
Jaunfeld
Grafenstein
Stein i. J.
Buchbrunn
Eberndorf
Moos
Bleiburg
Dravograd
Trbonje
Sv. Peter
Ober-mieger
Vogelpark
b. Turner See
St. Stefan
St. Michael o. Bleiburg
Lokovica
St. Veit i. J.
Gösselsdorf
Rückersdf.
Prevalje
Bukovska vas
Abtei
Gallizien
Altendorf
Globasnitz
Poljana
Ravne na Koroškem
Oberdörfl
Sittersdorf
Leše
Rechberg
Obirhöhle
Hochpetzen 2113
Siebenhütten
Mežica
Kotlje
Hochobir 2139
Bad Eisenkappel
Topla
Uršlja gora 1696
Podgorje
Ebriach
Žerjav
Črna na Koroškem
Koprivna
Zavodnje
Trögern
Vellach
Seeberg 1215
Raduha 2062
Ludranski Kamen Vrh 1684
Ravne
Topolšica
Zg. Jezersko
Logarska Dol.
Solčava
Sv. Florjan
Boskovec 1588
Šoštanj
Grintavec
Luče ob Savinji
Ljubno ob Savinji
Radegunda
Mozirje
Gorenje
Šmartno ob P.
Storžič
Kamniško - Savinjske Alpe (Steiner Alpen)
Rečica ob Sav.
Radmirje
Nazarje
Savinja
Podvolovljek
Šentjanž
Andraž n. P.
Kokra
Kamniška Bistrica
Gornji Grad
Braslovče
Tupaliče
1853
1666
Bočna
Šmartno ob Dreti
Polzela
Visoko
Britof
Stahovica
Šmiklavž
Vivodnik 1508
Vransko
Šentrupert
Šempeter v. Sl.
Cerklje na Gor.
Črnivec 902
Gomilsko
Šenčur
Sp. Brnik
Mekinje
Kamnik
Kozjak
Motnik
Kočica
Prebold
Vransko
Komenda
Srednja vas pri Kam.
Šmartno v Tuhinju
Trojane
Češeniška pl.
Brnik
Duplica
Lukovica
Blagovica
Trojane 1204
Trboje
Moste

Was ist ein Klettersteig?

Klettersteige sind Weganlagen im steilen und ausgesetzten Felsgelände, die durch den Einbau künstlicher Tritte und Griffe sowie die Anbringung eines Stahlseils als permanente Sicherung begehbar gemacht werden. So jedenfalls lautet die Definition des ÖAV aus dem Jahr 2007.
Obwohl diese Definition das heutzutage weitläufige Verständnis von Klettersteigen gut widerspiegelt, so gibt es gerade in den Julischen Alpen viele Steige, die hier klar herausfallen. 10 m Drahtseil als »Handlauf« bzw. einige Eisenstifte, aber ohne Seil, ergeben eben noch keinen Klettersteig. Viele der Routen im beschriebenen Gebiet fallen aber in diese Kategorie, und es wäre schade, all diese in diesem Auswahlführer nicht vorstellen zu können. Deutlicher als in vorigen Auflagen, und zwar unter »Charakter« im Infoblock, wird solch eine Route nun als »teils gesicherter Steig« bezeichnet. Damit ist die Länge eines »teils« gesicherten (Kletter-)Steiges allerdings erst recht herrlich unexakt. Hier bezeichnen wir daher den gesamten Steig von einem markanten Startpunkt, dem Einstieg (meist der Wandfuß oder eine Weggabelung), bis zu einem markanten Endpunkt (meist der Gipfel) als Klettersteig bzw. teils gesicherten Steig (in der Karte punktiert dargestellt).

Der lange Rücken der Mojstrovka, dahinter der Jalovec und der Mangart.

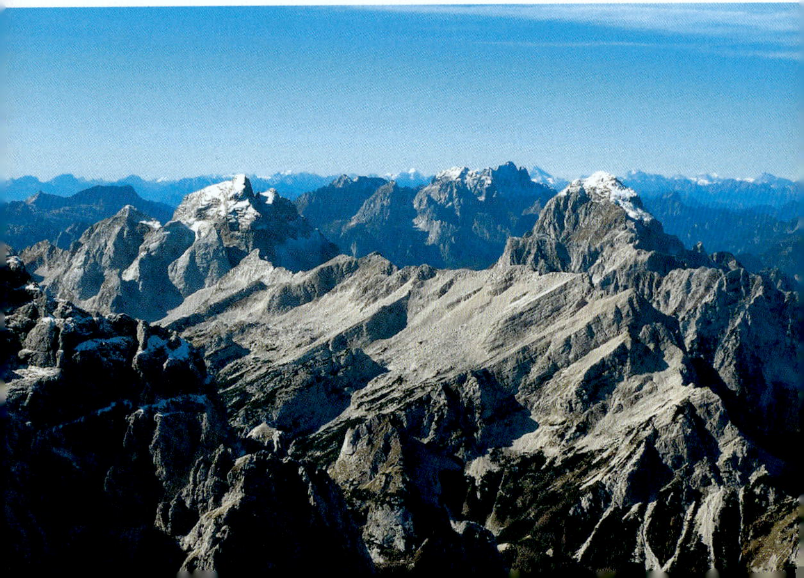

Schwierigkeitsbewertung

Eine essenzielle Frage, die sich jeder Begeher von Klettersteigen stellt, lautet: Wie schwierig ist die betreffende Tour? Ein möglichst einfaches, aber doch ausreichend differenzierendes Bewertungssystem ist gefragt. Nun lassen sich aber nicht alle Faktoren, die eine Tour leicht oder schwer machen, in einer Zahl oder einem Buchstaben zusammenfassen. Neben objektiven Schwierigkeiten kommen auch subjektive Wahrnehmungen und – zu einem wesentlichen Teil – die eigene Verfassung hinzu. In diesem Führer werden folgende Schwierigkeiten bewertet:

- Technische Schwierigkeit des gesicherten Steiges
- Schwierigkeit in frei zu kletternden Passagen
- Alpine Schwierigkeiten (diverse Parameter, prägnant zusammengefasst im Infoblock der jeweiligen Tour)

Aus all diesen Parametern wird schließlich eine Gesamtschwierigkeit ermittelt.

Technische Schwierigkeit des gesicherten Steiges

Für die technische Schwierigkeit eines Klettersteiges gibt es weltweit viele verschiedene Klassifizierungssysteme. Im Ostalpenraum hat sich inzwischen die »Österreichische Skala« durchgesetzt. Sie kommt auch in diesem Führer zur Anwendung. Die »Österreichische Skala« ist in fünf Grade (A bis E) unterteilt, wobei Zwischenstufen (z. B. C/D) eine Feinabstufung erlauben. Eine Erweiterung dieser Skala um einen Grad (F) ist für die hier beschriebenen Touren irrelevant. Grundlegende Kriterien sind Kraftaufwand, Steilheit des Steiges sowie Anzahl und Größe von Tritten und Griffen. Ausgesetztheit wird nur am Rande berücksichtigt. Die Skala lässt bewusst Beschaffenheit des Felsens und andere alpine Faktoren außen vor. Nachfolgend eine Definition der technischen Schwierigkeit:

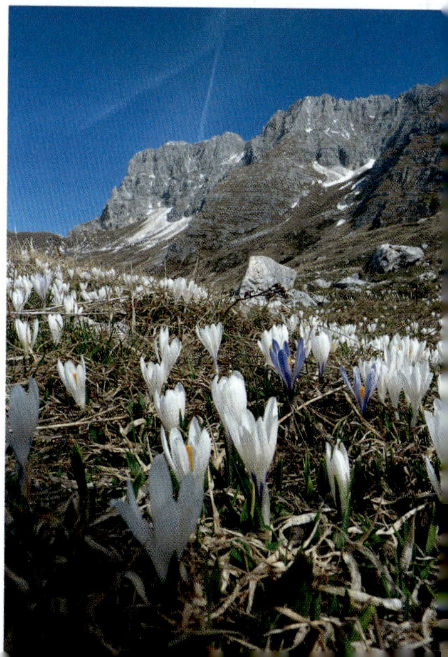

Auf der Pecol-Alm im Frühjahr, Blick zum Jôf di Montasio (Montasch).

Schwierigkeitsskala

A (wenig schwierig):

Übergang von reinem Wandergelände zu abschüssigerem Fels- und Schrofenterrain, das solide Trittsicherheit und erhöhtes Koordinationsvermögen voraussetzt. Trasse eventuell noch vorhanden. Die Hände kommen meist zum Gleichgewichthalten am Drahtseil zum Einsatz, eine Selbstsicherung ist für halbwegs Routinierte noch nicht unbedingt erforderlich.

B (mäßig schwierig):

Der Fels wird bereits deutlich steiler, ist aber in der Regel gut gestuft und kletterfreundlich. Falls nicht, finden sich in großzügigem Maß künstliche Hilfsmittel wie Leitern und Trittbügel. Die Anwendung des Klettersteigsets wird auf jeden Fall empfohlen, nur sehr Versierte begehen auch diese Passagen mitunter noch frei.

C (schwierig):

Das Gelände geht nun teilweise in die Vertikale (Leitern sogar leicht überhängend) und verlangt elementares Kletterkönnen sowie einen gewissen Kraftaufwand. Rastpunkte sind meist noch ausreichend, künstliche Hilfsmittel verhältnismäßig großzügig bemessen, bei nicht ganz so steilen Passagen hingegen schon sparsam. Die Ausgesetztheit ist deutlich spürbar und bereits eine wichtige Komponente im subjektiven Anforderungsgefühl. Selbstsicherung unerlässlich.

D (sehr schwierig):

Im Allgemeinen senkrecht oder leicht überhängend und ziemlich trittarm, oft ist nur ein Drahtseil vorhanden. Bereits ausgefeilte Klettersteigtechnik bzw. hoher Krafteinsatz erforderlich, dazu sehr exponiert, was ein stabiles Nervenkostüm erfordert. Einschlägige Klettersteigerfahrung wichtig, kein Terrain für Anfänger!

E (extrem schwierig):

Passagen in Überhängen bzw. im glatten, senkrechten Fels, die keine oder wenige Tritthilfen aufweisen, daher sehr hohe Armkraft notwendig. Ohne günstige Rastpunkte sehr kraftraubend und psychisch anspruchsvoll. Nur für ausgesprochen erfahrene Klettersteiggeher!

Schwierigkeit in frei zu kletternden Passagen

Falls bei einer Tour in ungesichertem Gelände geklettert werden muss, wird der Schwierigkeitsgrad nach der UIAA-Skala ergänzt. Dabei wird generell davon ausgegangen, dass der Schwierigkeitsgrad I über kürzere und nicht allzu ausgesetzte Strecken beherrscht wird, daher ist dieses Niveau in den einzelnen Tourenbeschreibungen nicht extra angeführt. Die ersten drei Grade (römische Zahlen) für das traditionelle freie Klettern (also ohne künstliche Hilfsmittel) sind folgendermaßen definiert:

UIAA I – Geringe Schwierigkeiten: Einfachste Form der Felskletterei (kein leichtes Gehgelände!). Die Hände sind zur Unterstützung des Gleichgewichts erforderlich. Anfänger müssen am Seil gesichert werden. Schwindelfreiheit ist erforderlich.

UIAA II – Mäßige Schwierigkeiten: Hier beginnt die Kletterei, die eine Drei-Punkte-Haltung erforderlich macht. Trittsicherheit und ein koordinierter Bewegungsablauf sind obligatorisch.

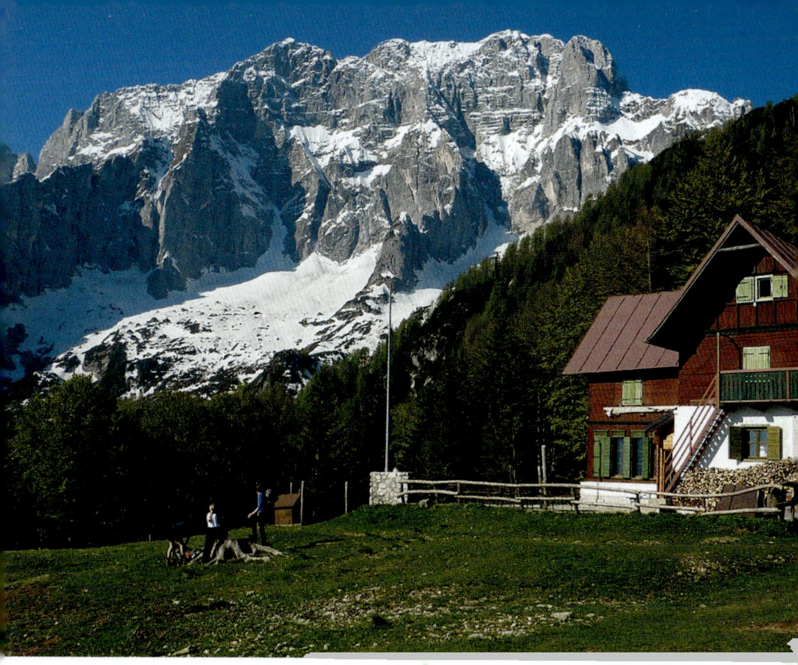

Rifugio Grego mit der gewaltigen Nordwand des Jôf di Montasio (Montasch).

UIAA III – Mittlere Schwierigkeiten: Zwischensicherungen an exponierten Stellen sind empfehlenswert. Senkrechte Stellen oder gutgriffige Überhänge verlangen bereits Kraftaufwand. Geübte und erfahrene Kletterer können Passagen dieser Schwierigkeit noch ohne Seilsicherung erklettern, Ungeübte können daran scheitern.

Gesamtschwierigkeit

Zur schnellen Orientierung über die Anforderungen der einzelnen Klettersteige werden die Tourennummern im Inhaltsverzeichnis und bei den Beschreibungen farbig unterschieden. Die farbige Markierung gibt einen groben Anhaltspunkt für den Gesamtcharakter einer Tour. Sie setzt sich zusammen aus den technischen Anforderungen der Klettersteigabschnitte, dem Schwierigkeitsgrad im freien Klettern und aus alpinen Parametern wie Tourenlänge, zu bewältigende Höhenmeter, Höhenlage, Schnee- bzw. Eisfelder, Qualität des Gesteins, Exposition und ggf. weiteren Erschwernissen. Exakte Angaben sind bei jeder Tour im Infoblock angeführt, der damit die wichtigste Planungsgrundlage bildet. Die Farben bedeuten:

Herbstliche Wolkenformation nahe dem Križ.

Leicht Geringe bis mäßige technische Schwierigkeit am Klettersteig (A bis B, maximal wenige, kurze Stellen B/C) wechseln sich mit Gehgelände ab. Es gibt keine besonderen alpinen Anforderungen. Trittsicherheit und Schwindelfreiheit sind dennoch obligatorisch! Freie Kletterei kommt nur über kürzere Strecken und überwiegend im Bereich UIAA I, maximal UIAA I–II, vor. Die Tour hat weniger als 1000 Hm ab der letzten bewirtschafteten Übernachtungsmöglichkeit und ist für Anfänger im Allgemeinen geeignet.

Mittel Mittlere technische Schwierigkeit am Klettersteig (bis C, mit höchstens kurzen Stellen C/D), eventuell etwas erschwerte alpine Rahmenbedingungen sowie freie Kletterei UIAA I–II, durchaus auch über weite Strecken, sind zu meistern. Eine gewisse Erfahrung auf Klettersteigen sowie im hochalpinen Gelände (Firnfeld, Randspalte) ist jedenfalls erforderlich. Mit weniger als 1500 Hm im Aufstieg sind diese Touren für erfahrene Bergsteiger mit etwas Klettersteigroutine geeignet.

Schwierig Hohe bis sehr hohe technische Schwierigkeit am Klettersteig (D bis E, auch über längere Passagen), und/oder extreme alpine Rahmenbedingungen und / oder Tourenlänge. Freie Kletterei geht stellenweise bis UIAA III. Zusätzlich zu den Anforderungen für mittlere Touren ist auch hohe Gewandtheit im Fels wichtig, daher sind solche Touren nur für sehr routinierte Alpinisten geeignet. Je nach Tour sind sehr stabile Wetterverhältnisse und eine umfassende Planung mit Notabstiegen bzw. Notunterkünften notwendig.

Sicherheit

Empfehlungen

Der ÖAV hat im Frühjahr 2012 zehn Empfehlungen für das Begehen von Klettersteigen unter dem Titel »Sicher am Klettersteig« herausgebracht [Quelle: Club Arc Alpin]. Diese sind nachfolgend reproduziert und fassen prägnant alle wesentlichen Aspekte zusammen:

- **Sorgfältig planen!** Planung ist der Schlüssel für sichere und genussvolle Klettersteigtouren. Informiere dich genau über Schwierigkeit und Länge, Zu- und Abstieg, Wetter und Verhältnisse.
- **Das Ziel den persönlichen Voraussetzungen anpassen!** Zu hoch gewählte Schwierigkeiten mindern das Erlebnis und können zu gefährlichen Situationen führen.
- **Vollständige, normgerechte Ausrüstung verwenden!** Klettergurt, Klettersteigset und Helm: Nur die konsequente und richtige Anwendung der Ausrüstung ermöglicht eine sichere Begehung von Klettersteigen. Für den Notfall sind Erste-Hilfe-Paket und Mobiltelefon dabei.
- **Bei Gewittergefahr nicht einsteigen!** Blitzschlag bedeutet Lebensgefahr. Regen, Nässe und Kälte erhöhen das Sturzrisiko.
- **Drahtseil und Verankerungen kritisch prüfen!** Steinschlag, Schneedruck, Frostsprengung oder Korrosion können Schäden an der Steiganlage verursachen. Nicht in gesperrte Klettersteige einsteigen.
- **Partnercheck am Einstieg!** Kontrolliert gegenseitig Gurtverschluss, Verbindung Klettersteigset mit Klettergurt, Helm.
- **Ausreichende Abstände einhalten!** Zwischen zwei Fixpunkten darf nur eine Person unterwegs sein.
- **Klare Absprache beim Überholen!** Kommunikation und Rücksichtnahme verhindern gefährliche Situationen bei Überholmanövern oder Gegenverkehr.
- **Achtung Steinschlag!** Achtsames Steigen verhindert Steinschlag.
- **Natur und Umwelt respektieren!** Mit öffentlichen Verkehrsmitteln oder in Fahrgemeinschaften anreisen. Müll und Lärm vermeiden.

Das Begehen von Klettersteigen ist mit Risiken verbunden. Bei unzureichender Vorbereitung, mangelhafter Ausrüstung oder falschem Verhalten besteht Absturzgefahr! Die alpinen Verbände empfehlen für das Begehen von Klettersteigen eine Ausbildung durch qualifizierte Fachleute.

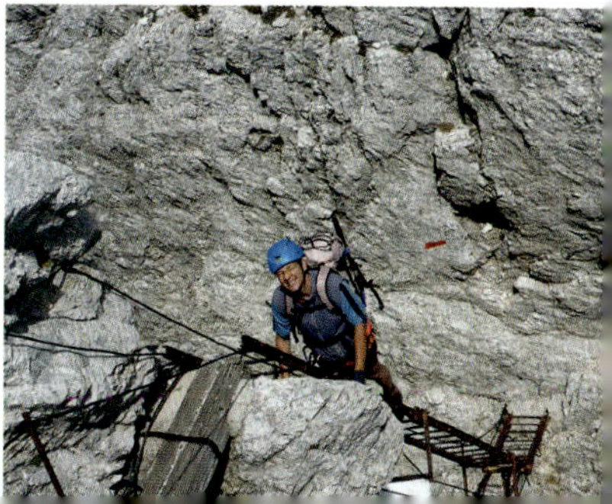

Am Sentiero del Centenario (Tour 11).

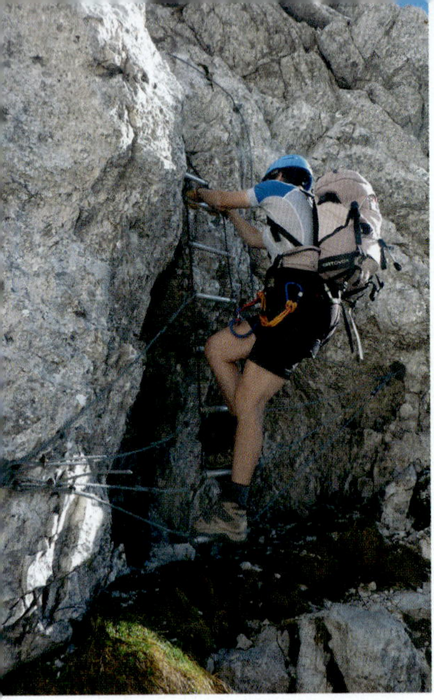

Der untere Teil der Strickleiter am Sentiero attrezzato Leva ist eine wackelige Angelegenheit (Tour 5).

Ausrüstung

Hier soll nochmals näher auf den dritten Punkt der Empfehlungen des ÖAV eingegangen werden. Generell gilt bei Klettersteigen, egal in welcher Schwierigkeitsklasse und Höhenlage, dass die drei technischen Grundelemente – Klettergurt, Klettersteigset und Helm – immer zu verwenden sind. Dabei ist auf bestimmungsgemäße Verwendung und normgerechte Ausführung zu achten! Denn ein Fahrradhelm hilft nicht gegen Steinschlag, und ein zusammengebasteltes Set aus Reepschnüren mag zwar dem subjektiven Sicherheitsgefühl dienlich sein, hält aber keinen Fangstoß.

Als Klettergurt kommen heutzutage fast ausschließlich die auch beim Sportklettern verwendeten, bequemen Hüftgurte zum Einsatz. Als Klettersteigset, das per Ankerstich in den Gurt eingebunden wird, gibt es nur mehr das Y-Set, idealerweise mit expandierenden Armen und einer zum Paket vernähten Bandschlinge als Fangstoßdämpfer. Wichtig dabei ist, dass die Karabiner gut in der Hand liegen und sich leicht bedienen lassen, was erfahrungsgemäß für jede Hand etwas anderes bedeutet. So wie alle Sicherheitsprodukte sollten diese Ausrüstungsgegenstände regelmäßig auf Schwach- und Verschleißstellen überprüft werden und spätestens alle zehn Jahre (je nach Verwendungshäufigkeit!) durch neue ausgetauscht werden. Ebenso gehört eine Notfallausrüstung (Erste-Hilfe-Paket und Mobiltelefon) immer dazu!

Des Weiteren sind für alle Klettersteige zunächst ordentliche Bergschuhe mit Profilgummisohle eine Selbstverständlichkeit. Ein halbwegs leichter und weicher Schuh mit relativ harter Sohle ist hier das Optimum. Die angebotenen Klettersteigschuhe bzw. Zustiegschuhe erfüllen diese Kriterien recht gut. Je nach Art und Lage des Klettersteiges kommt auch noch die übliche »Bergsteigeraus-

Symbole

- mit Bahn/Bus erreichbar
- Einkehrmöglichkeit unterwegs
- Auf-/Abstiegshilfe

Top-Klettersteigtouren

Sentiero attrezzato Leva auf die Cima di Terrarossa

Nachdem der Leiterweg auf den Montasch weithin bekannt und somit überlaufen ist, bietet sich diese Tour durch die Südwände des Montaschzuges als Ergänzung bzw. Alternative an. Sie übertrifft die anderen Steige dort an Schönheit und Abwechslung und bietet fantastische Tiefblicke (Tour 5).

Via Italiana auf den Mangart

Diese Direttissima durch die stellenweise fast senkrechte, ungegliederte Nordwand des Mangart ist an Ausgesetztheit kaum irgendwo zu übertreffen. Der kurzweilige Steig mit dem Charakter eines Sportklettersteigs ist aber mit reichlich Trittbügeln und Klammern versehen (Tour 22).

Über den Nordwestgrat auf den Jalovec

Ein langer Weg, der über einen wunderschönen Grat auf den vielleicht majestätischsten aller Julier-Gipfel führt. Bei ausreichend Kondition und Schwindelfreiheit ein unvergessliches Erlebnis mit prächtigem Rundumblick (Tour 27).

Fensterweg auf den Prisojnik

Dieser abwechslungsreiche Steig durch die Nordwand des Prisojnik, vorbei am »Gesicht des Prisojnik« und mit einer Kriechstelle, führt durch das größte Felsenfenster der Alpen. Der völlige Wechsel der Szenerie auf der Südseite und dann nochmals am Grat verleiht dieser Tour ihren besonderen Reiz (Tour 31).

Bamberg-Weg auf den Triglav

Es gibt viele Wege auf den höchsten Berg der Julier, den Triglav. Der Bamberg-Weg ist der längste und schwierigste – daher auch nicht so überlaufen –, aber auch der abwechslungsreichste und schönste (Tour 38).

Klettersteig auf den Grintovec

Den höchsten Gipfel der Steiner Alpen ersteigt man am besten über diese anspruchsvolle, teils luftige, aber wenig gesicherte Route. Von oben hat man einen atemberaubenden Rundumblick auf nahezu ganz Slowenien und Kärnten (Tour 46).

Klettersteig auf den Türkenkopf

Dieser sehr kräfteraubende Sportklettersteig nahe Eisenkappel weist einen guten Mix an Schwierigkeitsgraden auf und bietet fast das ganze Jahr über ein Betätigungsfeld. Das prickelndste Erlebnis sind jedoch die mehreren langen, luftigen und sehr schwierigen Passagen (Tour 57).

Klettersteig auf den Hochstuhl

Ein kurzer Zustieg und ein langer, alpiner Klettersteig, also eine Genusstour für Bergerfahrene. Zudem eine leichte Route mit hohem Erlebniswert, allein schon wegen der umfassenden Aussicht (Tour 62).

Überschreitungen Monte Zermula und Zuc della Guardia

Diese Rundtour über das dem Karnischen Kamm vorgelagerte »Felsriff« gehört zu den leichteren, aber dennoch gut gesicherten Routen. Als Draufgabe bietet sich noch die etwas schwierigere, aber mit Finesse errichtete Überschreitung des Zuc della Guardia an (Tour 69).

Weg ohne Grenzen auf den Frischenkofel

Nicht nur der Gedanke »ohne Grenzen« inspiriert am im Ersten Weltkrieg heiß umkämpften Plöckenpass. Der Steig zieht sich in aufregender, ausgesetzter und abwechslungsreicher Linie im festen Fels hinauf, was reichlich Ausdauer und gute Kondition erfordert. Tiefblicke »ohne Grenzen« inbegriffen (Tour 74).

rüstung« hinzu. Bei einigen Zielen über 2500 m, und besonders in Nordwänden, wird die Ausrüstung durch hochalpine Teile ergänzt werden müssen, wie Bekleidung für extreme Wetterbedingungen, Biwaksack, Sicherungsseil mit entsprechenden Karabinern, Pickel, Steigeisen und dann selbstverständlich steigeisentaugliches Schuhwerk. Auf längeren und anspruchsvolleren Steigen wird man geeignete, strapazierfähige Handschuhe schätzen lernen. An extrem steilen, trittarmen Stellen und erst recht bei Nässe zeigt sich, welcher Handschuh am senkrechten Drahtseil »greift« und welcher durchrutscht. Das Teuerste ist hier keineswegs immer das Beste! Auf jeden Fall sollte stets ausreichend Leukoplast o. ä. im Gepäck sein, man kann damit sehr wirksam die beanspruchten Stellen der Hand vorbeugend (und griffig) zupflastern. Handschuhe schützen natürlich auch vor aufgerissenen, rostigen Stahllitzen an alten Seilen, die böse Verletzungen verursachen können.
Wer gerne mit Stöcken geht, sollte sich unbedingt leichte Teleskopstöcke zulegen, die man dann am Klettersteig in stark verkürztem Zustand bequem am Rucksack befestigen kann. Denn am Klettersteig selbst haben Stöcke nichts verloren! Zudem sollte man sicherstellen, dass die Stöcke am Rucksack andere Bergsteiger nicht gefährden können und dass man sich selbst damit nicht verhängt.

Verhalten am Klettersteig

Der Gebrauch der Selbstsicherung ist prinzipiell einfach, die Tücke liegt jedoch im Detail. Es werden immer beide Klettersteigkarabiner in das Drahtseil eingeklinkt. Zwei Karabiner werden deshalb verwendet, weil man mit nur einem im Moment des Umhängens nicht gesichert wäre. Bei zwei Karabinern ist auch während des Umhängens immer einer am Drahtseil eingeklinkt. Damit dies auch tatsächlich der Fall ist, empfiehlt es sich, die Karabiner mit einer Hand nacheinander umzuhängen, während man sich mit der anderen Hand am Seil oder Felsen festhält. Für einen geschmeidigen Ablauf braucht es aber schon etwas Übung, besonders in schwierigerem Gelände.
Mit dieser Art der Selbstsicherung ist man, zumindest bei Querungen oder an nicht allzu steil verlaufenden Seilen, relativ gut gesichert. Bei senkrechten oder sehr steilen Klettersteigpassagen treten im Falle eines Sturzes trotzdem sehr hohe Belastungen auf, sowohl am Material als auch am Körper des Stürzenden. Ein Sturz von wenigen Metern Höhe längs der Felswand impliziert fast immer böse Verletzungen, auch wenn alle Teile der Selbstsicherung halten! Daher ist die Selbstsicherung eigentlich nur dazu da, einen Kapitalsturz abzuwenden, und nicht, um seine persönlichen Grenzen auszuloten. »Perfekten« Schutz bietet nur ein versierter Führer, der mit den kletterüblichen Sicherungsmethoden den Nachsteigenden mittels Seil sichert.
Trittsicherheit und Freiheit von psychogenem Höhenschwindel sind bis zu einem gewissen Maß trainierbar. Wer in exponierter Lage – selbst in »gesichertem« Zustand – unter starkem Schwindelgefühl (angstvolles Unwohlsein

mit verschiedenen Abstufungen, Auswirkungen und Folgen) leidet, sollte sich beim Begehen von Klettersteigen unbedingt eine eigene Grenze setzen, die seinen Fähigkeiten entspricht.
Gerade auf langen, anspruchsvollen Touren sind rechtzeitige und ausreichende Pausen sehr wichtig. Ein Weitersteigen trotz spürbar nachlassender Muskelkraft hat unmittelbare Sturzgefahr zur Folge! Neulinge und Nichtkletterer neigen oft dazu, sich hauptsächlich mit Armkraft am Seil hochzuziehen. Das kann in einer kurzen senkrechten Stelle praktisch und hilfreich sein, auf Dauer viel effektiver sind jedoch eine gute Fußtechnik und ein ökonomischer Bewegungsablauf. Die Arme sollten möglichst immer gestreckt sein, die Hände sollten unterstützend wirken und vor allem das Gleichgewicht halten. Zwischen zwei Verankerungen darf sich immer nur ein Kletterer befinden, um im Falle eines Sturzes eine Massenkarambolage zu verhindern. In steinschlaggefährdeten Passagen sollte man die Abstände jedoch nicht zu groß werden lassen, damit etwaige losgetretene Steine nicht allzu viel Wucht entwickeln können. In Gehpassagen sollten die Arme des Klettersteigsets gut verstaut werden, damit man nicht über sie stolpert.
Generell ist es äußerst ratsam, einen Klettersteigkurs zu besuchen, in dem diese hier nur bruchstückhaft und sehr kurz angesprochenen Inhalte ausführlich behandelt und unter Aufsicht geübt werden können.

Hütten

Mittlerweile gibt es im Internet eine gute Zusammenstellung sämtlicher Hütten im beschriebenen Gebiet. Erfahrungsgemäß ändern sich Telefonnummern, Öffnungszeiten und Anfahrts- bzw. Parkbedingungen recht rasch, wodurch die bei den jeweiligen Touren angegebenen Daten oftmals bald veraltet sind. Es ist also ratsam, folgende Internetseiten bei der Tourenplanung mit zu berücksichtigen.

Österreich

- offiziell: alpenverein.at/huetten/finder.php
- auch gut: alpenvereinaktiv.com/de/huetten/

Italien

- offiziell: rifugi.cai.it
- besser: rifugi-bivacchi.com/

Slowenien

- offiziell: en.pzs.si/koce.php
- auch gut: hiking-trail.net/zemljevid.asp (über hribi.net)

Literatur und Navigation

Technik, Sicherheit, Alpine Gefahren

- Pit Schubert: Klettersteiggehen – Ausrüstung, Technik, Sicherheit, Rother Bergverlag, 7. Auflage, 2020.
- Pit Schubert: Sicherheit und Risiko in Fels und Eis, Band I (10. Aufl., 2019), Band II (4. Aufl., 2018), Band III (3. Aufl., 2013), Rother Bergverlag.

Klettersteig- und Wanderführer

- Paul Werner, Iris Kürschner, Thomas Huttenlocher, Jochen Hemmleb: Klettersteigatlas Alpen, Rother Bergverlag, 9. Auflage, 2023.
- Helmut Lang: Julische Alpen, Rother Bergverlag, 7. Auflage, 2023.
- Helmut Lang: Friaul-Julisch Venetien, Rother Bergverlag, 4. Auflage, 2022.
- Helmut Lang: Karawanken und Steiner Alpen, Rother Bergverlag, 4. Auflage 2023.
- Helmut Lang, Günter Lehofer: Kärntner Seen, Rother Bergverlag, 10. Auflage, 2024.
- Walter Mair, Osttirol Süd, Rother Bergverlag, 7. Auflage, 2022.

Karten

- Als Übersichtskarten eignen sich die Freytag&Berndt-Straßenkarten »Slowenien« und »Kärnten« im Maßstab 1:200.000.
- Fast das ganze Gebiet wird durch folgende Freytag&Berndt-Wanderkarten abgedeckt (alle im Maßstab 1:50.000): WK 141 Julische Alpen, WK 182 Lienzer Dolomiten, Lesachtal, Villgratner Berge, WK 223 Naturarena Kärnten, Gailtal, Gitschtal, Lesachtal, Weissensee, Oberes Drautal, WK 224 Faaker See, Ossiacher See, Villach, Dreiländereck, Unteres Gailtal, WK 233 Wörther See, Ossiacher See, Faaker See, Karawanken, Klagenfurt am Wörthersee, Villach, Jesenice, WK 238 Südkärnten, Klopeiner See, Völkermarkt, Bleiburg, Karawanken.

Außerdem empfehlen sich folgende Kartenblätter:

- Für das österreichische Gebiet die »Österreichischen Karten« (ÖK) des Bundesamts für Eich- und Vermessungswesen (BEV) im Maßstab 1:25.000. Eine Online-Version dieses Kartenmaterials ist unter maps.bev.gv.at/ zu finden.
- Für das italienische Gebiet die Tabacco-Karten im Maßstab 1:25.000. Relevant sind die Blätter 01, 09, 010, 017, 018, 019 und 027.
- Für das slowenische Gebiet die topografischen Karten des Slowenischen Alpenvereins (PZS) und des »Geodetski Zavod Slovenije« in den Maßstäben 1:25.000 und 1:50.000 (zahlreiche Blätter, leider ohne Blattnummerierung).

Alpines Wörterbuch

Deutsch	Slovenski	Italiano
Abgrund	prepad	abisso
absteigen	sestopiti	scendere, retrocedere
Absturz	padec	caduta, cadere, dirupo
Abzweigung	odcep, razpotje	diramazione, biforcazione
Alpines Notsignal	klic na pomoč, SOS	segnale di soccorso di alpi
Aufstieg	vzpon	salita
Drahtseil	zična vrv	corda di ferro
Einstieg	vstop, sestop	attacco
Eisrinne, Schneerinne	ledeni žleb/ozebnik, sneženi žleb/ozebnik	colatoio di ghiaccio, colatoio di neve
Fels, fester	dobra/trdna skala	rocca compatta
Felswand	stena	croda
Felszacken, Gratturm	rogelj, grebenski stolp	spuntone, gendarme
Firnfeld, Firnfleck	snežišče	nevaio
Führe, Route, Weg	(plezalska) smer	via, itinerario
Führer	vodnik	guida
gefährlich	nevaren, nevarno	pericoloso
Gipfel, Spitz, Zinne	vrh, špica, vršič, stolp, igla	cima, punta, vetta
Höhe	višina	altezza
Joch	sedlo, preval	valico
Karabiner	vponka	moschettone
Klettern	plezalni vzpon, plezalna tura	arrampicare
Landkarte	zemljevid	carta topografica
Plateau	podi, visoka, ravan, terasa ploščad	altopiano
Quelle	izvir, studenec	fonte, fontana, sorgente
Sattel	sedlo, prelaz, preval, vratca, dolič	sella
Scharte, kleine Scharte	škrbina, škrbinica	forcella, forcellina
Schlucht	tokava, grlo, žleb	gola
Schneefeld	snežišče	nevaio
Schutzhaus, Unterstand	dom, koča, zavetišče, bivak	rifugio, ricovero
schwierig	težaven, težko	difficile
Seil	vrv	corda
Selbstsicherung	samovarovanje	assicurazione di se stesso
Steig, Pfad	pot, steza	sentiero
Steigeisen	dereze	ramponi
Steinschlag	padajoče kamenje	caduta sassi
Tal	dolina	valle
Wand, Wandl	stena, stenica	parete, paretina
Wegmarkierung	markacija, oznaka	segnalazione
Wegweiser	kazipot, smerokaz	cartello indicatore

S. 24/25: Bei viel Verkehr sieht man genau den Routenverlauf am Däumling (Tour 64).

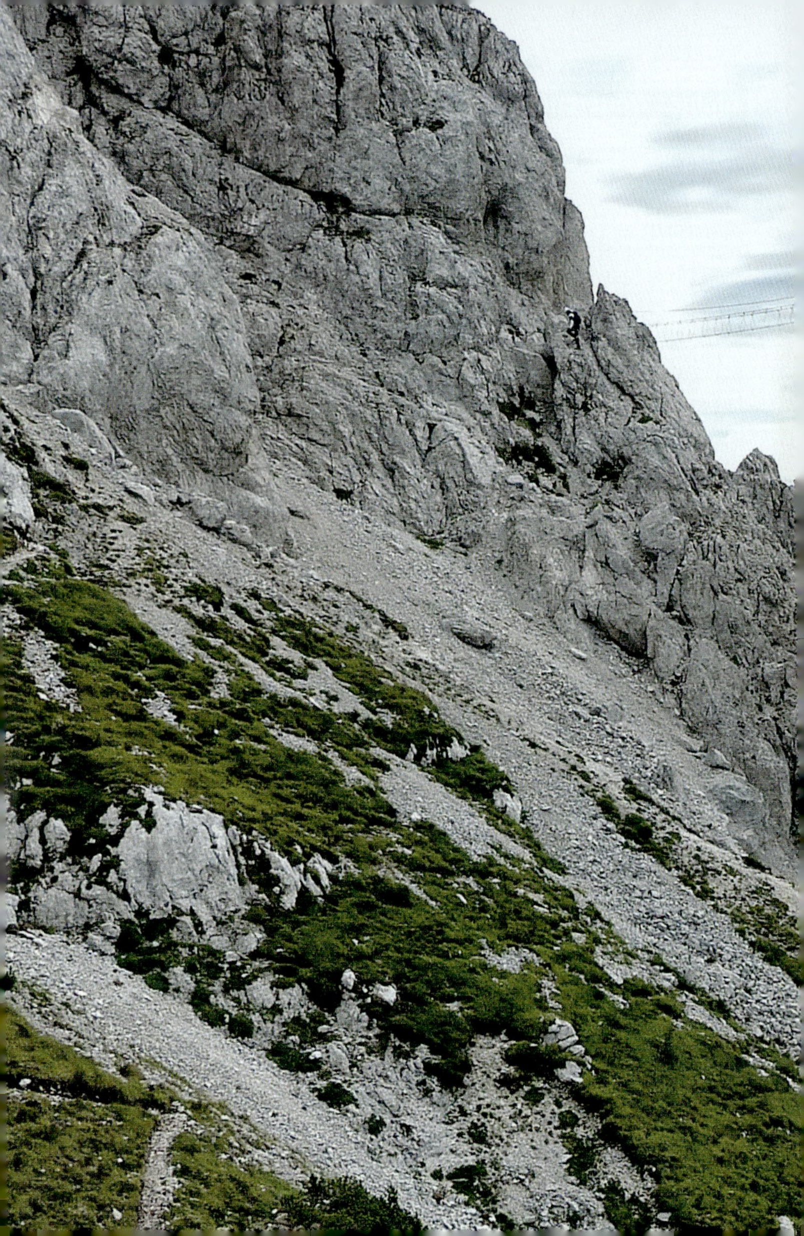

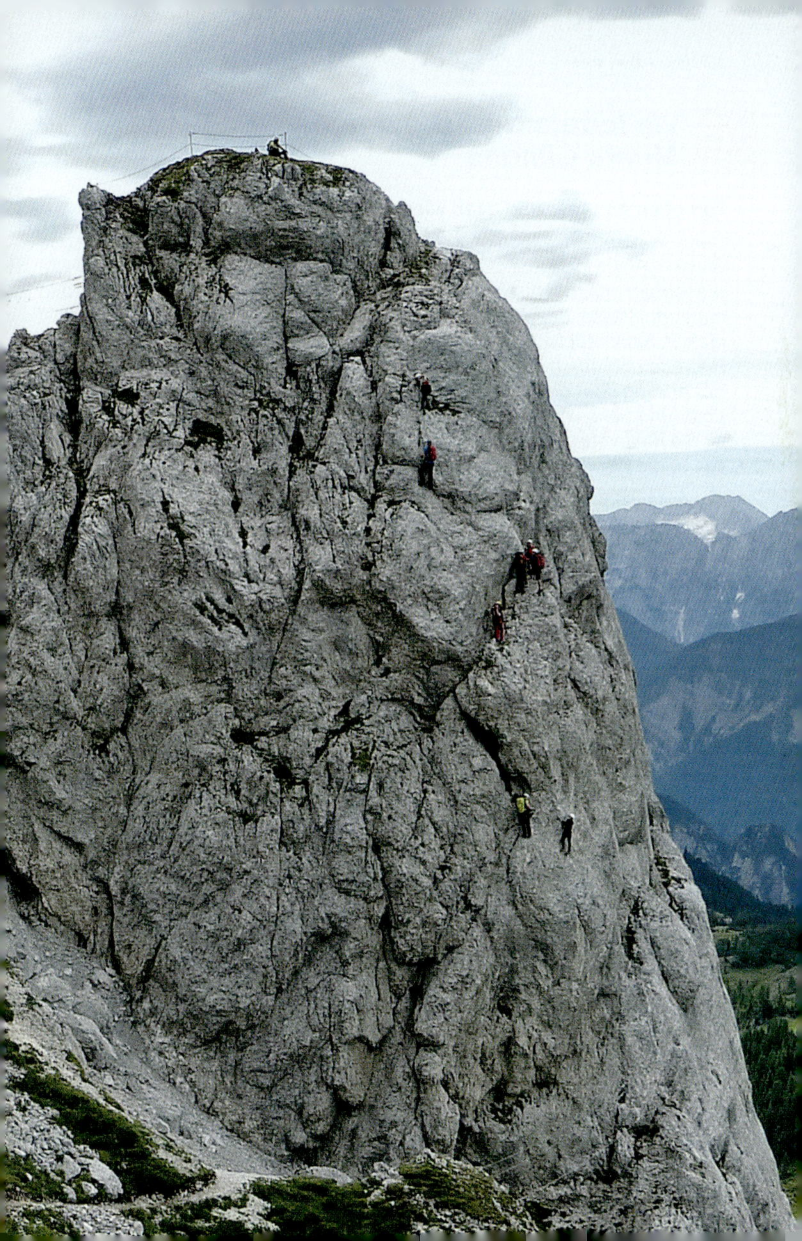

1 Via ferrata Norina auf den Monte Cimone

9.00 Std.

Von oben hinunter und dann wieder hinauf

Der in früheren Ausgaben beschriebene Weg CAI 640 vom Dognatal über das Biwak CAI Cividale auf den Monte Cimone ist seit mehreren Jahren »unbrauchbar«, nachdem ein Unwetter die Brücke über den Dogna-Bach und mehrere Stellen des Zustiegs weggerissen hat. Eine Wiederherstellung ist nicht in Sicht. Auch der alternative Zustieg über den Weg CAI 655 ab dem Ort Pleziche und durch die Salina-Schlucht ist teilweise zerstört. Somit bleibt nur der Anstieg über die Ostseite, wobei man die Via ferrata Norina von oben hinunter und dann wieder hinauf begeht. Im Gegensatz zum nördlichen Zustieg ist die Klettersteiganlage sehr gut in Schuss und durch die gewaltigen Einblicke in die Westwände des Zabus und des Montasch sehr lohnend.

Ausgangspunkt: Pecol-Alm, 1502 m, Auffahrt von der Sella Nevea (Nevea-Sattel).

Gehzeiten: Ausgangspunkt – Scharte 2–2.30 Std., Scharte – Biwak 0.30 Std., Via ferrata Norina (runter und rauf) 2–3 Std., Biwak – Gipfel 1 Std., Abstieg 3 Std., gesamt ca. 9 Std.

Charakter: Alpiner Klettersteig. Einfacher Aufstieg zum Gipfel, der nahezu ausschließlich Wandercharakter hat. Herrliche Rundumblicke. Für den Klettersteig-Abstecher ist ein Steinschlaghelm wegen der vielen Steinböcke besonders wichtig! Vorsicht im Frühsommer und Herbst bzw. bei Nässe!

Schwierigkeit: Zum Biwak: Kurz A/B, dann A. Via ferrata Norina: Teils lange Querungen A, dazwischen öfters und länger A/B bis B, wenige, kurze Stellen C.

Höhenunterschied: Ca. 1300 Hm, davon Klettersteig ca. 400 Hm.

Höchster Punkt: Monte Cimone, 2379 m.

Exposition: Zum Biwak: Ost, Via ferrata Norina: Nord.

Stützpunkte: Bivacco Sandro Del Torso, ca. 2100 m (nahe am Klettersteig-Ausstieg an der Forca della Viene), Käserei auf der Pecol-Alm.

Tipp: Die Käserei auf der Pecol-Alm, an der man direkt vorbeikommt, ist für ihre Produkte bekannt, aber leider im August komplett überlaufen.

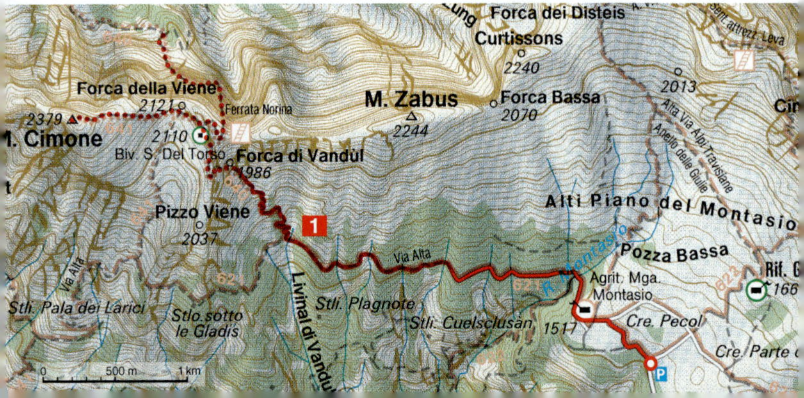

Zustieg: Den Parkplatz auf der Pecol-Alm verlässt man nach Westen zur Käserei und begibt sich dort auf die Via Alta (Nr. 621). Diese führt zunächst als Forstweg etwas bergab, um allmählich zu einem Steig zu werden, der früher ein Karrenweg war. In einer breiten, grasigen Steilflanke zweigt der Weg Nr. 640 ab (Markierung an einem Stein), dem wir in zahlreichen Serpentinen durch ein Blütenmeer folgen. Unterhalb eines markant löchrigen Felsens mit einer Grotte querend, steigt man am westlichen Grashang zur Forca di Vandul auf. Kugy nannte diese tief eingeschnittene Scharte zwischen Monte Zabus und Pizzo Viene das »Höllentor«. Sie bricht nach Norden in eines der wildesten Gebiete der Julischen Alpen ab.

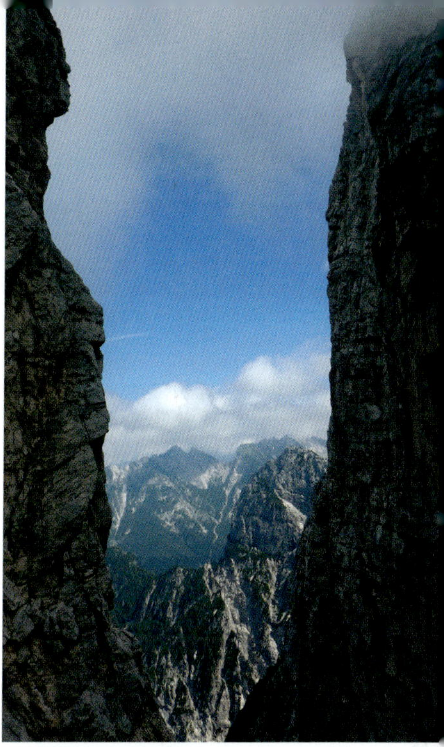

Beinahe furchterregend: das »Höllentor«.

Klettersteig: Von der Vandul-Scharte geht es kurz auf einem abschüssigen Steig nach links zum Wandfuß und diesen ca. 50 m sehr direkt steil hinauf (A/B). Nach einer Querung nach links (A) befindet man sich wieder auf Wiesengelände und erreicht bald das Biwak. Nördlich des Biwaks befindet sich der kaminartige Einstieg (B) der Via ferrata Norina. Der Steig führt gut gesichert nach rechts über steile Grasmatten (A) und über Felsstufen weiter hinab. Um eine »Nase« (dramatische Tiefblicke, A/B) herum gelangt man alsbald zum Wandbuch. Nun wendet sich der Steig nach links und bietet tolle Einblicke in das »Höllentor«. Über ausgesetzte Bänder, Felsstufen und Wandln (A/B bis B, kurze Stellen C) steigt man mithilfe von Stahlseilen und Klammern – ähnlich den Dolomiten-Eisenwegen – durch die Vandul-Schlucht weiter hinunter bis zu einem markanten Grasrücken, einer Art Aussichtskanzel und »Jausenplatzl«, und schließlich den gesamten Steig wieder hinauf. Der Weg vom Einstieg/Ausstieg zum Cimone-Gipfel ist Gehgelände mit einigen Felsstufen, die ungesichert und unschwierig zu ersteigen sind.
Abstieg: Wie Zustieg.

2 Via Amalia Zuani-Bornettini auf den Jôf di Montasio

10.00 Std.

Auf dem Weg der italienischen Jäger durch die Nordwand

Von Norden zeigt sich der Jôf di Montasio (Montasch) in seiner ganzen Größe: Mehr als 1700 Meter überragen die Nordwände das Saiseratal – ein Bild von gewaltiger Schönheit! Nicht minder atemberaubend ist der Blick vom Stuparich-Biwak auf die sich immer noch mehr als 1100 Meter auftürmenden Wandfluchten, Pfeiler und Scharten. Zwei interessante, wenn auch nicht ganz leichte Nordwandsteige haben hier ihren Ausgangspunkt: Neben dem mittlerweile als alpine Kletterroute einzustufenden Kugy-Weg gibt es noch die hier beschriebene Route, auch bekannt als »Weg der italienischen Jäger«. Sie wurde schon vor über 100 Jahren von den Wildschützen des Raccolana-Tales begangen.

Ausgangspunkt: Saiseratal, letzter großer Parkplatz unweit der Kapelle (Kugy-Denkmal, gebührenpflichtig), ca. 1000 m.
Gehzeiten: Parkplatz – Einstieg 2.30–3 Std. (auf Weg 639) bzw. 3.30 Std. (über Rif. Grego, Weg 611), Einstieg – Biwak Suringar 3–3.30 Std., Biwak Suringar – Jôf di Montasio (über Findeneggweg) 1.30 Std., Jôf di Montasio – Pecol-Alm 2–2.30 Std.; gesamt ca. 10 Std.
Charakter: Alpiner Klettersteig. Luftiger, teils ausgesetzter Klettersteig mit vielen, langen Gehpassagen und leichter Kletterei im oberen Teil.
Schwierigkeit: Häufig um A/B, im unteren Teil einige Stellen C, am Findeneggweg oft UIAA I–II.
Höhenunterschied: Ca. 1800 Hm, davon Klettersteig ca. 850 Hm.
Höchster Punkt: Jôf di Montasio (Montasch), 2753 m.
Exposition: Nord.
Stützpunkte: Rifugio Fratelli Grego (Grego-Hütte), 1390 m, Tel. +39 349 1997876, cai-fvg.it/sentieri-e-rifugi/rifugi-e-opere-alpine/rifugi-in-fvg/618-rifugio-f-lli-grego/; Rifugio Giacomo di Brazza (Brazza-Hütte), 1660 m, auf der Pecol-Alm, Tel. +39 0433 50 42 90, Tel. +39 346 2280072, cai-fvg.it/sentieri-e-rifugi/rifugi-e-opere-alpine/rifugi-in-fvg/619-rifugio-di-brazza/; Bivacco Carlo e Gianni Stuparich (Stuparich-Biwak), 1578 m; Bivacco Adriano Suringar, 2430 m.
Hinweis: Nahe dem Stuparich-Biwak letzte Wasserstelle!

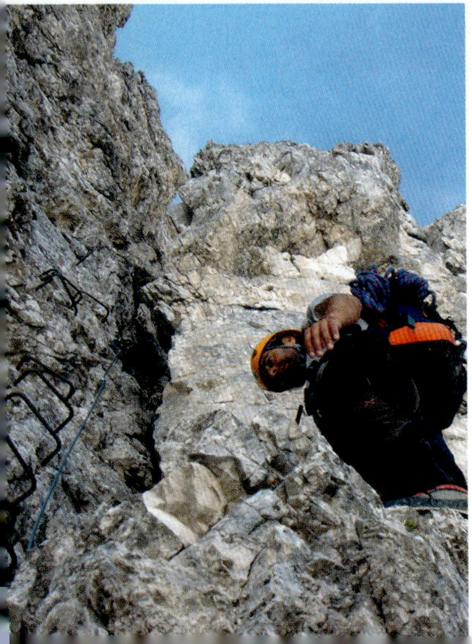

Der enge Kamin mit den Eisenklammern und Stiften.

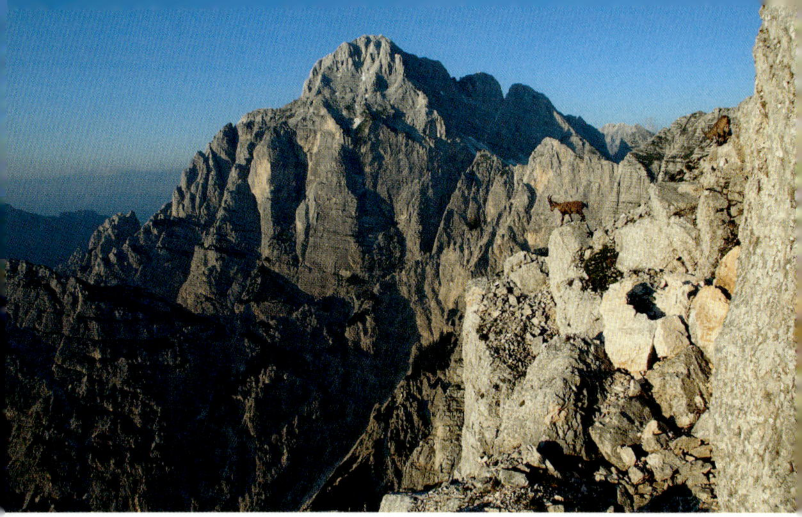

Blick zur Westwand des Jôf di Montasio, zum Biwak Suringar und zum Findeneggsteig.

Zustieg: A) Vom Parkplatz bei der Kapelle gehen wir auf Steig 611 mäßig steil zum Rif. Grego und folgen dort weiter der Bez. 611 nach links in Richtung Montasch-Nordwand zum Stuparich-Biwak.
B) Etwas kürzer gelangt man zunächst auf einem Karrenweg, dann auf einem Steig in Richtung Spragna (Spranje) zum Biwak. Zuerst geradeaus, dann dem Weg Nr. 639 nach rechts folgend steigt man steil aufwärts über den Bach und dann durch Wald und teils dichte Latschen zum Stuparich-Biwak.
Vom Biwak wählt man den Steig nach rechts hinauf zu einer Schuttzunge. Rechts von dieser bleibt man auf einem begrünten Rücken und auf Steigspuren unterhalb der Stirnmoräne, die vom Gletscherrest herabzieht. Nochmals nach rechts querend steigen wir bis zum Wandfuß. Der Einstieg befindet sich rechts von den gelblichen Wänden.
Klettersteig: Über Schrofen und Felsstufen klettert man mithilfe von Drahtseilen hinauf und durch Steilrinnen, die mittels Eisenstiften gangbar gemacht sind. Es folgt eine fast senkrechte Wand, die man mithilfe eines etwa 15 m langen Drahtseils bezwingt. Eine gesicherte Querung führt zu einer engen Felsspalte, aus der man auf einer nach rechts geneigten Felsrippe auf einen Zacken aussteigt. Nun führt der Steig durch einen engen Kamin, in dem Eisenklammern und mehrere Stifte den Aufstieg erleichtern. Danach erreicht man ein »geschlossenes« Schartl. Einige Meter abwärts, dann etwa 8 m (sehr luftig, C) gegen einen schwach ausgeprägten Kamin empor. Auf Stiften und einer Eisenklammer gelangt man in eine große, geneigte Rinne und durch diese, sich links haltend, in ein grasbewachsenes Schartl.

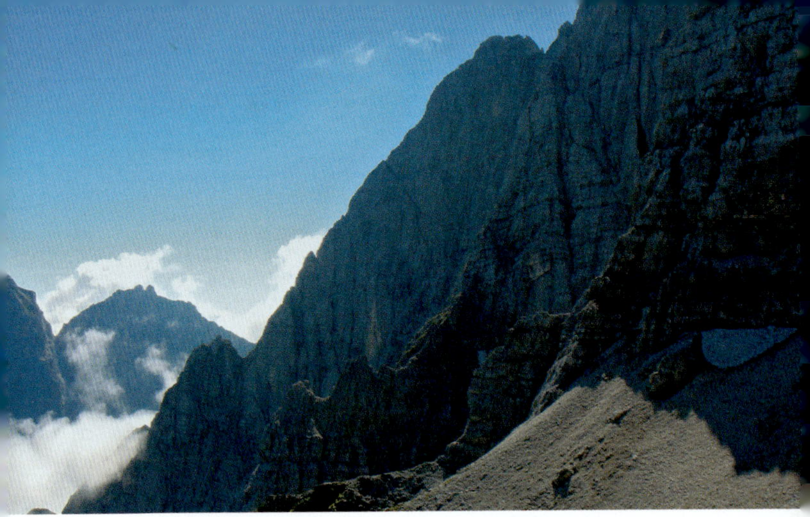

Im oberen Wegverlauf.

Weiter geht es über Grasstufen und eine Schutthalde (bis in den Sommer sehr lang ein Schneefeld) in eine Schlucht (Achtung Steinschlaggefahr!). Über einige steile Platten hinauf (Klammern und Stifte) erreicht man bald ein Kar, wo meist Wasser herunterfließt. Über eine Schuttterrasse kommt man zu einer Wand, die man in leichtem Fels durchsteigt. Wir erreichen nun den Fuß des Nordturms, der fast das ganze Jahr hindurch von Schnee umgeben ist, und queren in leichtem Anstieg die Schutthalde bzw. das Schneefeld. Man geht ganz nach rechts und gelangt so zu den Felsen. Der Aufstieg wird auch hier an luftigen Stellen durch Sicherungen erleichtert. Über einen begrünten Steilhang gelangt man zur Schneide und genießt herrliche Tiefblicke und ein einmaliges Panorama. Es folgt ein schmaler Grat, dem man eine Weile folgt, um dann auf der rechten Seite über Gras und Schrofen abzusteigen.
Weiter geht es am Rande des Abgrunds entlang. Nach einem kurzen Anstieg erreicht man einen grünen Rücken (NW-Schulter). Jetzt blickt man auf die Dogna-Seite und in die Schlucht, die wie ein großer Trichter aussieht. Nun quert man etwa 50 m abwärts, dann weiter über Schrofen und Wandstufen hinauf zu einem bequemen, ebenen Band, das um eine Felskante zum Biwak Suringar führt. Vom Biwak gelangt man auf einem Steig in wenigen Minuten zu einem Felsblock mit dem Hinweis »Montasio«, von dort geht es wie bei Tour 3 weiter zum Gipfel. Im Bedarfsfall kann vom Biwak über Bänder zur Forca dei Disteis und weiter zur Pecol-Alm abgestiegen werden.
Abstieg: Über den Leiterweg (Tour 4) zur Pecol-Alm. Der Abstieg über den Aufstiegsweg ist weniger ratsam!

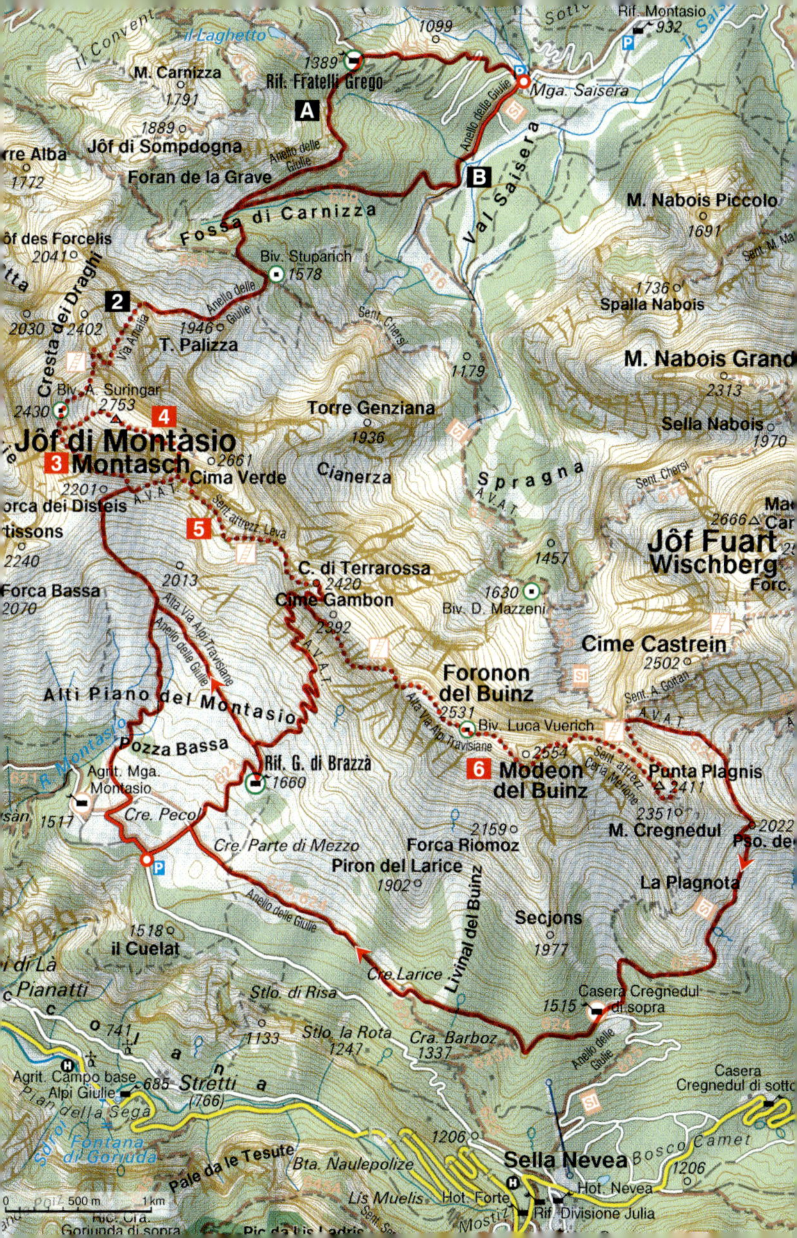

Rif. Montasio
932
1099
il Laghetto
Il Convent
M. Carnizza
1791
1389
Rif. Fratelli Grego
Mga. Saisera
A
B
1889
Jôf di Sompdogna
Anello delle Giulie
Foran de la Grave
1772
Fossa di Carnizza
Val Saisera
M. Nabois Piccolo
1691
Biv. Stuparich
1578
2041
Cresta dei Draghi
2
2030
2402
1946
T. Palizza
1736
Spalla Nabois
Sent. Chersi
1179
M. Nabois Grande
2313
Biv. A. Suringar
2753
2430
4
Torre Genziana
1936
Sella Nabois
1970
Jôf di Montàsio
3
Montasch
2661
Cima Verde
Cianerza
Spragna
A.V.A.T.
2201
Sent. attrezz. Leva
5
2666
Jôf Fuart
Wischberg
2240
1457
C. di Terrarossa
2420
Cime Gambon
1630
Biv. D. Mazzeni
Forca Bassa
2070
2013
2392
Alta Via Alpi Travisiane
Cime Castrein
2502
Sent. A. Goitan
Alti Piano del Montasio
Foronon del Buinz
2531
Biv. Luca Vuerich
R. Montasio
Pozza Bassa
Agrit. Mga. Montasio
Rif. G. di Brazzà
1660
6
Modeon del Buinz
2554
Sent. attrezz. Ceria Merlone
Punta Plagnis
2411
2351
M. Cregnedul
2022
1517
Cre. Pecol
Cre. Parte di Mezzo
2159
Forca Riomoz
Piron del Larice
1902
Livinal del Buinz
La Plagnota
1518
il Cuelat
Secjons
1977
Cre. Larice
Casera Cregnedul di sopra
1515
Pianatti
Stlo. di Risa
741
1133
Stlo. la Rota
1247
Cra. Barboz
1337
Agrit. Campo base Alpi Giulie
685
Stretti
(766)
Plan della Sega
Casera Cregnedul di sotto
Fontana di Goriuda
1206
Sella Nevea
Bosco Camet
1206
Pale da le Tesute
Bta. Naulepolize
Lis Muelis
Hot. Forte
Hot. Nevea
Rif. Divisione Julia
0
500 m
1 km

3 Findeneggweg auf den Jôf di Montasio

6.30 Std.

Über Stufen auf den zweithöchsten Berg der Julischen Alpen

Der Findeneggweg wurde benannt nach Magister Hermann von Findenegg, Apotheker aus Villach. Als der Run auf die letzten Gipfel der Julischen Alpen begann, gelang Findenegg 1877 die Erstbesteigung des Jôf di Montasio (Montasch). Sein Rivale war Graf Giacomo di Brazza, der als Erster 1881 den heutigen Leiterweg erschloss. Der Weg ist kaum gesichert, sondern stellt eine Route dar, über die man im 19. Jahrhundert verhältnismäßig »leicht« den Berg erklimmen konnte. Über weite Strecken ist der Findeneggweg sehr steinschlaggefährdet, und dies nicht nur wegen der dort oft anzutreffenden Steinböcke. Daher ist ein Helm unbedingt notwendig und von der Begehung in größeren Gruppen abzuraten.

Ausgangspunkt: Pecol-Alm, 1502 m, Auffahrt von der Sella Nevea (Nevea-Sattel).
Gehzeiten: Parkplatz – Einstieg 2 Std., Einstieg – Jôf di Montasio 2–2.30 Std., Abstieg über die Leiter 2–2.30 Std.; gesamt ca. 6.30 Std.
Charakter: Teils gesicherter Steig. Zudem teils sehr ausgesetzt, mit etlichen Gehpassagen. Im oberen Teil leichte Kletterei bei hoher Steinschlaggefahr.
Schwierigkeit: Anfangs A/B und A, dann meist UIAA I–II.
Höhenunterschied: Ca. 1250 Hm, davon teils gesicherter Steig ca. 500 Hm.
Höchster Punkt: Jôf di Montasio (Montasch), 2753 m.
Exposition: Südwest.
Stützpunkte: Rifugio Giacomo di Brazza (Brazza-Hütte), 1660 m, auf der Pecol-Alm, Tel. +39 346 2280072, cai-fvg.it/sentieri-e-rifugi/rifugi-e-opere-alpine/rifugi-in-fvg/619-rifugio-di-brazza/; Bivacco Adriano Suringar, 2430 m.
Hinweis: Karte siehe Tour 2.

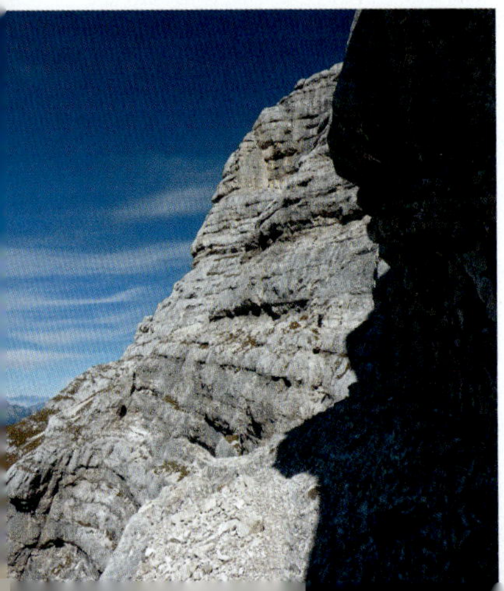

Zustieg: Vom Parkplatz geht man zum Rifugio Brazza und wählt dann den stark frequentierten, linken Steig in Richtung Forca dei Disteis, der über die grünen Almhänge unter der Südwand des Jôf di Montasio schräg emporführt. An der Forca dei Disteis (2201 m) steigen wir etwas mühsam den Schottergrat nach rechts hinauf, vereinzelte rote Punkte auf größeren Steinen weisen den Weg.
Steig: Am oberen Ende des Schottergrates quert man eine Schluchtrinne nach links und gelangt zu den

Die Querung am Findeneggband.

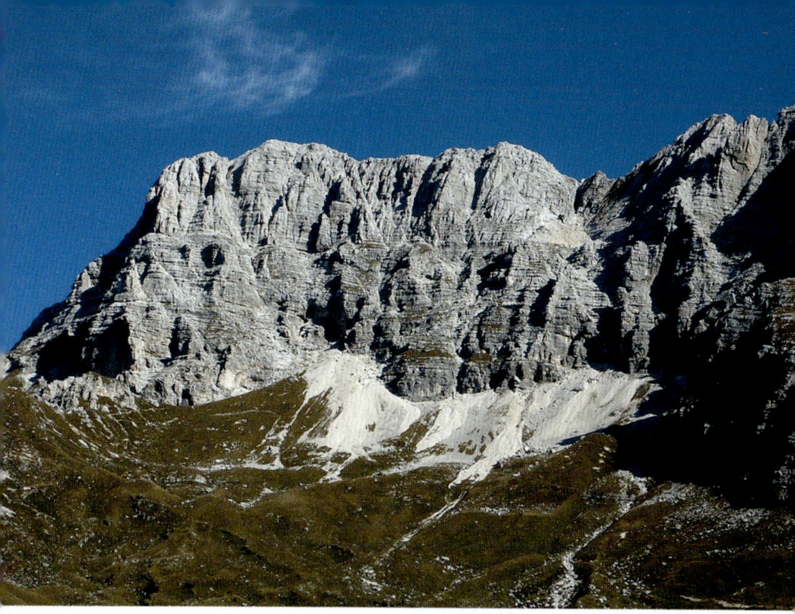

Der Jôf di Montasio erhebt sich majestätisch über der Pecol-Alm.

Einstiegsfelsen. Auf guten Stufen und plattigem Fels steigen wir hinauf (A/B) und überqueren auf schmalen, schuttbedeckten Bändern einen Felsgürtel. Nun geht es weiter bis zu einer abfallenden, riesigen Felsschlucht. Dort steigt man dann links, teilweise drahtseilgesichert hinauf bis zum großen unteren Band (A bis A/B), dem Findeneggband, das man in der Nähe eines auffallenden Felsturmes erreicht. Der Steig führt unter dem Turm vorbei und etwa 300 m waagrecht auf dem Band weiter bis zu einem Felskopf (A). Hinter diesem gelangt man zur Fortsetzung des Bandes. Hier aufpassen! Von diesem Band zweigt man rechts in die große, westseitige Findeneggschlucht ab, die Abzweigung ist sehr schlecht markiert. (Geradeaus käme man in wenigen Minuten zum Biwak Adriano Suringar.) Nun gelangt man über oft schuttbedeckte Steilstufen zu einer Wandstelle, die mit etwas Kraft zu bewältigen ist. Der Steig führt in anregender Kletterei (Achtung auf Steinschlag durch Vorausgehende!) empor bis zur Schluchtteilung im oberen Teil. Nun gehen wir in der Schlucht nach links über relativ guten Fels zum Grat und auf diesem luftig – mit Blick in die schaurigen Tiefen der Nordwand – über schuttbedeckte Bänder und Blöcke zum Gipfel. Der gesamte Aufstieg durch die Schlucht ist nicht mit Drahtseilen gesichert!
Abstieg: Über den Leiterweg (Tour 4).

4 Leiterweg auf den Jôf di Montasio

6.00 Std.

Einen Meter über dem Fels

Das kühn geformte, majestätisch aufragende Felsmassiv der Montaschgruppe mit seinem erhabenen Hauptgipfel stellt den zweithöchsten Punkt der Julischen Alpen dar. Die Südflanken sind gut gestuft und erheben sich nur mäßig steil über den Almwiesen von Pecol, die trotz ihrer Wasserarmut eine reiche Flora tragen. Eine Hinterlassenschaft des Ersten Weltkrieges ist die »Scala Pipan«, eine über 60 Meter lange Seilleiter über die steilste Wandpartie. Die Leiter ist das Herzstück dieses Klettersteigs und wurde 2022 generalsaniert.

Ausgangspunkt: Pecol-Alm, 1502 m, Auffahrt von der Sella Nevea (Nevea-Sattel).
Gehzeiten: Parkplatz – Einstieg 2 Std., Einstieg – Jôf di Montasio 1.30–2 Std., Abstieg über die Leiter 2–2.30 Std.; gesamt ca. 6 Std.

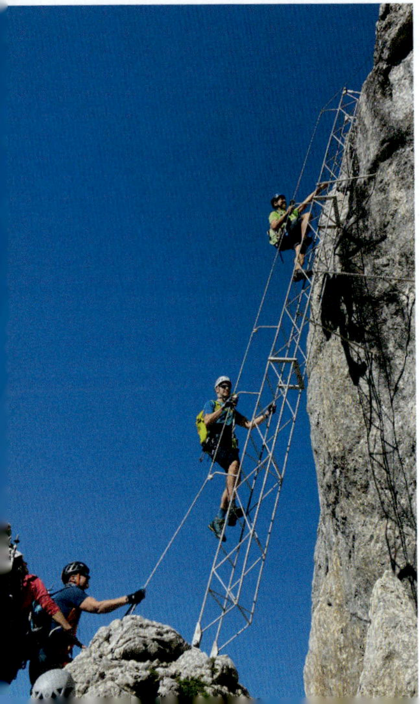

Charakter: Alpiner Klettersteig. Der Leiterweg ist technisch unschwierig und gilt daher als Normalweg. Die schwankende, vom Fels abgesetzte Seilleiter erfordert jedoch viel Schwindelfreiheit.
Schwierigkeit: Meist A/B, wenige Stellen und die Leiter B.
Höhenunterschied: Ca. 1250 Hm, davon Klettersteig ca. 500 Hm.
Höchster Punkt: Jôf di Montasio (Montasch), 2753 m.
Exposition: Süd.
Stützpunkte: Rifugio Giacomo di Brazza (Brazza-Hütte), 1660 m, auf der Pecol-Alm, Tel. +39 346 2280072, cai-fvg.it/sentieri-e-rifugi/rifugi-e-opere-alpine/rifugi-in-fvg/619-rifugio-di-brazza/.
Hinweis: Karte siehe Tour 2. Der Leiterweg wird viel begangen, es kommt daher oft zu Wartezeiten vor der Leiter. Seit der Sanierung gibt es mitten in der Leiter eine Ausweiche. Auch wurde der Klettersteig oberhalb der Leiter nach links in festeren Fels verlegt und somit das Steinschlagrisiko drastisch minimiert. Die Umgehung der Leiter über die grasigen Bänder ostseitig der Schlucht ist ziemlich exponiert und weniger begangen. Bei Nässe, Nebel und Schnee ist davon abzuraten, ansonsten ist sie aber eine seillose Alternative.

Der Stau auf der Leiter ist im August leider vorprogrammiert.

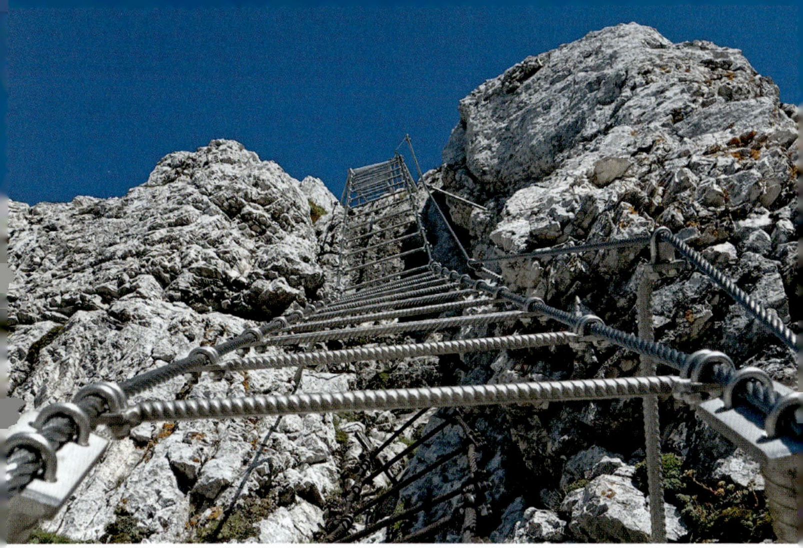

Einen Meter über dem Fels: die neue Seilleiter über der alten.

Zustieg: Vom Parkplatz geht man zum Rif. Brazza und wählt dann den stark frequentierten, linken Steig in Richtung Forca dei Disteis, der über die grünen Almhänge unterhalb der Südwand des Jôf di Montasio schräg emporführt. Kurz vor der der Forca dei Disteis (2201 m) folgen wir dem Steig nach rechts und queren das große Schotterfeld bis zum Felsfuß.
Klettersteig: Der Bezeichnung folgend steigt man über leicht gestuften Fels (A/B) etwas nach rechts hinaus und weiter entlang der mehrmals unterbrochenen, großen Schrägrinne (Gehgelände, und bis A/B). Der Steig führt teils in der Rinne, teils neben dieser über grasdurchsetztes Gelände bis zur Stelle, an der die Rinne aufsteilt. Hier zweigt der Sentiero attrezzato Leva (Tour 5) nach rechts ab. Wir aber folgen den Markierungen links zu einer markanten Geröllhalde und steigen diese in einem großen Rechtsbogen hinauf zum Fuß der Steilstufe in Richtung Spalt und Fenster.
Über eine feste, steile und sehr luftige Leiter geht es nun empor (B). Gleich darauf folgt die Seilleiter, die uns nun knapp über dem Boden ca. 60 m überaus luftig weiter nach oben führt. An ihrem Ende gelangen wir über den neu angelegten Klettersteig nach links und über teils gut gestuften Fels, teils Platten hinauf zum Grat (A/B und B). Mit herrlichen Aus- und Tiefblicken in die Saisera steigt man schließlich auf der gut gangbaren östlichen Gratschneide ungesichert zum Gipfel. Dort warten eine Gedächtnisglocke und ein einfaches Gipfelkreuz.
Abstieg: Wie Aufstieg.

TOP 5 Sentiero attrezzato Leva auf die Cima di Terrarossa

6.30 Std.

Quer durch die Südwand des Montasch-Zuges

Der Klettersteig ist Augusto und Elenita Leva gewidmet und wird vom CAI Triest gewartet. Er ist ein Verbindungssteig vom Jôf di Montasio zur Cima di Terrarossa und nutzt die südlichen Felsbänder des Montasch-Zuges geschickt aus. Der Weg ist teilweise sehr ausgesetzt, jedoch vorbildlich mit Drahtseilen gesichert. Die Forca di Palone (Palone-Scharte) schneidet ca. 200 Meter tief in den Montasch-Zug ein. In diese Scharte steigt man zuerst rassig ab, um dann auf der anderen Seite ebenso rassig wieder an Höhe zu gewinnen.

Ausgangspunkt: Pecol-Alm, 1502 m, Auffahrt von der Sella Nevea (Nevea-Sattel).
Gehzeiten: Parkplatz – Einstieg 2 Std., Einstieg – Scharte 1.30–2 Std., Scharte – Gipfel 0.45 Std., Abstieg 2 Std.; ges. ca. 6.30 Std.
Charakter: Alpiner Klettersteig. Abwechslungsreicher, dreiteiliger Klettersteig. Zuerst ausgesetzte Bänder à la Brenta, dann teils gesichertes Gehgelände in felsdurchsetzten Grasflanken, zuletzt rassiger Ab- und Aufstieg an der Palone-Scharte.
Schwierigkeit: Meist A bis A/B mit wenigen kurzen Stellen B, bei der Scharte länger B bis C.
Höhenunterschied: Ca. 1100 Hm, davon Klettersteig ca. 400 Hm.
Höchster Punkt: Cima di Terrarossa, 2420 m.
Exposition: Süd.
Stützpunkte: Rifugio Giacomo di Brazza (Brazza-Hütte), 1660 m, auf der Pecol-Alm, Tel. +39 346 2280072, cai-fvg.it/sentieri-e-rifugi/rifugi-e-opere-alpine/rifugi-in-fvg/619-rifugio-di-brazza/.
Hinweis: Karte siehe Tour 2. Vom Jôf di Montasio kann diese Tour im Abstieg über die Leiter (Tour 4) gut bis zur Palone-Scharte »mitgenommen« werden. Der Abstieg von der Palone-Scharte über einen gut sichtbaren, aber unmarkierten Pfad zum Rif. Brazza ist möglich (aber teilweise mühsam durchs Schuttkar).

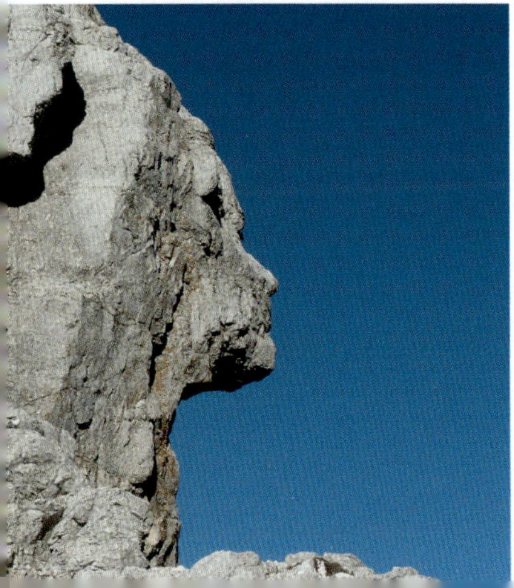

Zustieg: Vom Parkplatz geht man zum Rif. Brazza und wählt dann den stark frequentierten, linken Steig in Richtung Forca dei Disteis, der über die grünen Almhänge unterhalb der Südwand des Jôf di Montasio schräg emporführt. Kurz vor der Forca dei Disteis (2201 m) folgen wir dem Steig nach rechts und queren das große Schotterfeld bis zum Felsfuß (siehe Tour 4).
Klettersteig: Der Bezeichnung folgend steigt man wie bei Tour 4 über leicht gestuften Fels (A/B) etwas

»Herr Palone« im Profil.

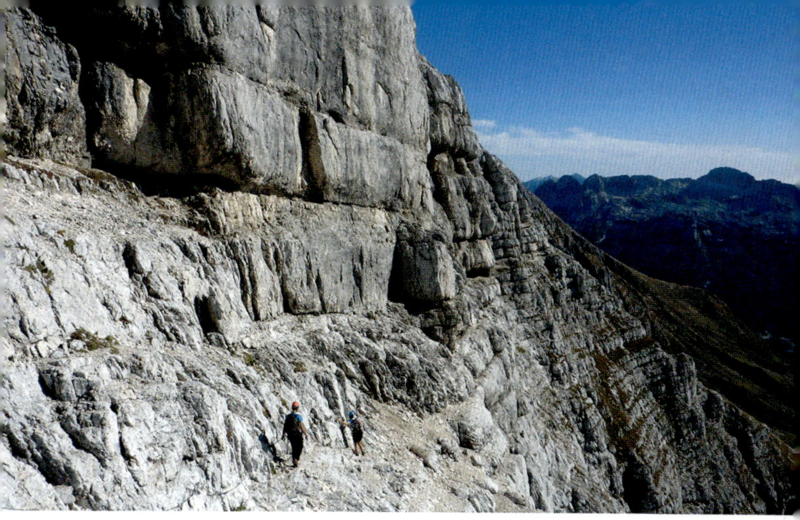

Nahezu waagrecht führt der Klettersteig über die Bänder zur Palone-Scharte.

nach links hinaus und weiter entlang der mehrmals unterbrochenen, großen Schrägrinne (Gehgelände bis A/B). Der Steig führt teils in der Rinne, teils links von dieser über grasdurchsetztes Gelände bis zur Stelle, an der die Rinne aufsteilt. Hier zweigt der Klettersteig nach rechts ab und die ausgesetzte, teilweise sogar sehr ausgesetzte Querung der Südwand (bis A/B) über die Bänder beginnt bei einer Tafel. Um ein Eck herum gelangen wir zu einer steinschlaggefährdeten Rinne (kurz B), um dann weiter über die Bänder ostwärts zu gehen.
Bald erreichen wir den Südrücken des Modeon di Montasio und damit den Mittelteil des Klettersteiges. Der schmale Pfad führt durch felsdurchsetzte, steile Grashänge und ist anfangs meist ungesichert, aber dennoch abschüssig und teils sehr ausgesetzt. Herrliche Tiefblicke in das Palone-Kar mit der großen Doline und auf die Pecol-Alm bieten sich hier. Zur Scharte hin wird das Gelände wieder felsiger und der Steig zunehmend schwieriger (mehrmals A/B bis B), bevor er über eine Rampe (A/B) und bald darauf über Kamine (Trittstifte, B/C) in die Forca di Palone (Palone-Scharte) hinunterführt. Östlich der Scharte folgen zunächst ein kurzes Band (A), dann eine senkrechte Passage (C), die mithilfe einer Strickleiter überwunden wird. Nach einer Verschneidung (B) neigt sich das Gelände (A) und man gelangt bald darauf auf den späteren Abstiegsweg, dem man ein paar Minuten lang hinauf zum Gipfel folgt.
Abstieg: Von der Cima di Terrarossa führt ein schmaler Weg aus dem Ersten Weltkrieg in weiten Serpentinen hinunter zum Rifugio Brazza und bietet so einen angenehmen Abstieg.

6 Sentiero attrezzato Ceria Merlone

10.00 Std.

Exponierte Überschreitung zwischen Jôf di Montasio und Jôf Fuart

Diese genuss- und abwechslungsreiche, allerdings sehr lange Bergtour vermittelt besonders interessante Eindrücke. Der Steig verläuft – markiert und seit 2022 mit 58 neuen Seilsegmenten gesichert – meist in einer Höhe von über 2200 Metern durch das Massiv. Das »Alpini Bataillon Cividale« sorgte dafür, dass man heute von der Forca del Palone im Westen bis zur Forca Livinal (auch Lavinal) dell'Orso (Bärenlahnscharte) im Osten durch die wunderschöne Felsszenerie gesichert gehen kann. Man sollte sich aber im Klaren darüber sein, dass es sich hierbei um eine alpine Überschreitung handelt, die ein hohes Maß an Bergerfahrung und Ausdauer erfordert.

Ausgangspunkt: Pecol-Alm, 1502 m, Auffahrt von der Sella Nevea (Nevea-Sattel).
Gehzeiten: Pecol-Alm – Einstieg 2–2.30 Std., Klettersteig zur Bärenlahnscharte (ohne Gipfelbesteigungen) 4–5 Std., Bärenlahnscharte – Pecol-Alm 2.30–3 Std.; gesamt ca. 10 Std.
Charakter: Alpiner Klettersteig. Sehr lange, ernst zu nehmende Tour; teils sehr ausgesetzte Bänder und Passagen mit einigen Auf- und Abstiegen. Nur geübten, bergerfahrenen und trainierten Bergsteigern zu empfehlen – nur bei gutem Wetter! Nach schneereichem Winter oft lange Zeit Firnfelder in den Rinnen, besonders beim Abstieg.
Schwierigkeit: Hauptsächlich Gehgelände, oft A und A/B. Einige Stellen im Bereich Cregnedul kurz B/C.
Höhenunterschied: Ca. 1200 Hm, davon Klettersteig ca. 400 Hm in häufigem Auf und Ab.
Höchster Punkt: Foronon del Buinz, 2531 m.
Exposition: Alle, oft Süd, Abstieg Nord.
Stützpunkte: Rifugio Giacomo di Brazza (Brazza-Hütte), 1660 m, auf der Pecol-Alm, Tel. +39 346 2280072, cai-fvg.it/sentieri-e-rifugi/rifugi-e-opere-alpine/rifugi-in-fvg/619-rifugio-di-brazza/; Bivacco Luca Vuerich am Gipfel des Foronon del Buinz.
Tipp: Ein Abstecher auf die Cima di Terrarossa (ca. 30 Min.) bietet eine schöne Aussicht bereits zur ersten Pause. Die weglose Überschreitung des Modeon del Buinz (2554 m) ist ebenfalls lohnend (UIAA I–II, ca. 100 Hm und ca.1 Std. Mehraufwand).
Hinweis: Karte siehe Tour 2. Die Tour kann auch gut in umgekehrter Richtung begangen werden.

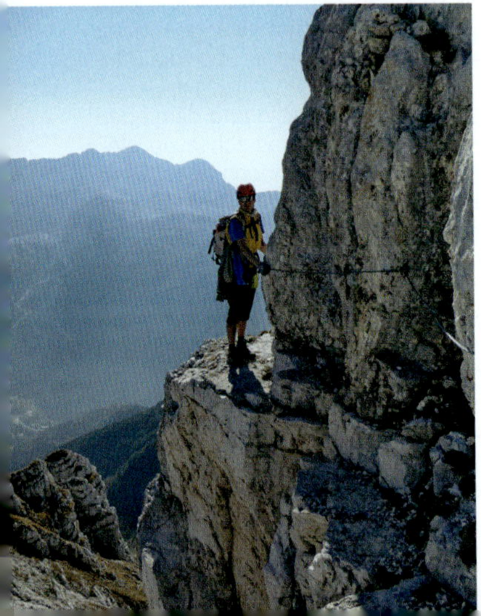

Eine typische A-Stelle im Sentiero attrezzato Ceria Merlone.

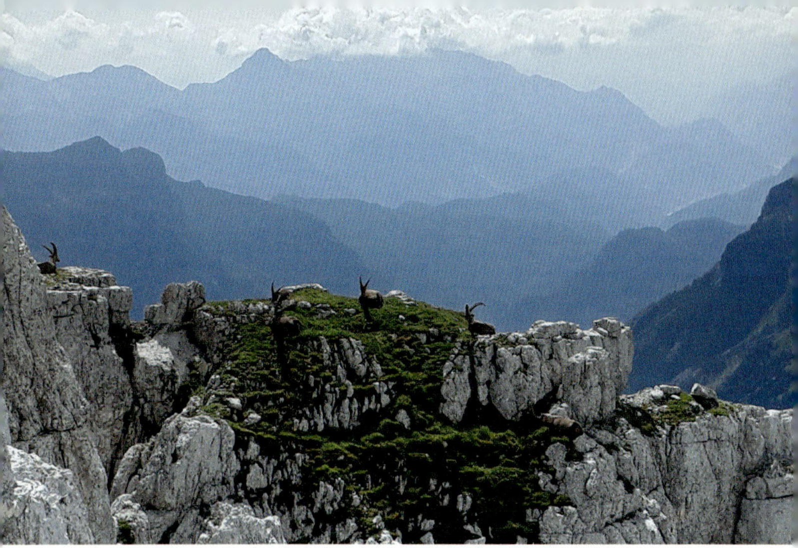

Auf der westlichen Schulter des Foronon.

Zustieg: Vom Parkplatz auf der Pecol-Alm geht man zunächst auf dem Fahrweg zum Rif. Brazza. Von dort leitet ein ehemaliger Karrenweg mäßig steil in vielen Kehren durch die Südwand auf die Cima di Terrarossa.

Klettersteig: Noch vor der Scharte, etwa 150 Hm unter dem Gipfel der Cima di Terrarossa, gelangt man zu einer Wegteilung. Hier quert man rechts auf einem Grasband den südseitigen Abbruch der Cima Gambon (2405 m), der steil zur Alm abfällt. Nun steigen wir links weiter durch eine grasdurchsetzte Felsflanke. Der Steig führt über gestuften Fels und erreicht in einigen Kehren die Forca da lis Sieris (2274 m). Dort bieten sich atemberaubende Tiefblicke nach Norden zu den Torre Mazzeni, in die Alta Spragna und in die Saisera. Hier befindet sich eine Erinnerungstafel für C. Ceria und R. Merlone, die 1965 am Monte Rosa auf tragische Weise verunglückt sind. Aus der Forca da lis Sieris bieten sich u. a. atemberaubende Tiefblicke zu den Torre Mazzeni, in die Alta Spragna und Saisera.

Von der Scharte steigt man über eine gut gegliederte, gesicherte, etwa 100 m hohe Wand weiter auf (bis B), erreicht die westliche Schulter des Foronon, unterhalb dessen äußeren Randes ein Kriegssteig verläuft, und verfolgt die lange, ausgeprägte Kammschulter des Foronon del Buinz. Auf dem teilweise felsigen Grat und über einige Kehren erreichen wir schließlich den Gipfel des Foronon del Buinz (2531 m), auf dem weithin sichtbar das Bivacco Luca Vuerich thront. Nach kurzem Abstieg (A/B) gelangt man auf den breiten Sattel zwischen dem Foronon und dem Modeon. Unterhalb des Sat-

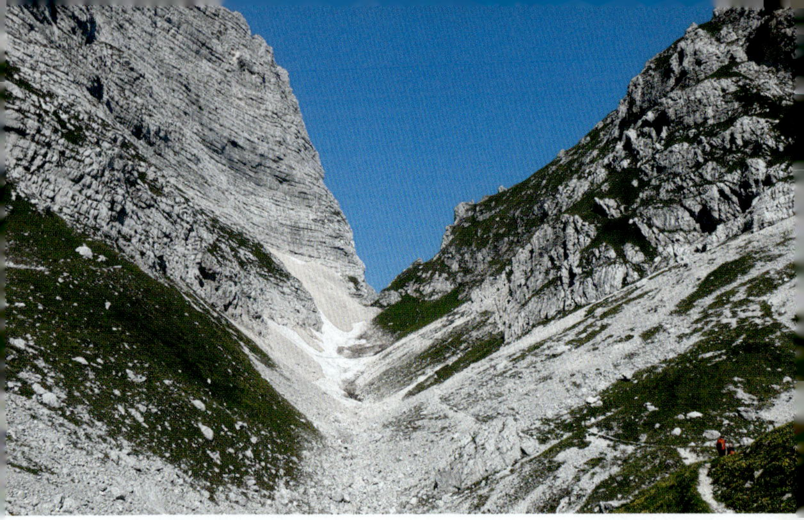

Oben: Die Forca Livinal dell'Orso (Bärenlahnscharte) und links der Abstieg zu dieser.
Rechts: Entlang der Bänder der Cima de la Puartate.

tels durchzieht eine Kaverne den Kamm. Der Steig führt um den Gipfel des Modeon del Buinz südlich herum und auf ein langes Band bis zum Abbruch in der Ostflanke. Jetzt geht es steil durch eine Schlucht, über Fels und Schotter, gut gesichert hinunter in die Forca de la Val, Österreichern eher als Cregnedul-Kar bekannt (Stellen bis B/C, auf Steinschlag achten!). Im Cregnedul-Kar trifft man wieder auf einen Kriegssteig, um dann ein bewachsenes Band zu queren. Weiter aufsteigend verläuft der Steig auf schönen, sehr exponierten Bändern unterhalb des Gipfels der Cima de la Puartate (2436 m). Südlich des Gipfels erreicht der Steig den Kamm, dem man eine Weile folgt (A bis A/B). Einem Wandbogen folgend passiert man nun das Gelände etwas unterhalb der Punta Plagnis (2411 m) und steigt auf schmalen Bändern zur Cregnedul-Scharte (2325 m) ab.
Von der Cregnedul-Scharte führt der Steig nun nordostseitig über ausgesetzte Steilstufen unter den Kamm der Punta Plagnis. Den Bändern folgend und nochmals über Platten und Stufen steigt man teils sehr ausgesetzt weiter (A bis B). Es folgt die Querung eines großen Schuttfeldes hinunter zur Forca Livinal dell'Orso (Bärenlahnscharte).
Abstieg: In Richtung Osten folgt man an der Wegteilung der Bezeichnung zum Passo degli Scalini (2022 m). Anschließend benützt man den Pfad Nr. 625 zur Casere Cregnedul di Sopra. An der Wegteilung wandern wir über Almböden auf dem Weg Nr. 624 (Forststraße) zur Casere di Mezzo und gelangen so letztlich wieder zur Pecol-Alm.

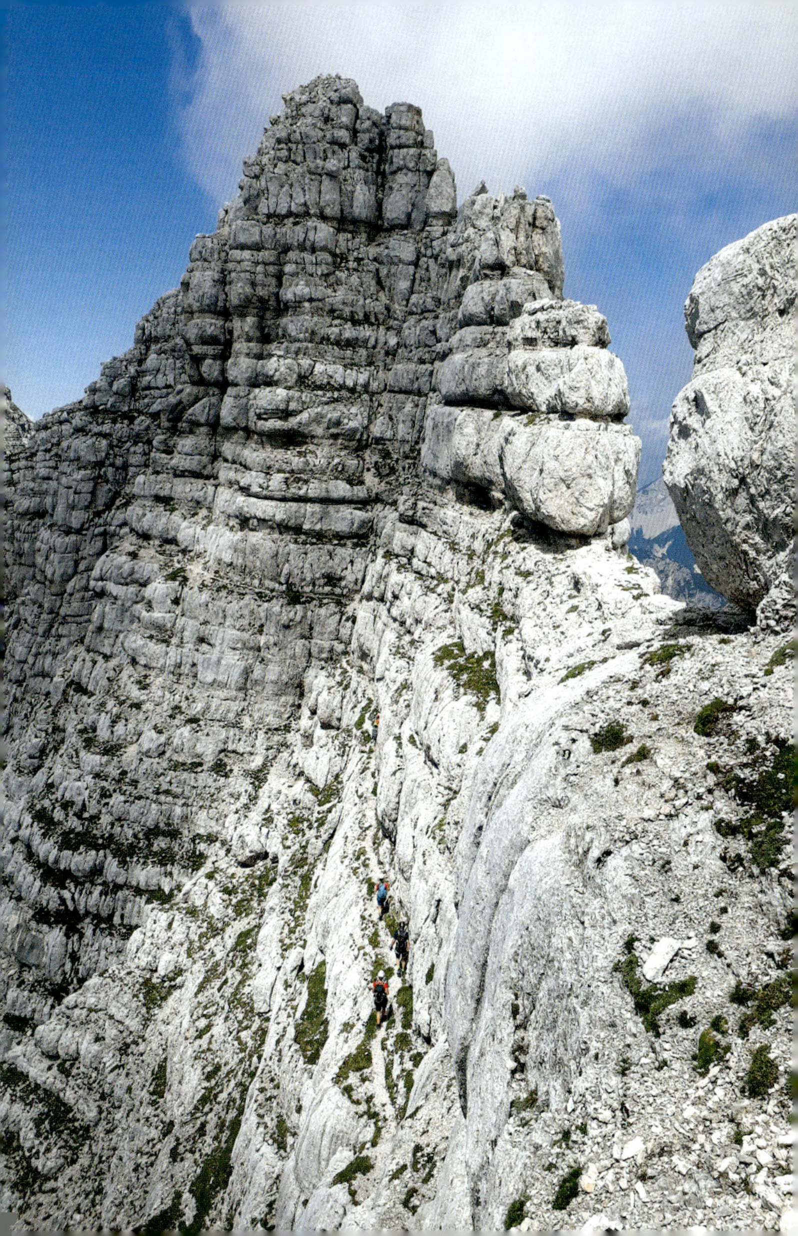

7 Über die Cime Castrein

9.00 Std.

Wenig begangene Überschreitung zur Felsenfestung

Die Cime Castrein (Kastreinspitzen) sowie der Jôf Fuart waren im Ersten Weltkrieg uneinnehmbare Felsenfestungen. Man stößt hier auf Schritt und Tritt auf Spuren von Wehranlagen aus jener Zeit. Die Begehung der Stellungsreste erfolgt mittlerweile aber ungesichert und im weglosen Gelände und erfordert daher größte Vorsicht.

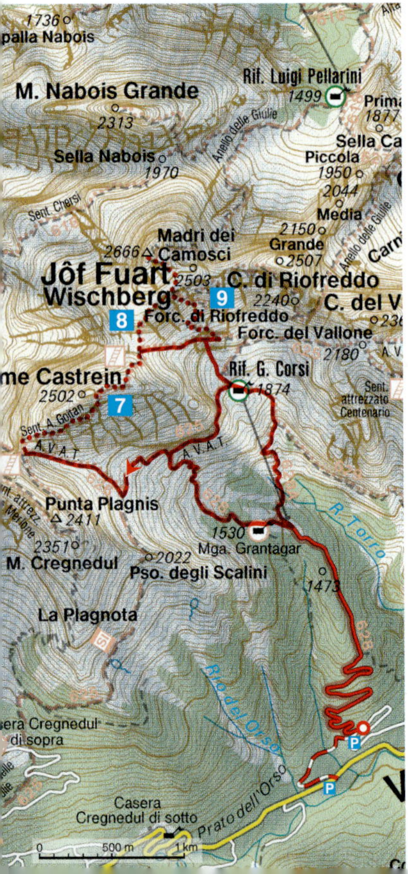

Ausgangspunkt: Parkplatz, 1040 m, am Weg zum Rifugio Corsi. Von der Straße zwischen Lago del Predil (Raibler See) und Sella Nevea zweigt man beim Gedenkstein ab und fährt knapp 1 km auf einer Schotterstraße vorbei an mehreren Ruinen zum Parkplatz. Auch direkt beim Gedenkstein ist ein kleiner Parkplatz.

Gehzeiten: Parkplatz – Bärenlahnscharte 3–4 Std., Aufstieg Cime Castrein 1 Std., Abstieg zur Mosesscharte 0.30–1 Std., Mosesscharte – Rif. Corsi 1.30 Std., Rif. Corsi – Parkplatz 2 Std.; gesamt ca. 9 Std.

Charakter: Teils gesicherter Steig. Die gesamte Überschreitung der Cime Castrein ist ein ernstzunehmender Felsgang, zumal kaum Sicherungen vorhanden sind. Im Frühsommer liegt in Rinnen und Couloirs meist noch Firn, besonders im nordseitigen Abstieg.

Schwierigkeit: Die sehr wenigen gesicherten Stellen A/B, sonst Gehgelände und UIAA I.

Höhenunterschied: Ca. 1500 Hm.

Höchster Punkt: Cime Castrein (Kastreinspitzen), 2502 m.

Exposition: Aufstieg: Südost; Abstieg: Nordost.

Stützpunkt: Malga Grantagar, 1530 m, Tel. +39 340 8473791.

Hinweis: Die Corsi-Hütte ist bis auf Weiteres wegen Baufälligkeit geschlossen. Die Tour kann auch gut in umgekehrter Richtung gegangen werden. Unterwegs kein Trinkwasser!

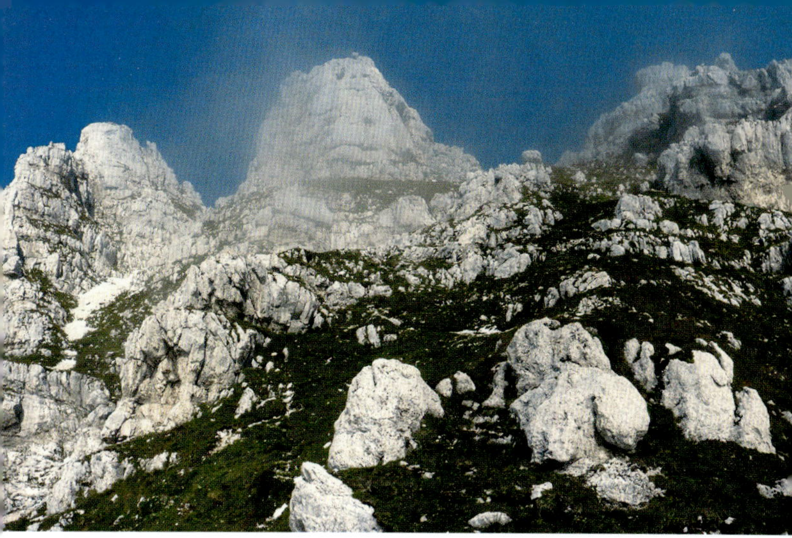

Querung unterhalb der Cime Castrein.

Zustieg: Vom Parkplatz folgt man der meist betonierten Forststraße (Bez. 628) bis zur Fischbachalm (Malga Grantagar) und weiter bis zu einer Wegverzweigung. Weiter geht es nach links, dem Weg 626 für wenige Minuten folgend. Dann wählt man Weg 625 rechts hinauf in eine Talmulde und geht weiter zur Bärenlahnscharte (Forca Livinal dell'Orso, 2138 m).
Steig: Kurz vor der Scharte zweigt ein Steiglein ab (Stein mit Pfeil und der Bez. »Mose«), das rechts über eine steile Grasflanke hinaufführt. An einigen Stellen hatte es kleinere Hangrutschungen gegeben, sodass diese mit äußerster Vorsicht überwunden werden müssen. In Windungen ersteigt man über felsdurchsetzte Grashänge die Südflanke der Cime Castrein. Unterhalb der Cime Castrein quert man auf der östlichen Abdachung vorbei an einem Felseneck (A) und gelangt in Kürze zum Nordgipfel (2502 m) mit seinen Schützengräben und verfallenen Wehrbauten.
Für klettererfahrene Neugierige lassen sich die anderen Spitzen über Felsbänder, in den Fels geschlagene Treppen, Kavernen, Tunnel und mittlerweile mit viel Schutt bedeckte Kriegssteige erkunden (teils bis UIAA II).
Vom Nordgipfel folgt man dem Schützengraben am Nordostrücken abwärts und wendet sich bald nach links hinunter. Der weitere Abstieg erfolgt steil nordostwärts auf selten gesicherten (A/B), grasdurchsetzten Bändern. So erreicht man eine kurze Steilwand (B), über die man zur Mosesscharte (Forcella Mosè, 2271 m) absteigt. Hier befindet sich die steinerne Figur des Moses.
Abstieg: Wie im Aufstieg bei Tour 8.

8 Über die Forcella Mosè auf den Jôf Fuart

9.00 Std.

Über den südwestlichen Abschnitt des Sentiero Anita Goitan

Der beeindruckende Felskamm der Wischberggruppe mit seinen typischen Bändern und Türmen war für Julius Kugy eines der schönsten und gewaltigsten Massive der Julischen Alpen. Der westliche Teil wurde im Ersten Weltkrieg von den Österreichern zu einer Bergfestung ausgebaut; noch heute erinnern zahlreiche Stellungsreste, kühne Steiganlagen und Kavernen an diese dunkle Zeit. Der Jôf Fuart (Wischberg) ist heute nicht nur ein historisches Freilichtmuseum, sondern auch ein wahres Klettersteigparadies.

Ausgangspunkt: Parkplatz, 1040 m, am Weg zum Rif. Corsi. Von der Straße zwischen Lago del Predil (Raibler See) und Sella Nevea zweigt man beim Gedenkstein ab und fährt knapp 1 km auf einer Schotterstraße, vorbei an mehreren Ruinen, zum Parkplatz. Auch direkt beim Gedenkstein ist ein kleiner Parkplatz.
Gehzeiten: Parkplatz – Rif. Corsi 2.30–3 Std., Rif. Corsi – Mosesscharte 1.30 Std., Mosesscharte – Jôf Fuart 1.30 Std., Abstieg zum Rif. Corsi über den Normalweg 1.30–2 Std.; Rif. Corsi – Parkplatz 2 Std.; gesamt ca. 9 Std.
Charakter: Teils gesicherter Steig. Kurzer, teils etwas ausgesetzter Klettersteig mit langen Gehpassagen und im oberen Teil kurzer, leichter Kletterei. Angenehmster Aufstieg zum Jôf Fuart.
Schwierigkeit: Einstiegswand B, dann A/B und A.
Höhenunterschied: Ca. 1700 Hm, davon Klettersteig ca. 400 Hm.
Höchster Punkt: Jôf Fuart (Wischberg), 2666 m.
Exposition: Süd, im oberen Teil Ost.
Stützpunkt: Malga Grantagar, 1530 m, Tel. +39 340 8473791.
Hinweis: Die Corsi-Hütte ist bis auf Weiteres wegen Baufälligkeit geschlossen. Karte siehe Tour 7.

Die Gipfelmadonna.

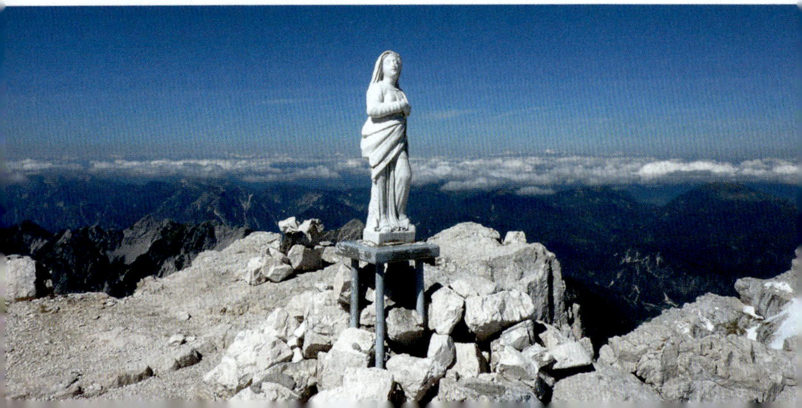

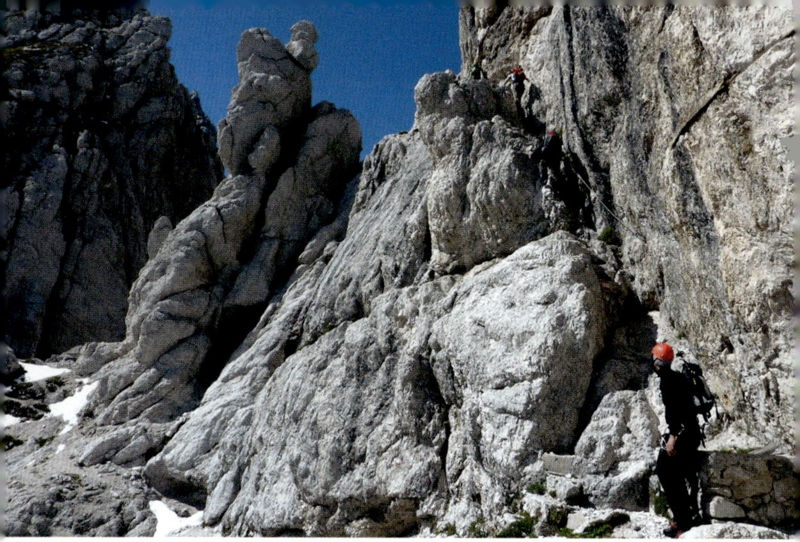

Neben dem Moses steigt man in der Scharte hinauf.

Zustieg: Vom Parkplatz geht man über den teilweise betonierten Forstweg zur Fischbachalm (Malga Grantagar) und dort entweder nach Westen über Weg 628 und 625 zum Rif. Corsi oder direkt über den »Sentiero dei Tedeschi« mit kurzen gesicherten Passagen (A/B) durch den Graben unterhalb der Hütte. Weiter geht es zunächst in nordwestlicher Richtung bergauf auf eine Felsbarriere zu. (Die üblicherweise hier begangene Route ist in den gängigen Karten nicht so eingezeichnet.) Nach etwa 30 Min. erreicht man oberhalb der Felsbarriere eine Wegverzweigung, an der man nach links abbiegt und längs der ersten Wandstufe weitergeht. Der Weg führt nun in das Kar unterhalb der Scharte und hier in steilen, aber gut begehbaren Serpentinen über Geröll zum Einstieg an der Forcella Mosè (Mosesscharte).
Steig: An der Mosesscharte (hier steht der »Steinerne Moses«) wendet man sich nach rechts und geht wenige Meter auf deutlichen Steigspuren zu den Stellungsresten und Kavernen. Gut gesichert und über griffigen Fels steigen wir im Zickzack die Einstiegswand hinauf (B). Weiter geht es in Richtung der sogenannten »Pagode« auf ein Felsband, dem man folgt (A und A/B). Alsbald erreicht man ein Schotterband, das auf der Süd- und Ostseite des Jôf Fuart verläuft. Man steigt auf diesem Band leicht an, zuerst an drei charakteristischen, gelblichen Felsspornen vorbei, denen bald ein weiterer Sporn folgt. Nach kurzer Zeit stößt man auf den Normalweg vom Rif. Corsi, der dann weiter zum Gipfel führt.
Abstieg: Über den Normalweg, siehe Tour 9.

9 Normalweg auf den Jôf Fuart

9.00 Std.

Gehgelände mit gesicherten Passagen an der Südseite

Der Normalweg auf den Jôf Fuart (Wischberg) ist der meistbegangene Anstieg auf die Felspyramide dieses Sonnenberges. Im Gegensatz zum Weg über die Mosesscharte verlangt er ein höheres Maß an Trittsicherheit, ist aber klettersteigtechnisch weniger schwierig.

Ausgangspunkt: Siehe Tour 8.
Gehzeiten: Parkplatz – Rif. Corsi 2.30–3 Std., Rif. Corsi – Jôf Fuart 1.30–2.30 Std., Abstieg zum Rif. Corsi 1.30–2 Std.; Rif. Corsi – Parkplatz 2 Std.; ges. ca. 9 Std.
Charakter: Teils gesicherter Steig. Im unteren Teil über einige überraschend luftige Stufen, generell jedoch meist Gehgelände, oft auf abschüssigem Terrain. Für routinierte Berggeher bei normalen Verhältnissen kaum schwierig.
Schwierigkeit: Die Stufen UIAA I–II und A/B, im Mittelteil streckenweise A und A/B.
Höhenunterschied: Ca. 1700 Hm, davon Klettersteig ca. 500 Hm.
Höchster Punkt: Jôf Fuart (Wischberg), 2666 m.
Exposition: Südost.
Stützpunkt: Malga Grantagar, 1530 m, Tel. +39 340 8473791.
Tipp: Gut kombinierbar mit Tour 8 über die Mosesscharte.
Hinweis: Die Corsi-Hütte ist bis auf Weiteres wegen Baufälligkeit geschlossen. Karte siehe Tour 7.

Nach dem natürlichen Tunnel erreicht man den plattigen Südostrücken des Jôf Fuart.

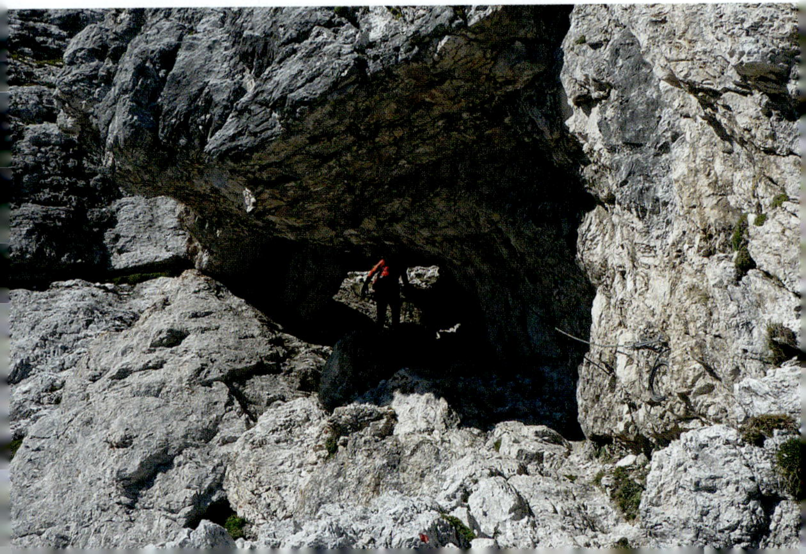

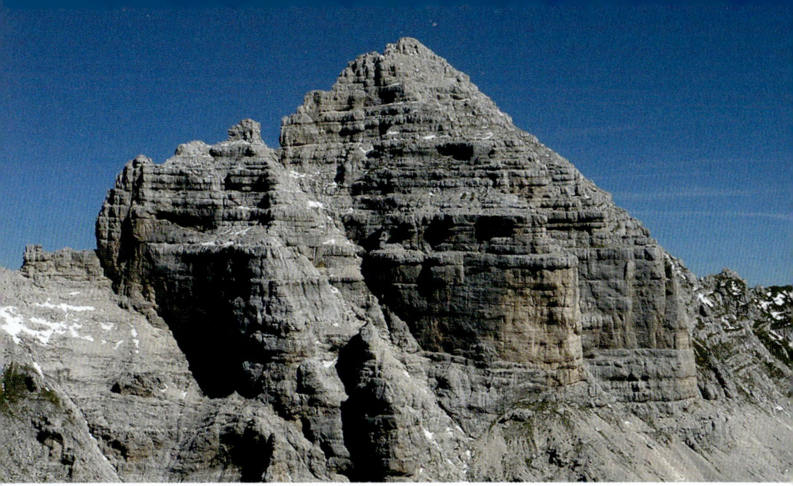

Der Jôf Fuart von den Cime Castrein aus gesehen.

Zustieg: Wie bei Tour 8 zum Rif. Corsi. Von der Hütte starten wir in nordwestlicher Richtung dem Jôf Fuart entgegen und gelangen zunächst über Wiesengelände zu einem Felsabbruch. Über diesen hinweg erreichen wir eine erste Wegteilung, wo wir uns rechts halten. Kurz darauf geht es an einer weiteren Wegteilung nach links, quasi also zurück. Der hier beschriebene und üblicherweise begangene Wegverlauf ist in den meisten Karten so nicht erfasst. Natürlich kann man auch über den dort beschriebenen Weg 625 und 627 hochsteigen, dann nähert man sich dem Einstieg aus östlicher Richtung.
Steig: Nach der Wegteilung erreichen wir bald die erste Wandstufe (I–II). Über Schrofen, Schutt und Grasmatten steigt man weiter hinauf bis zum Wandfuß der Alta Cima delle Madri dei Camosci (Hohen Gamsmutter). Steil an Drahtseilen empor (A/B) und durch einen kurzen natürlichen Felstunnel erreicht man den sich verflachenden, plattigen und breiten Südostrücken des Jôf Fuart (meist A/B). Hier kann man nach rechts in den Sentiero attrezzato Anita Goitan einsteigen. Auf Steigspuren geht es links über steile, schuttbedeckte Felsflanken recht mühsam und ungesichert in Windungen weiter hinauf, bis man auf die Einmündung des Weges von der Mosesscharte trifft. Ab dort wird der Weg etwas besser und wendet sich nach rechts dem Gratrücken zu, von dem man einen herrlichen Tiefblick zum Rifugio Pellarini hat. Weiter auf dem Steig in Serpentinen hinauf gelangen wir zwischen die beiden Gipfelaufbauten und schließlich in leichter Kletterei auf den Südgipfel mit Kreuz und Madonna.
Abstieg: Wie Aufstieg.

10 Sentiero attrezzato Anita Goitan

10.00 Std.

Klassiker über dem Rifugio Corsi

Der Sentiero attrezzato Anita Goitan folgt an vielen Stellen alten Kriegssteigen aus den Jahren 1915 bis 1918. Dieser Steig erschließt in aufregender und raffinierter Wegführung eine der eindrucksvollsten Felsformationen der Julischen Alpen. Der Klettersteig wurde von den Gebirgsjägern des Bataillons Cividale zum Andenken an das tödlich verunglückte CAI-Mitglied Anita Goitan aus Triest angelegt.

Ausgangspunkt: Parkplatz am Weg zum Rif. Corsi. Von der Straße zwischen Lago del Predil (Raibler See) und Sella Nevea zweigt man beim Gedenkstein ab und fährt knapp 1 km auf einer Schotterstraße, vorbei an mehreren Ruinen, zum Parkplatz. Auch direkt beim Gedenkstein ist ein kleiner Parkplatz.
Gehzeiten: Parkplatz – Rif. Corsi 2–3 Std., Rif. Corsi – Einstieg 1 Std., Einstieg – Forcella di Riofreddo (Kaltwasserscharte) 3–4 Std., Forcella di Riofreddo – Rif. Corsi 1 Std., Rif. Corsi – Parkplatz 1.30–2 Std.; gesamt ca. 10 Std.
Charakter: Alpiner Klettersteig. Sehr variantenreiche Tour mit teils exponierten und mitunter ernsten, ungesicherten Passagen; daher nur für routinierte Felsgeher empfehlenswert. Zwei Schlüsselstellen beim Kleinspitz (Innominata) und kurz danach verlangen auch klettertechnisches Geschick (Seil zur Partnersicherung ratsam). Im Frühsommer liegt in den Rinnen und Couloirs meist noch Firn (Pickel).
Schwierigkeit: Entlang der Bänder meist A oder Gehgelände, in den Scharten und Rinnen oft länger B, Schlüsselstelle C/D.
Höhenunterschied: Ca. 1500 Hm, davon Klettersteig ca. 400 Hm.
Höchster Punkt: Am Gamsmutterzug, nahe beim Einstieg, ca. 2400 m.
Exposition: Meist Süd.
Stützpunkt: Malga Grantagar, 1530 m, Tel. +39 340 8473791.
Hinweis: Die Corsi-Hütte ist bis auf Weiteres wegen Baufälligkeit geschlossen. Die Tour kann auch in umgekehrter Richtung begangen werden. Wer durch die Kaltwasserscharte in die Saisera absteigen will (Weg 627), sollte das keinesfalls über die Winterroute tun. Ein Klettersteig führt durch einen östlichen Nebenast der Kaltwasserscharte.

Panorama von der Grantagar-Alm – von links: Hohe Gamsmutter, Gamsmutterturm, Gamsnadel, Kleinspitz und Kaltwasser-Gamsmutter.

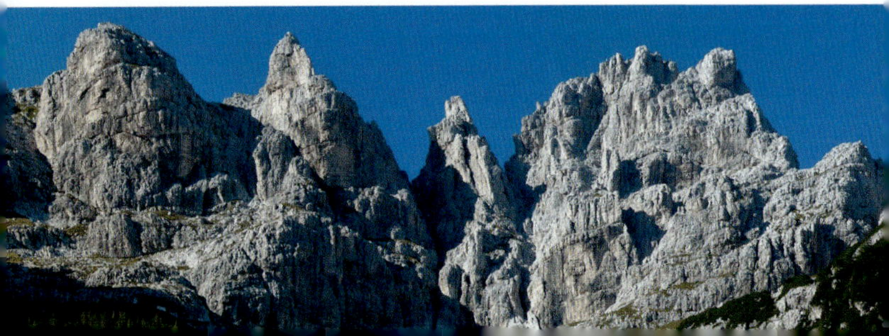

Zustieg: Wie bei Tour 8 zum Rif. Corsi. Dann steigt man zunächst auf dem Wischberg-Normalweg an (siehe Tour 9).

Klettersteig: Den Wischberg-Normalweg verlässt man ca. 10 Min. oberhalb des Felstunnels. Wir queren nach rechts, steigen über die Rinne und erreichen rasch das gut sichtbare, schräg heraufziehende Felsband, das die überhängende schwarze Wand der Hohen Gamsmutter (Alta Cima delle Madri dei Camosci) durchzieht. Man folgt dem Felsband fast eben, anschließend begeht man, bestens gesichert, einige exponierte Passagen (A/B) in einmaliger Felsszenerie. Achtung: Unterhalb verläuft der Normalweg – also besonders »sauber« steigen und keine Steine ablassen!

In herrlicher Felslandschaft schlängelt sich der Steig um ein Eck zur Schlucht zwischen Hoher Gamsmutter und Gamsmutterturm (Torre delle Madri dei Camosci). Die Schlucht wird durchquert und man begeht ein weiteres Band, das sich um den Gamsmutterturm zieht. Nach einer weiteren Biegung erblickt man die Gamsnadel (Ago dei Camosci) und den Kleinspitz (Innominata). Das Band ist zunächst schmal und unterbrochen, wird dann allmählich breiter und dehnt sich zu einer grasbewachsenen Terrasse unter der Gamsnadel. Im Anschluss daran erreicht man über kleinere Absätze eine steile Platte.

Von hier gelangen wir mithilfe von Steigbügeln und Drahtseilen in die darunterliegende Scharte (B). Aus der Scharte sind einige Meter auf der gegenüberliegenden Seite aufzusteigen, bis man einen Stand erreicht. Weiter

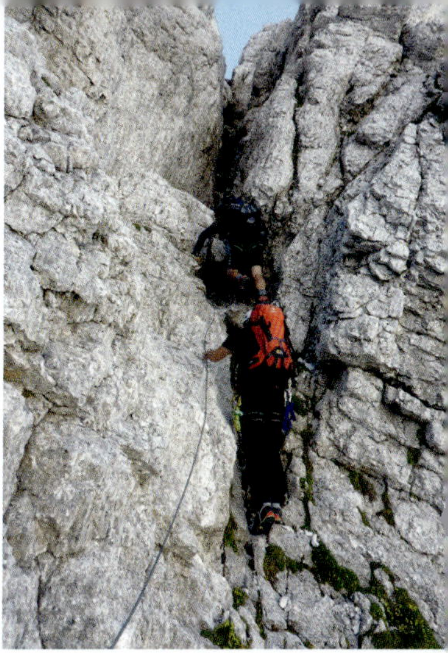

Kaminflanke am Kleinspitz.

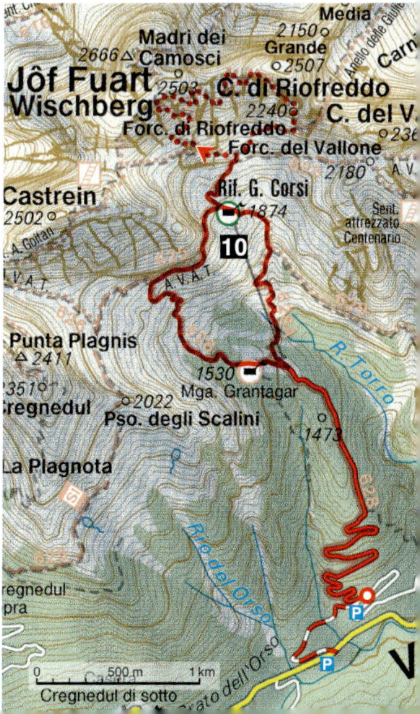

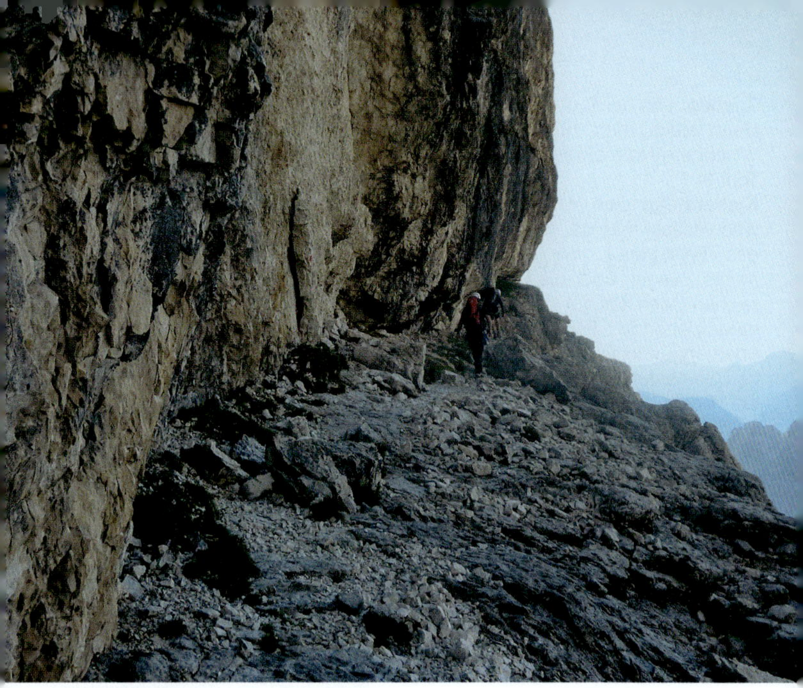

Das breite Band kurz nach dem Einstieg.

steigen wir durch die Kaminflanke und einen vertikalen Felsspalt der Innominata. Diese Stelle ist trotz der Hilfe eines Drahtseiles schwierig (Schlüsselstelle, C/D). Auf der anderen Seite der Wand muss man etwas luftig absteigen (B). In weiterer Folge gelangt man zum Einschnitt, der den Kleinspitz (Innominata) und die Kaltwasser-Gamsmutter (Cima di Riofreddo) trennt. Durch diesen erreicht man den Beginn eines Felsbandes, dem man so lange folgt, bis einige Couloirs zu überwinden sind.

Diese Passagen sind sehr exponiert, Drahtseile und Kerben sind hier sehr nützlich (B). In der Folge wird das Felsband breiter und mündet absteigend auf eine schräg nach unten ziehende schuttübersäte Terrasse. Über diese hinweg und durch eine breite Schluchtrinne absteigend erreicht man die Forcella di Riofreddo (Kaltwasserscharte, 2180 m). Hier befindet sich in einer Felsnische eine Madonnenfigur.

Abstieg: Von der offensichtlichen Kaltwasserscharte zunächst noch ein Stück ostwärts bis man auf den Weg 627 trifft und auf diesem nach rechts zurück zum Rif. Corsi und auf einem der Anstiegswege zurück ins Tal.

7.30 Std.

Sentiero del Centenario 11

Rundtour durch die Weißenbachgruppe

Anlässlich seines hundertjährigen Bestehens hat der CAI Gorizia 1983 eine landschaftlich herausragende Route erschlossen, die einem im Ersten Weltkrieg angelegten Soldatensteig folgt. Dieser Steig durchquert die Weißenbachgruppe, eine nach Südosten vorgeschobene Untergruppe der Wischbergkette.

Ausgangspunkt: Im Seebachtal (Val Rio del Lago), ca. 2 km nach Ende des Raibler Sees (Lago del Predil), 990 m; reichlich Parkmöglichkeit südlich zwischen den beiden Brücken.
Gehzeiten: Parkplatz – Rif. Corsi 2.30–3.30 Std., Rif. Corsi – Korscharte (Forcella del Vallone) 1 Std., Klettersteig 1 Std., Abstieg zum Biwak CAI Gorizia – Brunnerhütte – Parkplatz 2–2.30 Std.; ges. ca. 7.30 Std.
Charakter: Teils gesicherter Steig. Kurze Seilpassagen, dazwischen reichlich Gehgelände, das Trittsicherheit und Schwindelfreiheit verlangt. Der lange Anstieg erfordert gute Kondition. Für den Tunnel eine Stirnlampe und im Frühsommer Steigeisen mitnehmen!
Schwierigkeit: Vier gesicherte, relativ kurze Passagen A/B bis B.
Höhenunterschied: Ca. 1350 Hm.
Höchster Punkt: Cima piccola di Riobianco (Kleine Weißenbachspitze), 2239 m.
Exposition: Tunneleinstieg Nord, Klettersteig Ost.
Stützpunkte: Malga Grantagar, 1530 m, Tel. +39 340 8473791; Bivacco CAI Gorizia.
Hinweis: Die Corsi-Hütte ist bis auf Weiteres wegen Baufälligkeit geschlossen.

Von der Kleinen Weißenbachspitze zur Hohen Weißenbachspitze, der Klettersteig verläuft am Grat.

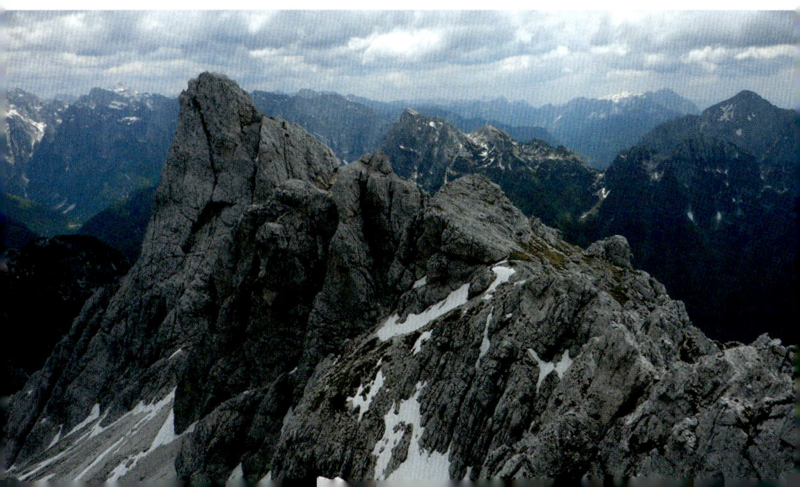

Zustieg: Von der Hinweistafel an der Straße steigt man ca. 50 m westlich der Brücke den markierten Karrenweg Nr. 650 in schön angelegten Serpentinen durch den lichten Buchenwald hinauf bis zu einem ganzen Dorf von Bauten aus dem Ersten Weltkrieg (ca. 1500 m). Ab dort führt ein Steig in nordwestlicher Richtung mehrmals etliche Meter auf und ab und einige Gräben querend unterhalb des Rif. Corsi entlang und mündet in den Sentiero dei Tedeschi. Dieser führt mit kurzen gesicherten Passagen (A/B) durch den Graben unterhalb des Rif. Corsi.

Nach der Rast auf dem Rif. Corsi folgen wir dem beschilderten Weg 625 zur Korscharte, zuerst ziemlich flach über Almböden, im letzten Abschnitt etwas mühsam und steil über Geröllfelder. Der Ausblick von hier offenbart dem Betrachter einen Kranz von Bergen von unvergesslicher, wilder Schönheit.

Steig: Von der Korscharte (Forcella del Vallone, 2180 m) gelangt man nach rechts zum Klettersteig. Um einen Felsvorsprung herum geht es schräg links hinunter auf ein Band zum Eingang des Tunnels (Tafel »Sentiero del Centenario 11.9.1983 CAI Gorizia«). Im Tunnel geht es zunächst leicht, dann etwas steiler aufwärts. Nach einem Absatz benützt man eine Holzleiter und gelangt nach wenigen Minuten zu einem großen Raum mit Schießscharte. Durch diese feuerte einst das Korscharten-Geschütz. Nun macht der Tunnel einen Bogen und man schlüpft auf der Südseite ans Tageslicht. Sich sofort links haltend kommt man zu den ersten Drahtseilsicherungen (A/B), die über eine Flanke leiten.

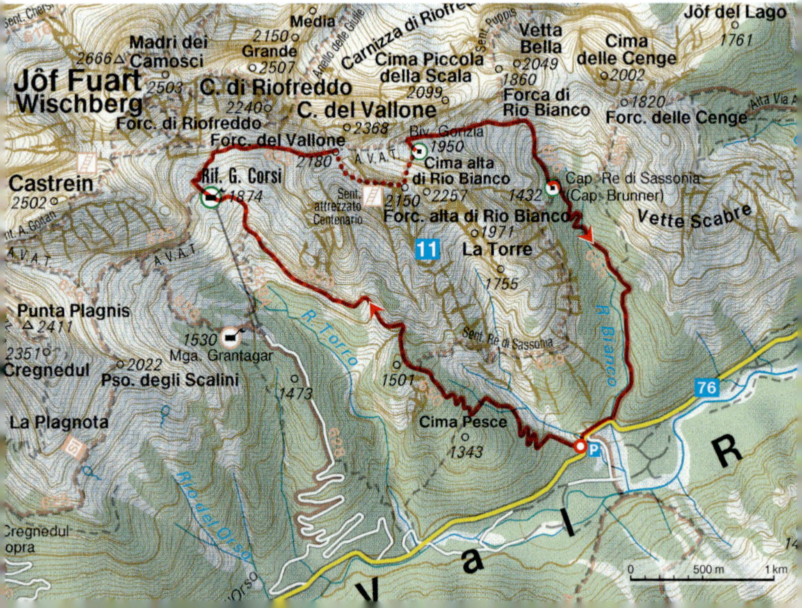

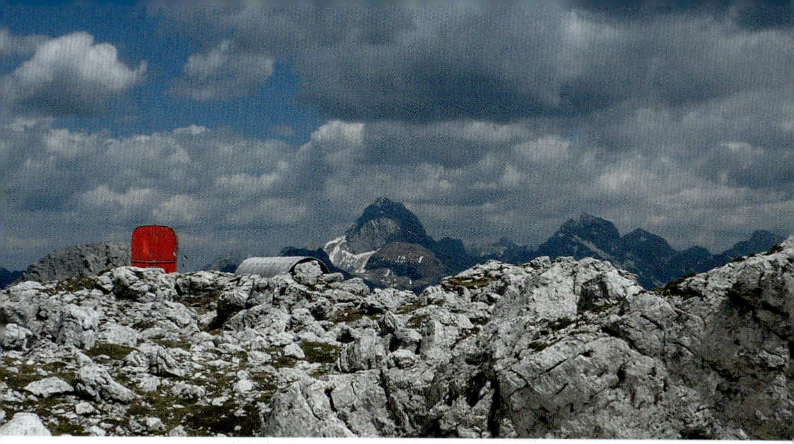

Die zwei Biwaks CAI Gorizia mit Blick auf den Mangart und den Jalovec.

Nach leicht ansteigendem Gehgelände lohnt sich ein kurzer Abstecher zum Gipfel (abschüssiges, wegloses Gehgelände), gewährt er doch herrliche Tiefblicke zu den Biwaks und zum weiteren Verlauf des Klettersteiges.
Nach etwas Auf und Ab und vorbei an einem Felsenfenster quert man nordseitig ein markantes Felswändchen (A/B). Jetzt gelangt man zu einem kanzelartigen Vorsprung und von diesem über eine ca. 12 m lange Leiter in eine schluchtartige Scharte. Aus dieser klettern wir an Sicherungen (B) auf der anderen Seite wieder hinauf. Der Steig führt jetzt durch eine Grünzone, über die anschließend eine Felsflanke erreicht wird.
Noch einmal geht es in eine seichte Schlucht hinab (B), um dann auf deutlichen Steigspuren auf ein grasbewachsenes Schartl zu gelangen. Weiter über Schrofen und Geröll erreicht man absteigend das Ende des Klettersteiges (2150 m) bei der Tafel mit gleicher Inschrift wie beim Eingang in den Tunnel. Von der Scharte gehen wir nun steil nach Norden hinunter (Geröll oder Schnee, je nach Jahreszeit) zu den Biwaks CAI Gorizia, 1950 m.
Abstieg: Von den Biwaks dem Weg 625 talabwärts über eine Steilstufe folgend, gelangen wir in einen Latschengürtel. Hier erblickt man rechts die eindrucksvolle Felsgestalt der Hohen Weißenbachspitze, von der Kenner behaupten, sie vermöge in puncto Schönheit mit den Türmen der Dolomiten zu konkurrieren. Auf der linken Seite gesellen sich bizarre Felsgestalten wie Schönkopf (Vetta Bella), Hochstelle (Cima delle Cenge) und Zuckerhut (Pan di Zucchero) hinzu. Weiter bergab gelangen wir rasch zur neu renovierten, aber nicht bewirtschafteten Brunnerhütte (Capanna Brunner, 1432 m), bei der sich auch ein Brunnen befindet. Nun geht es weiter das Tal hinunter durch hochstämmigen Buchen- und Fichtenwald entlang des wildromantischen Weißenbaches (Rio Bianco) zurück zum Ausgangspunkt.

12 Teils gesicherter Steig auf den Monte Nabois Grande

7.00 Std.

Auf den »kleinen Bruder« des Jôf Fuart

Der Monte Nabois Grande (der Große Nabois) bietet eine herrliche Rundschau auf die umliegenden Bergriesen und schon während des Zustiegs faszinierende Einblicke in die schaurig schönen Nordwände des Jôf Fuart (Wischberg). Diese enge Nachbarschaft verleiht dem Nabois seinen ganz besonderen Reiz. Getrennt werden die beiden nur durch die enge Sella Nabois (Naboisscharte). Von Norden sieht der Nabois wie ein Teil des Jôf Fuart aus und erst beim Rifugio Pellarini kann man erkennen, dass es sich um zwei selbstständige Berge handelt.

Ausgangspunkt: Zufahrt über Valbruna ins Saiseratal auf ca. 900 m. Kurz nach der Abzweigung zum Agriturismo Prati Oitzinger befinden sich links eine Hinweistafel zum Rif. Pellarini und der Parkplatz.
Gehzeiten: Parkplatz – Rif. Pellarini 2 Std., Rif. Pellarini – Einstieg 1 Std., Einstieg – Nabois Grande 1–1.30 Std., Abstieg 3 Std.; gesamt ca. 7 Std.
Charakter: Teils gesicherter Steig. Wunderschöne, aber ausgefüllte Tagestour primär mit Wandercharakter. Für Geübte problemlos. Für Klettersteig-Neulinge bieten sich unschwierige Bewährungsproben für Schwindelfreiheit und Trittsicherheit.
Schwierigkeit: Kurz A bis A/B.
Höhenunterschied: Ca. 1400 Hm, nur kurze gesicherte Abschnitte.
Höchster Punkt: Monte Nabois Grande (Großer Nabois), 2313 m.
Exposition: Südost.
Stützpunkte: Rifugio Luigi Pellarini (Pellarini-Hütte), 1499 m, Tel. +39 349 2809282, cai-fvg.it/sentieri-e-rifugi/rifugi-e-opere-alpine/rifugi-in-fvg/614-rifugio-pellarini/.
Tipp: Es lohnt sich, die letzten 60 Hm bis zur Sella Nabois (Naboisscharte) auch noch in Angriff zu nehmen und den Ausblick in das dahinter liegende Saiseratal und die umliegenden Berge zu genießen. Von dort hat man auch einen guten Blick in den Carlo-Chersi-Steig (Tour 13).
Hinweis: Karte siehe Tour 13.

Zustieg: Am Parkplatz folgen wir auf Weg Nr. 616 den Hinweistafeln zum Rif. Pellarini. Ein mäßig ansteigender Forstweg führt durch Mischwald. Nach etwa 45 Min. erreicht man eine Waldlichtung und die Talstation einer Materialseilbahn. Über eine Steilstufe gelangen wir zum Rif. Pellarini. Von hier gehen wir weiter auf Steig 616, erst durch Latschen und Gestrüpp, dann steil und etwas mühsam aufwärts in Richtung Sella Nabois (Naboisscharte, 1962 m). Als **alternativen Zustieg** kann man den nach Erminia Gasparini und Augusto Florit benannten Weg »Via Alpinistica Gasparini – Florit« wählen: Ab dem Rif. Pellarini geht man nur kurz auf dem Weg 616 Richtung Naboisscharte und zweigt auf ca. 1520 m bei einer hölzernen Tafel rechts ab. Der Weg führt abwechslungsreich durch Wiesen- und Latschengelände, später auch durch eine schmale Schlucht. Insgesamt gibt es drei, jeweils nicht sehr lange, seilgesicherte Passagen. Nach einem Aufschwung in felsigem Gelände gelangt man auf die Ostschulter und steigt entlang des nördlichen Naboisabbruches

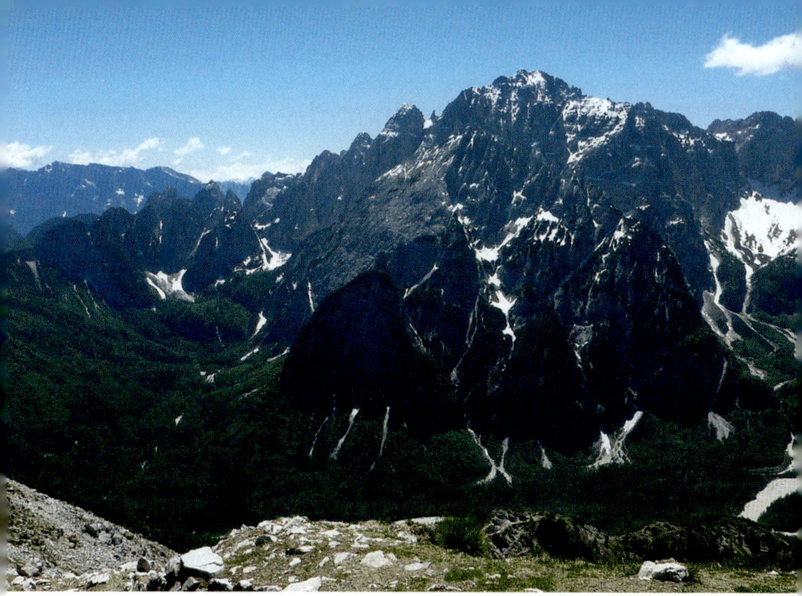

Gut getarnt steht der Nabois Grande vor dem Jôf Fuart.

weiter hoch, bis man auf etwa 2.240 m in den »Normalweg« einmündet. Diese Variante wird jedoch nicht für den Abstieg empfohlen.
Steig: Etwa 60 Hm unterhalb der Scharte befindet sich der Hinweis »Nabois« auf einem Steinblock. Vorbei am Standplatz eines ehemaligen Unterstandes aus dem Ersten Weltkrieg steigt man rechts in die Felsflanke.
Auf Stufen unter einem gewaltigen Überhang geht es nun nach links und auf einer Art Rampe durch die Schlucht. Dann wendet man sich rechts in eine Rinne. Aus dieser steigen wir in Kehren über Schrofen und Felsstufen hinauf. Über einen Kriegssteig gelangt man weiter aufwärts auf die Ostseite des Nabois mit herrlichem Blick in die Nordwand des Jôf Fuart. Tief unten sieht man das Rif. Pellarini, gegenüber die fünf Schwalbenspitzen (Cime delle Rondini) sowie die drei Jungfrauenspitzen (Tre Vergine). Weiter auf dem Steig gelangt man zurück in die Südostseite und über begrünte Steilhänge mit vielerlei Alpenblumen hinauf zu einer Kuppe. Eine Schlucht wird unter Überhängen gequert, dann steigt man steil aufwärts zu einem markanten Felsaufbau. Über Grasbänder und Schrofen steigt man in Richtung des schon gut sichtbaren Gipfelmassivs. Erst hier beginnt der gesicherte Teil des Gipfelaufstieges. Drahtseile (A bis A/B) leiten zum Gipfel, wo uns ein schönes, geschmiedetes Eisenkreuz mit Gedenktafel erwartet.
Abstieg: Wie Aufstieg.

13 Carlo-Chersi-Steig über die Sella Nabois

8.30 Std.

Steig durch die Nordwände der Wischberggruppe

Der interessante, durchgehend mit 616 bezeichnete, jedoch recht alpine Carlo-Chersi-Steig verbindet das Rifugio Grego mit dem Rifugio Pellarini und ist ein landschaftlich fantastischer und erlebnisreicher Rundweg. Der Steig berührt in seinem Verlauf die beiden Biwaks »Dario Mazzeni« und »Carlo e Gianni Stuparich«. Auf Grund der Länge beschränkt sich die Beschreibung hier jedoch auf eine kürzere Variante. Auf diesem Steig zeigt der Jôf Fuart (Wischberg) seine Paradeseite: das Götterband, Wände, Kanten und Türme von gigantischen Ausmaßen.

Ausgangspunkt: Zufahrt über Valbruna ins Saiseratal auf ca. 940 m, zum Rifugio Montasio, wo sich auch der geeignete Parkplatz befindet (ca. 1 km vor dem Straßenende).
Gehzeiten: Parkplatz – Mazzeni-Biwak 2.30 Std., Biwak – Einstieg in die Westflanke 0.20 Std., Einstieg – Sella Nabois 2.30–3 Std., Sella Nabois – Rif. Pellarini 0.45–1 Std., Rif. Pellarini – Ausgangspunkt 1.30 Std.; gesamt ca. 8.30 Std.
Charakter: Teils gesicherter Steig. Gute Trittsicherheit und Kondition erforderlich. Sicherungen sind nicht vorhanden. Im Frühsommer findet man meist harte Firnfelder vor, daher sind Pickel und Steigeisen sowie ein kurzes Seil ratsam. Kein Weg für Bergunerfahrene! Nur bei sicherem Wetter begehen und nicht zu früh im Jahr!
Schwierigkeit: Oft und über längere Strecken UIAA I–II.
Höhenunterschied: Ca. 1250 Hm.
Höchster Punkt: Sella Nabois (Naboisscharte), 1970 m.
Exposition: Nord und Nordwest.
Stützpunkte: Rifugio Luigi Pellarini (Pellarini-Hütte), 1499 m, cai-fvg.it/sentieri-e-rifugi/rifugi-e-opere-alpine/rifugi-in-fvg/614-rifugio-pellarini/; Bivacco Dario Mazzeni, 1630 m.

Von der Mosesrinne hinauf zu den wenigen, frei stehenden Bäumen.

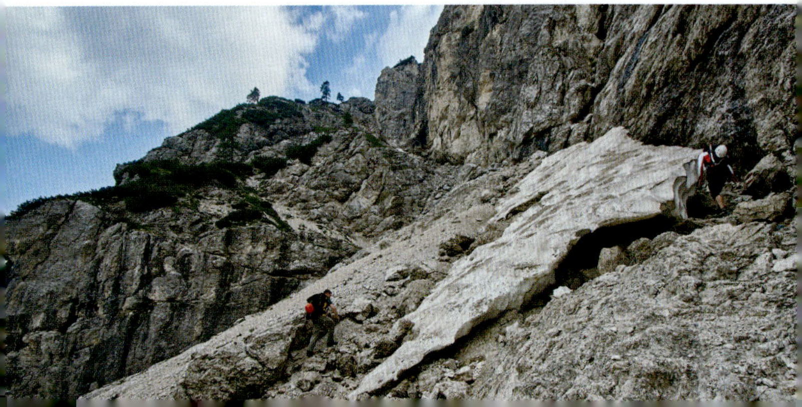

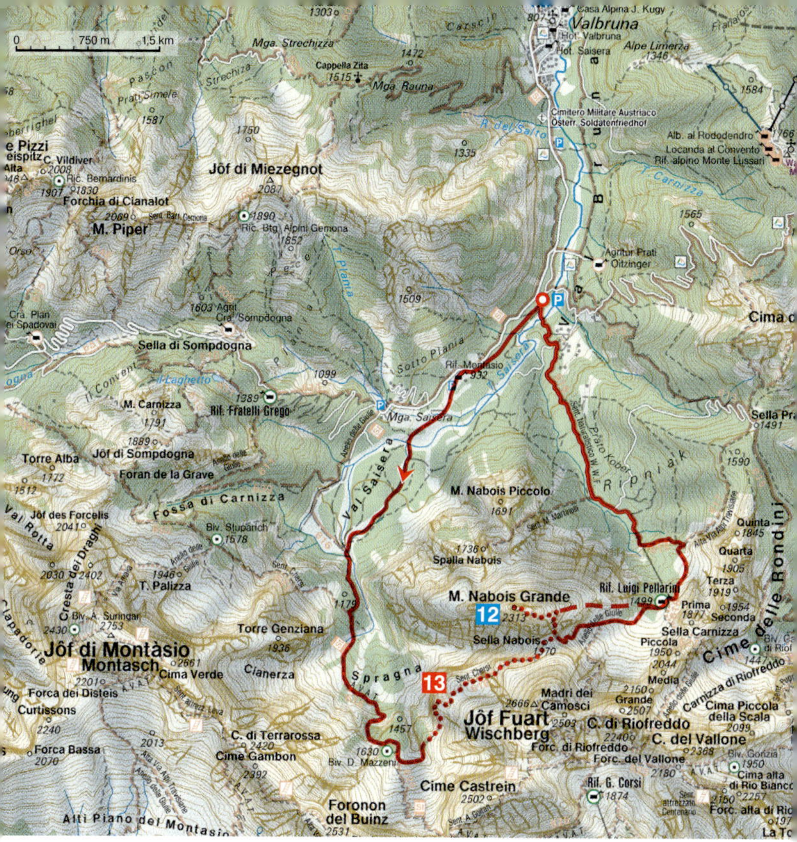

Zustieg: Vom Parkplatz folgen wir zunächst dem Streckenverlauf der Langlaufloipe bis zu einer markanten Brücke über den Saiserabach, dort links auf Weg Nr. 616 (Hinweistafel zum Bivacco Mazzeni, bzw. zur Sella Nabois). Ein mäßig ansteigender Steig führt länger durch Buchenwald, mehrfach Bachbette querend, dann aber hinauf über einen Felsabbruch und vorbei an zwei Wasserfällen. Nach etwa 2.30 Std. erreicht man die Abzweigung zum Mazzeni-Biwak, welches von dort bloß noch 10 Min. entfernt ist. Es folgt eine leichte Abwärtspassage, die vermeintlich direkt in die Mosesrinne führt. Bei der Rinne jedoch wendet sich der Steig nach Nordosten und führt somit in die Westflanke des Jôf Fuart. Überhaupt hat man im Zuge dieser Wanderung gewaltige Einblicke in nahezu alle Steilrinnen, die in die Spragna herunterführen.

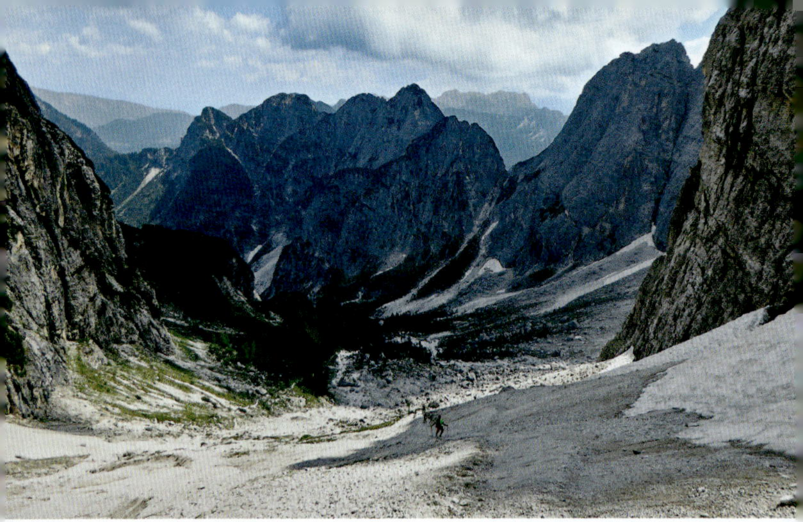

»Abfahrt« über Geröll zur Pellarini-Hütte.

Steig: Von der Mosesrinne – im Frühsommer liegt meist noch Altschnee – gelangt man über Schutt, Geröll und Felsen, später über Wiesengelände, hoch zu einem Sattel mit markanten, frei stehenden Bäumen. Es folgt ein kurzer Abstieg, bevor es eine Verschneidung weiter hinaufgeht zu einem »Jausenplatzl«, das wiederum mit ein paar frei stehenden Bäumen gekennzeichnet ist. Von dort, der Blick richtet sich bereits nach Osten, gehen wir wiederum kurz abwärts. Hier liegt in der Regel eine große Altschneefläche (»Studence«), die man – je nach Verhältnissen – unten umgeht, oder einfach annähernd waagrecht überquert. Weiter geht es kletternd oder mit Steigeisen und Pickel über eine Schneeflanke aufwärts und man erreicht so einen Sattel, von dem aus man erstmals direkt zur Naboisscharte sieht. Es gilt, nochmals – in der Regel durch eine sehr schmale Randkluft – kurz abzusteigen, dann führt der Steig direkt an den steil abfallenden Felsen, die die Begrenzung zur Naboisrinne bilden, entlang, bevor ein weiteres Mal ein kurzer, aber ernster Aufstieg geklettert werden muss. Die letzten Meter führen am südöstlichen Rand der Scharte direkt auf den Naboissattel.
Abstieg: Ab dem Sattel ist man in weniger als einer Stunde beim Rif. Pellarini, wobei man den Serpentinen des Steiges folgt, aber im oberen Teil auch einiges im Geröll »abfahren« kann. Ab dem Rif. Pellarini wird es zusehends waldig und man gelangt über eine Steilstufe, mehr oder weniger schattig, zur Talstation der Materialseilbahn. Von dort geht man schon sehr eben dem Fahrweg entlang und nach der Bachquerung links über die Loipentrasse zurück zum Ausgangspunkt.

3.00 Std.

Teils gesicherter Steig auf die Cima del Cacciatore

14

Lohnender Aussichtsberg mit kurzer Seilpassage

Dieser leicht erreichbare Gipfel der Julischen Alpen ist eine einmalige Aussichtswarte vor den gewaltigen Nordwänden der Wischberg- und Montaschgruppe. Die Schau in die Szenerie der genannten Gruppen ist von hier aus einfach unvergleichlich! Hautnah kann man die einzelnen Felsformationen, die Türme, Grate, Zacken und schroffen Wände in ihrer Größe und Steilheit bewundern. Aber auch der Blick in die anderen Himmelsrichtungen ist absolut lohnend.

Ausgangspunkt: Parkplatz in Camporosso bei der Talstation der Umlaufseilbahn auf den Luschariberg (Monte Santo di Lussari), 1766 m. Betriebszeiten sind bei der Seilbahn nachzufragen (Tel. +39 0428 65 39 15, turismofvg.it/de/berg365/sommerkarte/tarvisio.

Gehzeiten: Bergstation – Cima del Cacciatore 1.30–2 Std., Rückweg zur Seilbahn 1–1.30 Std.; gesamt ca. 3 Std.

Charakter: Teils gesicherter Steig. Kurze Tour primär mit Wandercharakter. Trittsicherheit erforderlich. Eine Genusstour für Berggewohnte und ein unvergessliches Erlebnis für Klettersteigneulinge.

Schwierigkeit: Kurz A bis A/B.

Höhenunterschied: Ca. 300 Hm, ca. 50 Hm teils gesichert.

Höchster Punkt: Cima del Cacciatore (Steinerner Jäger), 2071 m.

Exposition: Nord.

Stützpunkte: Restaurants am Mt. Lussari.

Varianten: 1) Man kann auch zu Fuß von Camporosso auf dem Pilgerweg (Bez. 613, 2.30–3 Std.) oder vom Saiseratal über einen Güterweg (nicht markiert, ca. 3 Std. ab Parkplatz Nr. 2) aufsteigen. In beiden Fällen kommt man zur Kapelle am Sattel südöstlich des Luscharibergs bzw. des Monte Prasnig.

2) Auch an der Südseite, in Richtung Sella Prasnig gibt es einige Seilsicherungen in ähnlicher Schwierigkeitsklasse. Klettersteigmäßig kann man also eine Überschreitung machen und über Weg 615 vom Sella Prasnig in die Saisera absteigen, was sich insbesondere dann anbietet, wenn man vom Saiseratal aufgestiegen ist.

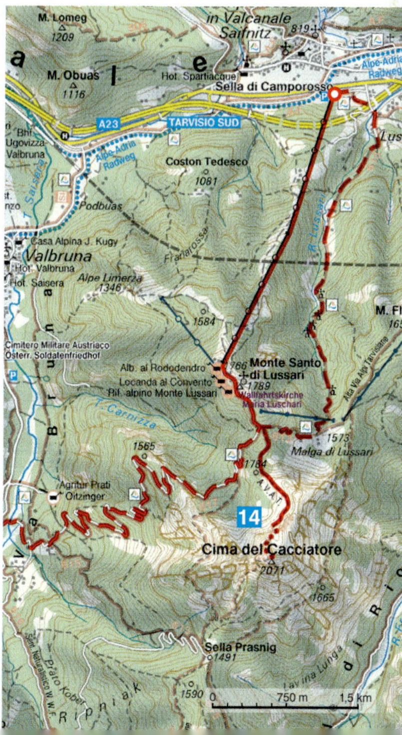

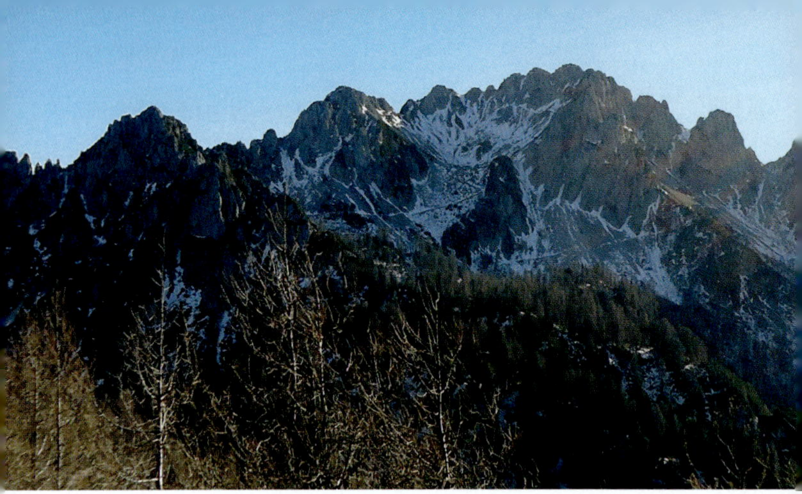

Blick vom Monte Lussari auf die Cima del Cacciatore (Steinerner Jäger): Aufgrund des noch vorhandenen Schnees ist der Wegverlauf durch die Kare gut sichtbar.

Zustieg: Von der Bergstation am Luschariberg ist man in wenigen Minuten bei der Luscharibergkirche, einer Marienwallfahrtskirche dreier Nationen mit Fresken des bekannten slowenischen Malers Toni Kraly. An der Kirche und an einigen Krämerläden und Trattorien vorbei führt ein Güterweg abwärts zur Kapelle am Sattel, wo die beiden anderen Anstiegsvarianten einmünden. Von dort führt der Steig Nr. 613 zunächst östlich des Rückens leicht bergab durch Wald, und anschließend auf steinigem Pfad wieder bergauf bis zur Baumgrenze. Weiter geht es links am Hang durch Latschen in eine Senke. Der weithin sichtbare Steig führt unter dem Felsmassiv (links oben das sogenannte Bettlerkreuz) durch das untere Kar. Oft kann man hier einige Gämsen beobachten. Man folgt dem Karsteig zur begrünten Kuppe. Danach windet sich das Steiglein in das obere Kar (in dem bis in den Frühsommer Schnee liegt). Von hier steil zum Wandfuß ansteigend erreicht man – an einer Gedenktafel für die 1972 durch eine Lawine getöteten Alpini-Soldaten vorbei – den Einstieg in den Felsen.
Steig: Die ersten Drahtseile leiten in eine felsdurchsetzte Rinne. Von dieser führen nach rechts Drahtseile auf einen Felssporn, von welchem man wiederum mithilfe von Drahtseilen absteigt und in eine weitere Rinne gelangt. Durch diese steigt man über Schutt und Geröll gut gesichert aufwärts. Schließlich gelangen wir nach rechts über Schrofen und Stufen überraschend schnell zum Gipfel. Hier befinden sich ein schön geschmiedetes Kreuz und eine Erinnerungsglocke nebst einem Gipfelbuch.
Abstieg: Wie Aufstieg.

6.30 Std.

Steig auf den Jôf di Miezegnot 15

Reizvolle Tagestour mit tollem Rundumblick

Der Montaschgruppe nördlich vorgelagert erhebt sich der Mittagskofelzug mit dem Mittagskofel (Jôf di Miezegnot), dem höchsten Berg der Gruppe. Die hier beschriebene Bergfahrt ist eine sehr lohnende Tagestour von ganz besonderem Reiz. Die benachbarten Berge sind mit Ausnahme des Mittagskofels selbst ausgesprochen einsam. Grandios ist der Blick in die schroffen Steilwände und auf die bizarren Gipfel und Grate der gegenüberliegenden Montaschgruppe sowie die Rundsicht nach allen Seiten. Auch kriegshistorisch ist dieser Berg höchst interessant, denn in Gipfelnähe findet man unzählige Kavernen und Schützengräben.

Ausgangspunkt: Etwas südlich von Valbruna, ca. 100 m vor dem Soldatenfriedhof im Saiseratal, zweigt rechts der Weg Nr. 607 ab; hier parken.
Endpunkt: Parkplatz an der Malga Saisera, 1004 m.
Gehzeiten: Soldatenfriedhof – Jôf di Miezegnot 4 Std., Abstieg 2.30 Std.; gesamt ca. 6.30 Std.
Charakter: Bis zum kleinen Mittagskofel kaum schwierig, danach teils sehr mühsam; Trittsicherheit und Ausdauer sind erforderlich. Sicherungen sind nicht vorhanden. Bitte auf die Markierungen achten – die zahlreichen alten Kriegssteige können leicht zur Verwirrung führen. Genügend Trinkwasser mitnehmen!
Schwierigkeit: In den Rinnen und Schluchten bis UIAA I-II, mittlerweile keine Seilversicherungen mehr.
Höhenunterschied: Ca. 1300 Hm.
Höchster Punkt: Jôf di Miezegnot (Mittagskofel), 2087 m.
Exposition: Nord, dann Süd.
Stützpunkte: Rifugio Fratelli Grego (Grego-Hütte), 1390 m, Tel. +39 349 1997876, cai-fvg.it/sentieri-e-rifugi/rifugi-e-opere-alpine/rifugi-in-fvg/618-rifugio-f-lli-grego/; Bivacco/Ricovero Battaglione Alpini Gemona unterhalb des Mittagskofelgipfels.
Tipp: Der Weg kann auch gut in umgekehrter Richtung begangen werden oder der Abstieg vom Gipfel erfolgt wie der Aufstieg.

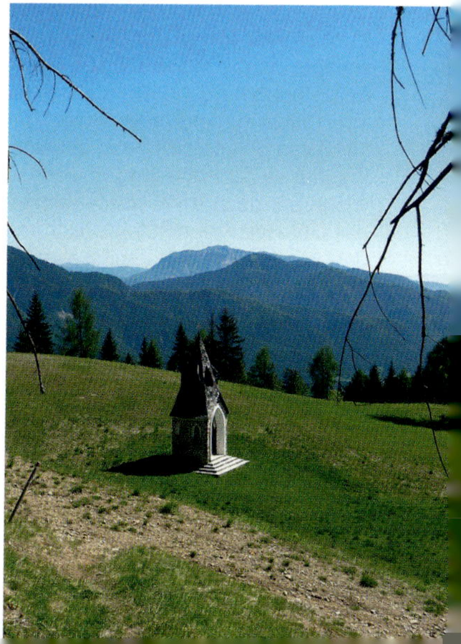

Die Kaiserin-Zita-Kapelle steht nun wieder mitten auf der frisch geschwendeten Rauna-Alm.

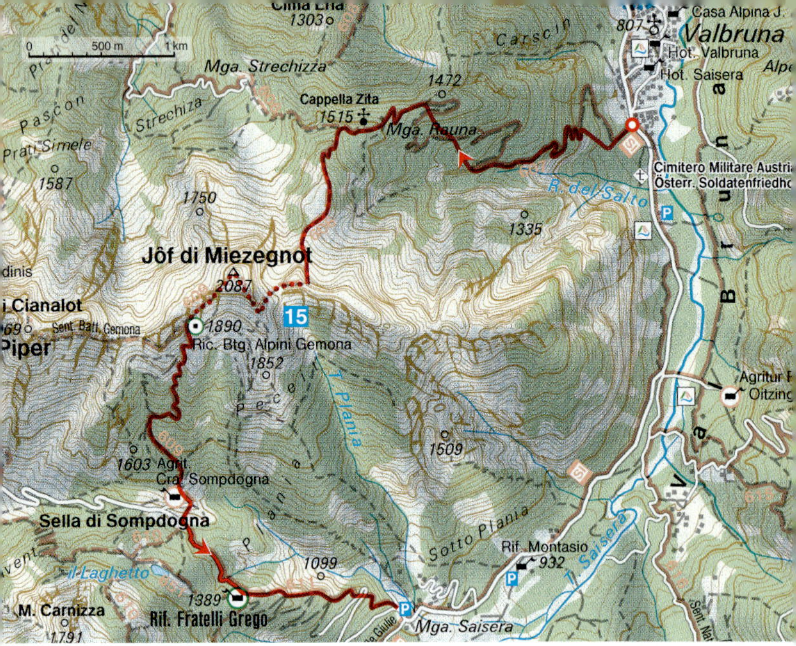

Zustieg: Wir folgen der Bezeichnung 607 auf einem Holzfällerweg über bewaldete Hänge, wobei man zweimal den Rio del Salto überquert. Weiter geht es steil durch Buchenwald aufwärts zur Rauna-Alm (Malga Rauna, 1500 m). Von dieser gelangt man in wenigen Minuten zur Kaiserin-Zita-Kapelle, die 1917 von österreichischen Soldaten erbaut wurde. Wir marschieren von der Kapelle weiter nach links in den Wald und bei der Wegteilung 607 mit 606 wiederum nach links. Nun erreichen wir, einem Steiglein folgend, ein Hochkar. Der Reiz dieses Steigs liegt im Wechsel immer neuer Ausblicke und im Zauber der Flora und Fauna. Hier kann man eine Vielzahl von Gämsen beobachten, die mit ihrem Nachwuchs Kletterversuche unternehmen. Der Steig beginnt jetzt in Richtung des Schwarzenbergs (Monte Nero) und des Kleinen Mittagskofels kräftig anzusteigen (Schützengräben und Kavernen).

Steig: Der folgende Abschnitt ist etwas mühsam, denn die

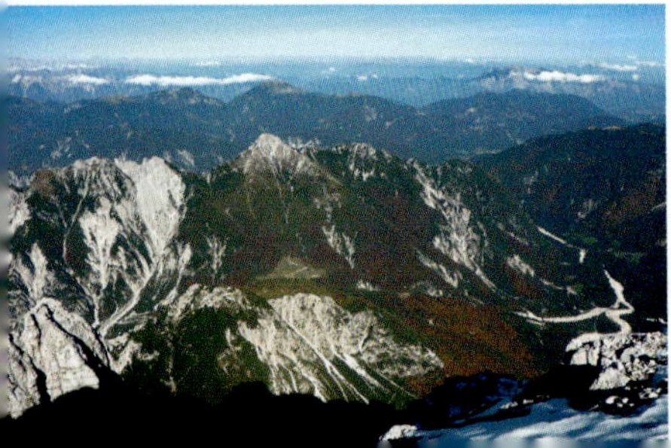

Die Südseite des Jôf di Miezegnot, vom Jôf di Montasio aus gesehen.

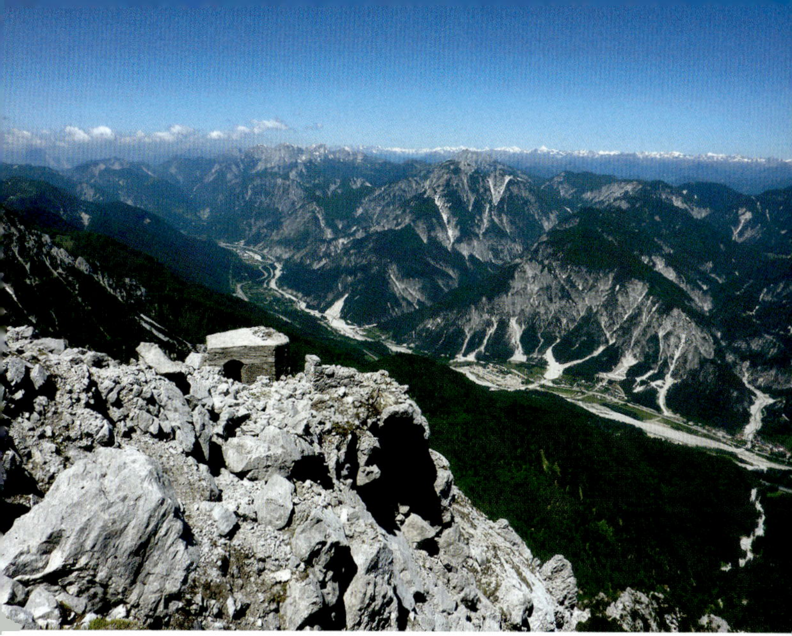

Vom Gipfel hat man u. a. einen umfassenden Blick in das Kanaltal (Val Canale).

nordseitige Gipfelrinne des Kleinen Mittagskofels muss erklommen werden. Wir steigen nun um den Gipfel südseitig herum, dann etwas ab und queren dabei einige stark erodierte und ungesicherte Rinnen und Schluchten (hier liegen bis in den Frühsommer steile Schneefelder), die in einem nur sehr mühsam emporzukommenden Kar enden. Schließlich führen mehrere Steige in brüchigem Terrain Richtung Gipfel.

Abstieg: Zunächst in westlicher Richtung über eine stark erodierte, sehr brüchige und ungesicherte Felsstufe, später in Wiesengelände steigen wir zum Sattel zwischen Monte Piper und Jôf di Miezegnot ab und gelangen kurz darauf zu den Resten eines ehemaligen italienischen Kommandogebäudes. Hier befindet sich ein schöner Rastplatz und das besonders stilvolle Biwak Gemona. Durch wunderschönen Mischwald geht es in vielen Serpentinen abwärts zur Almwirtschaft Casera Sompdogna (1427 m) und weiter zur Sella di Sompdogna (Sompdognasattel). Man folgt nun dem fast ebenen Saumweg und gelangt nach etwa 10 Min. zum Rif. Grego. Der Telefonleitung folgend führt der Weg Nr. 611 hinunter zur Kapelle und zum Parkplatz beim Talschluss der Saisera. Zurück zum Parkplatz am Ausgangspunkt gelangt man mit dem Taxi oder mit einem zuvor hier geparkten Zweitwagen.

16 Sentiero Battaglione Alpini Gemona im Mittagskofel-Zug

5.30 Std.

Besonders reizvolle Überschreitung im Mittagskofelzug

Von ganz besonderem landschaftlichem Erlebniswert ist die Begehung des Weges 649 »Sentiero Battaglione Alpini Gemona«. Auch kriegshistorisch ist diese Begehung äußerst interessant, denn laufend stößt man auf Militärruinen des Ersten Weltkrieges. Obwohl der Weg vor einigen Jahren komplett saniert wurde, gibt es aufgrund von Starkregenereignissen an einigen Stellen mittlerweile leider wieder etwas heiklere Passagen.

Ausgangspunkt: Sella di Sompdogna (Sompdogna-Sattel), 1392 m, im Dognatal, Anfahrt von Dogna über die kurvenreiche Straße, bis zum Ende des Asphalts.
Gehzeiten: Sompdogna-Sattel – Bivacco Gemona 1.30–2 Std., Querung zum Monte Piper 1.30 Std., Abstieg 2 Std.; gesamt ca. 5.30 Std.
Charakter: Teils gesicherter Steig. Lange Abschnitte kaum schwierig; Trittsicherheit für etliche heikle Stellen erforderlich. Großteils sind neuwertige Sicherungen vorhanden.
Schwierigkeit: Mehrere kurze Passagen bis A/B und leichte Kletterei (bis UIAA I-II).
Höhenunterschied: Ca. 900 Hm, davon ca. 100 Hm teils gesichert.
Höchster Punkt: Monte Piper, 2069 m.
Exposition: Süd.
Stützpunkte: Rifugio Fratelli Grego (Grego-Hütte), 1390 m, Tel. +39 349 1997876, cai-fvg.it/sentieri-e-rifugi/rifugi-e-opere-alpine/rifugi-in-fvg/618-rifugio-f-lli-grego/; Bivacco/Ricovero Battaglione Alpini Gemona unterhalb des Mittagskofelgipfels.

Heikle Querung im Schutt.

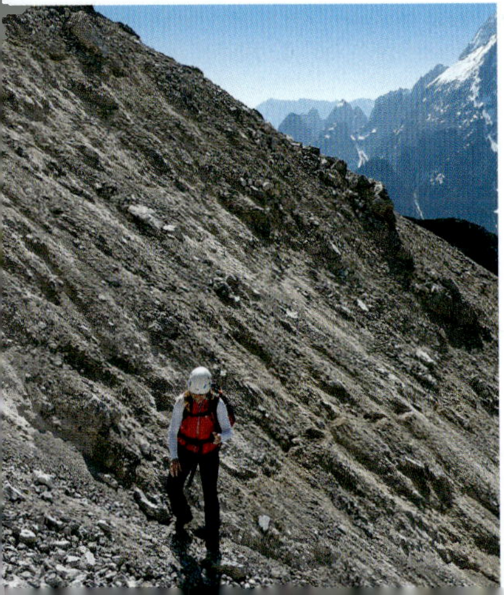

Zustieg: Vom Sompdogna-Sattel gelangt man in Kürze zur Almwirtschaft »Casera Sompdogna« (1427 m) und weiter auf einem gutem Steig durch schönen Mischwald in vielen Serpentinen aufwärts. Bald erreicht man die Reste eines ehemaligen italienischen Kommandogebäudes. Hier befindet sich ein schöner Rastplatz und das besonders stilvolle Biwak Gemona. Ein Abstecher auf den Jôf di Miezegnot ist sehr empfehlenswert und in ca. 30 Min. zu bewältigen – vergl. Tour 15.
Steig: Nun wenden wir uns nach Westen (Wegweiser Nr. 649). Schon bald geht man auf den gut sichtba-

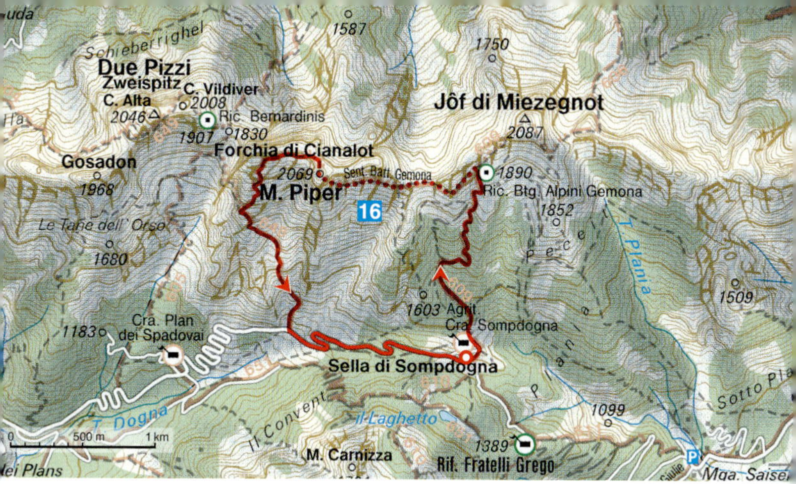

ren Ostgipfel des Monte Piper zu. Der Steig führt durch eine Grün- und Latschenzone. Man folgt ihm weiter und mit einigem Auf und Ab gelangt man auf eine Kuppe, von dieser absteigend folgt nun ein kurzer Gegenanstieg (Reste von Kriegsbauten). Unter einer mächtigen Felsnase absteigend erreicht man eine Rinne. Diese wird mithilfe von Drahtseilen gequert. Nun gelangt man zu einem gewaltigen Schuttkegel, den man quert und an dessen Ende man letztlich in grobem Geröll kurz absteigt und Richtung gegenüberliegende Felsen erneut quert; so erreicht man den gesicherten Teil des Steiges. Der Aufstieg erfolgt durch Querung der Schlucht, abwechselnd auf Bändern und Felsstufen über einige ausgesetzte Passagen ständig aufwärts (Drahtseile und Stifte). Die Anlage wurde sehr geschickt angelegt und das natürliche Bändersystem mit von Hand gehauenen Stufen versehen. Bald verlässt man den Fels und gelangt über Grasstufen zum Piper-Ostgipfel, mit 2069 m der höchste der drei Piper-Gipfel.

Abstieg: Vom Gipfel gehen wir zunächst nordwärts hinab. So erreicht man in wenigen Minuten steilen Abstieges einen alten Bunker (schöner Rastplatz). Weiter folgt man dem Steig unter den beiden Piper-Gipfeln, steigt dann südwärts nach links ab (Steigspuren führen eben zu einem guten Aussichtspunkt auf die Due Pizzi. Diesen sollte man vor dem Abstieg besucht haben!) und gelangt so über die steile, grasdurchsetzte Südflanke in etwa 20 Min. zu einem Sattel. Hier am Sattel wenden wir uns nach links und folgen dem Steig Nr. 648 durch Latschen und Grasstufen in einigen Windungen steil hinunter. Dabei wird einige Male eine Schlucht gequert. Nun folgt ein kurzer Gegenanstieg und in wenigen Minuten steht man auf der Dogna-Passstraße. Dieser folgt man ca. 20 Min. bergauf und an einer Militärkaserne vorbei zum Ausgangspunkt.

17 Teils gesicherter Steig auf den Due Pizzi

5.30 Std.

Vom nordseitigen Tunnel direkt aufs südseitige Band

Und wieder ein Steig aus dem Ersten Weltkrieg, der es uns noch heute erlaubt, auf relativ mühelose Weise vom Ostgipfel hinunter zur Scharte zwischen den beiden »Pizzi« und dann weiter auf die Westseite des westlichen Zweispitz, Cima Alta, zu queren. Auch dieser Steig wurde in den vergangenen Jahren vom CAI Tarvisio wieder vollständig hergestellt!

Ausgangspunkt: Agriturismo Malga Plan dei Spadovai, 1116 m, im Dognatal, Anfahrt von Dogna über die kurvenreiche Straße, bis kurz vor die vielen, kleinen Serpentinen.
Gehzeiten: Parkplatz – Einstieg: 2–2.30 Std., Einstieg – Gipfel 1 Std., Abstieg 2–2.30 Std.; gesamt ca. 5.30 Std.
Charakter: Teils gesicherter Steig. Luftige und ausgesetzte Querung in der Südwand des Zweispitz – kurz, aber schön. Bis in den Sommer kann der Eingang bzw. Ausgang des Tunnels komplett verschneit sein, ggf. Pickel mitnehmen! Eine Stirn- oder Taschenlampe ist sehr ratsam.
Schwierigkeit: A und A/B.
Höhenunterschied: Ca. 1000 Hm, davon Klettersteig ca. 100 Hm.
Höchster Punkt: Due Pizzi (Zweispitz), Cima Alta, 2046 m.
Exposition: Nord, dann Süd.
Stützpunkte: Agriturismo Malga Plan dei Spadovai, 1116 m, Tel. +39 339 2613948, malghefvg.it/de/malghe/almen-in-den-julischen-alpen/plan-dei-spadovai; Bivacco/Ricovero Armando Bernardinis unter dem Zweispitz-Ostgipfel (Cima Vildiver), 1907 m.
Variante: Konditionsstarke Geher können noch den Monte Piper, 2069 m, »mitnehmen«. Dazu geht man etwas unterhalb der Scharte »Forchia di Cjanalot« bei der Abzweigung rechts vom Weg 605 auf den Weg 649 (in der Tabacco-Karte 648) und über diesen schräg hinauf auf die Südseite des Monte Piper. Bei der Abzweigung 649 mit 648 geht es nach links weiter die steilen Grashänge hinauf und knapp unter dem Grat nach rechts unschwierig auf den Gipfel. Der Abstieg erfolgt wie bei Tour 16.

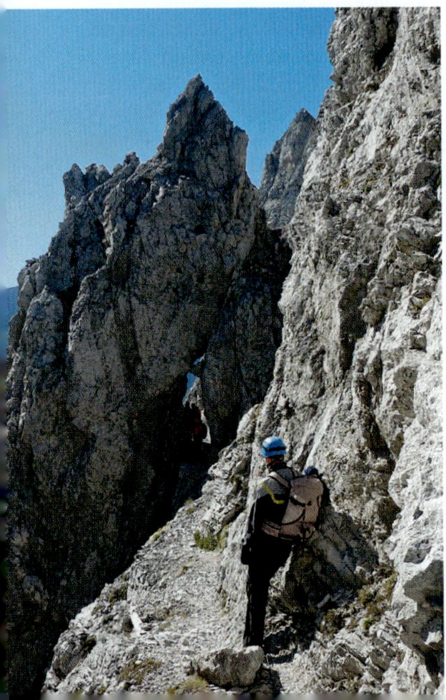

Zustieg: Von der Alm gehen wir zunächst entlang des Forstweges in westliche Richtung. Gut ersichtlich

Von der Scharte durch das Felsentor …

zweigt der Karrenweg 605 nach rechts ab und schlängelt sich in vielen Kehren durch den lichten Mischwald. Weiter oben gelangt man in den Latschengürtel und steigt rechts des großen Schotterfeldes, das von den Due Pizzi herunterreicht, weiter hinauf. Rasch erreicht man die »Forchia di Cjanalot«, 1830 m. Nach links hinauf kommt man in sehr vielen, kleinen Kehren, zuerst durch Latschen, dann über Almwiesen zum Bernardinis-Biwak, das ständig unversperrt ist und bis zu acht Personen eine geräumige Unterkunft bietet. Es gibt aber kein Wasser dort! Vom Biwak gelangt man auf Steigspuren alsbald auf den Zweispitz-Ostgipfel, Cima Vildiver, 2008 m, der ein lohnendes Zwischenziel ist.

Steig: Vom Ostgipfel wieder etwas absteigend bzw. von der Hütte in nördlicher Richtung führt ein Steig vorbei an mehreren Bauten aus dem Ersten Weltkrieg auf ein kleines Plateau und zum Beginn des Tunnels (Gedenktafel). Man durchschreitet den Tunnel und gelangt auf ein schmales Band, auf dem man nordseitig den Ostgipfel quert. Von diesem absteigend erreichen wir bald die Scharte zwischen den beiden Gipfeln und steigen weiter, jetzt auf der Südseite, zu einem natürlichen Felstor. Der Steig im Bereich des Felstores und kurz danach ist beschädigt und ungesichert, sodass hier äußerste Vorsicht angebracht ist. Wir gelangen in eine kurze Schluchtrinne und auf Felsstufen hinunter, um dann mithilfe von Drahtseilen auf ein breiteres Band hinaufzugelangen, auf dem wir die Südflanke des Westgipfels queren. Nun erreicht man südwestseitig einen Steig, der rechts über Grasstufen und mühsam durch Latschen auf den Westgipfel, Cima Alta, 2046 m, führt.

Abstieg: Wie Aufstieg.

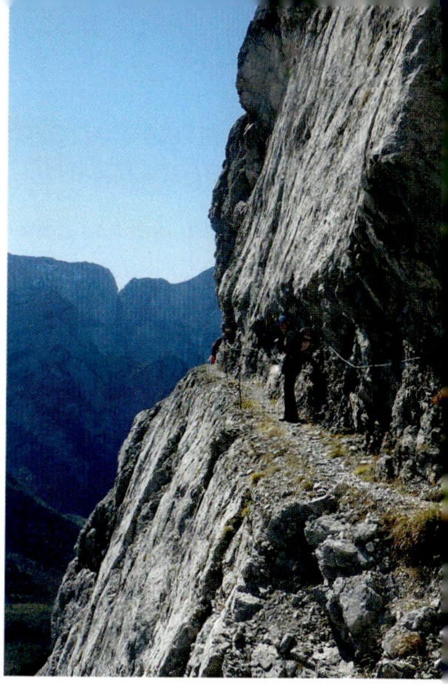

… und weiter über das Band durch die Südwand.

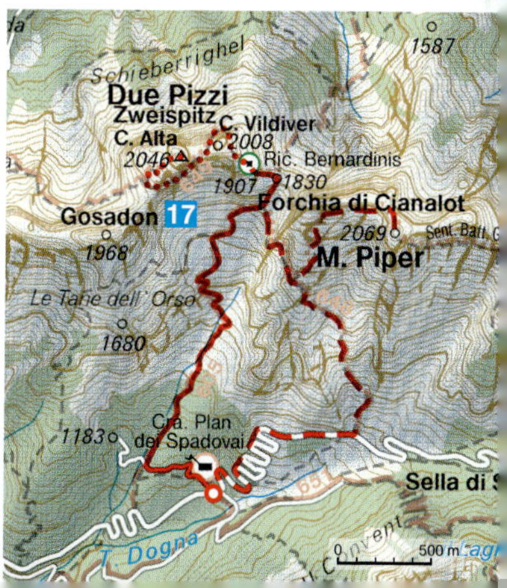

18 Via ferrata Ferrante am Rio degli Uccelli

2.00 Std.

Sportklettersteig rauf und runter

Dieser Klettersteig wurde am 10. Juli 2012 zum 150-jährigen Jubiläum des CAI eröffnet und trägt den offiziellen Namen »Via ferrata Ten. Ferrante di Ruffano«. Er ist ein typischer Sportklettersteig und liegt direkt in der Nähe des Klettergartens von Pontebba. Durch seine Lage ist er nahezu das gesamte Jahr begehbar. Aber aufgepasst – auch der Abstieg ist sehr schwierig!

Ausgangspunkt: Parkplatz des Klettergartens, ca. 600 m, Anfahrt vom östlichen Ortsende von Pontebba, unter der Autobahn nach Norden abzweigen, dann kurz auf einer Schotterstraße (Hinweisschilder zum Klettergarten), immer knapp links des Rio degli Uccelli.
Gehzeiten: Zustieg 5 Min., Klettersteig Aufstieg 1–1.30 Std., Klettersteig Abstieg 0.30 Std., weiterer Abstieg zum Parkplatz 15 Min.; gesamt ca. 2 Std.
Charakter: Sportklettersteig. Sehr rassig angelegt, meist in der Vertikalen und im Abstieg ähnlich schwierig wie im Aufstieg. Intelligent platzierte Verankerungen erlauben einen flüssigen Durchstieg, dennoch ist erhebliche Armkraft beim Umhängen, aber auch zur Fortbewegung notwendig.
Schwierigkeit: Durchwegs B bis C/D, auch im Abstieg! Kurze leichtere Stellen, Schlüsselstelle D.
Höhenunterschied: Ca. 120 Hm.
Höchster Punkt: Felsturm am Rio degli Uccelli, 721 m.
Exposition: Süd.
Hinweis: Der Klettersteig links vom Klettergarten (meist A bis A/B, eine Stelle B) ist uninteressant und sollte aus Rücksicht auf die Kletterer darunter nicht begangen werden (Steinschlaggefahr!).

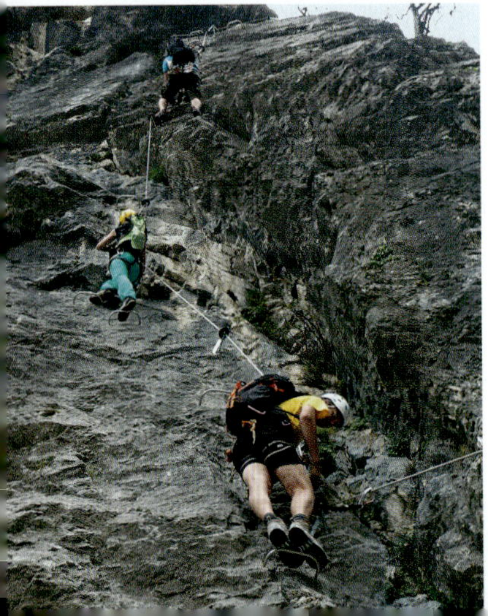

Zustieg: Vom Parkplatz folgt man Steigspuren durch das Bachbett ca. 250 m zum Klettergarten und bleibt dabei stets westlich des aktuellen Flusslaufes. Der Zustieg ist bei Hochwasser nicht möglich!
Klettersteig: Der Klettersteig beginnt rechts vom Klettergarten. Zuerst steigt man über eine Platte links des Stollens hinauf (C/D) und quert dann leicht überhängend nach rechts (C), bevor es wieder direkt hinauf (B/C bis C/D) auf eine Abdachung mit einigen Bäumen geht. Dabei helfen etliche in den Fels gehauene Tritte.

An der Schlüsselstelle.

Nun leiten viele Klammern in angenehmem Abstand über die fast senkrechte Platte nach oben (C), bis man mit einem Spreizschritt nach rechts aussteigt und kurz auf erdigem Boden ums Eck (B/C und B) zum nächsten Rastpunkt geht. Die dritte Steilstufe ersteigen wir in leichtem Zickzack (C, dann B/C), queren nach rechts (A/B) und erreichen über einen kurzen Aufschwung (B) und durch Föhrenwald (A) den höchsten Punkt. Von hier steigt man zu einem Sattel und weiter zu einer Steilstufe ab (A und A/B). Dort wurden viele Tritte in den Fels gehauen, die jedoch im Abstieg erst zu suchen sind (C). Weiter quert man nach rechts, zuerst leicht abwärts (A/B), dann leicht aufwärts (B/C) und über eine Platte mit gehauenen Tritten (B) zur nächsten Steilstufe. Diese steigt man mithilfe einiger Klammern hinunter (C und C/D). Über eine Verschneidung und teils über Schotter erreicht man das schon sichtbare Seilende (A bis B).

Abstieg: Vom Ende des Drahtseils geht man über den mit roten Punkten markierten Steig hinunter zum Klettergarten. Oder man steigt etwas weiter rechts über einen Schuttkegel ins Bachbett eines Zuflusses des Rio degli Uccelli hinunter und über dieses zum Zustiegsweg. In beiden Fällen gehen wir dann über diesen zurück zum Parkplatz.

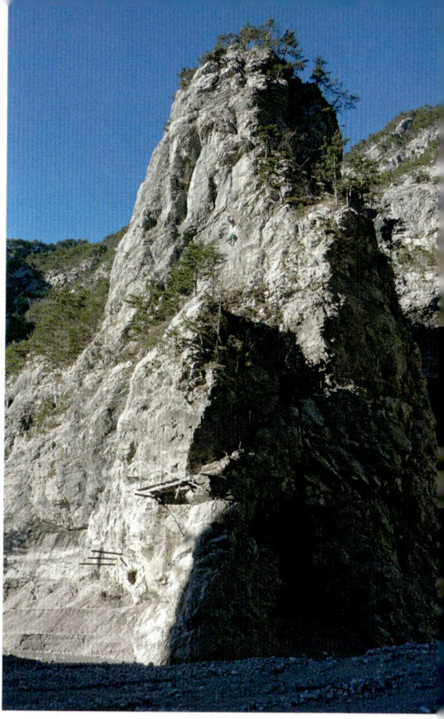

Der Felsturm am Rio degli Uccelli in seiner vollen Größe.

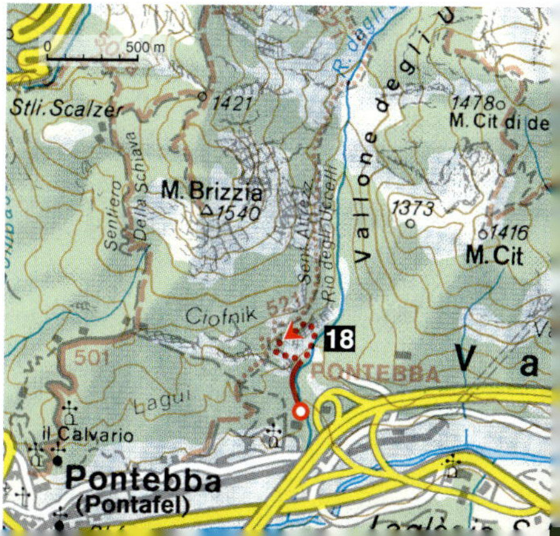

19 Via ferrata Divisione Julia auf den Kanin

10.00 Std.

Hochalpiner Nordanstieg über den Gletscherrest

Der Monte Canin (Kanin) stellt eine sehr eigenartige und fremdartige Felsgestalt der Julischen Alpen dar, insbesondere bemerkenswert sind die unzähligen Furchen, Dolinen und Höhlen, sowohl auf seiner Süd- als auch auf der Nordseite. Sein Gletscher ist mittlerweile verschwunden. Neben Tour 18 zählt er wohl zu den am besten eingerichteten Klettersteigen in den Julischen Alpen. Die Sicherungen sind auch in den leichteren Passagen durchgehend.

Ausgangspunkt: Sella Nevea (Nevea-Sattel), 1190 m; Parkplatz nahe der Talstation der Kabinenseilbahn.

Gehzeiten: Talstation – Rif. Gilberti 1.30–2 Std., Rif. Gilberti – Einstieg 1.30–2 Std., Einstieg – Gipfel 2 Std., Abstieg zur Hütte 2.30–3 Std.; gesamt mit Seilbahn ca. 6.30 Std., ohne Seilbahn ca. 10 Std.

Charakter: Alpiner Klettersteig. Aufstieg von der Nordseite. Für die Firnreste sind Steigeisen ratsam. Der Klettersteig ist sehr luftig und direkt, die Sicherungen neu und durchgehend vorhanden. Stellenweise Steinschlaggefahr.

Schwierigkeit: Meist B/C bis C, im Mittelteil A bis B.

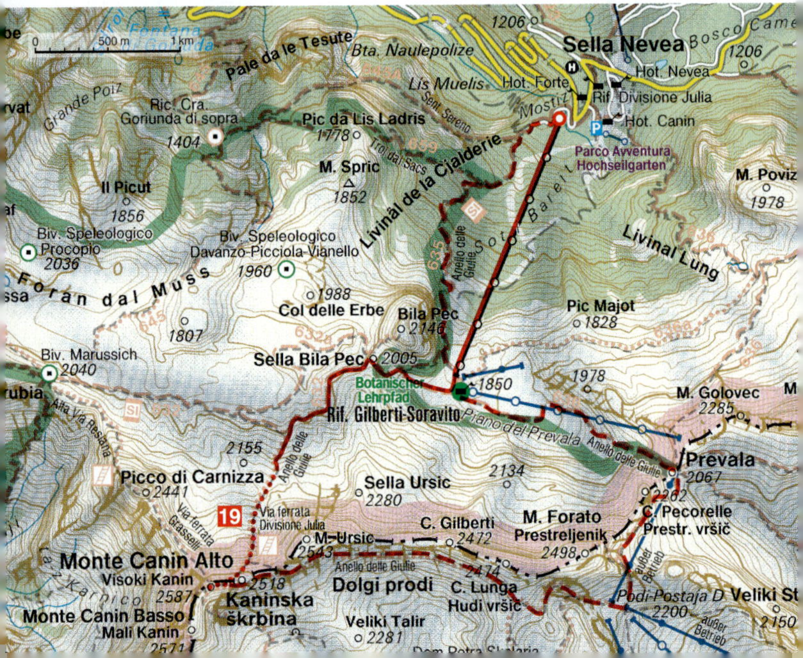

Höhenunterschied: Ca. 800 Hm (ab Gilberti-Hütte), davon Klettersteig ca. 300 Hm.
Höchster Punkt: Kanin (Monte Canin), 2585 m.
Exposition: Nord.
Stützpunkte: Rifugio Celso Gilberti (Gilberti-Hütte), 1850 m, Tel. +39 0433 540 15, cai-fvg.it/sentieri-e-rifugi/rifugi-e-opere-alpine/rifugi-in-fvg/326-rifugio-pordenone/.
Hinweis: Vom Bänderweg (Via delle Cenge), der im Wesentlichen parallel zu dieser Route verläuft, ist generell abzuraten. Die Via ferrata Divisione Julia ist viel besser gesichert und deutlich weniger steinschlaggefährdet.

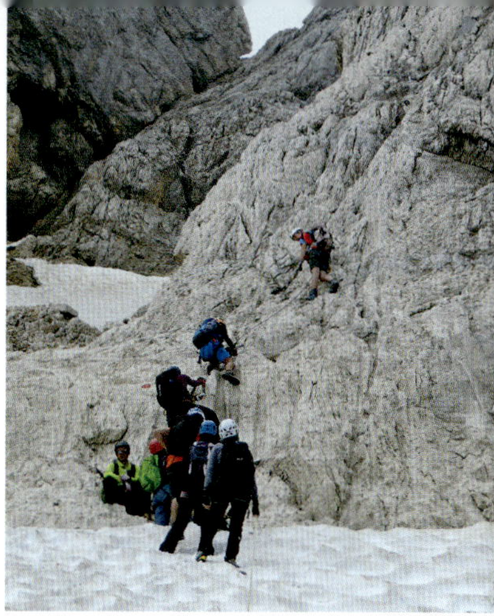

Stau am Einstieg.

Zustieg: Wir erreichen die Gilberti-Hütte mit der Seilbahn oder zu Fuß auf Weg Nr. 635 rechts der Piste und gehen von dort nach Westen auf den Sattel Bila Pec (2005 m), wo man noch die Reste der ehemaligen Kaninhütte findet. Ein Saumweg führt nahezu waagrecht hinüber zum Peravo-Sattel und Foran del Mus. Wir folgen diesem Weg ca. 1 km durch ein großartiges Karstgebiet, das einer Mondlandschaft gleicht. Nun zweigt der Steig zum Kanin nach Süden hin ab (Hinweis am Fels) und führt über Schuttkegel, Felsrippen und Firnfelder sowie den zunehmend steiler werdenden Gletscherrest (der einzige der westlichen Julischen Alpen) zum Wandfuß. Eine gut sichtbare Markierung am Fels weist die Richtung zum Einstieg.
Klettersteig: Sehr luftig erreicht man über den steilen Wandfuß (C) eine Querung nach rechts (A) und steigt weiter zuerst etwas nach links, dann wieder nach rechts (B bis B/C) in eine flachere, felsdurchsetzte Schuttterrasse (A). Nun führt der Steig steil in die westliche Flanke des aus der Schuttterrasse aufragenden Felssporns (B) und über einen Kamin (C) zu einer senkrechten, etwa 15 m hohen Wandstufe, die mit vielen Steigbügeln gangbar gemacht ist (B/C). Man steigt weiter ständig in der Falllinie auf dem Grat empor (B/C) in die Scharte, wo die Drahtseile enden. Hier geht man am Grenzstein vorbei nach rechts und geradeaus über leichtes Felsgelände (UIAA I) in knapp 30 Min. zum Gipfel.
Abstieg: Wie Aufstieg oder entlang des Normalweges zur Bergstation der Bovec-Seilbahn (selten A). Von dort folgt man dem Sessellift zunächst aufwärts zum Sattel am Prestreljenik (2282 m) und dann abwärts zur Prevala-Scharte (2067 m). Nun geht es über die Skipiste hinunter in das Hochtal, kurz hinauf zum Rif. Gilberti und weiter mit der Seilbahn zum Ausgangspunkt (Gehzeit 3–4 Std., + 150 Hm).

20 Normalweg auf den Kanin

11.00 Std.

Über die Südseite

Der Kanin ist die erste hohe Felsbastion für Tiefdruckgebiete in der Adria, entsprechend viel Niederschlag gibt es in dieser Region. Umgekehrt sieht man vom Kanin bei klarer Luft das Meer. Die »Kaninski podi«, eine Karstlandschaft mit Dolinen und Kratern, die jeden Regentropfen wie ein Schwamm in sich aufnimmt, ist im zweiten Teil dieser Tour ständig präsent. Dieser Weg erlaubt es, relativ unschwierig auf einen der großen Gipfel der Julischen Alpen zu gelangen.

Ausgangspunkt: Sella Nevea (Nevea-Sattel), 1190 m; Parkplatz nahe der Talstation der Kabinenseilbahn.

Gehzeiten: Talstation – Rif. Gilberti 1.30–2 Std., Rif. Gilberti – Bovec-Bergstation 2-2.30 Std., Bergstation – Kanin-Hauptgipfel 2–2.30 Std., Abstieg ca. 5 Std.; gesamt ca. 11 Std.

Charakter: Teils gesicherter Steig. Viel Gehgelände mit wenigen, gutmütigen Klettersteigpassagen und leichter Kletterei, kaum ausgesetzter Höhensteig.

Schwierigkeit: Wenige Stellen A, selten UIAA I, überwiegend Gehgelände.

Höhenunterschied: Ca. 1200 Hm (ab Gilberti-Hütte).

Höchster Punkt: Kanin (Monte Canin), 2587 m.

Exposition: Süd.

Stützpunkt: Rifugio Celso Gilberti (Gilberti-Hütte), 1850 m, Tel. +39 0433 540 15, cai-fvg.it/sentieri-e-rifugi/rifugi-e-opere-alpine/rifugi-in-fvg/326-rifugio-pordenone/; Dom Petra Skalarja na Kaninu, 2260 m, ist bis auf Weiteres geschlossen.

Tipp: Absolut lohnend ist ein Abstecher zum Prestreljenik-Fenster (ca. 30 Min. vom oberen Ende des Kars nahe der Bovec-Bergstation), wo man den schaurigen, nordseitigen Blick hinunter zur Gilberti-Hütte genießen kann.

Die »Kaninski podi«.

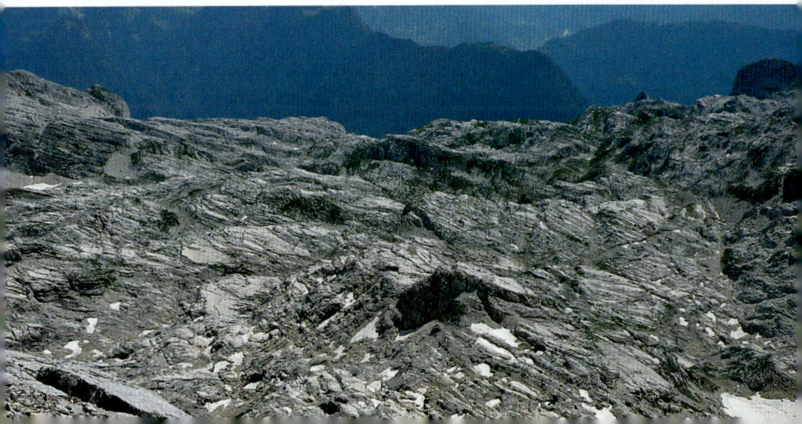

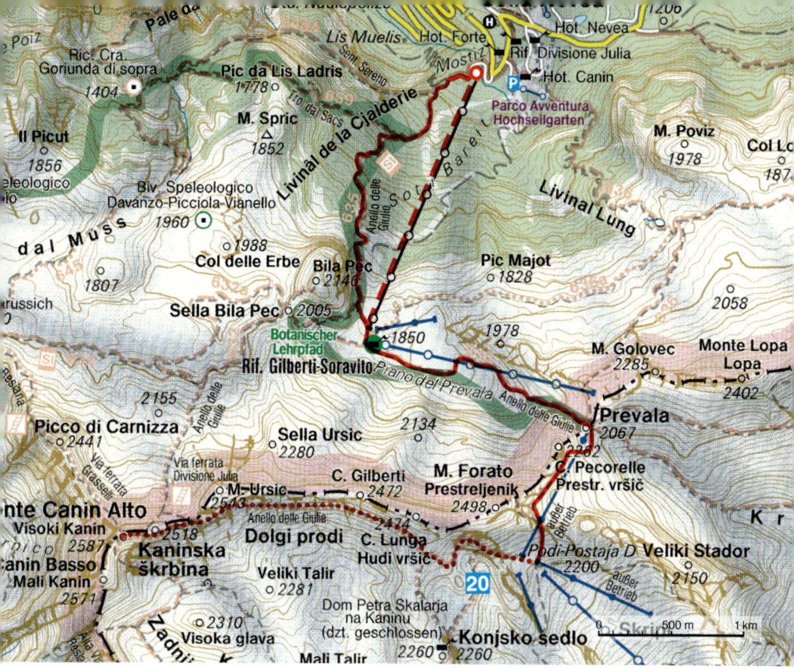

Zustieg: Wie bei Tour 19 gelangt man zur Gilberti-Hütte und dann zu Fuß oder (falls in Betrieb) mit der Gondelbahn weiter zur Prevala-Scharte (2067 m). Dabei durchwandert man das Hochtal nördlich des Prestreljenik, das mittlerweile vollends zu einer Skipiste umgebaut wurde – oder man schwebt darüber hinweg. Von der Prevala-Scharte folgen wir dem Sessellift hinauf zum Sattel am Prestreljenik (2282 m) und diesem Lift dann weiter abwärts zur Bergstation der Bovec-Bahn (2202 m).

Steig: Von der Bergstation geht man zunächst nach rechts durch ein steiles, schuttgefülltes Kar. Über ein Blockfeld übersteigt man auf einer kleinen Scharte den weit nach Süden ausgreifenden Felssporn des Prestreljenik (hier Abzweigung zum Dom Petra Skalarja) und betritt nun eine Felsarena, die sich, von Felskämmen in weitem Bogen umrahmt, in großartiger Weite gegen Süden öffnet. Darüber steigt aus den Schuttkaren in einem riesigen Halbkreis die gebänderte Felsszenerie der Südwände des Kanin empor. Leicht ansteigend führt der Steig am Fuß der Wände bis an den Felsansatz des langgestreckten Mittelgrates. Einem technisch unschwierigen Aufstieg auf die Gratschneide folgt ein landschaftlich großartiger und wenig ausgesetzter Höhenweg mit vereinzelten Sicherungen bis zum Hauptgipfel (Visoki Kanin).

Abstieg: Wie Aufstieg.

21 Slowenischer Klettersteig auf den Mangart

4.30 Std.

Imposanter Aufstieg durch die Westwand

Ein Kontrasterlebnis zur exponierten »Via Italiana« bietet der Slowenische Klettersteig durch Rinnen, Rampen und Verschneidungen auf den eigentlichen Gipfelaufbau.

Ausgangspunkt: Mangart-Hütte am Mangartplateau, ca. 1900 m, Zufahrt auf 12 km langer Mautstraße, die 1,5 km östlich des Passo del Predil (Predilpasses) abzweigt.
Gehzeiten: Zustieg 0.45 Std., Aufstieg 2–2.30 Std., Abstieg 1.30 Std.; gesamt ca. 4.30 Std.
Charakter: Alpiner Klettersteig. Stellenweise exponiert, dort aber ausreichend gesichert. Im Frühsommer sind für den Abstieg am Normalweg über die »Leichenbretter« (Ostschulter) Pickel oder Teleskopstöcke empfehlenswert!
Schwierigkeit: Durchwegs A und A/B, wenige kurze Stellen B, UIAA I.
Höhenunterschied: Ca. 800 Hm, davon Klettersteig im Aufstieg ca. 400 Hm, im Abstieg ca. 200 Hm.
Höchster Punkt: Mangart, 2679 m.
Exposition: Aufstieg zuerst West, dann Südwest, Abstieg Nord.
Stützpunkt: Koča na Mangrtskem sedlu (Mangart-Hütte), 1906 m, Tel. +386 51 630 863, en.pzs.si/koce.php?pid=9.
Hinweis: Der Mangart ist ein leichter und daher viel begangener Berg. In der Haupturlaubszeit besser nicht am Wochenende begehen. Die Straße von der Hütte zur Lahnscharte ist dauerhaft wegen Steinschlag gesperrt.

Zustieg: Von der Mangart-Hütte geht man in nördliche Richtung zur Lahnscharte (2055 m) und weiter nach rechts auf dem Normalweg über Grasflanken und südlich unterhalb des Kleinen Mangart entlang. Wir steigen dann über Geröll bis kurz vor die Ausstiegsscharte der Via Italiana an (lohnender Blick nach Norden hinunter zu den Weißenfelser Seen) und von dort nach rechts über Geröll und Gesteinsblöcke zum Einstieg.
Klettersteig: Über eine etwas ausgesetzte, markante Steilrampe (A und A/B) erreichen wir in engem Zickzack einen Pfeilerkopf. Weiter geht es auf

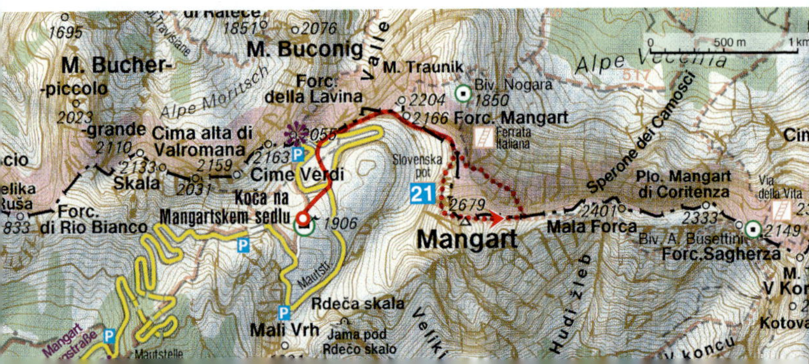

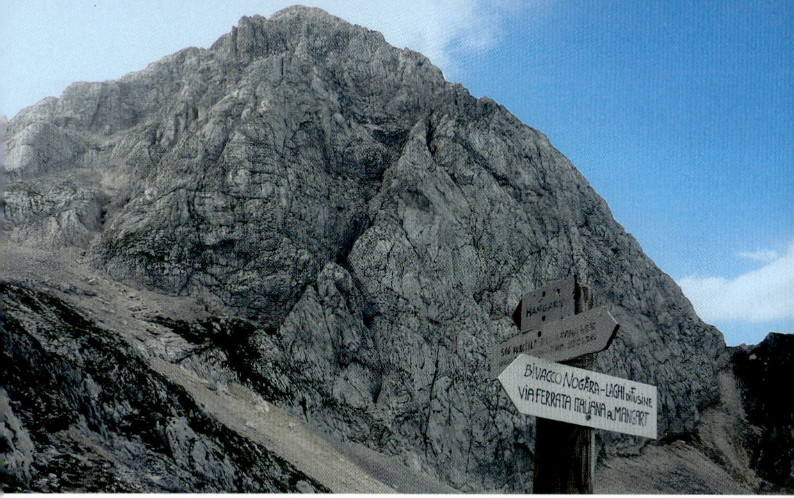

Von der Abzweigung zum Biwak Nogara kann man gut erkennen, wie der Einschnitt mittig in der Westwand nach rechts oben verläuft.

der Pfeilerkante und bald nach links auf einem Band in die Schlucht (A). Auf der gegenüberliegenden Seite steigen wir auf einer Plattenrampe weiter hinauf und über Schrofen gerade aufwärts zu einer roten Schluchtrinne (A/B) und durch diese ungesichert hindurch. Am oberen Ende der Rinne ist vor einigen Jahren ein Stück Fels ausgebrochen, man sieht noch Teile des früheren Steiges. Diese Stelle wird nun weiter links umgangen (B). Anschließend geht es hoch zu einem breiten Absatz (A bis A/B, Achtung auf Steinschlag!). Vom Absatz (Pausen- und Aussichtsplatz) steigt man nach links in eine blockgefüllte Steinmulde und durch einen versteckten Felsspalt weiter nach links einige Meter abwärts. An guten Sicherungen geht es dann aufwärts und zuletzt nach rechts querend zu schotterbedeckten Felsen. Über diese steigt man ungesichert zum Gipfel.

Abstieg: Der Markierung folgend steigt man kurz entlang der Grenzlinie in Richtung Osten und dann in der Südostflanke abwärts auf die Ostschulter. In großem Bogen führt der Steig nun nach links nordwärts, teilweise fast eben, um den gesamten Gipfelaufbau herum auf die Nordseite (stellenweise A). Hier liegen bis in den Frühsommer hinein die sog. »Leichenbretter«: steile, meist sehr harte Firnfelder. Der weitere Abstieg führt über leichtes Felsgelände, über das man mithilfe von Seilsicherungen (A bis A/B) absteigt. Vom Wandfuß geht man weiter über Geröll hinab und erreicht so bald den Kreuzungspunkt zwischen Normalweg, Ausstieg der Via Italiana und Zustieg zur Westwand. Nun weiter auf dem bekannten Aufstiegsweg zurück zum Ausgangspunkt.

TOP 22 Via Italiana auf den Mangart

3.30 Std.

Äußerst ausgesetzter Steig mit reichlich Klammern

Der Mangart ist einer der höchsten und charakteristischsten Gipfel der Julischen Alpen. Als Slowenien noch zu Jugoslawien gehörte, wurde die über den Mangart verlaufende Grenze scharf bewacht. Um trotzdem auf »ihren« italienischen Teil des Gipfels zu kommen, hatten italienische Alpinisten aus Tarvis die Idee, auf italienischem Gebiet durch die Nordwand des Mangart eine Eisenroute zu bauen. Diese Direttissima durch die stellenweise fast senkrechte, ungegliederte Nordwand des Kleinen Mangart wurde 1955/56 von den bekannten Extrembergsteigern Piussi, Bulfon und Perissutti gebaut.

Ausgangspunkt: Mangart-Hütte am Mangartplateau, ca. 1900 m, Zufahrt auf 12 km langer Mautstraße, die 1,5 km östlich des Passo del Predil (Predilpasses) abzweigt.
Gehzeiten: Zugang zur Via Italiana 1 Std., Einstieg – Ausstieg 1.30–2 Std., Abstieg 0.30 Std. oder weiterer Aufstieg zum Gipfel wie bei Tour 21; gesamt ca. 3.30 Std.

Charakter: Alpiner Klettersteig. Die Ausgesetztheit der Via Italiana wird an anderen Klettersteigen kaum übertroffen! Der abwechslungsreiche Steig führt durch die nahezu senkrechte Nordwand und hat beinahe den Charakter eines Sportklettersteiges. Er weist einige schwierige Stellen auf, die aber sehr gut gesichert und mit ausreichend und teils sehr langen Trittbügeln und Klammern versehen sind.

Der typische Fotopunkt ist nur eine der zahlreichen äußerst ausgesetzten Stellen.

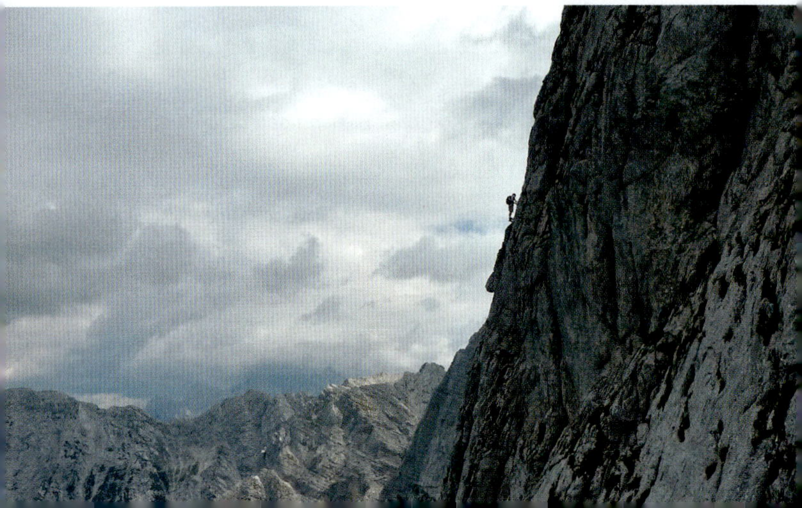

Schwierigkeit: Meist B, zwei längere Passagen C. Im oberen Teil äußerst ausgesetzt!
Höhenunterschied: Ca. 600 Hm, davon Klettersteig ca. 400 Hm.
Höchster Punkt: Ausstieg, ca. 2300 m.
Exposition: Nord.
Stützpunkte: Bivacco Fratelli Nogara, 1850 m; Koča na Mangrtskem sedlu (Mangart-Hütte), 1906 m, Tel. +386 51 630 863, en.pzs.si/koce.php?pid=9.
Hinweis: Die Straße von der Mangart-Hütte zur Lahnscharte ist dauerhaft wegen Steinschlag gesperrt.
Tipp: Konditionsstarke können auch vom Parkplatz beim Oberen Weißenfelser See (Lago di Fusine superiore), 929 m, zum Biwak Nogara zusteigen. Die Tour verlängert sich dadurch um ca. 3 Std. im Aufstieg und ca. 2 Std. im Abstieg.

Zustieg: Von der Mangart-Hütte geht man in nördliche Richtung zur Lahnscharte (2055 m) und weiter nach rechts wenige Minuten auf dem Normalweg. Dann verlässt man den Steig nach links, Grasstufen und Steigspuren führen hinauf in die Mangartscharte. Von dort geht man unterhalb der Westwand des Kleinen Mangart steil über einen felsdurchsetzten Grashang hinunter und hält sich dann rechts in Richtung Biwak Nogara. Etwa 50 Hm oberhalb des Biwaks zweigt ein unmarkierter Steig nach rechts ab, der fast waagrecht hinüber zum Einstieg leitet. Wer diese Abzweigung nicht sieht, steigt besser zum Biwak ab und von dort auf dem markierten Steig wieder hinauf.

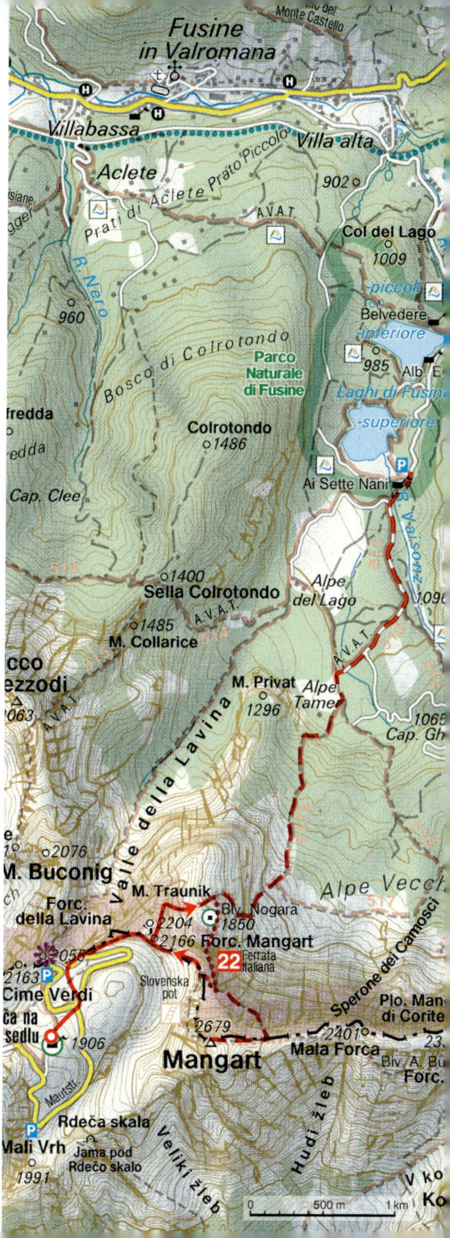

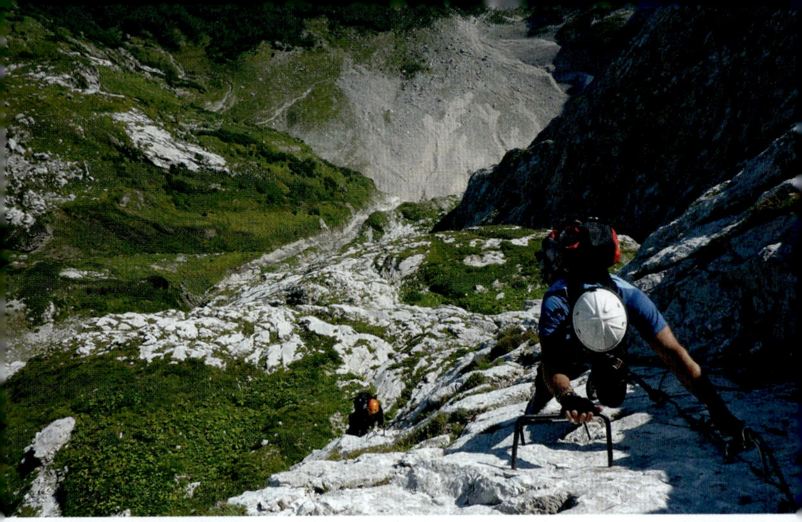

Herrliche Tiefblicke.

Klettersteig: Vom Biwak Nogara führt der Steig etwa 100 m über ein Blockfeld schräg hinauf zu zwei Höhlungen im Fels. Hier weist eine Gedenktafel auf den Einstieg. Das erste Drahtseil führt entlang einer Verschneidung (B), die bald zu einer Rinne wird, zur ersten Höhlung, welche man durch einen kleinen, natürlichen Tunnel durchsteigt (evtl. Rucksack abnehmen, A bis B). Von einem kleinen Absatz unterhalb der zweiten Höhlung geht es kurz nach links über eine Wand (B), dann weiter durch eine Rinne zu einer begrünten Felskanzel (A bis A/B). Wir queren die Kanzel (Pausenplatz) ungesichert und steigen links zum Fuß einer senkrechten Felskante. Hier steigt man sehr luftig und fast senkrecht empor unter einen Überhang (C). Eine Steilrampe (B) führt etwas ausgesetzt nach rechts. Über Platten und Verschneidungen geht es im Zickzack nach links bergauf (A bis B). Mithilfe von zahlreichen Klammern führt der Steig nun steiler empor, wobei die Ausgesetztheit stetig zunimmt (B bis C). Die typische Fotostelle (siehe Bild Seite 76) meistert man allein auf Eisen. Über die letzten Felszacken erreicht man eine kleine Scharte und steht völlig überraschend auf dem Gratrücken, wo man auf den Normalweg trifft. Um komplett auf italienischem Gebiet zu bleiben, geht man noch über ein grasiges Band nach links (A) und erreicht über eine Verschneidung abermals den Gratrücken, um dann zum Normalweg abzusteigen (A/B).
Abstieg: Auf dem Normalweg zurück zum Ausgangspunkt oder wie bei Tour 21 beschrieben kurz abwärts und dann nach links über das Geröllfeld zum Einstieg des Slowenischen Klettersteiges oder gleich über den Normalweg auf den Gipfel.

10.00 Std.

Via della Vita auf die Veunza 23

Ein aufregender Felsgang, auch »Via della Morte« genannt – warum wohl?

Julius Kugy rühmte die Veunza als einen Felsgipfel von unvergleichlicher Schönheit. Eine Route zur Veunza und Forcella Sagherza wurde mit alpiner Gründlichkeit begehbar gemacht. Allerdings schien das Projekt den ausführenden Alpini weniger geheuer zu sein, denn sie tauften die über senkrechte Wandabstürze führende Route »Via della Morte« (Weg des Todes). Jahre später wurden aus diesem Klettersteig in Bergnot geratene Alpinisten wohlbehalten geborgen – seitdem heißt die Route »Via della Vita« (Weg des Lebens). Diese großartig angelegte Eisenroute wird vom CAI Tarvisio betreut und wurde kürzlich saniert, besonders im unteren Bereich. Die Übergänge zum Strug und zur Hohen Ponza (Ponza Grande, Visoka Ponca) sowie zur Sagherza-Scharte und zum Mangart sind markiert, aber nur teilweise gesichert, sodass sie nur sehr trittsicheren, erfahrenen Bergsteigern empfohlen werden können. Zu bedenken sind auch die enormen Gehzeiten bis zum Ausgangspunkt.

Ausgangspunkt: Oberer Weißenfelser See (Lago di Fusine superiore), 929 m. Parkplätze meist gebührenpflichtig, Wohnmobilstellplatz mit Sanitärinfrastruktur. Zufahrt von Weißenfels (Fusine) über eine 3 km lange Asphaltstraße.

Gehzeiten: Oberer Weißenfelser See – Rif. Zacchi 1.30 Std., Rif. Zacchi – Einstieg 1.30 Std., Einstieg – Veunza 2.30–3 Std., direkter Abstieg 3.30–4 Std.; gesamt ca. 10 Std.

Charakter: Alpiner Klettersteig. Trotz der Steighilfen sind alpine Erfahrung und Sicherheit im steilen Fels sowie Armkraft und absolute Schwindelfreiheit Voraussetzung. Drei Viertel der Klettersteigroute sind extrem ausgesetzt. Durch Steinschlag beschädigte Sicherungen und/oder eine zeitweilige Sperre sind immer wieder möglich. Aktuelle Situation in der Hütte erfragen!

Schwierigkeit: Überwiegend B bis C, dazwischen Kletterei bis UIAA I–II.

Höhenunterschied: Ca. 1450 Hm, davon Klettersteig ca. 500 Hm.

Höchster Punkt: Veunza (Vevnica), 2340 m.

Exposition: Nord.

Stützpunkte: Rifugio Luigi Zacchi (Zacchi-Hütte), 1380 m, Tel. +39 333 3080555, rifugiozacchi.com; Bivacco Alberto Busettini (ehem. Bivacco CAI Tarvisio), 2150 m, in der Sagherza-Scharte.

Hinweis: Karte siehe Tour 24.

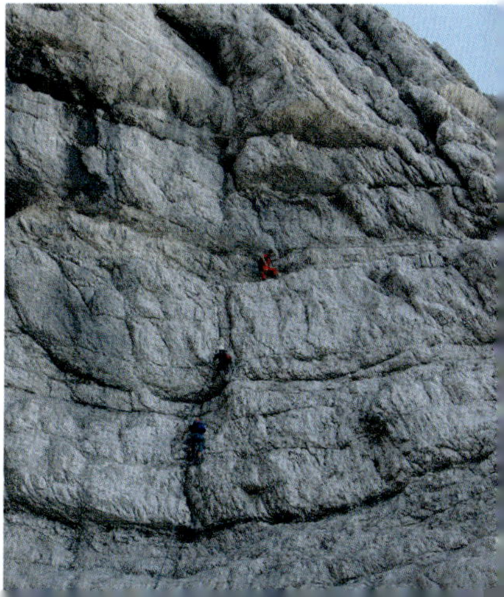

Im unteren Teil der Via della Vita.

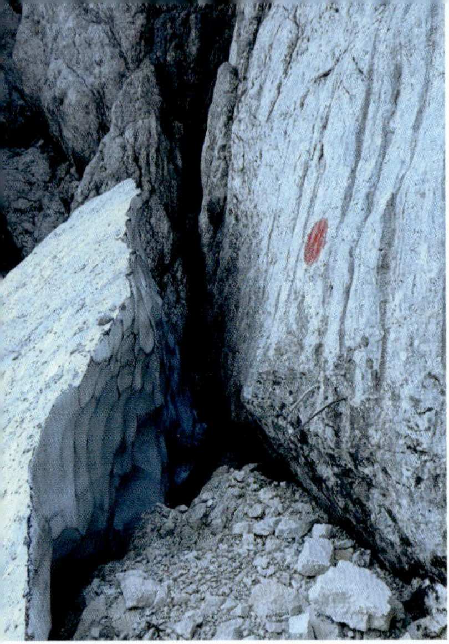

Der neue Einstieg.

Zustieg: Wie bei Tour 25 gehen wir zunächst zum Rif. Zacchi und dann auf Weg 513 bis in den riesigen, düsteren Kessel unterhalb der Wände. Bei der Wegteilung (Wegweiser) geht man leicht absteigend geradeaus weiter (zur Linken ein Gedenkstein) und durch Latschen und Hochwald zur Alpe Vecchia. Hier steht der Hinweis »Via della Vita« am Fels. Ein Steig führt nun über einen steilen Absatz links zum Kar hinauf. Über einen Schuttkegel rechts vom Schotterfeld steigt man auf Grasflanken hinauf und dann nach links zu einem Felshöcker. Man quert den Bachlauf und marschiert links auf einen mit einigen Lärchen bewachsenen Felssporn, der von den Felswänden herabzieht. Nun führt der Steig steil hinauf zum obersten Kar. Trittspuren leiten unterhalb der immer enger zusammenrückenden Wände schräg nach links zum Wandfuß, wo sich (oft hinter Firn) die Einstiegsmarkierung und die Tafel »Via della Vita« befinden.

Klettersteig: Der Einstieg wurde stark vereinfacht: Nach einer kurzen Querung nach links talauswärts (A) steigt man mithilfe von reichlich Trittstiften den abweisenden Einstiegskamin empor (C). Über dem Einstiegskamin geht es links durch eine Rinne hindurch, dann folgt ein langes Band. Kamine und Bänder wechseln sich ab und geben den weiteren Routenverlauf vor. Beim letzten Band steigt man steil rechts hinauf. Über einen Schuttsteig geht es auf eine Schuttterrasse, weiter zu

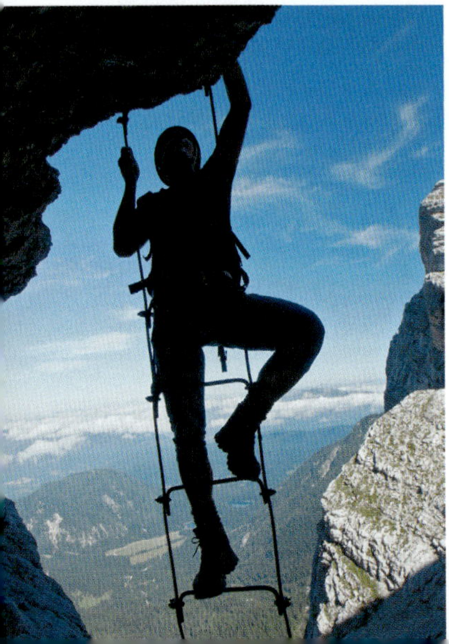

Die Leiternpassage.

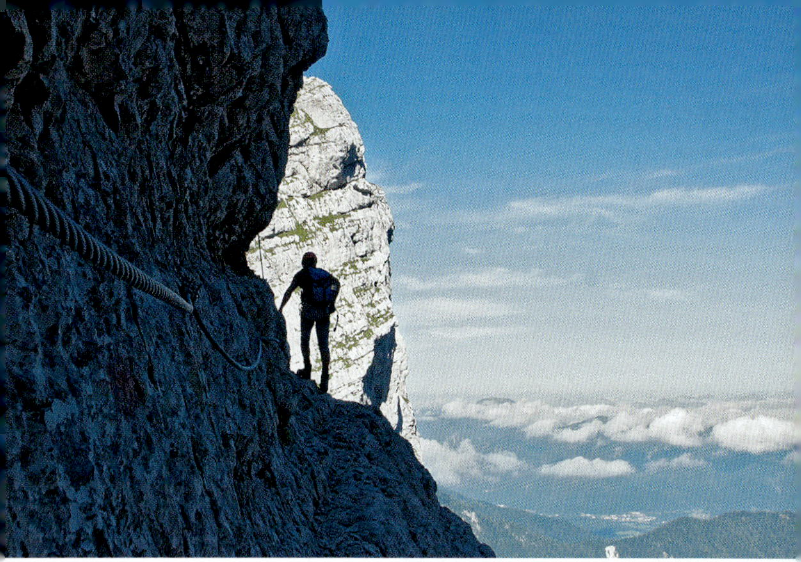

Schöne Bänder erwarten uns im mittleren Bereich des Steiges.

einer Steilstufe, über diese hinweg und dann in die große Schlucht. Diese überwindet man an einigen kurzen Stiften. Die nachfolgende Steilwand schaffen wir mit etwas Armkraft und Technik (C). Nach einer kurzen Querung nach rechts geht es weiter an Eisenbügeln senkrecht hinauf und dann auf einem Band nach rechts bis zu dessen Ende. Wiederum einige Meter senkrecht empor in eine Nische, dann etwa 80 m in eine Verschneidung und durch diese zu einem geröllübersäten Platz. Hier beginnt eine Passage ohne Drahtseil-Sicherungen. Bei trockenen Verhältnissen und mit griffigem Schuhwerk ist die ab dort erforderliche Plattenkletterei jedoch problemlos zu meistern. Recht unverhofft steht man plötzlich vor einer überhängenden Felsstufe, doch können wir diese über eine kurze Seilleiter überwinden. Die Route verläuft jetzt nach links zu den Schutthalden unter der Veunza-Scharte. Weiter auf Bändern und Geröll zur Wegteilung »Veunza – Sagherza«. Hier aufpassen! Das rechte Band führt zur Sagherza-Scharte und zum Mangart. Wir wenden uns aber nach links und steigen über Geröll in Richtung des schwarzen, meist nassen Felsens, über den wir hinweg müssen. Nach ein paar Felsaufschwüngen (bis B) erreichen wir über einen Schuttsteig die Veunza-Scharte und gelangen von dieser leicht zum Gipfel.

Abstieg: Wie Aufstieg. Alternativ auch Überschreitung zur Ponza, ca. 4 Std., und Abstieg dort (siehe Touren 24 und 25) oder Überschreitung zum Mangart, ebenfalls ca. 4 Std., und Abstieg dort (siehe Touren 22 und 24).

24 Überschreitung des Ponzagrates

17.00 Std.

Langer, anspruchsvoller Steig über den Ponzazug

Von der Hohen Ponza (Ponza Grande, Visoka Ponca) über den Strug (Cima Strugova) zum Mangart ist es ein sehr langer, aber hochinteressanter und eindrucksvoller Weg mit fantastisch schöner Aussicht während der Gratwanderung.

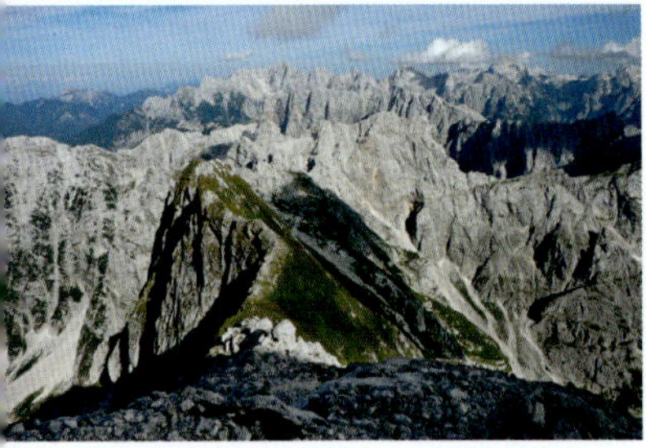

An der Wegkreuzung am Mangart ein Blick zurück nach Osten.

Ausgangspunkt: Oberer Weißenfelser See (Lago di Fusine superiore), 929 m. Parkplätze meist gebührenpflichtig, Wohnmobilstellplatz mit Sanitärinfrastruktur. Zufahrt von Weißenfels (Fusine) über 3 km lange Asphaltstraße.
Gehzeiten: Oberer Weißenfelser See – Rif. Zacchi 1.30 Std., Hütte – Hohe Ponza 2.30–3.30 Std., Ponza – Biv. Busettini (Sagherza-Scharte) 5–6 Std., Sagherza-Scharte – Mangart 3–4 Std.; Abstieg über Biv. Nogara zum Ausgangspunkt 3.30–4 Std.; gesamt ca. 17 Std.
Charakter: Teils gesicherter Steig. Ausgesetzte Kletterpassagen machen den Steig zu einem ernsten Unternehmen. Nur für erfahrene Alpinisten mit Kondition, Ausdauer und gutem Orientierungssinn (die roten Punkte entlang des Grates sind teilweise schlecht zu sehen). Die großartigen Tiefblicke erfordern absolute Trittsicherheit und Schwindelfreiheit. Immer wieder sind Passagen ungesichert oder Sicherungseinrichtungen beschädigt. Einige Passagen queren steile Grasflanken – Rutschgefahr!
Schwierigkeit: Meist Gehgelände, oft A bis B, gelegentlich kurze Passagen bis UIAA II und schmale Grate.
Höhenunterschied: Ca. 2000 Hm. Höhe des Klettersteigs auf die Hohe Ponza rund 800 Hm, dann in häufigem Auf und Ab innerhalb einer Bandbreite von rund 250 Hm. Der Steig verläuft über die Hohe Ponza, 2274 m, Mittlere Ponza (Ponza di mezzo, Srednja Ponca), 2228 m, Hintere Ponza (Ponza di dentro, Zadnja Ponca), 2265 m, Strug (Cima Strugova), 2259 m, Veunza (Vevnica), 2340 m, und über die Sagherza-Scharte, 2149 m, zum Mangart. Länge der gesamten Gratüberschreitung ca. 15 km.
Höchster Punkt: Mangart, 2679 m.
Exposition: Der Grat verläuft zuerst in Richtung Nord-Süd und dann Ost-West.
Stützpunkte: Rifugio Luigi Zacchi (Zacchi-Hütte), 1380 m, Tel. +39 333 3080555, rifugiozacchi.com; Bivacco Alberto Busettini (ehem. Bivacco CAI Tarvisio), 2150 m; Bivacco Fratelli Nogara, 1850 m; Koča na Mangrtskem sedlu (Mangart-Hütte), 1906 m, Tel. +386 51 630 863, en.pzs.si/koce.php?pid=9.
Hinweis: Das Mitführen eines kurzen Seils ist zu empfehlen. Begehung nur bei sicherster Wetterlage! Unterwegs gibt es kein Trinkwasser. Aufgrund der Weglänge die Tour ggf. mit Übernachtung im Biv. Busettini planen und vor Antritt der Tour unbedingt Erkundigungen über den momentanen Zustand der Sicherungen einholen! Die Tour kann auch gut in umgekehrter Richtung begangen werden.

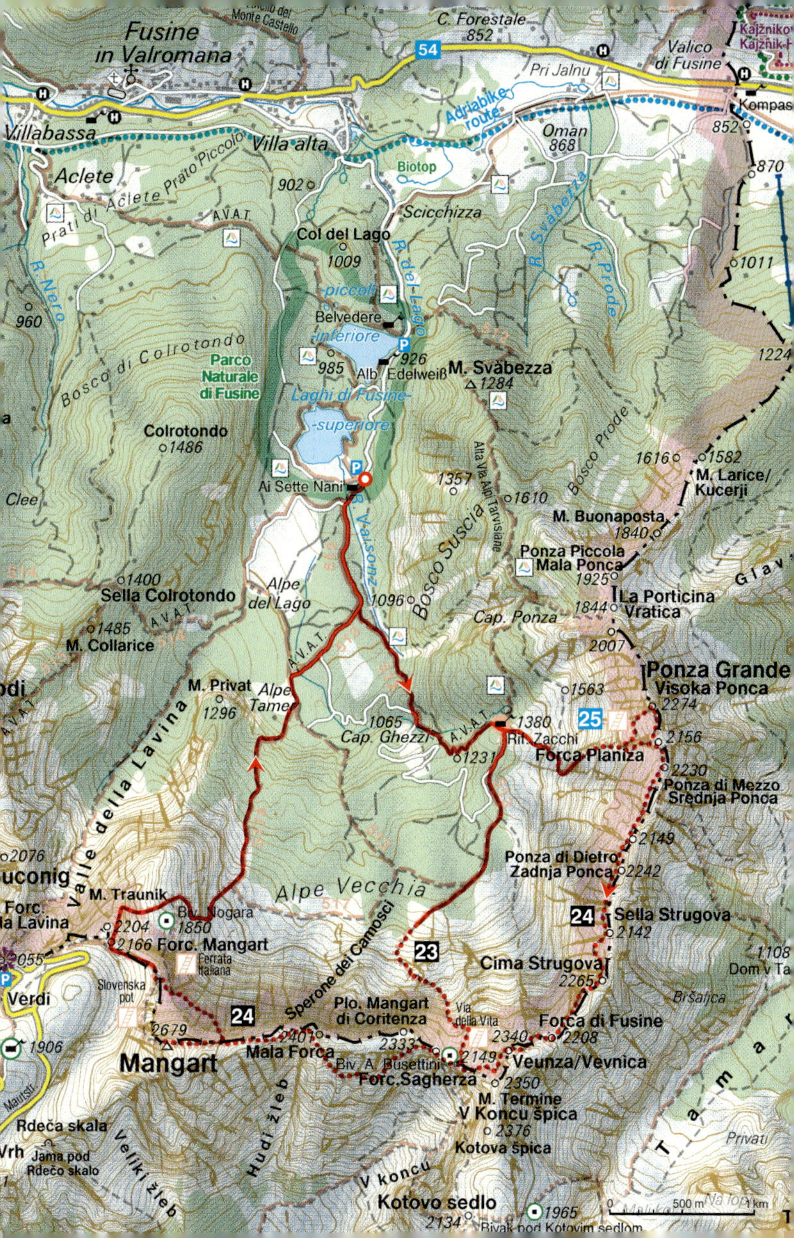
Fusine in Valromana
C. Forestale
852
54
Valico di Fusine
Kompas
Villabassa
Villa alta
Pri Jalnu
Adriabike route
Oman
868
Biotop
Aclete
Prati di Aclete
Prato Piccolo
902
Scicchizza
A.V.A.T.
Col del Lago
1009
R. del Lago
R. Svabezza
R. Prode
R. Nero
960
Belvedere
piccoli
inferiore
926
985
Alb. Edelweiß
M. Svàbezza
1284
Bosco di Colrotondo
Parco Naturale di Fusine
Laghi di Fusine
superiore
Colrotondo
1486
1224
Ai Sette Nani
1357
Alta Via Alpi Tarvisiane
Bosco Prode
1616
1582
M. Larice/ Kucerji
1610
M. Buonaposta
1840
Clee
R. Vaisonz
Bosco Suscia
Ponza Piccola Mala Ponca
1925
1400
Sella Colrotondo
Alpe del Lago
1096
La Porticina Vratica
1844
Cap. Ponza
1485
M. Collarice
2007
Ponza Grande Visoka Ponca
2274
M. Privat
1296
Alpe Tamer
1563
25
1065
Cap. Ghezzi
1380
Rif. Zacchi
2156
1231
Forca Planiza
2230
Ponza di Mezzo Srednja Ponca
Valle della Lavina
2149
2076
Ponza di Dietro Zadnja Ponca
2242
M. Traunik
Biv. Nogara
1850
Alpe Vecchia
24
Sella Strugova
2204
2142
Forc. Lavina
2166
Forc. Mangart
Ferrata Italiana
23
Cima Strugova
1108
Dom v Ta
Sperone dei Camosci
2265
Verdi
Slovenska pot
24
Plo. Mangart di Coritenza
Via della Vita
Bršajca
Forca di Fusine
2679
2401
2340
2208
1906
Mangart
Mala Forca
2333
2149
Veunza/Vevnica
Biv. A. Busettini
Forc. Sagherza
2350
M. Termine V Koncu špica
2376
Kotova špica
Rdeča skala
Jama pod Rdečo skalo
Veliki žleb
Hudi žleb
V koncu
Kotovo sedlo
2134
1965
Bivak pod Kotovim sedlom
Privati
Tamar
0
500 m
1 km

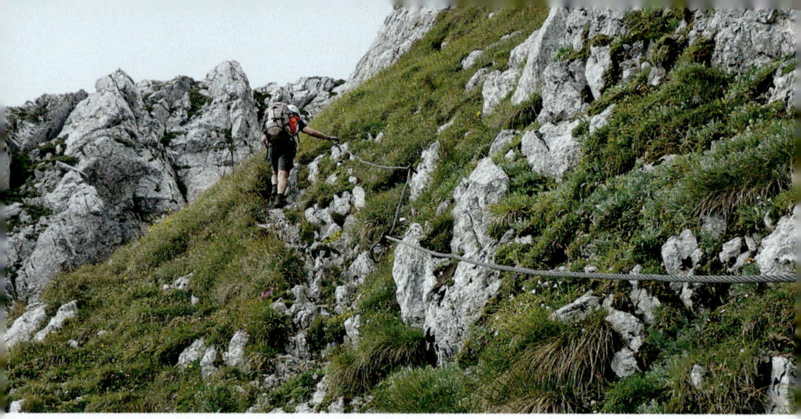

Typische Stelle in der Nähe der Mala Forca.

Zustieg: Wie bei Tour 25 über die Hohe Ponza bis zur Abzweigung zur Mittleren Ponza im Abstieg (Bez. »Tamar« auf einem Fels), oder direkt zur Mittleren Ponza, indem man sich im Aufstieg stets rechts hält.
Steig: Von der Mittleren Ponza geht es zunächst in die »rote Scharte« (Forca Rossa) hinunter, dann hinauf zur Hinteren Ponza, hinunter in die Strug-Scharte und wieder hinauf zum Gipfel des Strug. Dabei findet man meist Gehgelände und wenige, dürftig gesicherte Grataufschwünge vor. Der Abstieg aus der Strug-Scharte über den Kugyweg ins Strug-Kar wurde vor einigen Jahren saniert und kann nun als frühe Abstiegsvariante durchaus wieder in Betracht gezogen werden. Vom Strug steigen wir weiter über einen sehr schmalen und grasigen Grat, und in mehrmaligem Auf und Ab in eine Scharte hinunter. Der Aufstieg zur Veunza verläuft in der steilen Nordostwand (B und bis UIAA II) zu einer Einsattelung und dann unschwierig zum Gipfel. Man folgt nun dem Steig hinab in ein Kar und wendet sich westwärts, leicht ansteigend, zur Sagherza-Scharte. Man kann hier im Biwak Busettini übernachten oder kurz vor der Sagherza-Scharte nach rechts hinunter über die »Via della Vita« (Tour 23) abbrechen. Überraschend steigen wir vom Biwak in südliche Richtung ca. 150 Hm ins Koritnicatal ab und wenden uns dann unter dem Felsband nach rechts, um in die Südflanke des Piccolo Mangart di Coritenza zu gelangen. In weiterer Folge geht es durch einen kurzen, natürlichen Tunnel und einige gesicherte Stellen (bis B) zur Mala Forca (Huda škrbina). Im Bereich zwischen der Mala Forca und dem Beginn des Mangart-Normalweges quert man sehr steile Grashänge (teils A). Ab der Wegkreuzung steigt man, sich links haltend, zum nahen Mangartgipfel.
Abstieg: Über den Mangart-Normalweg wie in Tour 21 zur Mangart-Hütte (zweites Auto) oder vorher nach links abzweigend zum Biwak Nogara und wie im Tipp bei Tour 22 beschrieben hinunter zum Ausgangspunkt.

8.00 Std.

Klettersteig auf die Hohe Ponza

25

Zum Ausgangspunkt einer großen Gratüberschreitung

Der Felskamm, der die Weißenfelser Seen in großem Halbrund umschließt, gipfelt im Osten in den Pfeilern der Hohen Ponza. Unter ihr entspringt am Ende des östlich gelegenen Planicatals die Save. Im Gegensatz zu der etwas schaurig-düsteren Nordwandroute an der Veunza hat der Klettersteig auf die Hohe Ponza eher eine heiter-warme Note und bietet einen wohltuenden Gegensatz zu den kalten Nordwänden.

Ausgangspunkt: Oberer Weißenfelser See (Lago di Fusine superiore), 929 m. Parkplätze meist gebührenpflichtig, Wohnmobilstellplatz mit Sanitärinfrastruktur. Zufahrt von Weißenfels (Fusine) über eine 3 km lange Asphaltstraße.

Gehzeiten: Oberer Weißenfelser See – Rif. Zacchi 1.30 Std., Rif. Zacchi – Hohe Ponza 2.30–3.30 Std., Abstieg 3–4 Std.; gesamt ca. 8 Std.

Charakter: Alpiner Klettersteig. Steilstufe sehr luftig, ansonsten viel Geröll und oft abschüssiges Gehgelände. Infolge des vielen losen Materials im Steigverlauf ist ein Steinschlaghelm unerlässlich! Trittsicherheit und Schwindelfreiheit unbedingt erforderlich. Durch Steinschlag beschädigte Sicherungen und/oder eine zeitweilige Sperre sind immer wieder möglich. Aktuelle Situation in der Hütte erfragen!

Schwierigkeit: A bis B.

Höhenunterschied: Ca. 1400 Hm, davon Klettersteig ca. 800 Hm.

Höchster Punkt: Hohe Ponza (Ponza Grande, Visoka Ponca), 2274 m.

Exposition: West bis Südwest.

Stützpunkt: Rifugio Luigi Zacchi (Zacchi-Hütte), 1380 m, Tel. +39 333 3080555, rifugiozacchi.com/.

Hinweis: Karte siehe Tour 24.

Vorsicht, Giftschlangen entlang der gesamten Route durch die Westflanke der Ponza!

Sonnenaufgang über dem Ponzazug.

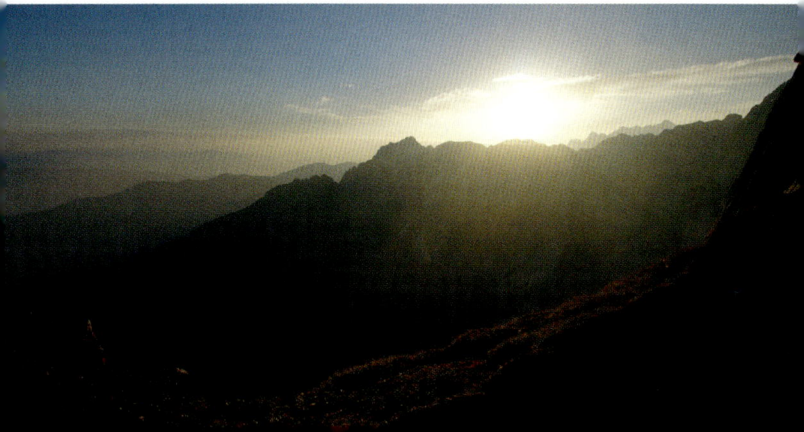

Zustieg: Vom Parkplatz gehen wir nach links zur Brücke und vorbei an einer Schranke zu einer Wegteilung mit Hinweistafel. Der rechts bzw. geradeaus führende Weg 517 leitet zur Alpe Tamer und weiter zum Biwak Nogara. Wir folgen dem Weg 512 nach links und kommen so zum Rif. Zacchi.
Klettersteig: Nahe der Hütte führt der Steig zunächst südwärts durch Latschen, dann durch eine meist ausgetrocknete Wasserrinne. Über einen Schuttsteig erreicht man bald den begrünten, steilen Westsporn. Ein dickes Seil leitet über einen senkrechten Absatz hinauf. Sehr steil und gelegentlich gesichert führt der Steig weiter an einzelnen Bäumen vorbei, dann über Schrofen und durch Latschen hinauf bis zu einem begrünten Steilhang. Bald erreicht man die Hauptrinne, die von der Scharte zwischen Hoher und Mittlerer Ponza herabzieht, und quert diese nach rechts. Anschließend geht es vorwiegend über Grasstufen aufwärts. Rechts erblickt man eine tiefe, finstere Schlucht. Allmählich erreicht man die Weggabelung (Rastplatz). Wir halten uns links, queren eine Nebenrinne (bis in den Frühsommer hinein steiles Firnfeld) und steigen an der südlichen Begrenzung der Hauptrinne auf grasigen Schrofen steil hinauf. Auf etwa halber Höhe vor der Gratscharte quert man diese nach links zum Fuß der Gipfelwand (Hinweis am gelblichen Fels). In der fast senkrechten Südwand steigt man gesichert schräg hinauf zu einer

Bei der Weggabelung.

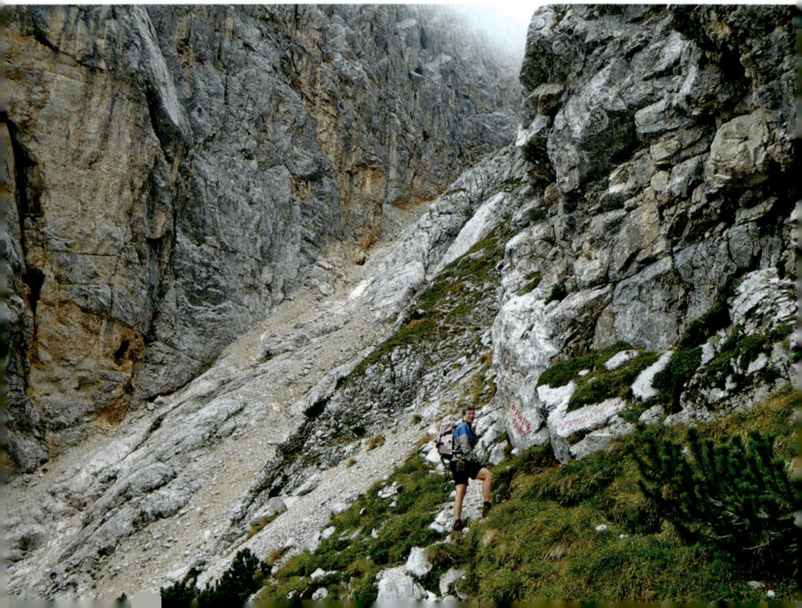

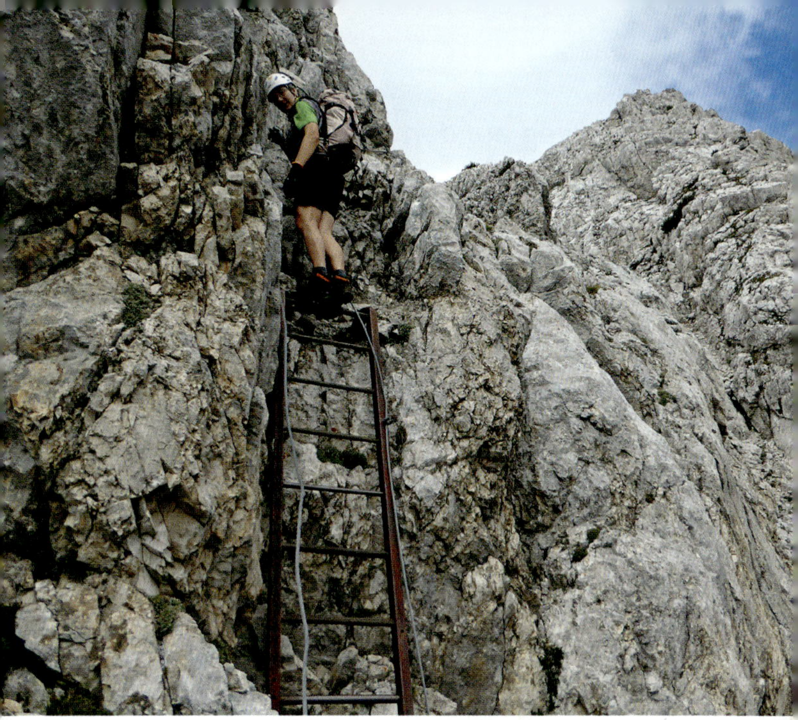

Über die Leiter erreicht man die Gipfelregion.

Felskanzel und weiter über Schrofen und Absätze. Dann führt der Weg nach rechts zu einem erhöhten Absatz und von diesem auf ein Bändersystem oberhalb der gelblichen Einstiegsschlucht. Bald wird eine Eisenleiter erreicht, die eine Steilstufe überwindet. Nun quert man, stets den Sicherungen folgend, eine Steilrinne und steigt über Geröll empor. Anschließend wendet man sich über Stufen, Schrofen und Schutt dem flacheren Westgrat zu und gelangt über unschwierige Geröllbänder zum Gipfel.
Alternativ kann man ab der Weggabelung dem Weg zur Mittleren Ponza folgen. Dieser verläuft zuerst kurz südlich und führt nach erneuter Gabelung nach links hinauf zur Forca Planica. Aus dieser Scharte führt dann ein mit Stahlseilen gut gesicherter Weg (»Slowenischer Klettersteig«, Normalweg) über einen luftigen Grat in die Ostflanke der Hohen Ponza und durch diese steil und ausgesetzt zum Gipfel.
Abstieg: Wie Aufstieg oder als Überschreitung, die beide Wegalternativen miteinander verbindet.

26 Normalweg auf den Jalovec

12.00 Std.

Jalovec-Couloir oder Jalovec-Scharte?

Der Jalovec ist eine der schönsten Berggestalten in den Julischen Alpen – wild und drohend. Von seiner schönsten Seite zeigt er sich, wie auch die meisten seiner Trabanten, von Norden. Er beherrscht die Täler von Planica, Koritnica und Trenta. Von der Planica gesehen erblickt man sofort diese einmalige Felspyramide mit ihren riesigen Firnrinnen und Couloirs. Julius Kugy bezeichnete den Jalovec als »Raufbold« – ein bisschen von diesem Charme ist immer noch zu spüren.

Ausgangspunkt: Parkplatz bei den Skisprungschanzen im Planicatal, ca. 900 m. Die Straße zur Tamar-Hütte ist mittlerweile generell gesperrt.
Gehzeiten: Parkplatz – Tamar-Hütte 1 Std., Tamar-Hütte – Jalovec-Scharte 3–3.30 Std., Scharte – Gipfel 2.30–3 Std., Abstieg 4–5 Std.; gesamt ca. 12 Std.
Charakter: Teils gesicherter Steig. Sehr lange Tour, daher früher Start am Morgen. Viel Wasser mitnehmen, weil es unterwegs kein Trinkwasser gibt. Ab der Jalovec-Scharte nur Trittstifte, keine Drahtseile. Teils sehr exponierte, ungesicherte Passagen. Für das Couloir sind Steigeisen und absolute Trittsicherheit erforderlich!
Schwierigkeit: Zur Scharte A/B und B, dann UIAA I–II. Ab dem Couloir-Ausstieg oft UIAA I, selten A/B.
Höhenunterschied: Ca. 1800 Hm, davon ca. 900 Hm teils gesichert.
Höchster Punkt: Jalovec (Jalouc), 2645 m.
Exposition: Zur Scharte Nord, dann Ost und Südost, letzter Teil Süd.
Stützpunkte: Planinski dom Tamar (Tamar-Hütte), 1108 m, Tel. +386 41 37 80 77, en.pzs.si/koce.php?pid=11; Zavetišče pod Špičkom, 2064 m, Abstecher auf der Südseite, Tel. +386 70 643 327, en.pzs.si/koce.php?pid=10.
Hinweis: Für die Route durchs Couloir vor Antritt der Tour unbedingt Erkundigungen über den momentanen Zustand einholen! Durch die allgemein höheren Temperaturen ist der Weg durch das Couloir fast nur noch im Winter ratsam, da zu allen anderen Zeiten die Steinschlaggefahr viel zu hoch ist. Oft ist dieser Weg auch gänzlich gesperrt und man muss zu Tour 27 ausweichen.

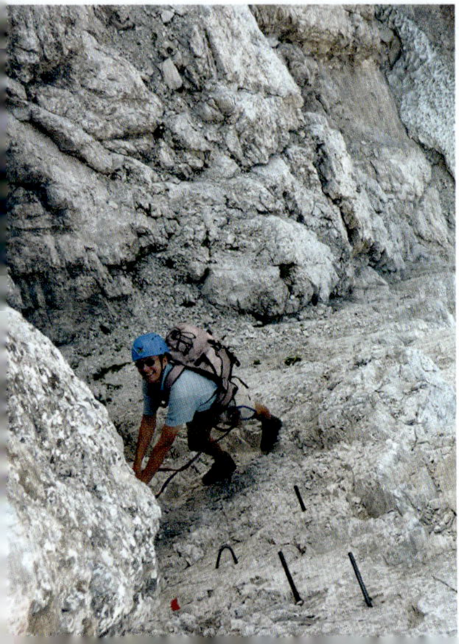

Die kaminartige Verschneidung im unteren Teil des Klettersteiges zur Jalovec-Scharte.

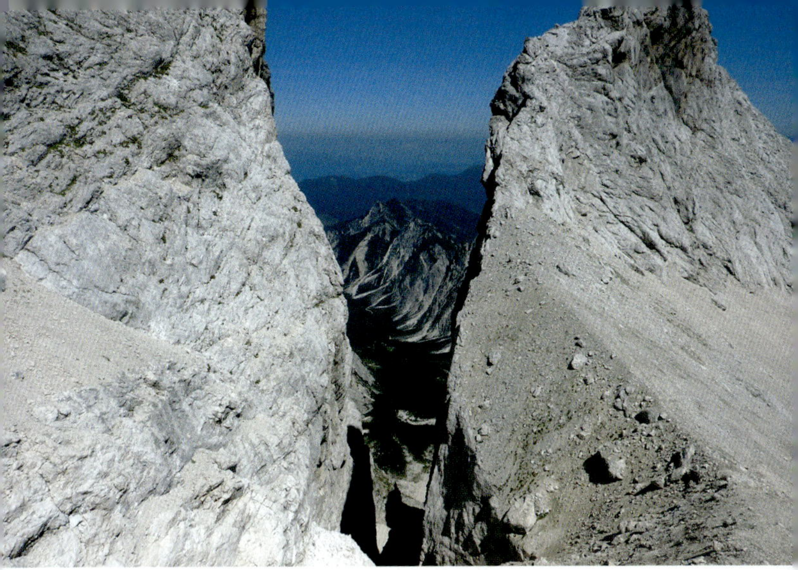

Blick durch das Couloir in das Planicatal.

Zustieg: Für den Weg vom Parkplatz zur Tamar-Hütte wählen wir eine der beiden Straßen. Ab der Hütte folgt man dem markierten Weg zunächst durch Mischwald, dann durch Krummholz, anschließend geht es auf einem Schottersteig ständig unterhalb der Wände von Ponza (rechts), Mojstrovka und Travnik (links) aufwärts. Über steile Schutthalden (bis in den Frühsommer Schneefelder) führt der beschwerliche Steig in Richtung Couloir. Am Wandfuß des Jalovec angekommen befindet sich eine rote Holztafel. Rechts geht es zum Kotsattel (Kotovo sedlo, siehe Tour 27) und links in Richtung Jalovec-Scharte (Jalovška škrbina, 2138 m).
Steig: An dieser Weggabelung wenden wir uns also nach links. Der Weg verläuft sehr gut markiert unmittelbar am Wandfuß entlang. Alsbald steigen wir zu einer daneben verlaufenden kleinen Eisschlucht hinab und queren diese. Die Überschreitung der zumeist folgenden Randkluft kann je nach Jahreszeit und Schneeverhältnissen durchaus knifflig sein. Von diesem Firnfeld hinauf führen Eisenstifte und Klammern und weiter oben auch Drahtseile durch eine kaminartige Verschneidung und über eine gestufte Plattenwand (A/B bis B). Zahlreiche Stifte und Klammern erleichtern den recht luftigen Aufstieg. Um eine Kante herum und in der Folge weiter ausgesetzt bergan erreicht man einen Schuttsteig, der bequem zur Jalovec-Scharte führt.
Von der Scharte gehen wir durch große Felsblöcke etwa 100 m schräg rechts abwärts zu einem Fels mit dem Hinweis »Jalovec«. Wir folgen den Markierun-

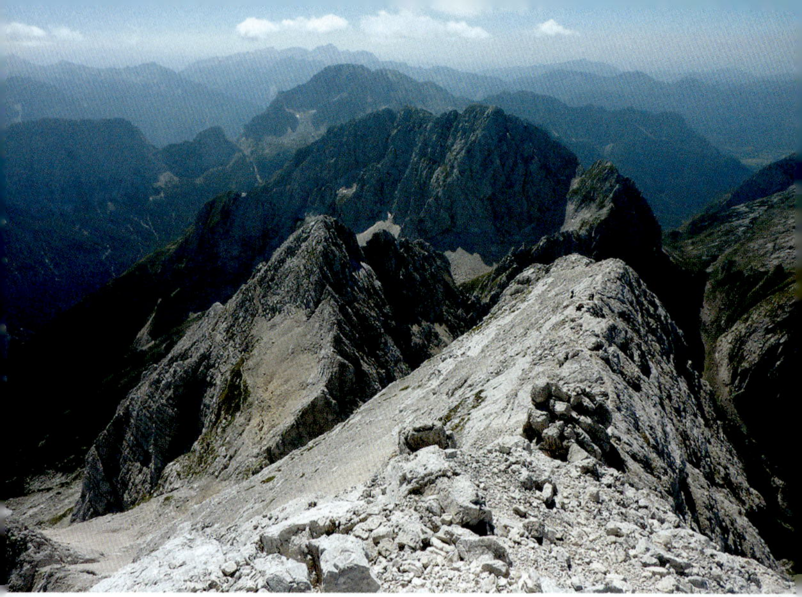

Am Südgrat bei der Einmündung des Nordwestgrat-Steiges.

gen und Trittstiften über das Bändersystem nach links in die Südostflanke der Goličica. Dort verläuft die Route direkt in der Falllinie. Etliche Eisenstifte helfen bei der Kletterei (UIAA I–II), jedoch gibt es keine Seile. Über plattigen Fels und Schrofen erreicht man einen Schuttsteig, dem man bis zum oberen Couloir-Ende folgt. In diesem Bereich ist der Weg etwas unübersichtlich, die Markierungen sind gegenwärtig zum Teil stark verwittert.
Der weitere Anstieg zum Gipfel führt über Schutt zu einer weiteren Scharte. Dort beginnt ein Felsband, das leicht schräg nach links führt (UIAA I). Über gute Stufen erreichen wir in festem Fels einen Absatz, von diesem geht es über plattigen Fels (Vorsicht bei Nässe!) nach rechts zu einer Steilstufe. Diese erklimmend (A/B und UIAA I) gelangen wir zu einer Rinne und steigen weiter über steile, grasdurchsetzte Schrofen hinauf zum Südgrat. Nun geht es zunächst am luftigen Grat entlang (teils A und A/B), dann wenden wir uns auf die Südostseite, steigen etwas ab und gelangen unterhalb des Grates auf ein Band. Von diesem geht es wieder zurück auf den Grat, dem man weiter folgt. Wir steigen nochmals kurz ab, diesmal auf die Westseite (Einmündung des Nordwestgrat-Steiges) und erreichen in leichtem Fels über Blöcke den Gipfel. Auch für die leichteren Zugänge von Süden gilt dieser Gipfelanstieg.
Abstieg: Wie Aufstieg. Alternativ kann man zur Hütte Zavetišče pod Špičkom nach Süden absteigen. Vom Abstieg durch das Couloir wird abgeraten.

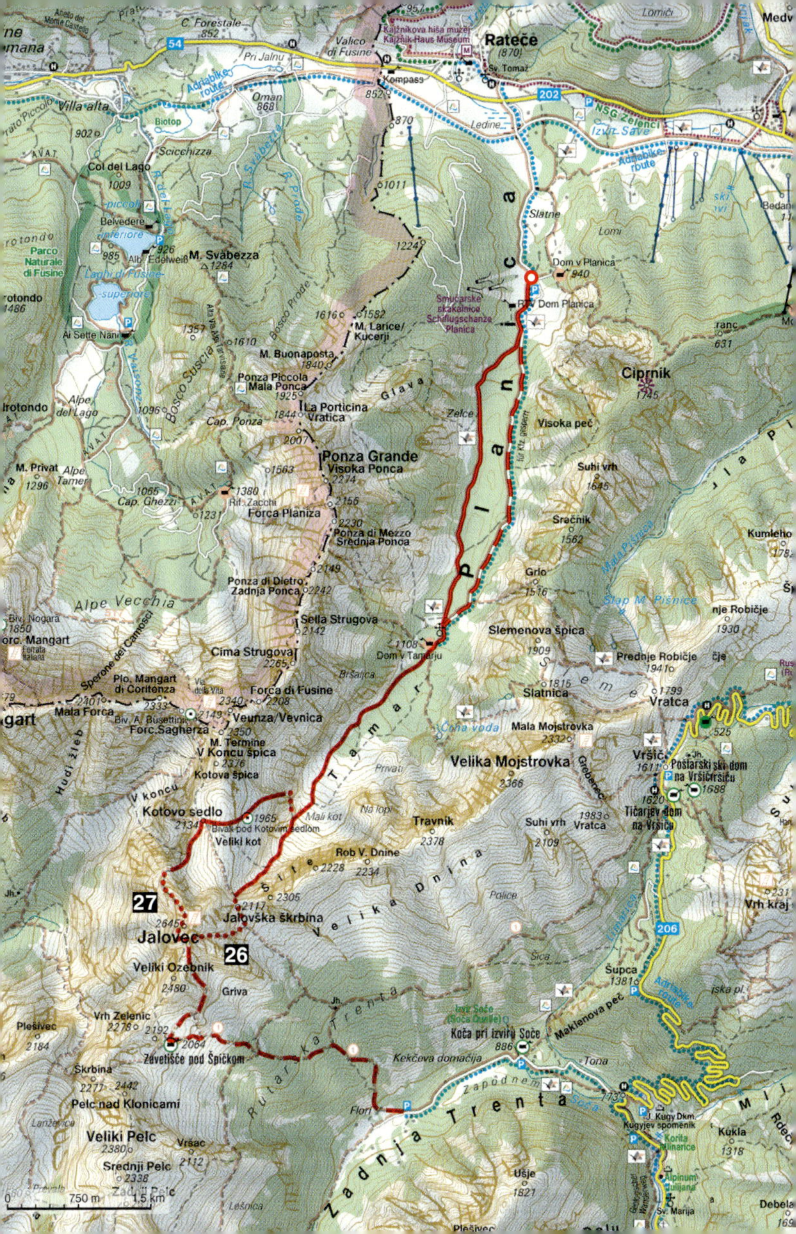

Rateče
870
Kajžnikova hiša muzej
Kajžnik-Haus Museum
Sv. Tomaž
Lomiči
Valico di Fusine
Kompass
852
C. Forestale
Pri Jalnu
Adriabike route
Villa alta
Oman
868
Biotop
Scicchizza
Col del Lago
1009
Belvedere
Laghi di Fusine
superiore
Alb. Edelweiß
926
985
Parco Naturale di Fusine
M. Svabezza
1284
Ai Sette Nani
1486
Ledine
870
1011
1224
202
NSG Zelenci
Izvir Save
Adriabike route
Slatne
Lomi
Dom v Planica
940
RTV Dom Planica
Smučarske skakalnice
Schiflugschanze
Planica
1616
1582
M. Larice/
Kucerji
1610
1357
M. Buonaposta
1840
Ponza Piccola
Mala Ponca
1925
La Porticina
Vratica
1844
Cap. Ponza
Glava
2007
Zelce
Ciprnik
1745
Visoka peč
631
1096
Alpe del Lago
M. Privat
1296
Alpe Tamer
1065
Cap. Ghezzi
1380
Rif. Zacchi
1231
1563
Ponza Grande
Visoka Ponca
2274
2156
Forca Planiza
2230
Ponza di Mezzo
Srednja Ponca
2149
Ponza di Dietro
Zadnja Ponca
2242
Suhi vrh
1645
Sračnik
1562
Kumleho
Planica
Mala Pišnica
Slap M. Pišnice
Grlo
1516
Slemenova špica
1909
Alpe Vecchia
Biv. Nogara
1850
Forc. Mangart
Sella Strugova
2142
1108
Dom v Tamarju
Cima Strugova
2265
Bršajca
Prednje Robičje
1941
1930
1815
Slatnica
1799
Vratca
Sperone del Camosci
Plo. Mangart di Coritenza
2333
2401
Mala Forca
Biv. A. Busettini
Forc. Sagherza
2149
2340
Forca di Fusine
2208
Veunza/Vevnica
2350
M. Termine
V Koncu špica
2376
Kotova špica
Hudi žleb
Tamar
Čona voda
Mala Mojstrovka
2332
Velika Mojstrovka
2366
Vršič
1611
Poštarski dom na Vršiču
1688
Tičarjev dom na Vršiču
1620
525
Grebenec
Prvati
V koncu
Kotovo sedlo
2134
1965
Bivak pod Kotovim sedlom
Veliki kot
Mali kot
Na lopi
Travnik
2378
Suhi vrh
2109
1983
Vratca
Rob V. Dnine
2228
2234
Site
2305
2117
Jalovška škrbina
Velika Dnina
Police
27
2645
Jalovec
26
Veliki Ozebnik
2480
Griva
Šica
Vrh kraj
206
Šupca
1381
Adriabike route
Vrh Zelenic
2278
2192
2064
Zavetišče pod Špičkom
Plešivec
2184
Rutar ka Trenta
Izvir Soče
(Soča Quelle)
Koča pri izviru Soče
886
Maklanova peč
Kekčeva domačija
Tona
Zapodnem
Soča
Trenta
Flori
Zadnja Trenta
Škrbina
2277
2442
Pelc nad Klonicami
Veliki Pelc
2380
Vršac
2112
Srednji Pelc
2338
Zadnji Pelc
Lešnica
Kukla
1318
J. Kugy Dkm.
Kugyjev spomenik
Korita Mlinarice
Alpinum Julijana
Sv. Marija
Debela
Ušje
1821
Plešivec
750 m
1,5 km

TOP 27 Über den Nordwestgrat auf den Jalovec

11.00 Std.

Über den Kotsattel

Der Aufstieg über den Nordwestgrat ist der landschaftlich schönste und auch erlebnisreichste auf den Jalovec. Er ist allen anderen vorzuziehen, denn die Schau in seine gewaltige Nordwand zeigt hier erst richtig, was dieser Koloss dem Bergfreund alles zu bieten vermag.

Ausgangspunkt: Parkplatz bei den Skisprungschanzen im Planicatal, ca. 900 m. Die Straße zur Tamar-Hütte ist mittlerweile generell gesperrt.
Gehzeiten: Parkplatz – Tamar-Hütte 1 Std., Tamar-Hütte – Kotsattel 2.30–3 Std., Kotsattel – Jalovec 2.30–3 Std., Abstieg 4 Std.; gesamt ca. 11 Std.
Charakter: Alpiner Klettersteig. Lange Tour, daher früher Start am Morgen. Viel Wasser mitnehmen, weil es unterwegs kein Trinkwasser gibt. Ab dem Kotsattel kurz Sicherungen, teils sehr exponierte, ungesicherte Passagen, stellenweise brüchiges Gestein.
Schwierigkeit: Zum Kotsattel A bis A/B, am Nordwestgrat kürzere Passagen A bis B, Gehgelände und häufig UIAA I–II.
Höhenunterschied: Ca. 1750 Hm, davon Klettersteig zum Kotsattel ca. 200 Hm, Klettersteig über den Nordwestgrat ca. 400 Hm.
Höchster Punkt: Jalovec (Jalouc), 2645 m.
Exposition: Nordwest, dann West, letzter Teil Süd. Zum Kotsattel: Ost.
Stützpunkte: Planinski dom Tamar (Tamar-Hütte), 1108 m, Tel. +386 41 37 80 77, en.pzs.si/koce.php?pid=11; Bivak pod Kotovim sedlom unterhalb des Kotsattels, 1965 m; Zavetišče pod Špičkom, 2064 m, Abstecher auf der Südseite, Tel. +386 70 643 327, en.pzs.si/koce.php?pid =10.
Tipp: Übernachtung im Biwak.
Hinweis: Karte siehe Tour 26.

Zustieg: Für den Weg vom Parkplatz zur Tamar-Hütte wählt man eine der beiden Straßen. Ab der Hütte folgt man dem markierten Weg zunächst durch Mischwald, dann durch Krummholz, anschließend geht es auf einem Schottersteig ständig unterhalb der Wände von Ponza (rechts), Mojstrovka und Travnik (links) aufwärts. Über steile Schutthalden (bis in den Frühsommer Schneefelder) führt der beschwerliche Steig zu großen Felsblöcken. Hier zeigt eine rote Holztafel eine Weggabelung an: Der Weg nach links führt zur Jalovec-Scharte. Der rechte Steig leitet uns über den ersten Klettersteig in Richtung Veliki Kot und auf den Kotsattel (Kotovo sedlo, 2134 m).
Klettersteig: Bei den Felsblöcken wenden wir uns also nach rechts, klettern etwas mühsam über steile Grasstufen bergan und folgen dem Grasband. In der Latschenzone wendet sich der Weg nach links und Drahtseile helfen beim Überwinden einiger Felsstufen (A bis A/B). Durch dichte Latschen erreichen wir ein Hochkar, das wir nach rechts über Felsblöcke und Geröll durchqueren und von dem aus wir in Serpentinen zum Kotsattel gelangen. Vom Sattel bieten sich grandiose Tiefblicke in das Koritnicatal und auf die Predilstraße.

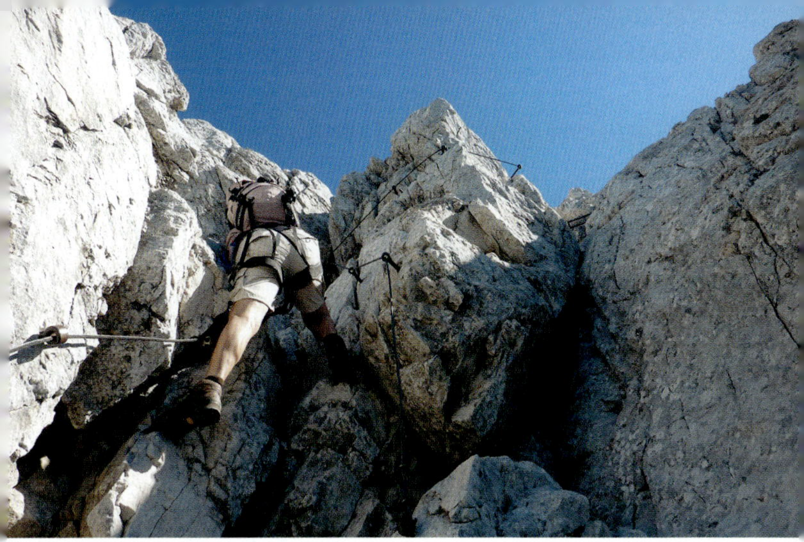

Im unteren Teil des Nordwestgrates.

Vom Sattel führt der Weg auf einer teils begrünten Gratschneide an schaurigen Abbrüchen und tiefen Schluchten vorbei, dann über Geröll steil aufwärts zum Wandfuß (hierher kann man auch vom großen markanten Felsen unterhalb des Couloirs nach rechts hinauf über ein sehr steiles Geröll- bzw. Schneefeld gelangen). Vom Wandfuß kommt man unschwierig auf eine begrünte Kanzel (Pausenplatz).
Auf der Koritnica-Seite queren wir nun eine Schlucht und steigen dann auf der anderen Seite über Felsstufen und Verschneidungen (A bis B, UIAA I) auf den Grat. In weiterer Folge gelangen wir, gut gesichert, auf die Nordseite des Jalovec (Blick auf den Kotsattel). Hier erreichen wir leicht absteigend einen gut griffigen Kamin (A/B und B) und steigen durch diesen wieder zum Grat hinauf, dem wir eine Weile folgen. Der Steig führt dann ungesichert wieder auf die Koritnica-Seite (Westflanke), und über Schuttbänder zu einer Steilrinne. Anschließend sind einige Rinnen und Felsgesimse zu queren (UIAA I und I–II). Aus einer größeren Schlucht, die man gut gesichert quert, erreicht man über Felsstufen und teils ausgesetzte Bänder den letzten Aufschwung zum Südgrat. Auf guten Stufen und Schrofen steigen wir im leichten Fels in wenigen Minuten zum Gipfel.
Abstieg: Wie Aufstieg. Alternativ kann man auch zur Hütte Zavetišče pod Špičkom nach Süden oder wie bei Tour 26 absteigen. Beim Abstieg vom Kotsattel ist es besser, dem Normalweg ans untere Ende des Couloirs zu folgen und über das Schuttkar abzusteigen (siehe Aufstieg bei Tour 26).

28 Klettersteig auf die Mala Mojstrovka

5.00 Std.

Durch die Nordwand hinauf und nach Süden hinunter

Der Doppelgipfel der Mojstrovka ist weithin sichtbar, besonders gut aus der Talsohle um Kranjska Gora bzw. vom Grenzübergang Wurzenpass (Korensko sedlo). Gegen Norden brechen beide Gipfel mit teilweise senkrechten Wänden zum Hochplateau der Sleme und ins hintere Planicatal ab. Durch die Nordwand der Mala (Kleinen) Mojstrovka leitet ein gut angelegter, meist gesicherter Steig, der wegen seiner Kürze als spannendes Halbtagsabenteuer jedem Klettersteigliebhaber zu empfehlen ist. Als Belohnung gibt es vom Gipfel aus eine grandiose Rundschau auf die Felsgiganten der Umgebung, wie den Prisojnik, den Špik und nicht zuletzt den Triglav.

Ausgangspunkt: Vršič-Pass, 1611 m, am Parkplatz direkt auf der Passhöhe (gebührenpflichtig), Anfahrt über Kranjska Gora oder Trenta.
Gehzeiten: Vršič-Pass – Einstieg: 1–1.30 Std., Einstieg – Gipfel 2 Std., Abstieg je nach Route 1.30–2 Std.; ges. ca. 5 Std.
Charakter: Alpiner Klettersteig. Luftiger, teils ausgesetzter Klettersteig mit einigen Gehpassagen und im oberen Teil leichter Kletterei (ungesichert).
Schwierigkeit: Häufig B, einige Stellen B/C, UIAA I–II.
Höhenunterschied: Ca. 700 Hm, davon Klettersteig ca. 400 Hm.
Höchster Punkt: Mala (Kleine) Mojstrovka, 2332 m.
Exposition: Nord.
Stützpunkte: Tičarjev dom na Vršiču (Tičar-Haus), 1620 m, direkt am Pass, Tel. +386 70 709 093, en.pzs.si/koce.php?pid=17; Erjavčeva koča na Vršiču (Erjavec-Hütte), 1525 m, Tel. +386 51 39 92 26, en.pzs.si/koce.php?pid=16; Poštarski dom na Vršiču (Posthütte), 1688 m, Tel. +386 41 335 919, en.pzs.si/koce.php?pid=18.
Tipp: Sehenswert ist die »Russenkapelle« (Ruska kapelica) an der Auffahrt von Kranjska Gora zum Pass, eine Gedenkstätte für russische Kriegsgefangene, die im Ersten Weltkrieg beim Bau der Vršič-Passstraße von einer Schneelawine verschüttet wurden.

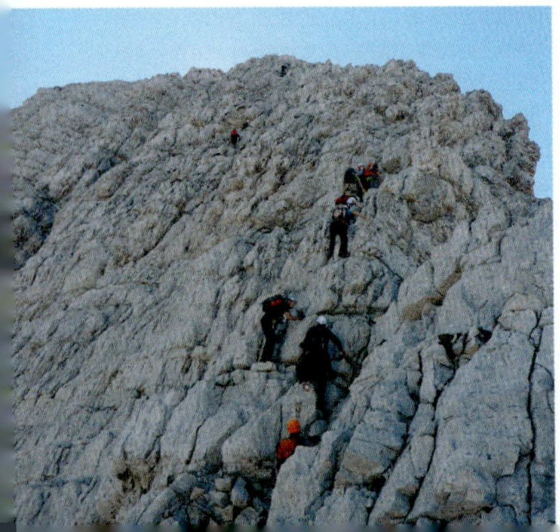

Zustieg: Direkt vom Vršič-Pass führt der Weg in nördlicher Richtung durch Latschen und über Geröllfelder zur Vratica (Törl). Von hier gelangt man auf einem Schotterpfad schräg nach links ins Kar und durch dieses bis zum Wandfuß.

Klettersteig: Im Frühsommer kann beim Einstieg harter Firn liegen, der die Verwendung von Pickel bzw. Steigeisen notwendig macht. Vom

Der Ostgrat zum Gipfel.

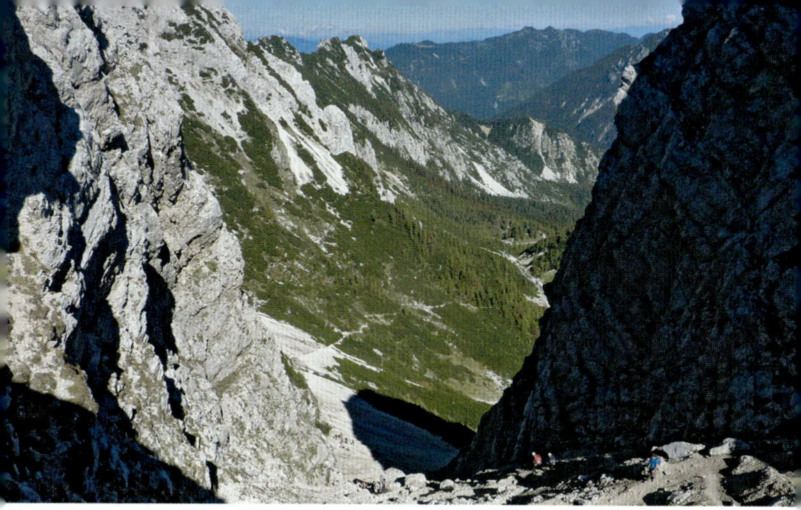

Im Abstieg von der Einsattelung zur Schuttreise.

Einstieg gewinnt man zuerst über Platten (nur Stifte), dann über kaminartige Rinnen (gesichert) rasch an Höhe. Der Steig führt weiter über eine große Rampe (großteils nicht gesichert) nach rechts hinauf. Auf Bändern und Verschneidungen geht es gesichert geschickt in großen Serpentinen nach oben. Ab der Lärche auf einer recht luftigen Rippe steilt der Steig wieder etwas auf. Jetzt steigt man abermals über Bänder und Platten hinauf zum Ende der Sicherungen. Hier gibt es eine Abbruchmöglichkeit über einen unmarkierten Steig links hinunter ins Ostkar und zurück zum Vršič-Pass. Im oberen Teil folgt zunächst einfacheres Schutt-, Block- und Felsgelände. Über den Ostrücken führt der Steig zuletzt in sehr anregender Kletterei über gut gestuften Fels ungesichert zum Gipfel.

Abstieg: Für den Abstieg nimmt man den (im Aufstieg beschwerlichen) Normalweg über die schuttbedeckte Südabdachung bis in den Latschengürtel und weiter hinab zu einer breiten Einsattelung hoch über dem Vršič-Pass. Eine steile, grobschottrige Schlucht mündet bald in eine breite Schuttreise mit feinem Geröll – eine großartige »Abfahrt« bis zur Passhöhe! Der Normalweg umgeht diese Schuttreise in einem großen Rechtsbogen.

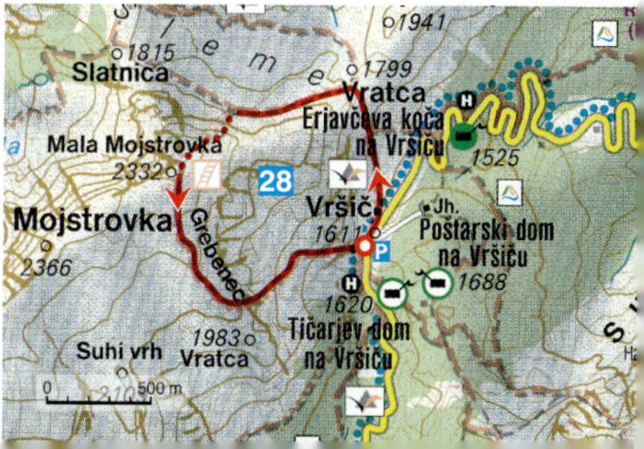

29 Teils gesicherter Steig auf den Bavški Grintavec

9.00 Std.

Ein luftiger Steig mit wenig Seil und viel Geröll

Der Bavški (Flitscher) Grintavec ist Kulminationspunkt eines langen Gebirgszuges und damit ein schöner Aussichtsberg. Gewitter können einen am Gipfel jedoch das Fürchten lehren. Die Route führt durch die Nordflanke und über den Nordgrat, wobei vielerorts herrliche Flora anzutreffen ist.

Ausgangspunkt: Hintere Trenta (Zadnja Trenta), Parkgelegenheit vor der Schranke, ca. 960 m. Zufahrt von der Südrampe des Vršič-Passes; bei der Hinweistafel »Koča pri izviru Soče« nach Westen abbiegen und an der Hütte unterhalb der Soča-Quelle, 886 m, vorbei in den Talschluss fahren.
Gehzeiten: Hintere Trenta – Zapotok-Alm 2 Std., Alm – Wegteilung 1–1.30 Std., Wegteilung – Grintavec 2–2.30 Std., Abstieg 3–4 Std.; gesamt ca. 9 Std.
Charakter: Teils gesicherter Steig. Klettergewandtheit im Fels sowie Sicherheit im brüchigen Fels und auf gerölligen Bändern und Graten sind erforderlich. Die wenigen Sicherungen machen diese Tour zu einer sehr ernsthaften alpinen Unternehmung. Bei Gewitter ist dieser Berg besonders gefährlich!
Schwierigkeit: Zur Alm A, am Grat A/B bis B/C, Schlüsselstelle C. Oft UIAA I–II, eine Stelle UIAA II.
Höhenunterschied: Ca. 1400 Hm, davon ca. 500 Hm teils gesichert.
Höchster Punkt: Bavški (Flitscher) Grintavec, 2341 m.
Exposition: Nord (Grat) und Nordwest.
Tipps: Die Soča-Quelle ist in nur 10 Min. über einen drahtseilgesicherten Fußweg von der Straße aus erreichbar. Sturzbachartig schießt sie mit lautem Getöse aus dem Berginneren.
Ebenfalls einen Besuch wert in der Trenta sind der Alpengarten »Alpinum Juliana« und das Kirchlein der Jungfrau Maria zu Loreto mit Bildern des bekannten slowenischen Künstlers Tone Kralj.

Der Grintavec überragt das Tal der Hinteren Trenta.

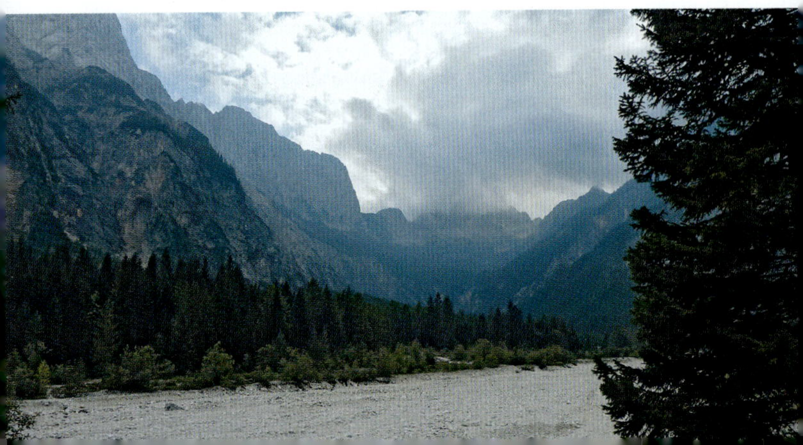

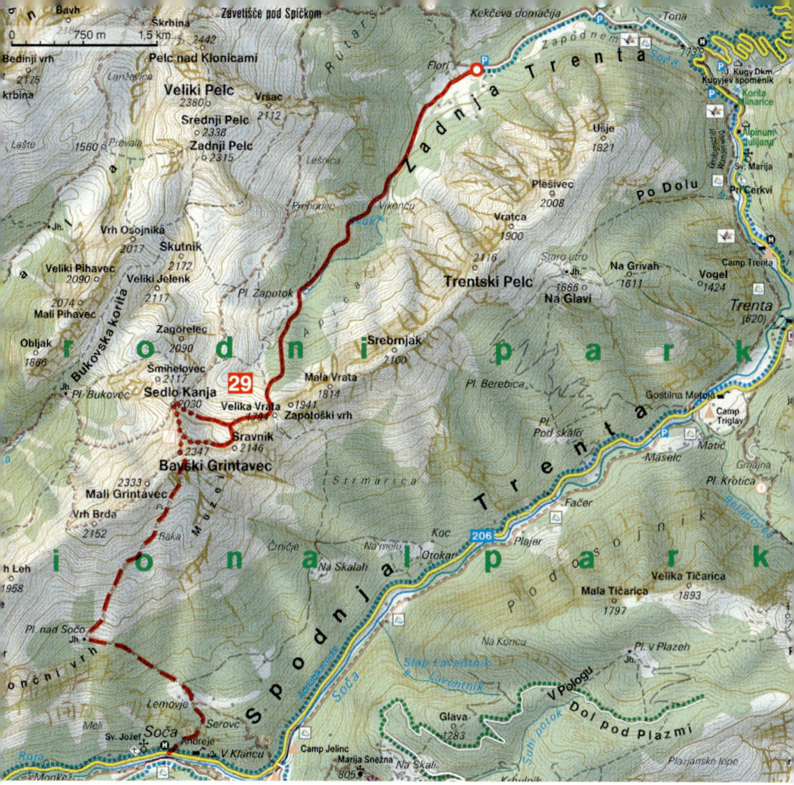

Zustieg: Vom Parkplatz folgt man der Fahrstraße teils im Bachbett taleinwärts. Allmählich wird der Weg schmäler. Bei der Abzweigung zu den Wasserfällen (»Slapovi«) gehen wir nach rechts, überqueren den Bach und steigen dann durch Wald bergan. Der Aufstieg erfolgt neben einem trockenen Bachbett, die Stelle ist mit einigen Steinmännchen gekennzeichnet. Nach einigen Rinnen, die man gesichert quert (A), erreicht man die Zapotok-Alm (Planina Zapotok, 1385 m, letzte Wasserstelle). Gleich nach der Almhütte führten früher zwei Steige weiter. Mittlerweile gibt es nur noch den linken, der über das Bachbett und durch lichten Lärchenwald in freies Gelände leitet. Bei einer Weggabelung nehmen wir den rechten Weg (»B.G.«) und steigen über leicht mit Latschen und großen Felsblöcken besetzte Hänge weiter nach rechts bergan. Nun führt der Steig über große Geröllhalden (bis in den Sommer hinein Schneefelder) rechts weiter zu einer mehrfach an großen Steinen markierten Wegteilung.

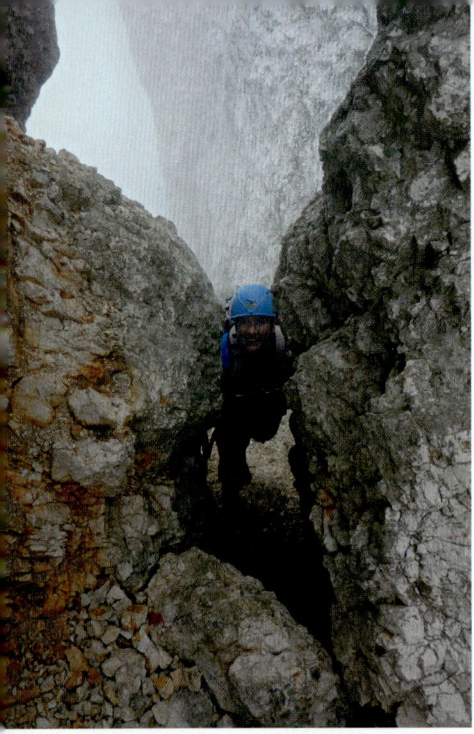

Die Engstelle.

Steig: Für den Aufstieg empfiehlt sich die Route über den Kanja-Sattel (2030 m). Dazu geht man von der Wegteilung weiter nach rechts, zuerst relativ flach und dann über ein grasdurchsetztes Rücken- und Rinnensystem steil hinauf zum Wandfuß. Nach rechts erreicht man nach wenigen Metern den Sattel. Wir gehen nach links über eine Rampe und erreichen etwas später über gestuftes Gelände den Grat.
Unverhofft gelangen wir zur Schlüsselstelle (A/B bis C), an der sich der Steig S-förmig durch eine senkrechte Felswand oberhalb einer Schlucht hinaufwindet. Trittstifte erleichtern die letzten Meter zum Nordgrat. Auf diesem steigt man ungesichert weiter, vorbei an der Abzweigung der Abstiegsroute, bis zu einer Scharte (Markierung in Herzform). Nun steigt man über steileres, gestuftes und sehr bröseliges Gelände hinauf und erreicht eine Engstelle, durch die man sich mit abgenommenem Rucksack hindurchzwängt oder sie umklettert (UIAA II). Weiter über Gehgelände in eine kaminartige Schlucht (A), die man über eine Platte (B) verlässt. Über eine gesicherte Steilstufe (A/B) erreicht man links eine Schuttrinne, durch die man sich hinaufwühlt (Achtung! Große Steinschlaggefahr!). In wenigen Minuten gelangt man über gestuftes Gelände auf den Gipfel.
Abstieg: Zunächst gehen wir wie im Aufstieg zurück zur Abzweigung am Grat. Bei dieser wenden wir uns nach rechts und steigen ungesichert über wenige Trittstifte eine Verschneidung hinunter. Der weitere Abstieg verläuft ebenfalls ungesichert über einen Schrofenrücken hinunter zum Wandfuß. Von diesem gelangen wir über ein Schuttkar bzw. über Firn weiter hinunter und über Blockwerk und ein Geröllfeld zum Einstiegspunkt. Der weitere Abstieg erfolgt auf dem Aufstiegsweg.

9.00 Std.

Klettersteig Silva Koren auf den Krn

30

Ein historischer Anstieg in der Krn-Gruppe

Der Krn gehört zu den südlichsten Bergen der Julischen Alpen. Im Ersten Weltkrieg war er, wie auch das Tal der Soča (italienisch Isonzo), Schauplatz erbitterter Kämpfe. Von seinem Gipfel aus kann man fast alle Gipfel der Julischen Alpen überblicken, hat aber auch einen guten Blick in den Golf von Triest.

Ausgangspunkt: Drežnica, 550 m, Bergdorf nordöstlich von Kobarid. Am besten wählt man den großen Parkplatz neben dem Sportplatz am südöstlichen Ende des Ortes. Zufahrt: Von Norden kommend biegt man gleich zu Beginn der Ortschaft Kobarid nach links (Hinweistafel) ab, überquert die Soča und fährt nach links und in Kehren aufwärts in den Ort.

Gehzeiten: Alpiner Klettersteig. Parkplatz – Einstieg 2.30–3 Std., Einstieg – Gipfel 3–3.30 Std., Abstieg 3–4 Std.; gesamt ca. 9 Std.

Charakter: Konditionell sehr anspruchsvolle Tour. Der Steig verläuft teils ungesichert über felsdurchsetzte Grashänge und wird am Grat nach oben hin schwieriger. Für Klettersteigerfahrene dennoch eine Genusstour! Früher Aufbruch, genügend Trinkflüssigkeit mitführen.

Schwierigkeit: Oft A bis A/B, einige Stellen B, am Grat öfter UIAA I.

Höhenunterschied: Ca. 1700 Hm, davon Klettersteig 800 Hm.

Höchster Punkt: Krn (Monte Nero), 2244 m.

Exposition: Nordwest, dann West.

Stützpunkte: Bivak na Črniku nad Drežnico, 1216 m; Gomiščkovo zavetišče na Krnu (Krn-Hütte), 2182 m, Tel. +386 59 97 45 24, en.pzs.si/koce.php?pid=41.

Tipp: Sehenswert in Drežnica ist die neu renovierte Kirche. Historisch Interessierte sollten sich über die Rolle Drežnicas in und zwischen den beiden Weltkriegen informieren.

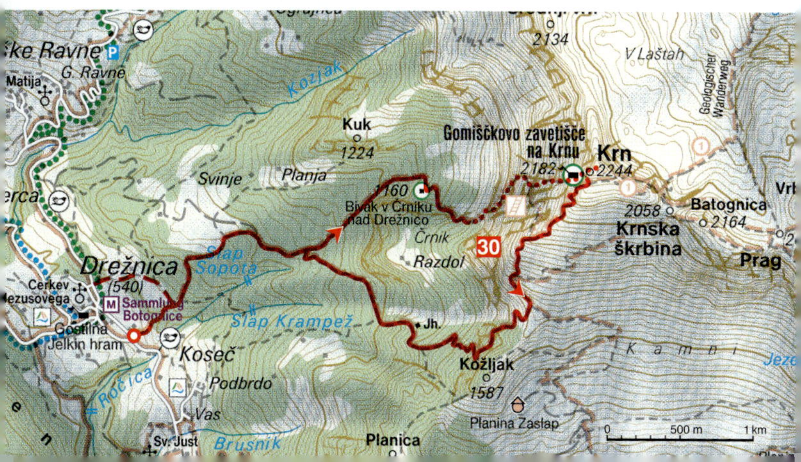

Zustieg: Vom Parkplatz gehen wir nach Osten in den Graben der Ročica und folgen diesem kurz, bis der Weg eine Linkskurve macht (geradeaus geht es zu den Wasserfällen). Bald darauf steigt man nach rechts über die Svinja-Alm zum Anfang des Triglav-Nationalparks (große Tafel). Weiter geht es rechts auf einer Forststraße fast eben zu einer kleinen Betonbrücke, die über die Ročica führt (hier Weggabelung mit Hinweistafel). Nach rechts leitet der Normalweg auf den Krn. Wir folgen den Bezeichnungen »Zahodna – Drežniška« (Westwandführe) bzw. »Bivak« bzw. »S. Koren« durch romantischen Buchenwald nahe dem Bachbett in Richtung des großen, rotbraunen Felsaufschwungs, der dem Hauptmassiv vorgelagert ist. In steilen Kehren steigen wir links um diesen Vorbau herum. Mitten im Wald, auf 1216 m Höhe (in der Karte und am Biwak fälschlicherweise 1160 m), steht das Biwak. Nun führt der Steig mäßig steil nach links zur großen Schlucht.

Am Sattel auf 1700 m liegt der Westgrat noch vor uns.

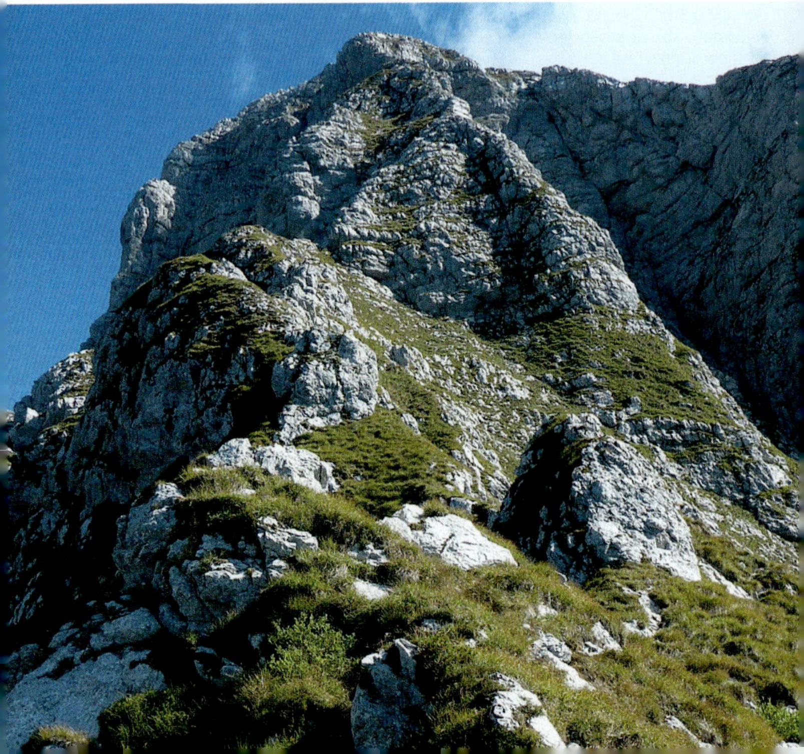

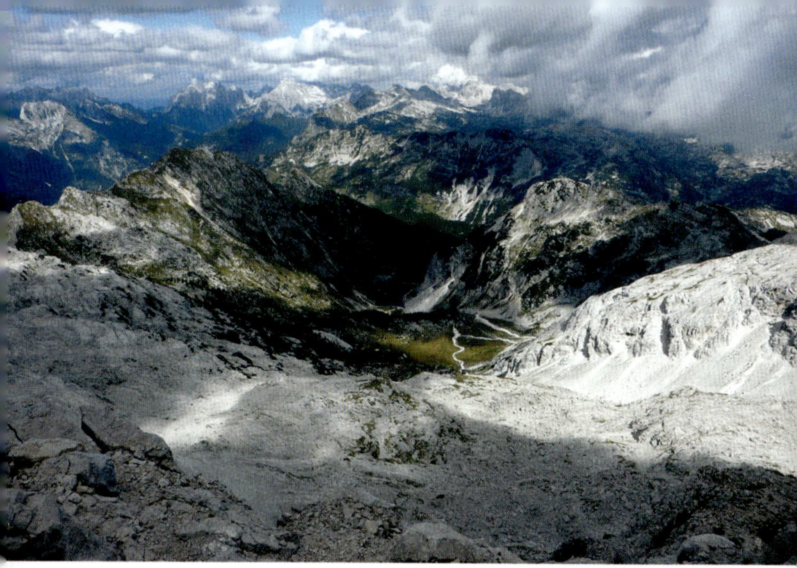

Herrlicher Blick vom Gipfel nach Nordosten.

Klettersteig: Der Einstieg befindet sich nordöstlich der Schlucht und ist im Frühsommer nur über ein steiles und meist hartes Firnfeld zu erreichen. Zunächst steigt man auf Stufen und Grasbändern steil empor (kurz B, sonst A bis A/B). Der Steig führt dann nach links über eine Grasrampe auf eine kleine Kanzel (teils A, teils Gehgelände). Nun wendet man sich etwas nach rechts und steigt erneut über Grasstufen und Schrofen zu einer Steilstufe, die mithilfe von Drahtseilen überwunden wird (A bis A/B). So gelangen wir auf den Westgrat und zu einem kleinen Sattel sowie einer Kanzel auf ca. 1700 m. Dort stehen Hinweistafeln: Eine weist nach rechts (»Zahodna«). Man steigt aber geradeaus über den Westgrat hinauf (Hinweistafel »S. Koren«). Dieser ist zuerst unschwierig, später ist leichte Kletterei angesagt. Auf dem immer luftiger werdenden Grat erreichen wir eine weitere Kanzel und gelangen dann über eine Steilstufe (A bis A/B) zum Wandbuch. Über eine Steilwand mit 8 m hoher Leiter (B) und ein weiteres Steilwandl mit etwas kürzerer Leiter steigt man weiter hinauf und gelangt über Stufen und Schrofen zum Ausstieg unterhalb der Krn-Hütte (bis A/B). Von hier ist in wenigen Minuten der Gipfel erreicht.

Abstieg: Der bequemste Abstieg führt über den Normalweg zum Sattel zwischen Krn und Kožljak. Hier lassen wir den Weg zur Kuhinja-Alm links liegen, gehen nach rechts durch Buchenwald hinab zur Hinweistafel nahe der Betonbrücke und über den Aufstiegsweg zurück zum Ausgangspunkt.

TOP 31 Fensterweg auf den Prisojnik

7.00 Std.

Durch ein imposantes Felsfenster

Vom Vršič-Pass führt mit dem Fensterweg ein spannender und eindrucksvoller Klettersteig auf den Prisojnik (Prisank). Nahezu senkrechte, kühne, aber gut gesicherte Passagen mit Klammern sowie ein Kriechkamin mitten in der steilsten Wandpartie lassen den Adrenalinspiegel enorm ansteigen. Das Nonplusultra ist aber das Fenster (Okno), das größte Felsfenster der Alpen, das aus der schaurig-schönen Nordwandroute auf die Südseite leitet und einen kompletten Wechsel der Szenerie vermittelt.

Ausgangspunkt: Tičar-Haus am Vršič-Pass, Parkplatz auf der Passhöhe (gebührenpflichtig).
Gehzeiten: Vršič – Fenster 2.30–3 Std., Fenster – Prisojnik 1.30 Std., Abstieg auf Normalweg 3 Std.; gesamt ca. 7 Std.
Charakter: Alpiner Klettersteig. Abwechslungsreicher Steig durch die Nordwand mit einigen ausgesetzten Querungen, Kaminen und einer Kriechstelle. Nach dem Fenster großteils ungesicherte Gratkletterei.
Schwierigkeit: Häufig A bis B, Schlüsselstelle C, öfters UIAA I–II.
Höhenunterschied: Ca. 1000 Hm, davon Klettersteig ca. 500 Hm.
Höchster Punkt: Prisojnik (Prisank), 2547 m.
Exposition: Nord, dann West.
Stützpunkte: Tičarjev dom na Vršiču (Tičar-Haus), 1620 m, direkt am Pass, Tel. +386 70 709 093, en.pzs.si/koce.php?pid=17; Erjavčeva koča na Vršiču (Erjavec-Hütte), 1525 m, Tel. +386 51 39 92 26, en.pzs.si/koce.php?pid=16; Poštarski dom na Vršiču (Posthütte), 1688 m, Tel. +386 41 335 919, en.pzs.si/koce.php?pid=18.
Hinweis: Vom Sattel vor dem Einstieg und kurz nach dem Einstieg zeigt sich links in der Wand des Prisojnik eine riesige Felsbildung in Form eines menschlichen Gesichts.

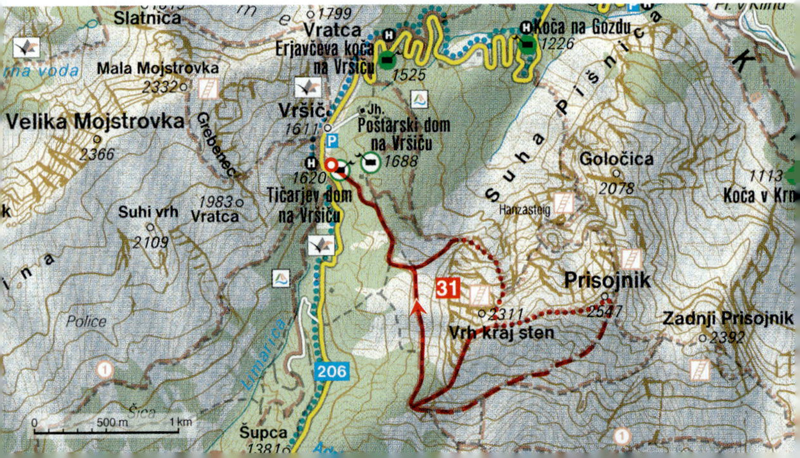

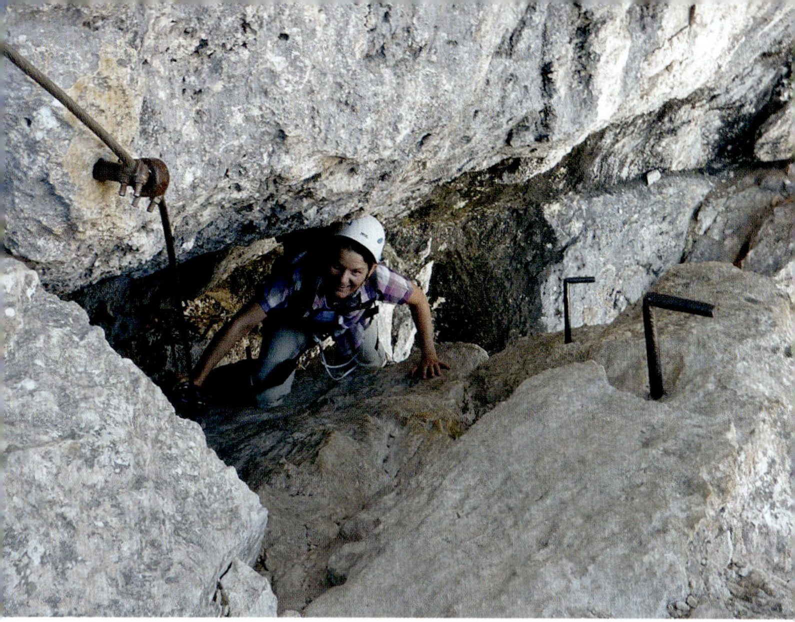

Der Kriechkamin.

Zustieg: Wir gehen am Tičar-Haus vorbei und auf einem Fahrweg hinauf in einen Sattel. Nach rechts führt der Normalweg durch Latschen auf einen begrünten Hügel (Sovna glava). Wir aber marschieren geradeaus den Berg hinunter und queren dann nach rechts durch den Latschengürtel zum Einstieg.

Klettersteig: Gleich am Wandfuß (Gedenktafel) findet sich das erste Drahtseil. Dieses leitet unter einem Überhang nach links und dann leicht schräg zu einer Schlucht, die man quert (A/B). Nun beginnt eine kurze, luftige Passage über eine gestufte Wand (A bis A/B). Nach einer längeren Gehpassage durch Latschen erreicht man eine Kanzel und steigt von dort weiter über Schrofen und Bänder hinauf zur ersten großen Schlucht, die man nach links quert (teils A bis A/B). Unter einer auffallend rotgelben Felswand erreicht man einen senkrechten Kamin, der mit Doppelseilsicherung und Trittstiften ausgestattet ist (B bis C). Im Anschluss durchsteigt man einen Kriechkamin, indem man sich an guten Haltepunkten hochzieht und dann durch den schrägen Felsspalt schiebt, der meist nass und glatt (und daher oft auch glitschig) ist (C). Am Rand des Überhangs befindet sich ein von unten nicht sichtbarer Eisenstift, mit dessen Hilfe man sich emporziehen kann. Es empfiehlt sich, den Rucksack vor sich herzuschieben oder mittels Seil nachzuziehen.

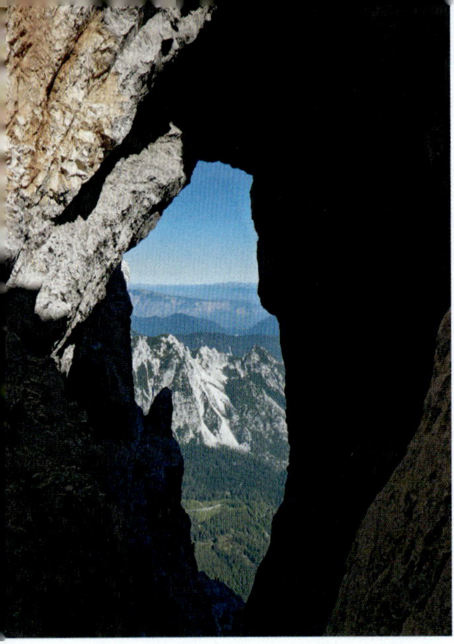

Blick durch das Fenster nach Norden zum Dobratsch.

Nun wird es leichter und man gewinnt über gestuften Fels rasch an Höhe. Eine große Steilrinne wird gequert und in der Folge gelangt man über einen rampenartigen Felssockel zu einem Band. Von diesem leiten nach rechts Seile über Felsstufen, Wandln und Rinnen hinauf zum sogenannten »Katzenbuckel« auf 2040 m Höhe. Hier erblicken wir erstmals das gigantische, über 100 m hohe Felsenfenster (beste Fotostelle!).
Ein Seil leitet nun links hinunter in die große Zentralschlucht, wobei einige Stellen nicht (mehr) gesichert sind (UIAA I–II). Nach rechts hinauf steigt man dann durch den »Dom« zum Felsenfenster und durch dieses hindurch. Eine glatte Platte mit Eisenstiften (B) führt auf die spürbar wärmere Südseite (ca. 2270 m). Für bereits Ermüdete empfiehlt sich hier – unter Verzicht auf den Gipfel – der Abstieg nach rechts hinunter auf den Steig, der zum Ausgangspunkt zurückführt.
Der weitere Aufstieg führt in stetem Hin und Her und an bemerkenswerten Felsformationen vorbei hinauf auf die »Schulter« (A bis B). Hier finden wir über weite Strecken einfaches Gehgelände über den relativ breiten Rücken vor. Stellenweise wird die »Schulter« aber gratähnlich und ist teils mit Drahtseilen gesichert (A), teils bedarf es aber auch leichter Kletterei (UIAA I). Über die »Schulter« steigt man in Richtung des Gipfelaufbaus, vor dem man in die Südflanke hineinquert, um dann über Felsstufen und Geröll auf den Gipfel zu gelangen.
Abstieg: Entweder auf dem Normalweg oder auf der »Schulter« zurück zum Fenster, an diesem vorbei und über den Südwestrücken abwärts, bis man nahe der Baumgrenze auf den Normalweg trifft. Hier nicht weiter absteigen, sondern nach rechts dem Steig durch die Latschen abwärts folgen! Eine große Schuttflanke wird durchschritten – das Tičar-Haus ist bereits in Sicht – und schließlich geht man noch über die Sovna glava (An der Sovna glava nicht den deutlichen Steigspuren nach links folgen, denn dieser Weg wird unpassierbar!) zum Ausgangspunkt zurück.

9.00 Std.

Jubiläumsweg über den Prisojnik

32

Großartige Klettersteig-Überschreitung

Zum 60-jährigen Bestehen des slowenischen Alpenvereins (PZS) wurde 1953 ein Klettersteig über den Verbindungsgrat zwischen Prisojnik und Razor gebaut. Diese spannende, schöne Route – der »Jubiläumsweg« – verläuft meist auf Bändern in der wildromantischen Nordflanke zwischen dem Hauptgipfel des Prisojnik (Prisank) und dem Zadnji Prisojnik (Hinteren Prisank). Höhepunkt ist das zweite Fenster (Okno), welches das erste, größere an Schönheit noch überragt.

Ausgangspunkt: Tičar-Haus am Vršič-Pass, Parkplatz auf der Passhöhe (gebührenpflichtig).
Gehzeiten: Vršič – Scharte 2.30 Std., Scharte – zweites Fenster 1–1.30 Std., zweites Fenster – Gipfel 2–2.30 Std.; Abstieg 3 Std.; gesamt ca. 9 Std.
Charakter: Alpiner Klettersteig. Lange Querung an der Südseite des Prisojnik. Aufstieg zum zweiten Fenster sehr luftig, ab dort teils exponierte Passagen in der Nordseite, die bei Schnee- und Firnresten problematisch sein können.
Schwierigkeit: Zum zweiten Fenster A/B bis B/C, dann A bis B und UIAA I–II.
Höhenunterschied: Ca. 1200 Hm, davon Klettersteig 600 Hm.
Höchster Punkt: Prisojnik (Prisank), 2547 m.
Exposition: Süd, dann Nord (entlang des Ostgrates).
Stützpunkte: Tičarjev dom na Vršiču (Tičar-Haus), 1620 m, direkt am Pass, Tel. +386 70 709 093, en.pzs.si/koce.php?pid=17; Erjavčeva koča na Vršiču (Erjavec-Hütte), 1525 m, Tel. +386 51 39 92 26, en.pzs.si/koce.php?pid=16; Poštarski dom na Vršiču (Posthütte), 1688 m, Tel. +386 41 335 919, pzs.si/koce.php?pid=18.
Hinweis: In umgekehrter Richtung ist diese Tour nur empfehlenswert, wenn man zum Razor (und zum Pogačnik-Haus/Pogačnikov dom na Kriških podih) weitergehen will. Der Gegenanstieg in der Prisojnik-Südflanke kann im Sommer am Nachmittag sehr mühsam werden. Der Gegenanstieg zum Razor (ab der Abzweigung) ist unschwierig, aber lang und mit nur vereinzelten gesicherten Passagen. Dennoch ein lohnender Gipfel für eine Zweitagestour.

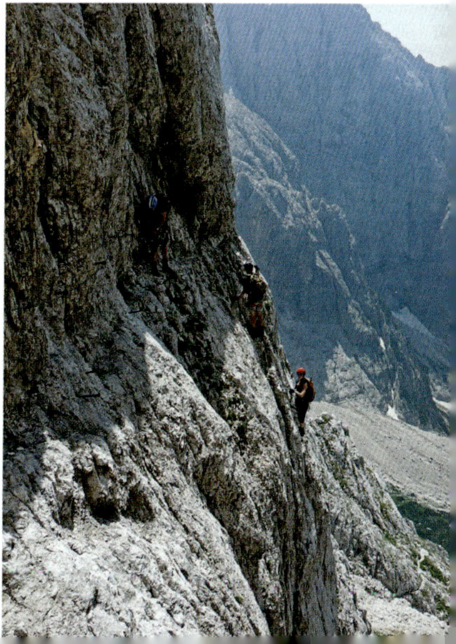

Die Schlüsselstelle vor dem zweiten Fenster.

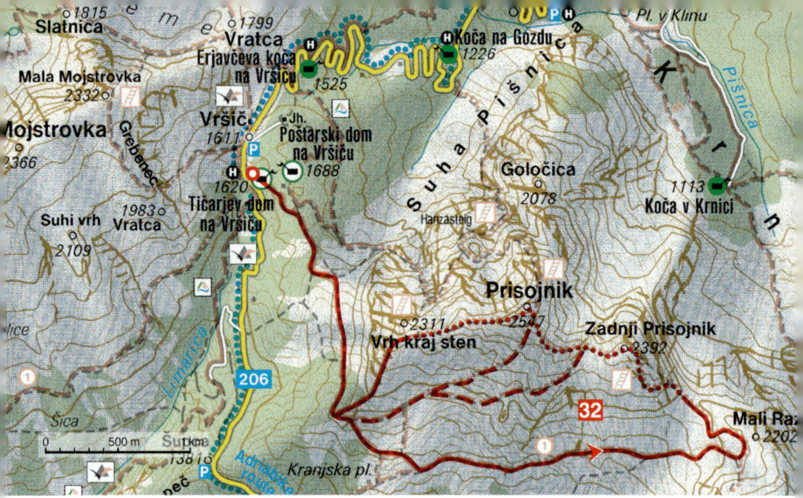

Zustieg: Wir gehen am Tičar-Haus vorbei, auf einem Fahrweg hinauf in einen Sattel und folgen dort dem Normalweg nach rechts in Richtung Prisojnik. Nach Überschreitung der Sovna glava und der Querung einer Schuttflanke erreicht man nach kurzem Aufstieg die Kreuzung am Südwestrücken. Dort folgt man dem Steig zum Razor, der bald ca. 100 Hm bergab führt und dann die gesamte Südflanke des Prisojnik nahe der Baumgrenze quert (teils A, teils UIAA I). Über einen grasbewachsenen Karboden (Quelle) steigen wir zur Scharte (»Škrbina«) auf.

Selbst von Kranjska Gora aus ist links das zweite Fenster deutlich zu erkennen.

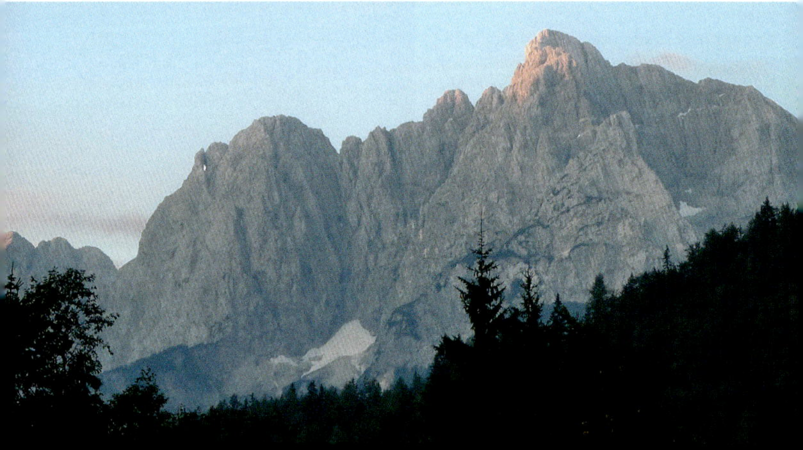

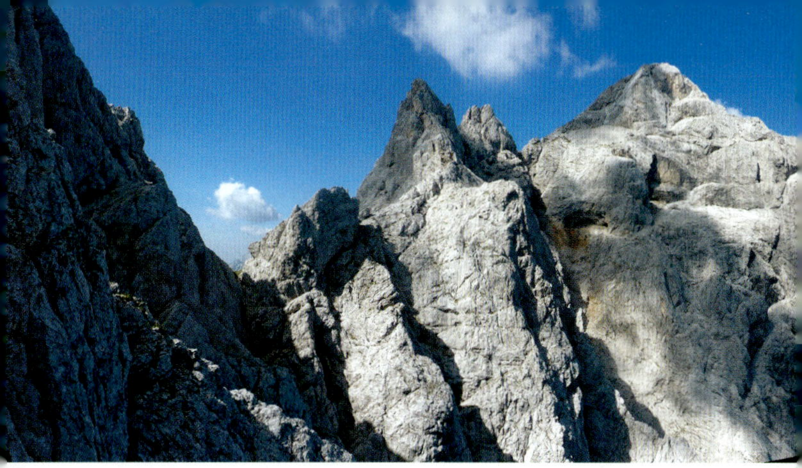

Blick vom Jubiläumsweg auf dessen weiteren Verlauf und zum Gipfel des Prisojnik (rechts).

Klettersteig: An der Scharte geht man links um den Sporn herum und steigt über gestuften Fels hinauf zu einer blumenreichen Wiese. Der Steig führt nun nach Westen auf schuttbedeckten Bändern in eine Felsrinne und an dieser entlang bergaufwärts. Mithilfe von Sicherungen (Drahtseil und zahlreiche Eisenbügel) steigt man über eine senkrechte Wand rechts von der Rinne zum Südportal des zweiten Fensters (A/B bis B/C) auf. Durch herabgestürztes Blockwerk geht man ein kleines Stück in das Fenster hinab (UIAA I–II) und durchquert es meist auf einem harten Firnfeld. Es lohnt sich, öfter stehen zu bleiben und diesen Felsendom von sakraler Anmutung auf sich wirken zu lassen. Das Nordportal erreicht man dann einfach über eine Schuttrinne.
Über meist gut gesicherte Bänder (A bis A/B) steigt man nun in der Nordwand in schöner Wegführung, aber teils sehr ausgesetzt weiter westwärts und erreicht die zweite Scharte am Prisojnik. Von dort gibt es die Möglichkeit, zum Kreuzungspunkt am Südwestrücken abzusteigen (A bis A/B und UIAA I). Eine kurze Strecke führt der Steig südseitig um ein Köpfl herum, um dann wieder nordseitig über Schuttfelder, Bänder und gestuften Fels unterhalb der zwei markanten Spitzen des Zvoniki zu queren (A bis A/B und UIAA I–II). Mehrmals sind Rinnen zu queren, in denen eventuell noch vorhandene Schneefelder erhöhte Vorsicht fordern. Die bizarre, wildromantische Felsszenerie findet vielleicht nur in den Klettersteigpassagen der Dolomiten ihresgleichen. Der Aufschwung zur ersten Scharte am Prisojnik (B) führt uns wieder in die Südflanke und über diese in wenigen Minuten zum Gipfel.
Abstieg: Über den Normalweg (direkt ab der ersten Scharte) oder über die Schulter (vorbei am Großen Fenster) zur Abzweigung am Südwestrücken und weiter wie in Tour 31 zum Vršič-Pass.

33 Hanzasteig auf den Prisojnik

8.00 Std.

Anspruchsvoller und luftiger Steig durch die Nordwand

Das Gegenstück zum vielbegangenen Fensterweg ist der Hanzasteig durch die Nordwand des Prisojnik, einer der faszinierendsten Felsgänge in den Juliern: recht lang, etwas verwinkelt und oftmals sehr luftig. Ein wahrlich sportlicher Aufstieg – garniert mit zahlreichen Überraschungseffekten!

Ausgangspunkt: Koča na Gozdu (Hütte im Walde), 1226 m, mit Parkplatz, an der Nordrampe des Vršič-Passes.
Gehzeiten: Koča na Gozdu – Einstieg 0.30 Std., Einstieg – Gipfel 4–5 Std., Abstieg über Normalweg 3–3.30 Std.; gesamt ca. 8 Std.
Charakter: Teils gesicherter Steig. Für Felsversierte eine Genusstour. Einige exponierte Passagen und die Länge des Steiges erfordern eine sehr gute Kondition! Steigeisen und Pickel sowie ggf. Seil zur Partnersicherung sind wegen Schneeresten, Firnfeldern und vereisten Passagen nahezu immer notwendig. Dadurch bedingt kann der Aufstieg deutlich länger dauern.
Schwierigkeit: Meist A/B, eine Stelle C, einige Kletterstellen bis UIAA II.
Höhenunterschied: Ca. 1400 Hm, davon ca. 1000 Hm teils gesichert.
Höchster Punkt: Prisojnik (Prisank), 2547 m.
Exposition: Nord.
Stützpunkte: Koča na Gozdu (Hütte im Walde), 1226 m, Tel. +386 41 68 27 04, en.pzs.si/koce.php?pid=13; Mihov dom na Vršiču (Mihov-Haus), 1085 m, Tel. +386 40 618 756, en.pzs.si/koce.php?pid=12; und wie bei Tour 32.

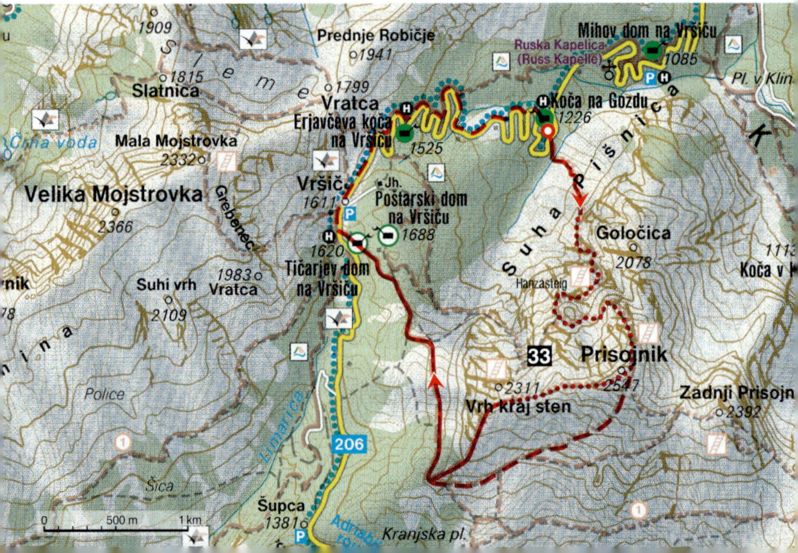

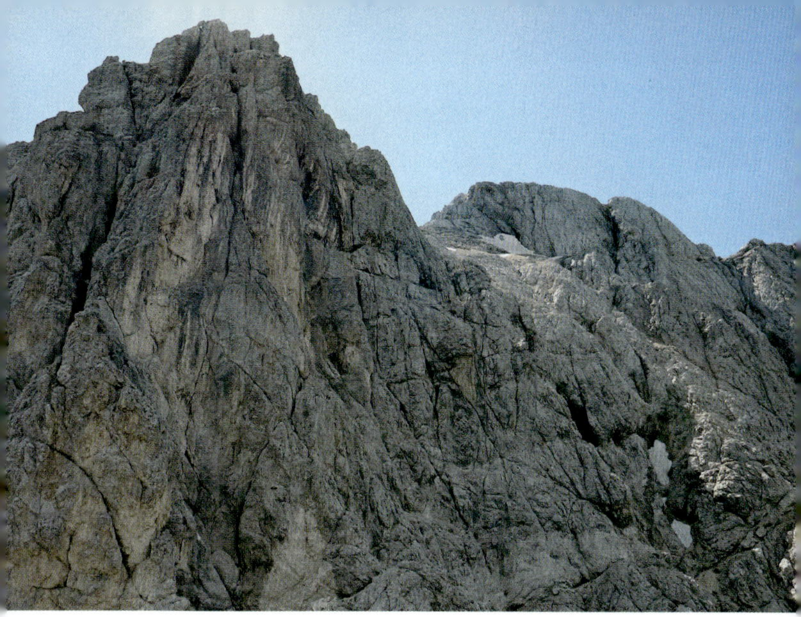

Vom Rastplatz am Teufelspfeiler sieht man den Gipfel. Der Weg führt am unteren Bildrand von links nach rechts und geht dann über die teils sonnenbeschienenen Schrofen nach links oben in Richtung Gipfel.

Zustieg: Von der Koča na Gozdu geht man nach links über das Bachbett zu einem Schuttkegel und erreicht über diesen bald den Einstiegsfelsen.
Steig: Ein erstes Drahtseil leitet auf eine Rampe, von der man über ein schräges Band zu einer Kanzel gelangt. Nun steigt man in eine Schlucht ab und unter dem ersten Wasserfall hindurch. Weiter aufsteigend und einige Schluchten querend führt der Steig in eine Latschenzone. Über einen Steilhang gelangt man abermals in eine Schlucht, welche von links nach rechts gequert wird (rechts eine Parallelschlucht und ein zweiter Wasserfall). Nun steigt man hinauf zu einem markanten Turm und dann in eine weitere Schlucht, aus der wir über Stufen auf eine Rampe (Tafel »Hanzova pot«) gelangen. Dann geht es waagrecht, ausgesetzt und sehr luftig weiter über eine kleine Leiste (Eisenstifte), und mittels einer Doppelseilsicherung auf eine Kanzel. Von dieser gelangt man an einem Seil wieder in eine Schlucht hinab und weiter zu einem Felsen mit der rot bezeichneten Höhenangabe »1600 m«. Abermals eine Schlucht querend steigt man schräg hinunter zur Randspalte eines großen, steilen Firnfeldes, das von links nach rechts gequert wird. Links oberhalb des Firnfeldes sieht man die Kante des Teufels-

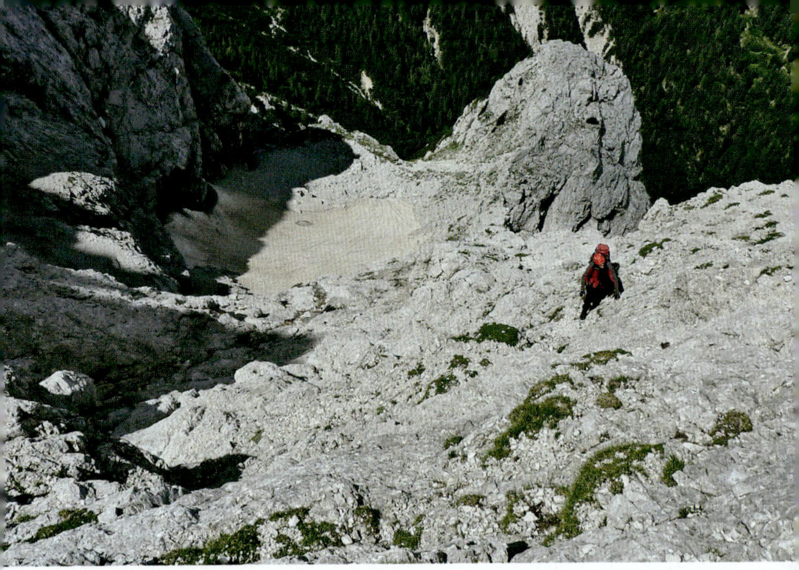

Im Schrofengelände, dahinter der Turn.

pfeilers, eine beliebte Kletterroute. Am Ende des Firnfeldes befindet sich ein roter Pfeil am Fels. Von diesem steigt man hinauf in eine Grünzone und an einem Felsblock vorbei auf eine Kuppe. Alsbald trifft man auf die Abzweigung zum Fensterweg. Von dort klettern wir über gestuften Fels und durch mehrere kleine Kamine und Schluchtrinnen und erreichen so ein großes Schuttkar (im Frühsommer zweites Schneefeld). Zu der bereits sichtbaren Scharte zwischen dem Hauptmassiv und dem Teufelspfeiler auf ca. 2200 m gelangt man erst über plattigen Fels und dann über eine Rampe mit viel Geröll und oft Schneeresten. Herrliche Tiefblicke laden am Gipfel des Teufelspfeilers zu einer Rast ein, bevor es durch einen Kamin auf eine Felsnase und dann nach rechts sehr exponiert entlang von Bändern weiter geht. Dabei quert man erneut mehrere Schluchten. Nach einer langen Passage über Schrofengelände (UIAA I-II) gelangen wir in ein Hochkar und durch dieses zum Gipfelgrat. Um einen Felsvorsprung herum kommt man zu einer exponierten Kante und klettert weiter durch eine Schluchtrinne und über plattigen Fels. Schließlich steigt man in leichtem Fels von Nordosten zum Gipfel.

Abstieg: Für den Abstieg eignen sich am besten der Normalweg oder der Weg über die Schulter, vorbei am Großen Fenster zum Vršič-Pass. Vom Pass fährt man entweder mit dem Bus zum Ausgangspunkt oder man marschiert auf dem Wanderweg (meist knapp nördlich der Straße) hinunter. Ein Abstieg über den Fensterweg ist zwar möglich, aber nicht empfehlenswert.

9.00 Std.

Teils gesicherter Steig durch die Kriška stena auf den Križ

34

Spannender Weg aus einem engen Kar

Die einmalige Hochfläche Kriški podi, die bei dieser Tour berührt wird, ist nur nach Süden offen. An drei Seiten wird sie im Halbkreis von Gipfeln umrahmt. Diese Tour kann als eigenständige Bergfahrt oder auch als Zugang zum Razor bzw. zur Škrlatica gemacht werden.

Ausgangspunkt: Vršič-Straße, Zufahrt über Kranjska Gora; Parkmöglichkeit hinter den beiden Seen links von der Brücke, 928 m, oder beim Mihov-Haus, 1085 m.
Gehzeiten: Zur Krnica-Hütte von der Straßenbrücke 1 Std., vom Mihov-Haus 0.30 Std., Krnica-Hütte – Einstieg 3 Std., Einstieg – Križ 2–2.30 Std., Abstieg 3–4 Std.; gesamt ca. 9 Std.
Charakter: Teils gesicherter Steig. Sehr spärliche Sicherungen in abschüssigem Terrain mit reichlich Geröll. Trittsicherheit ist absolut erforderlich, darüber hinaus auch gute Kondition. Für Bergerfahrene schöne, lohnende Tour.
Schwierigkeit: Wenige Stellen A und A/B, meist Gehgelände und bis UIAA I–II.
Höhenunterschied: Ca. 1400 Hm, davon Steig durch die Wand ca. 500 Hm, teils gesicherter Steig zum Gipfel ca. 50 Hm.
Höchster Punkt: Križ (Krisch), 2410 m.
Exposition: Nordwest.
Stützpunkte: Koča v Krnici (Krnica-Hütte), 1113 m, Tel. +386 40 457 948, en.pzs.si/koce.php?pid=15; Mihov dom na Vršiču (Mihov-Haus), 1085 m, Tel. +386 40 618 756, en.pzs.si/koce.php?pid=12; Pogačnikov dom na Kriških podih (Pogatschnig-Haus), 2050 m, Tel. +386 51 22 13 19, en.pzs.si/koce.php?pid=20.
Tipp: Der Zustieg zur Kriška stena (Krischwand) ist auch als reine Wanderung sehr lohnend.

Morgenstimmung im Krnicatal mit Blick zum Krischkar.

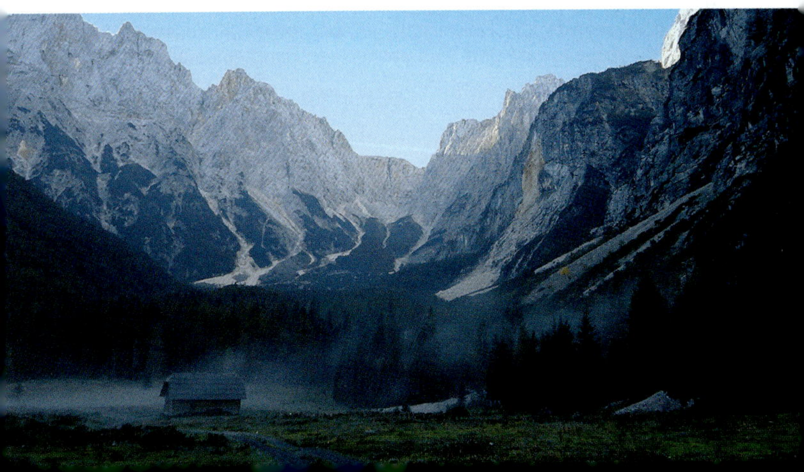

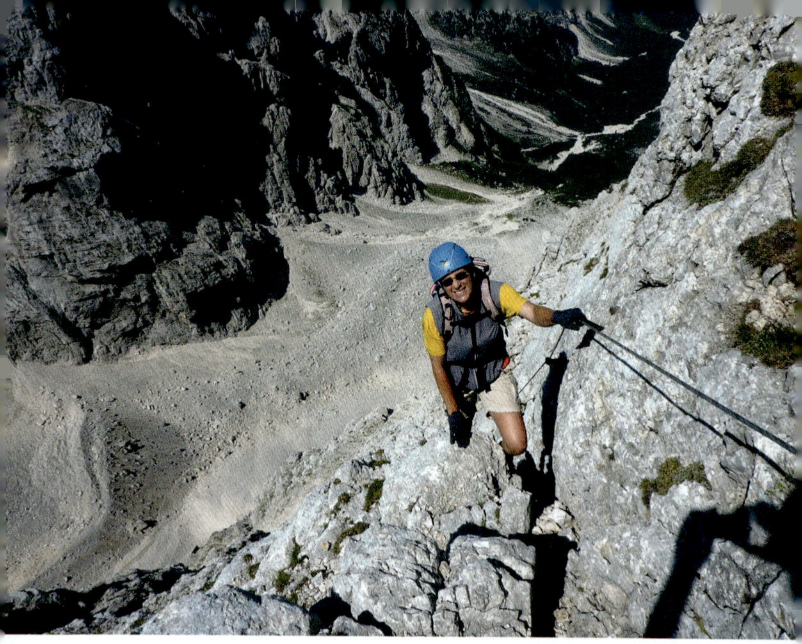

Herrliche Tiefblicke auf die drei Kare.

Zustieg: Zur Krnica-Hütte wandert man entweder von der Straßenbrücke durch das Pišnicatal (das in weiterer Folge zum Krnicatal wird) oder vom Mihov-Haus kurz hinab zum Bach und direkt ins Krnicatal. Von der Hütte gehen wir taleinwärts, der Hinweistafel »Kriška stena« (Krischwand) folgend, zuerst durch Laubwald und bald am rechten Rand eines ausgetrockneten Bachbetts entlang. Den Talschluss nach links querend und dann über eine mit Latschen und Lärchen besetzte Steilstufe gelangt man ins erste Geröllkar. Über dieses hinweg erreichen wir das zweite Geröllkar, durch-

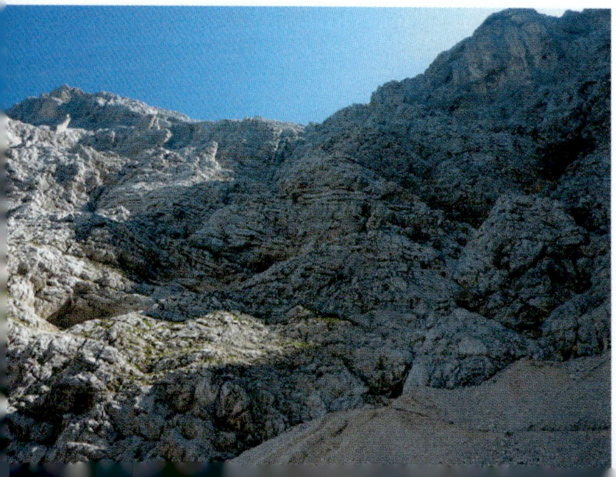

Die Kriška stena (Krischwand), durch die der Steig führt.

queren dieses und gehen über eine sehr steile Schuttreise – im Frühsommer oft auch über ein Firnfeld – nach links zum Fuß der Krischwand. Von dort blicken wir in das dritte Kar, das wir aber nicht betreten.

Steig: Der Steig führt am Einstieg unschwierig und ungesichert nach links, gut ersichtliche Markierungen sorgen dafür, dass die schönen Bänder nicht in die Irre leiten. Man steigt über Absätze zunächst schräg links empor, dann wieder nach rechts, auf einem Bändersystem immer den Markierungen folgend weiter hinauf zum Wandrand. Selten sind kurze Strecken gesichert, etwas öfter findet man Trittstifte. Der Ausstieg befindet sich auf 2301 m, wo die Krischböden (Kriški podi) beginnen – eine leicht nach Süden abfallende Hochebene, die von unzähligen Dolinen, Gräben und Felsspalten durchzogen ist. Dort wenden wir uns nach rechts und erreichen in ca. 30 Min. die Bovška vratica (Gehgelände). Von diesem Sattel geht man zunächst nach links über den Kamm und weiter über eine kurze, gesicherte Stelle (A/B) und durch einen markanten Spalt auf den Gipfel des Križ.

Abstieg: Wie Aufstieg.

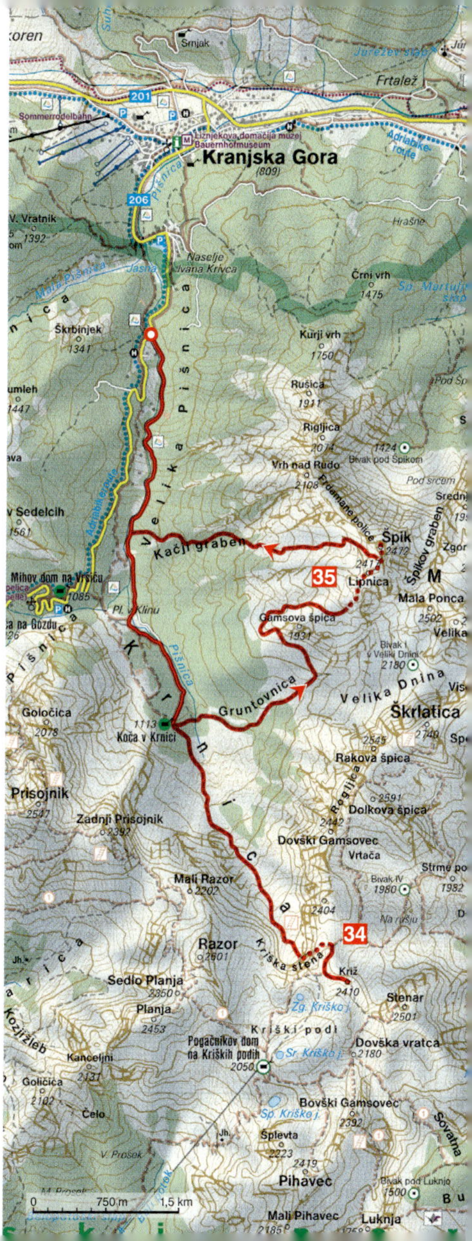

35 Überschreitung des Špik

8.00 Std.

Auf die Felspyramide der Martuljek-Gruppe

Der Špik ist einer der großen Berge der Julischen Alpen. Seine pyramidenförmige Gestalt imponiert besonders von Norden. Die mächtige, 900 m hohe Nordwand fällt steil in das Hochkar Pod Srcem ab. Die hier beschriebene Tour von Süden ist jedoch nicht minder lohnend und interessant.

Ausgangspunkt: Vršič-Straße, Zufahrt via Kranjska Gora; Parkmöglichkeit hinter den beiden Seen links der Brücke, 928 m, oder beim Mihov-Haus, 1085 m.
Gehzeiten: Zur Krnica-Hütte von der Straßenbrücke 1 Std., vom Mihov-Haus 0.30 Std., Krnica-Hütte – Špik 4–5 Std., Abstieg 2.30–3 Std.; gesamt ca. 8 Std.
Charakter: Teils gesicherter Steig. Lange Bergfahrt, für Bergerfahrene und Trittsichere.
Schwierigkeit: Mehrere Stellen A bis A/B und UIAA I.
Höhenunterschied: Ca. 1500 Hm, davon ca. 100 Hm teils gesichert.
Höchster Punkt: Špik, 2472 m.
Exposition: West, dann Süd.
Stützpunkte: Koča v Krnici (Krnica-Hütte), 1113 m, Tel. +386 40 457 948, en.pzs.si/koce.php?pid=15; Mihov dom na Vršiču (Mihov-Haus), 1085 m, Tel. +386 40 618 756, en.pzs.si/koce.php?pid=12.
Hinweis: Karte siehe Tour 34. Früher Aufbruch am Morgen ratsam, genügend Trinkflüssigkeit mitführen. Beim Abstieg durch den Schlangengraben nicht den Steig verlassen, Vorsicht Giftschlangen!

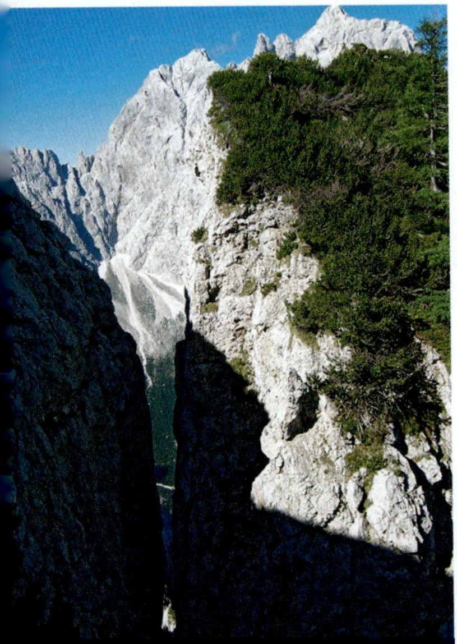

Zustieg: Zur Krnica-Hütte wandert man entweder von der Straßenbrücke durch das Pišnicatal (das in weiterer Folge zum Krnicatal wird) oder vom Mihov-Haus kurz hinab zum Bach und direkt ins Krnicatal. Von der Krnica-Hütte geht es zuerst auf bez. Steig in nordöstlicher Richtung durch Mischwald, später durch Latschen bergauf und weiter über die Hänge der Gruntovnica. Zwei große Geröllfelder werden gequert, dann wendet man sich nach links (Steinmann) und schließlich nach rechts über Blöcke, bis man in halber Höhe aus einer Schlucht nach links aussteigt.
Auf einem Felsblock befindet sich der Hinweis »Špik«. Unterhalb von

Schöne Tiefblicke im Aufstieg.

Schuttreisen und Latschen führt der Steig über Geröll und Stufen in westlicher Richtung bergaufwärts. Sich links haltend steigt man über Schrofen in die westliche Schlucht jenseits der Gamsova špica und durch diese ständig bergaufwärts. Dann queren wir nach links und wandern weiter durch Latschen auf gutem Steig leicht bergab in ein Geröllkar. Dieses überquert man nach links und gelangt, beständig aufwärts marschierend, zur ersten, markanten Schlucht. Nun geht es an dieser vorbei links durch Latschen und über Schrofen mühsam auf eine Kuppe und von dieser zum Gipfelaufbau der Lipnica.

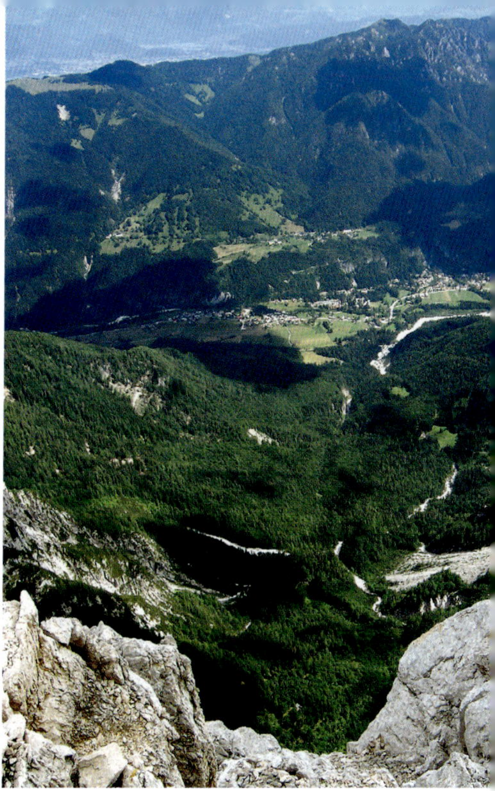

Blick vom Špik ins Tal nach Martuljek.

Steig: Über Schrofen und an Türmen vorbei führt der Steig auf den Gipfel der Lipnica (2417 m). Über diesen hinweg gelangen wir zum Verbindungsgrat, der in die Südflanke des Špik leitet (auf dem Grat Sicherungen, A/B). Vom Grat hinab zum Wandfuß und steil hinauf durch die Südflanke (A und UIAA I) über Stufen und Schrofen zum höchsten Punkt des Špik (2472 m). Herrliche Fernsicht, besonders zu den Hohen Tauern!

Abstieg: Zunächst gehen wir ein kurzes Stück am Aufstiegsweg zurück zum Wandfuß und dann nach rechts über eine riesige Schutthalde (Schnee bis in den Frühsommer). In der Folge gelangt man auf gutem Steig nach links, über Steilstufen (einige Eisenstifte) und Rinnen abwärts (durch den »Schlangengraben«) und durch Mischwald in vielen Kehren etwas mühsam hinunter zur Talsohle. Bei einer Verzweigung wählt man den Weg nach links zur Krnica-Hütte oder nach rechts zur Straßenbrücke.

36 Normalweg auf die Škrlatica

10.00 Std.

Auf die »Frau des Triglav«

Die Škrlatica ist der zweithöchste Gipfel in den östlichen Julischen Alpen. Der Berg wird auch »die Scharlachrote« genannt, und die Bergsteiger in Slowenien bezeichnen die Škrlatica als »Frau des Triglav«. Vom Gipfel hat man einen fantastischen Blick über nahezu ganz Kärnten und Slowenien, und selbstverständlich auch in die Triglav-Nordwand.

Ausgangspunkt: Aljaž-Haus, 1015 m, gute Parkmöglichkeiten (gebührenpflichtig); Zufahrt von Mojstrana auf 12 km langer Fahrstraße durch das Vratatal.
Gehzeiten: Aljaž-Haus – Biwak IV 3 Std., Biwak IV – Gipfel 3–3.30 Std., Abstieg 3–4 Std.; gesamt ca. 10 Std.
Charakter: Teils gesicherter Steig. Stellenweise exponierte Passagen, Schwindelfreiheit und gute Kondition erforderlich. Bei Hochsommerhitze früher Aufbruch am Morgen, genügend Trinkflüssigkeit mitführen!
Schwierigkeit: Meist A/B, Schlüsselstelle B/C, mehrere Stellen UIAA I–II.
Höhenunterschied: Ca. 1800 Hm, davon ca. 400 Hm teils gesichert.
Höchster Punkt: Škrlatica, 2740 m.
Exposition: Südwest.
Stützpunkte: Aljažev dom v Vratih (Aljaž-Haus), 1015 m, Tel. +386 51 665 738, en.pzs.si/koce.php?pid=21; hribi.net/gora/aljazev_dom_v_vratih/1/242; Biwak IV, 1980 m.
Tipp: Übernachtung im Biwak IV.

Zustieg: An der Wiese vor dem Aljaž-Haus gehen wir nordwestwärts, zuerst mäßig ansteigend und ein trockenes Bachbett querend, dann steil auf einem Steig durch Wald. Unter den Abbrüchen der Dolkova glava quert man nach links eine Rinne und gelangt über eine Rampe und durch Latschen sowie felsdurchsetzte Grasstufen zum großen Schuttkar unterhalb des Stenar, wo bis in den Sommer hinein Schnee liegt. Wir steigen durch den unteren, kanonenrohrartigen Teil des Kars bis zur Abzweigung, an der es nach rechts zum Biwak IV geht, und folgen diesem Weg über Bänder und Felsstufen, dann durch Dolinengelände zum Biwak.

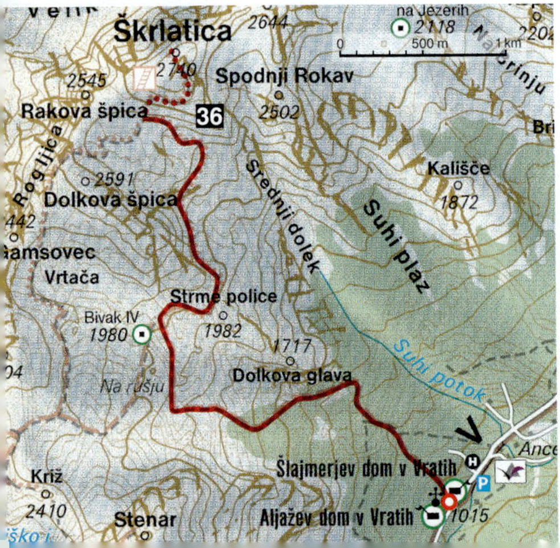

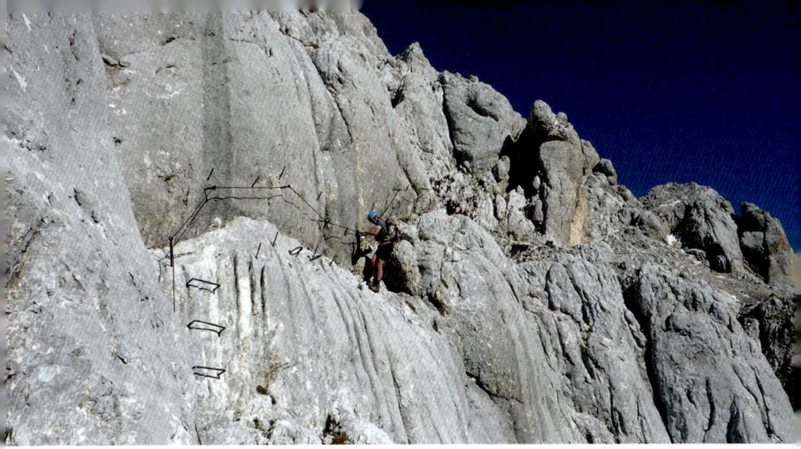

In der Schlüsselstelle geht es über glatten Fels.

Beim Biwak folgen wir der Markierung nach rechts und queren über Geröll und begrünte Matten (Edelweiß) leicht ansteigend zu einem Rücken unterhalb der Dolkova špica. Von dort hat man einen schönen Rückblick auf das Biwak und das Plateau zwischen Stenar, Križ und Dolkova špica. Bald darauf sieht man auch die Škrlatica. Der Weg führt nun leicht bergab (ca. 50 Hm). Wir queren eine Rinne und steigen rechts von dieser steil hinauf und weiter nach rechts, teils über felsdurchsetzte Grasböden, teils über kleine Schuttfelder. Vor dem glatten und überhängenden südlichen Wandfuß der Škrlatica wenden wir uns nach links und arbeiten uns das Schuttkar hinauf, in dem ebenfalls bis in den Sommer hinein Schnee liegen kann. Man kommt zu einer Terrasse und einem markanten, großen Stein, wo sich der Steig mit dem von der Roten Scharte herabführenden vereint.

Steig: Zuerst geht man die Geröllhalde rechts hinauf, weicht aber bald weiter nach rechts in den gestuften Fels aus, um die Steinschlaggefahr zu reduzieren (teils UIAA I). Auf einem Band kommt man nach rechts zu den ersten Drahtseilen (Tafel »Pot zgradilo Slov. plan. društvo«).

Unterhalb glatter Felsen queren wir zu einer nordseitigen Rinne (A und A/B). Durch diese steigt man zunächst auf (bis B) und dann links von einem markanten Turm etwas ab. Nun gelangt man zu einer glatten Steilwand, die sehr luftig auf Eisenstiften balancierend überwunden wird (Schlüsselstelle, B/C). Gleich im Anschluss ist noch eine kurze, etwas abdrängende Verschneidung zu bewältigen (B), bevor man über Schrofen und Felsstufen (bis UIAA I–II), oft überraschend flach, nach rechts bis zur Kanzel am Südgrat steigt. Teils direkt über den Südgrat, teils in dessen östlicher Flanke erreicht man ungesichert in ca. 30 Min. den Gipfel.

Abstieg: Wie Aufstieg.

37 Komarsteig und Nordwandbänderweg am Kanjavec

9.00 Std.

Ein schattiger Steig, der viel Luft unter den Sohlen bietet

Eine Felsen-»Haute-Route«, die zwar keinen Gipfel bietet, deren wunderbare landschaftliche Eindrücke aber ihresgleichen suchen. Der abenteuerliche, hochalpine Felsquergang durch die Nordflanke des Kanjavec ist zudem die kürzeste Verbindung zwischen Dolič-Hütte und Prehodavci-Hütte.

Ausgangspunkt: Parkplatz auf ca. 640 m im Zadnjicatal. Zufahrt von der Südrampe des Vršič-Passes, Abzweigung bei Kehre 50 (Hinweistafel).
Gehzeiten: Zustieg 1.30 Std., Komar-Steig 3 Std., Nordwandbänderweg bis zur Prehodavci-Hütte 2 Std., Abstieg 2–2.30 Std.; gesamt ca. 9 Std.
Charakter: Teils gesicherter Steig. Nur für erfahrene Bergsteiger, sehr exponierte Passagen. Kaum Sicherungen. Nach schneereichem Winter erst ab August begehbar.
Schwierigkeit: Meist A, wenige Stellen bis B/C und UIAA I–II, viel abschüssiges Gehgelände.
Höhenunterschied: Ca. 1600 Hm, der Bänderweg verläuft in mäßigem Auf und Ab innerhalb einer Bandbreite von ca. 200 Hm.
Höchster Punkt: Sattel vor der Prehodavci, ca. 2140 m.
Exposition: Nord.
Stützpunkte: Koča na Doliču (Dolič-Hütte), 2151 m, Tel. +386 51 61 47 80, en.pzs.si/koce.php?pid=33; Zasavska koča na Prehodavcih (Prehodavci-Hütte), 2071 m, Tel. +386 51 61 47 81, en.pzs.si/koce.php?pid=34.

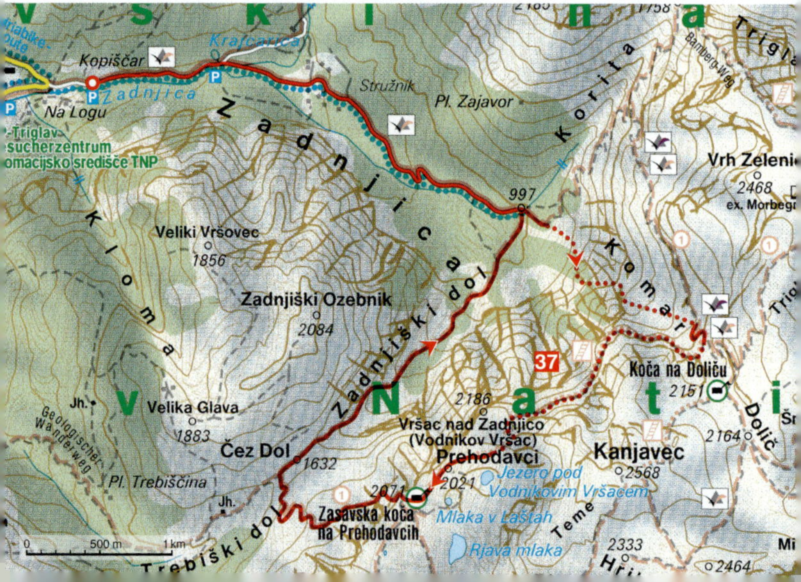

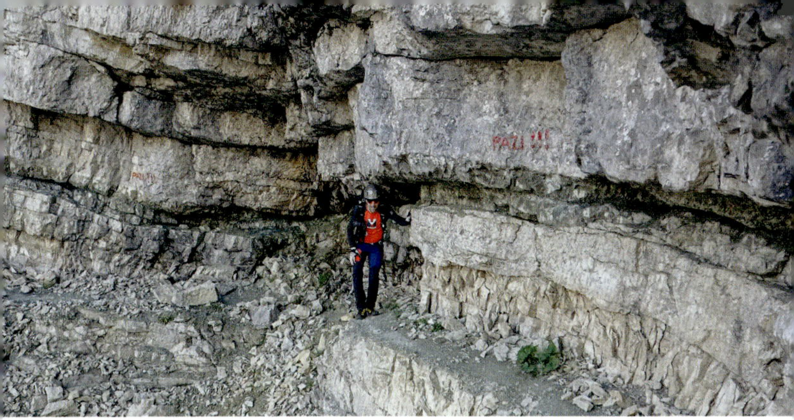

Typische Szene auf dem Nordwandbänderweg (Vorsicht, Kopf!).

Zustieg: Vom gebührenpflichtigen Parkplatz gehen wir auf einem Karrenweg durch das Zadnjicatal zum Talschluss und dann geradeaus weiter zur Steilstufe des Komar-Kars.
Steig: Zuerst führt der Steig hinauf zu einer Nische mit einer Madonna (kurzer Abstecher nach links) und dann nach rechts weiter in eine Schlucht (bis A/B und UIAA I–II). Durch diese empor, über die Schlüsselstelle (B/C) und rechts weiter, danach wieder diese und eine weitere Schlucht querend gelangen wir in waldiges Gehgelände. Durch eine Schuttrinne (UIAA I) erreichen wir überraschend einen Quergang nach links (A). Weiter geht es über gestuftes Gelände ins obere Komar-Kar und von dort nach links hinauf zum Weg zur Dolič-Hütte. Nach wenigen Kehren zweigen wir wieder ab zum Nordwandbänderweg (Hinweis »Prehodavci« auf einem Felsen).
Durch ein Kar steigt man wenige Höhenmeter ab und quert ein oft hartes Firnfeld. Auf Steigspuren erreicht man über einen Schuttkegel ein Felsband, das auf eine Rampe oberhalb der weißen Platten führt (exponiert). Der Steig verläuft nun auf einem Bändersystem, das durch mehrere Schluchten unterbrochen wird. Man durchsteigt hier eine gewaltige Felsarena, die eindrucksvolle Ausblicke in eine einmalige Bergwelt bietet!
Nach etwa 1.30 Std. erreichen wir ein weiteres, oft noch hartes Firnfeld, das wir queren, und gelangen schließlich über Geröll und Schrofen zu einem Sattel (2140 m) zwischen Vršac und Kanjavec. Vom Sattel absteigend erblickt man die obersten Seen des Sieben-Seen-Tals. Ein kurzer Gegenanstieg und die Prehodavci-Hütte ist erreicht.
Abstieg: Der Abstieg erfolgt zunächst auf dem Trenta-Weg, bis man rechts zum Sattel Čez dol (1632 m) gelangt. Von dort steigt man durch ein großes Geröllkar (Zadnjiški dol) steil zur Talsohle im Zadnjicatal ab und gelangt so zum Ausgangspunkt zurück.

TOP 38 Bamberg-Weg auf den Triglav

12.00 Std.

Felsensteig mit Tiefblick in die Nordwand

Eine letzte Steigerung ins nahezu »Gigantische« bietet in den Julischen Alpen die Triglav-Nordwand. Zu beiden Seiten der 3 km breiten und 1500 m hohen Nordwand führen drei Steige verschiedenen Charakters und unterschiedlicher Schwierigkeit zum König der Julier – der anspruchsvollste ist der Bamberg-Weg. Er erfordert ein hohes Maß an Bergerfahrung und Ausdauer.

Ausgangspunkt: Aljaž-Haus, 1015 m, gute Parkmöglichkeiten (Gebühr 3,50 Euro); Zufahrt von Mojstrana auf 12 km langer Fahrstraße durch das Vratatal.
Gehzeiten: Aljaž-Haus – Luknja-Pass 2–2.30 Std., Luknja-Pass – Triglav 4.30–5.30 Std., Abstieg zum Triglav-Haus 1 Std., weiterer Abstieg 3–4 Std.; gesamt ca. 12 Std.

Denkmal für die Partisanen mit Triglav im Hintergrund.

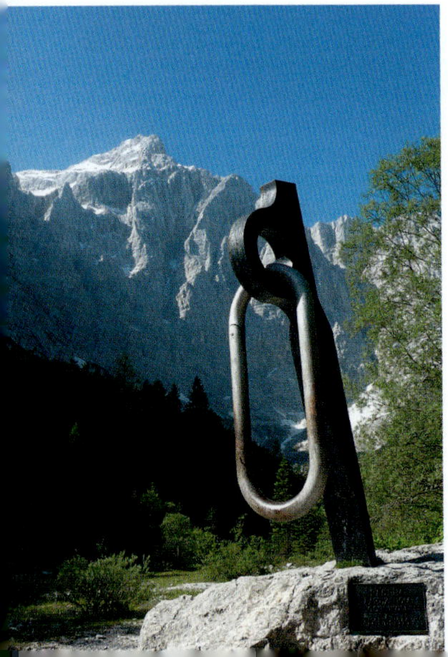

Charakter: Alpiner Klettersteig. Nur für erfahrene Bergsteiger! Gute Kondition und Ausdauer erforderlich, teilweise sehr ausgesetzt. Für schwächere Teilnehmer ist Partnersicherung ratsam. Im Frühsommer Steigeisen und Pickel anzuraten.
Schwierigkeit: A bis C, teils Gehgelände, stellenweise UIAA I–II.
Höhenunterschied: Ca. 1900 Hm, davon Klettersteig ca. 600 Hm und nach der Plemenica nochmals ca. 400 Hm.
Höchster Punkt: Triglav, 2864 m.
Exposition: Nordwest, zum Gipfel Süd.
Stützpunkte: Aljažev dom v Vratih (Aljaž-Haus), 1015 m, Tel. +386 51 665 738, en.pzs.si/koce.php?pid=21; Triglavski dom na Kredarici (Triglav-Haus), 2515 m, Tel. +386 40 62 07 81, en.pzs.si/koce.php?pid=24; Dom Valentina Staniča (Stanič-Haus), 2332 m, Tel. +386 41 584 666, en.pzs.si/koce.php?pid=23; Dom Planika pod Triglavom (Edelweißhütte), 2401 m, Tel. +386 51 614 773, en.pzs.si/koce.php?pid=32.
Tipp: Übernachtung in einer der Hütten am Triglav! Sehenswert ist auch das Triglav-Museum in Mojstrana.

Zustieg: Vom Aljaž-Haus gehen wir einige Minuten zum Denkmal (großer Felsblock mit Karabiner), dann geradeaus weiter und zunächst nur leicht ansteigend auf einem Schuttrücken stets aufwärts. Weiter geht es taleinwärts, bis man sehr müh-

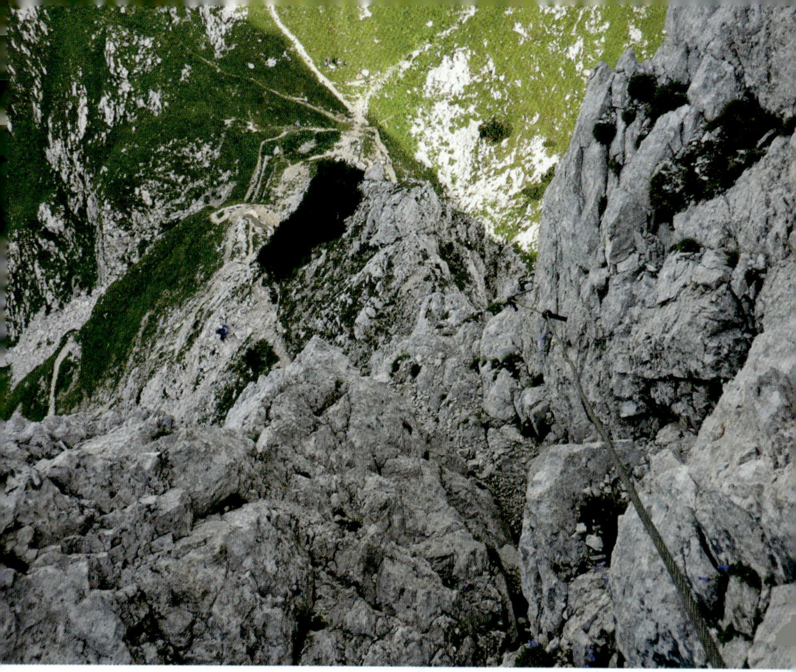

Tiefblick vom Bamberg-Weg zurück zum Luknja-Pass.

sam über eine Schuttreise und erste Seile (A) den Luknja-Pass (1758 m), einen alten Übergang zwischen Trenta- und Vratatal, erreicht.
Klettersteig: Am Pass steigen wir nach links die steile Gratflanke empor. Eine längere, fast senkrechte Felsrinne (B bis C) leitet die rasante Führe in der wildzerklüfteten Nordwestflanke ein. Endlose, steile, schmale und schuttbedeckte Bänder führen teils ungesichert durch die grasdurchsetzten Schrofen, vereinzelt entschärfen Eisenstifte und Drahtseile delikate Passagen. Erst in den teilweise ausgesetzten Passagen am oberen Gratrücken folgen eine Reihe scharfer, aber gut gesicherter Klettersteigabschnitte (A bis B/C), die unheimliche Einblicke in die Nordwand des Triglav gewähren. Vom höchsten Punkt des Grates (2361 m) gelangt man in leichtem Abstieg über Bänder auf das weite Fels- und Geröllplateau der Plemenica.
Zur Rechten sieht man die zerklüfteten Triglavski podi und in ihrem oberen Teil eine verfallene italienische Kaserne. Nun geht es über ein weites Schnee- bzw. Schuttfeld zum Kar – dieser Weg ist sogar im Juli stellenweise noch tief verschneit. (Hier trifft man bald auf eine Wegabzweigung mit Abstiegsmöglichkeit zur Dolič-Hütte.) Der Steig führt weiter über das Kar zum westlichen

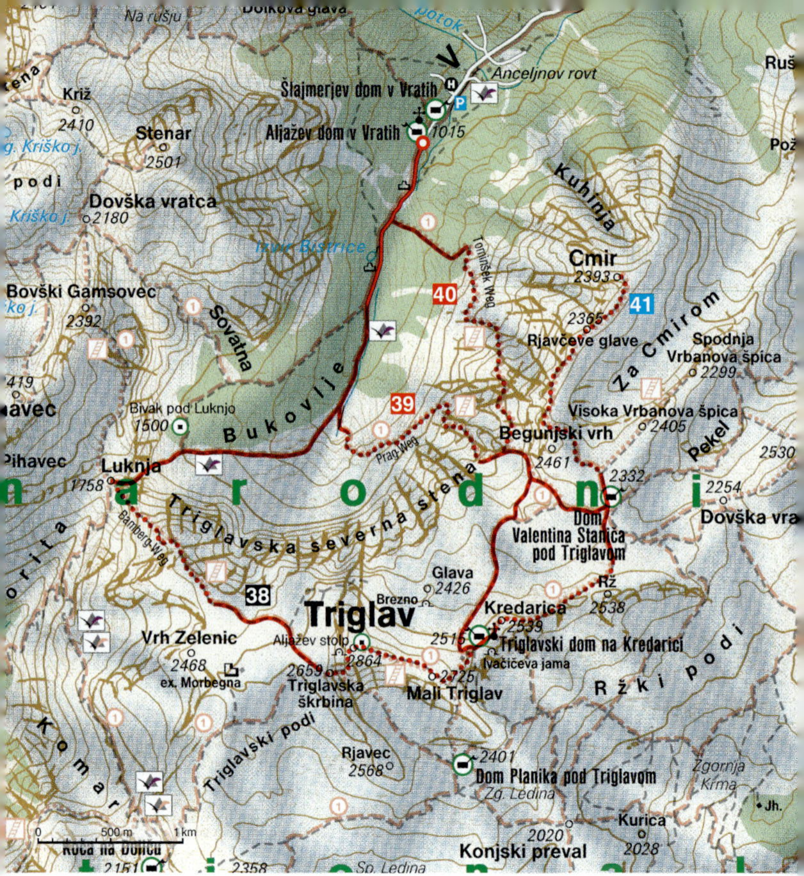

Wandfuß, und auf einem gesicherten Band steigen wir in die Felswand (A/B). Eine Verschneidung und eine breite Felsrinne (Eisenstifte) führen zur Flitscher Scharte (Bovški škrbina, 2515 m) zwischen Triglav und Rjavec. An einzelnen Eisenstiften und einem neuen, durchgehenden Drahtseil gelangt man problemlos über den äußersten südlichen Gratausläufer in schottrigen Felsflanken zum Gipfel (A bis A/B).

Abstieg: Zum Triglav-Haus und weiter über den Prag-Weg (Tour 39) zum Ausgangspunkt. Generell ist ein Abstieg über den Bamberg-Weg nicht zu empfehlen. Wer es dennoch versucht, sollte eine Partnersicherung mitnehmen, um die Stellen mit Tiefblick in die Nordwand, bei denen die Tritte von oben (Zustieg ist oft Gehgelände) schwer zu sehen sind, sicher zu meistern.

11.00 Std.

Prag-Weg auf den Triglav

39

Auch der Schwellensteig verlangt Respekt

Der Prag-Weg hat mit der tschechischen Hauptstadt Prag nichts zu tun: Prag bedeutet auf Slowenisch »über die Schwelle«. Trotz seines im unteren Teil »vernagelten« Zugangs hält dieser Steig so manche Überraschung bereit. Im oberen Abschnitt führt der Aufstieg über den Kleinen Triglav, wegen seiner vielen Eisenstifte auch »Stachelschwein« genannt.

Ausgangspunkt: Aljaž-Haus, 1015 m, gute Parkmöglichkeiten; Zufahrt von Mojstrana auf 12 km langer Fahrstraße durch das Vratatal.
Gehzeiten: Aljaž-Haus – Einstieg 1 Std., Einstieg – Triglav-Haus (über Kredarica) 3.30–4 Std., Gipfelanstieg 1–1.30 Std., Abstieg zum Triglav-Haus 1 Std., weiterer Abstieg 3–4 Std.; gesamt ca. 11 Std.
Charakter: Alpiner Klettersteig. Leichtester der drei beschriebenen Triglav-Anstiege.
Schwierigkeit: A bis A/B. Meist Gehgelände.
Höhenunterschied: Ca. 1900 Hm, davon ca. 1000 Hm teils gesicherter Steig zum Triglav-Haus und ca. 400 Hm Klettersteig zum Gipfel.
Höchster Punkt: Triglav, 2864 m.
Exposition: Nordwest, zum Gipfel Ost.
Stützpunkte: Aljažev dom v Vratih (Aljaž-Haus), 1015 m, Tel. +386 51 665 738, en.pzs.si/koce.php?pid=21; Triglavski dom na Kredarici (Triglav-Haus), 2515 m, Tel. +386 40 62 07 81, en.pzs.si/koce.php?pid=24; Dom Valentina Staniča (Stanič-Haus), 2332 m, Tel. +386 41 584 666, en.pzs.si/koce.php? pid=23.
Hinweis: Karte siehe Tour 38.

Einige der Stacheln des »Stachelschweins«.

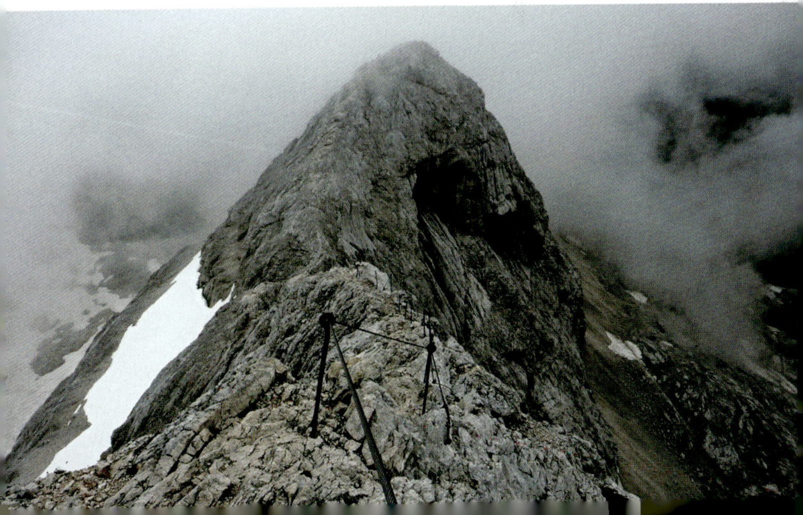

Zustieg: Vom Aljaž-Haus gelangen wir zum Felsblock mit Karabiner und weiter geradeaus taleinwärts zu einer Wegteilung. Nun steigt man nach links über das Bachbett der Bistrica zum Fuß des Felsgürtels und zum Einstieg in den »Schwellenweg«.
Steig: Zuerst führt der Steig steil über eine Rinne, gehauene Stufen, Eisenstifte und Haken helfen dabei (A/B). Oberhalb des Felsens folgt der Steig – teilweise gesichert – hauptsächlich natürlichen Bändern. In der oberen, steilen Wandpartie erreicht man ein großes Geröllfeld. Eine Steilpassage, die in Serpentinen etwas mühsam überwunden wird, leitet zur Einmündung in den Tominšek-Weg. An der Wegteilung bei der Quelle hält man sich rechts und überquert eine Hochfläche, ein kesselartiges Plateau aus Kalkstein mit vielen Spalten und Dolinen. An langen Metallstangen (Richtungsweiser, bei schlechter Sicht sehr hilfreich bei der Orientierung) entlang gelangt man letztlich zum Triglav-Haus.

Blick hinunter zum Triglav-Haus.

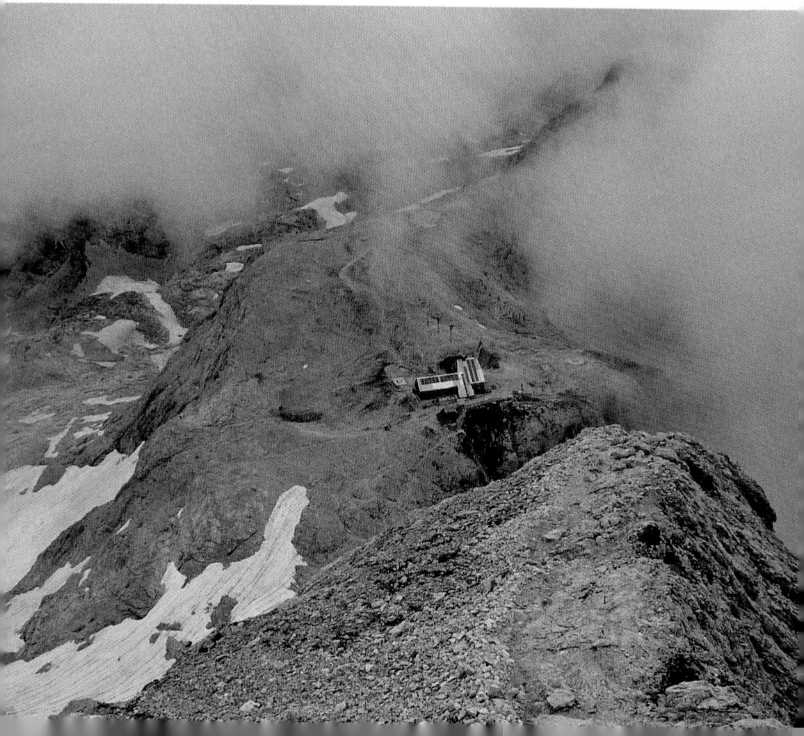

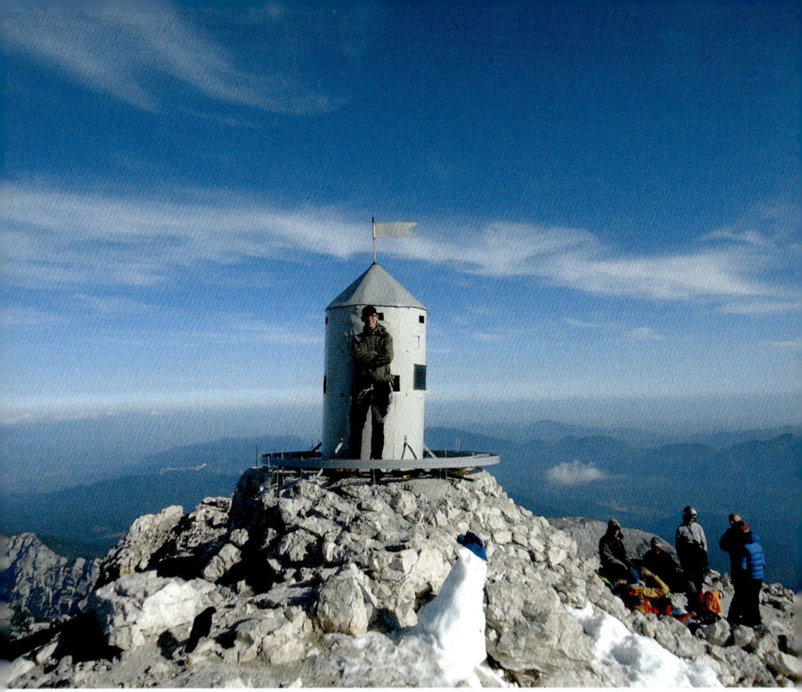

Ein herrlicher Ausblick vom Gipfel.

Klettersteig: Der weitere Aufstieg beginnt an der Nordflanke und leitet an Eisenstiften, Drahtseilen und ausgemeißelten Tritten über den Grat in die Ostflanke. Weiter steigt man auf breiten Felsbändern wieder auf den Grat hinauf zum sanft geneigten Gratbuckel des Mali Triglav (2725 m). Ab hier folgen wir dem bald scharfen Grat bis zum Hauptgipfel. Dabei passiert man eine Gedenktafel, die an den berühmten Kärntner Landschaftsmaler Markus Pernhart erinnert, der 1867 als erster die großartige Triglav-Aussicht abbildete. Eine weitere Gedenktafel gilt dem slowenischen Dichter und Bergsteiger Valentin Vodnik, der 1795 den Mali Triglav erstieg. Weitere Tafeln verkürzen die »Gratwanderung«. Etwas höher weist ein Pfeil zu einer künstlich in den Fels gemeißelten Höhle, die sich etwa 50 m unterhalb des Gipfels in der Südflanke befindet und bei Unwetter Schutz bietet: Es ist der Stanič-Unterstand (Staničevo zavetišče), der dem Blechturm auf dem Gipfel im Ernstfall vorzuziehen ist. Über den tadellos gesicherten Grat erreicht man bald darauf den Gipfel.
Abstieg: Wie Aufstieg oder über den Tominšek-Weg (Tour 40).

40 Tominšek-Weg auf den Triglav

11.00 Std.

Ein Aufstieg mit viel Bravour!

Der Weg wurde benannt nach Stane Tominšek, einem slowenischen Bergpionier der »alten Schule«. Seine vielen Erstbesteigungen zeugen von seiner Verbundenheit und Liebe zu den Julischen Alpen. Der Eisenzylinder-Blechturm (Aljaž stolp) mit kegelförmigem Dach am Triglav-Gipfel hingegen wurde 1895 auf Kosten des slowenischen Bergsteigers und Pfarrers von Dovje, Jakob Aljaž, errichtet und bietet bei Gewittern vier bis fünf Personen Platz (Faradayscher Käfig).

Ausgangspunkt: Aljaž-Haus, 1015 m, gute Parkmöglichkeiten; Zufahrt von Mojstrana auf 12 km langer Fahrstraße durch das Vratatal.

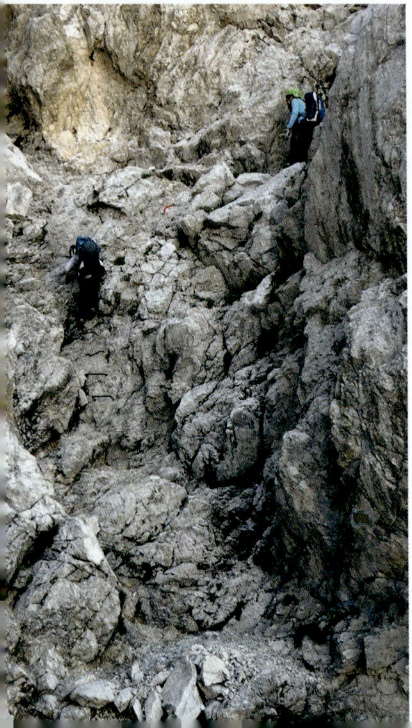

Gehzeiten: Aljaž-Haus – Stanič-Haus 3.30–4.30 Std. (direkt zum Triglav-Haus + 1 Std.), Stanič-Haus – Kredarica – Gipfel 2–2.30 Std., Abstieg zum Triglav-Haus 1 Std., weiterer Abstieg 3–4 Std.; gesamt ca. 11 Std.

Charakter: Alpiner Klettersteig. Schattiger Anstieg über gestuften Fels mit Übernachtungsmöglichkeit nach zwei Dritteln der Tour. Im oberen Teil (bis zur Hütte) etwas ausgesetzt, Steinschlag möglich!

Schwierigkeit: Bis zum Stanič-Haus oft A bis A/B, viel Gehgelände und UIAA I–II. Auf den Gipfel A bis A/B.

Höhenunterschied: Ca. 1900 Hm, davon ca. 800 Hm teils gesicherter Steig zum Triglav-Haus und ca. 400 Hm Klettersteig zum Gipfel.

Höchster Punkt: Triglav, 2864 m.

Exposition: Nord, zum Gipfel Ost.

Stützpunkte: Aljažev dom v Vratih (Aljaž-Haus), 1015 m, Tel. +386 51 665 738, en.pzs.si/koce.php?pid=21; Triglavski dom na Kredarici (Triglav-Haus), 2515 m, Tel. +386 40 62 07 81, en.pzs.si/koce.php?pid=24; Dom Valentina Staniča (Stanič-Haus), 2332 m, Tel. +386 41 584 666, en.pzs.si/koce.php?pid=23.

Hinweis: Karte siehe Tour 38. Früher Start am Morgen ratsam, lange Tour eventuell mit Übernachtung.

Im Aufstieg unterhalb des Begunjski vrh.

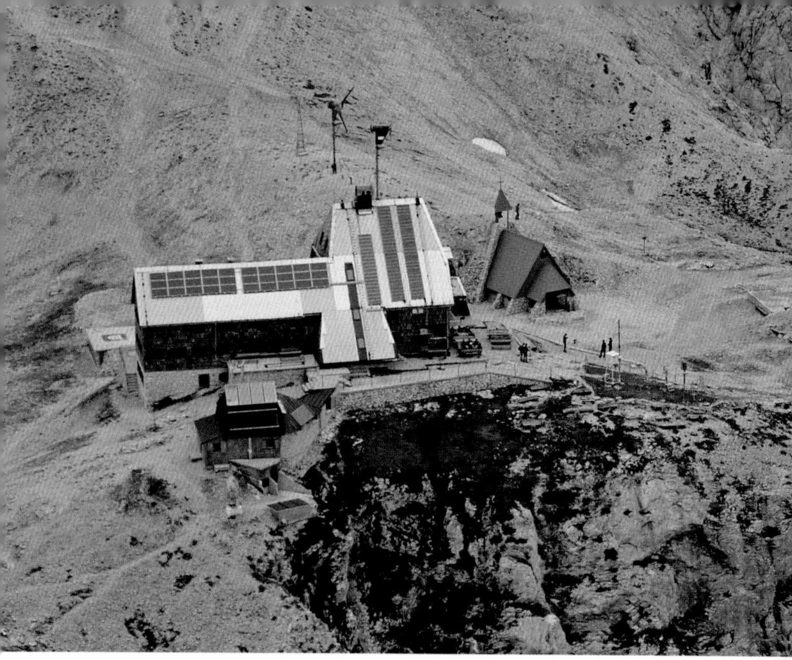

Das Triglav-Haus.

Zustieg: Vom Aljaž-Haus geht man zunächst einige Minuten zum Karabiner-Denkmal. Genau gegenüber queren wir das Bachbett der Bistrica und wandern auf dem steilen Steig mühsam durch Waldhänge in vielen Kehren zur Baumgrenze auf ca. 1400 m. Hier beginnen die ersten Sicherungen.
Steig: Man quert auf Bändern von links unten nach rechts oben die Wandflucht der Rjavčeve glave und des Begunjski vrh. An Abgründen und Klüften vorbei eröffnen sich großartige Einblicke in die Wandfluchten des Triglav und in das Vratatal. Alle 100 Höhenmeter trifft man auf eine Höhenmarke. Mithilfe von Drahtseilen, Eisenstiften und einer Leiter unter der senkrechten Westwand des Begunski vrh erreicht man eine von einer Betonmauer gefasste Quelle. Vorsicht, hier unter der Wand herrscht zeitweise extreme Steinschlaggefahr!
Der Steig führt ein paar Meter abwärts und trifft unterhalb des roten Überhanges des Begunjski vrh auf den Prag-Weg. Weiter zum Gipfel auf dem Prag-Weg (Tour 39) direkt über das Triglav-Haus oder ohne nennenswerten Mehraufwand über das Stanič-Haus.
Abstieg: Wie Aufstieg oder besser über den Prag-Weg.

41 Teils gesicherter Steig auf den Cmir

10.00 Std.

Kurze Tour vom Stützpunkt

Der Cmir steht etwas im Schatten des Triglav. Er wird wenig besucht, obwohl seine Besteigung ein schönes Bergerlebnis vermittelt. Dieser sehr reizvolle Steig über den einsamen und eindrucksvollen Grat bietet sich als willkommener Abstecher oder als Eingehtour an.

Ausgangspunkt: Aljaž-Haus, 1015 m, gute Parkmöglichkeiten; Zufahrt von Mojstrana auf 12 km langer Fahrstraße durch das Vratatal.
Gehzeiten: Aljaž-Haus – Stanič-Haus 3.30–4 Std., Stanič-Haus – Cmir 2–2.30 Std., Abstieg 4–5 Std.; gesamt ca. 10 Std.
Charakter: Teils gesicherter Steig. Abwechslungsreiche Gratwanderung mit wenigen gesicherten Stellen, aber vielen ausgesetzten Gehpassagen. Trittsicherheit und Schwindelfreiheit unbedingt erforderlich! Zwischen Hütte und Gipfel kaum Höhendifferenz, aber zahlreiche Gegenanstiege. Schlechte Markierung.
Schwierigkeit: Viel Gehgelände, öfter A und A/B, selten B und UIAA I–II.
Höhenunterschied: Ca. 1400 Hm, davon teils gesichert ca. 1000 Hm (Prag-Weg) und ca. 100 Hm (auf den Cmir).
Höchster Punkt: Cmir, 2393 m.
Exposition: Nordwest (Prag-Weg), dann Nordost bis Südost.
Stützpunkte: Aljažev dom v Vratih (Aljaž-Haus), 1015 m, Tel. +386 51 665 738, en.pzs.si/koce.php?pid=21; Dom Valentina Staniča (Stanič-Haus), 2332 m, Tel. +386 41 584 666, en.pzs.si/koce.php?pid=23.
Hinweis: Karte siehe Tour 38. Der Cmir kann auch gut über das Kottal und in Verbindung mit den Touren 42 und 43 vom Stanič-Haus aus begangen werden.

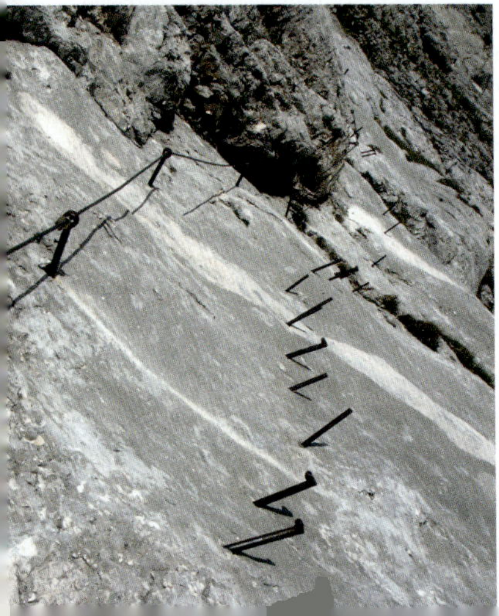

Zustieg: Der Aufstieg zum Stanič-Haus erfolgt wie bei Tour 39 über den Prag-Weg. Vom Stanič-Haus gehen wir nordostwärts über typischen Karstfels und über Rinnen und Felsspalten zum Begunjska-Tor (Begunjska vratca) und dort leicht nach rechts hinab, meist über ein sehr hartes Firnfeld. Nach links, unter den Wänden des Begunjski vrh vorbei und über Schrofen und Stufen im weiten Bogen zu einem Sattel erreicht man den Einstieg. Hier nicht nach rechts ins Kar absteigen!

Ein gesicherter Abschnitt auf dem Weg zum Cmir.

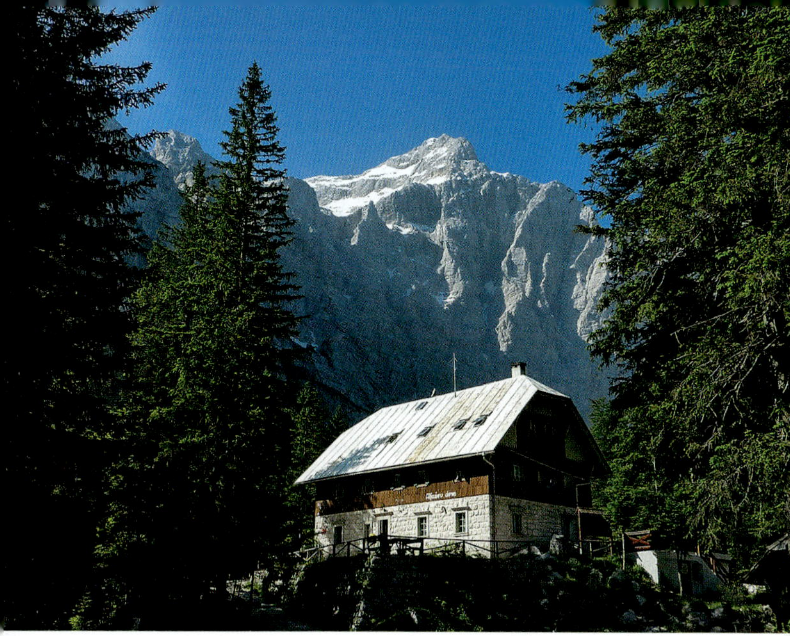

Das Aljaž-Haus am Ausgangspunkt der Tour, dahinter der Triglav.

Steig: In nördlicher Richtung steigt man zu einer geneigten Platte auf, die drahtseilgesichert und an Eisenstiften überwunden wird (recht luftig!). Nun führt der Steig über einen kurzen Grat, dann über Blockwerk und auf bzw. über die Rjavčeva-Köpfe (Rjavčeve glave, 2365 m). Von diesem Vorgipfel steigt man nach links durch eine kaminartige Verschneidung hinunter (Eisenstifte, sehr ausgesetzt) und weiter abwärts durch einen etwa 20 m langen Kamin. Nun gelangt man durch einen Riss zu einem weiteren Kamin, der im oberen Teil durch ein Dach unterbrochen wird. Hier Vorsicht auf dem plattigen Fels, auf dem meist Geröll liegt! Es folgt ein steiles Wandl, dann geht es wieder über Platten, die ebenfalls mit Eisenstiften versehen sind, sehr ausgesetzt weiter.
Wir steigen nun über Schrofen und einen Grassteig, der einen begrünten Steilhang hinaufführt, und anschließend entlang einer mit Gras durchsetzten Schneide weiter. Nun steigt man ab und um einen turmartigen Pfeiler herum auf die Ostseite, dann, immer den Markierungen folgend, weiter abwärts. Der Steig führt nun in nordöstlicher Richtung über Schrofen, Fels, Grasstufen und schließlich über Schutt zum Gipfel.
Abstieg: Wie Aufstieg.

42 Klettersteig auf die Vrbanova špica

8.30 Std.

Luftiger Klettersteig in der Triglav-Gruppe

Der Vrbanova-Gebirgszug zählt – wie die Rjavina – zu den eher selten begangenen in der Triglav-Gruppe. Diese Tour führt über einen wilden, einsamen Felsgrat von ganz besonders hohem Erlebniswert.

Ausgangspunkt: Lengarjev rovt, 927 m, am Ende der Straße im Kottal. Die Zufahrt erfolgt von Mojstrana, zunächst links über die Brücke, dann weiter auf der Straße Nr. 907, nach ca. 3,5 km rechts und weitere 3,5 km taleinwärts.
Gehzeiten: Parkplatz – Einstieg 2–3 Std., Klettersteig mit Überschreitung der Vrbanova špica zum Stanič-Haus 3–3.30 Std., Abstieg 2.30–3 Std.; gesamt ca. 8.30 Std.
Charakter: Alpiner Klettersteig. Für Anfänger ungeeignet! Generell ist die Tour sehr ausgesetzt, und es gibt mehrere ungesicherte Passagen. Bei Nässe und Neuschnee ist von einer Begehung abzuraten. Der vorgestellte Zugang zum Triglav-Massiv ist landschaftlich reizvoll, wird aber selten begangen.
Schwierigkeit: Mehrere Stellen A/B bis B/C, viel Gehgelände und Kletterei bis UIAA II.
Höhenunterschied: Ca. 1500 Hm, davon Klettersteig ca. 500 Hm.
Höchster Punkt: Vrbanova špica, 2405 m.
Exposition: Südost.
Stützpunkte: Dom Valentina Staniča (Stanič-Haus), 2332 m, Tel. +386 41 584 666, en.pzs.si/koce.php?pid=23.

Blick vom ersten Vorgipfel Richtung Hauptgipfel, dahinter der Triglav.

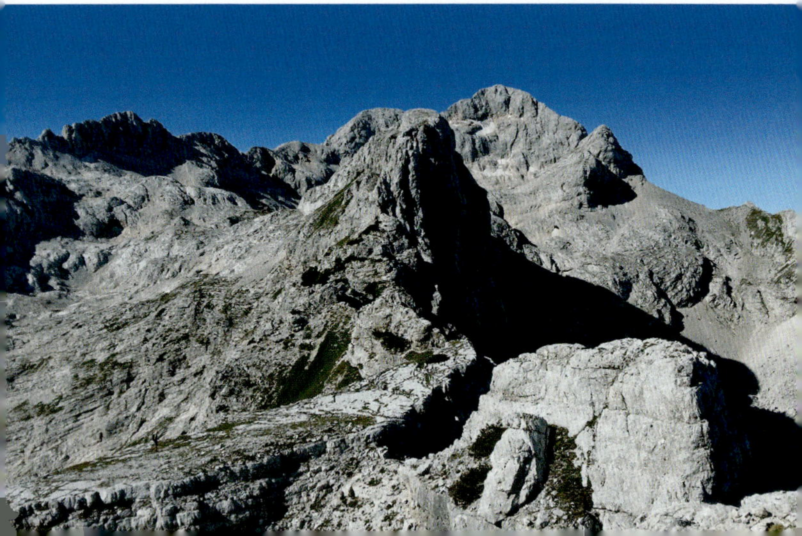

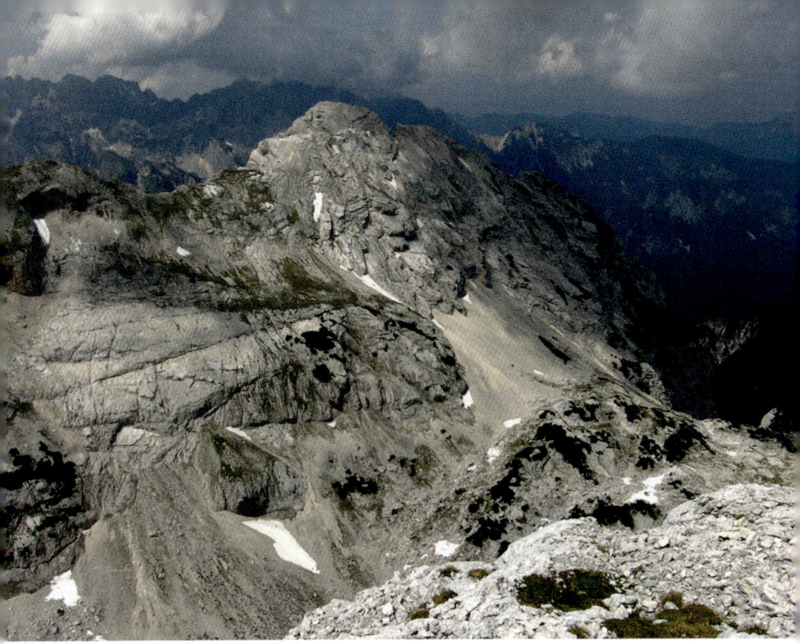

Blick vom Gipfel zum Cmir.

Zustieg: Vom Parkplatz gehen wir zunächst fast eben durch Mischwald und dann ansteigend durch Latschen bis zur sog. »ewigen Quelle«. Der Weg führt weiter über drei Schrofenstufen (Achtung bei Nässe!) zum »Debeli kamen«, einem dicken Felsblock. Am Rand des Kars »Pekel« (deutsch »Hölle«) zweigt der Klettersteig nach rechts ab (rote Hinweistafel »Vrbanova špica«).
Klettersteig: Von der Abzweigung quert man zuerst auf Geröll zum Wandfuß und steigt dort mithilfe von Drahtseilen und an Eisenstiften nahezu senkrecht nach rechts hinauf. Zunächst wird eine Platte überklettert, dann eine Schlucht gequert. Anschließend gelangt man auf einen sattelartigen Vorsprung. Von diesem steigt man auf einem schmalen Schuttband am Rande des Felsabbruchs weiter bergauf. Diese Passagen sind ungesichert und fordern besondere Vorsicht! Ein Schuttsteig leitet unterhalb von eigenartig geformten Felsgestalten zu einer Latschenzone. Durch diese, über Geröll und teils über Felsbänder steigt man weiter auf. Nach Querung einer markanten Schluchtrinne (teils gesichert) gelangt man zu einem sehr ausgesetzten Steilhang. Einzige Haltepunkte sind die Latschen. Bei Nässe besondere Vorsicht! Einige Eisenstifte und ein Drahtseil führen nach rechts in eine weitere Schlucht. Man quert diese, um dann links auf Stufen und Bändern wieder zu

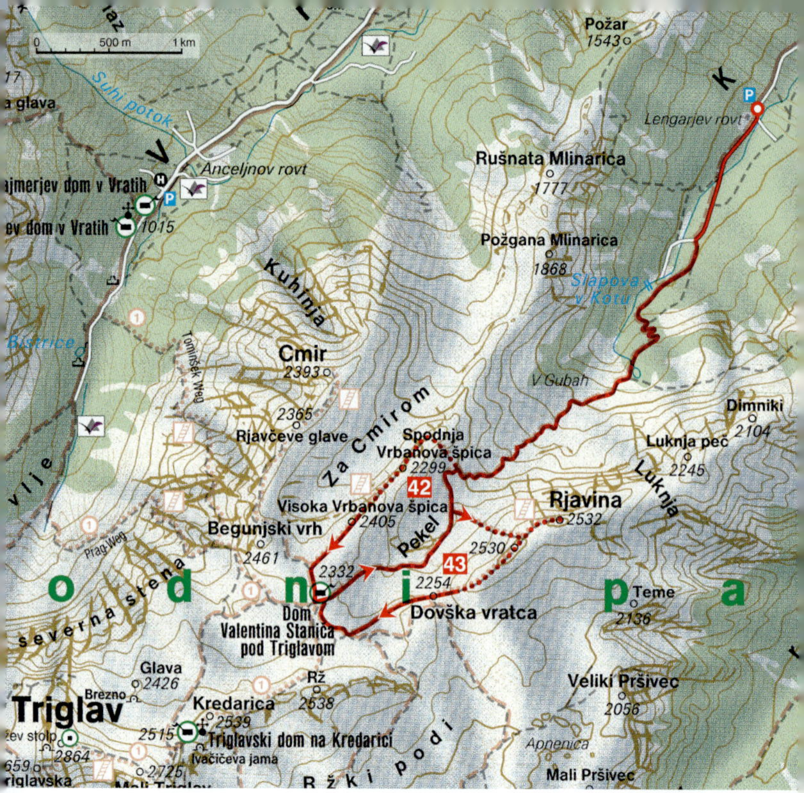

einem Drahtseil zu gelangen. Über grasdurchsetzte Schrofen gelangt man auf einen Rücken, von wo aus man einen markanten Felsturm erblickt. Jetzt steigt man nach links über Schrofen und Eisenstifte zu den Drahtseilen, die zum ersten Teil des luftigen Grates leiten, und klettert nun an der Gratschneide entlang bis zum ersten Vorgipfel. An Eisenstiften und Drahtseilen steigen wir nun ab. Der Steig führt über Bänder und Geröll, dann tief hinunter (ausgesetzt) und wieder hinauf zum zweiten bzw. dritten Vorgipfel. Nach einem Wechsel auf die Ostseite gelangt man an Drahtseilen schließlich auf die Vrbanova špica. Vom Gipfel hat man einen fantastischen Blick in das Pekel-Kar, die »Hölle«.

Abstieg: Über teilweise begrünte, steile Hänge gelangt man problemlos zum Stanič-Haus. Von dort geht man zuerst in Richtung Nordost und dann durch das obere Kottal zurück zum Ausgangspunkt. Von einem Abstieg über den Aufstiegsweg ist abzuraten.

9.00 Std.

Klettersteig auf die Rjavina 43

Zum Fenster der »Rotbraunen«

Der Rjavina-Luknja-Peč-Zug teilt das Krmatal vom Kottal. Diese Gruppe und vor allem die beiden Rjavina-Gipfel sind durchaus einen Besuch wert. Sie sind kaum begangen, weshalb man hier die Stille der Bergeinsamkeit in vollem Maße genießen kann. Das mag wohl auch daran liegen, dass der nahe Triglav allen Gipfeln ringsum den Rang abläuft.

Ausgangspunkt: Lengarjev rovt, 927 m, am Ende der Straße im Kottal. Die Zufahrt erfolgt in Mojstrana links über die Brücke, zunächst auf der Straße Nr. 907, nach ca. 3,5 km rechts und weitere ca. 3,5 km taleinwärts.
Gehzeiten: Parkplatz – Einstieg 2.30–3 Std., Einstieg – Hauptgipfel 1–1.30 Std., Hauptgipfel – Stanič-Haus 2 Std., Abstieg 2.30–3 Std.; gesamt ca. 9 Std.
Charakter: Alpiner Klettersteig. Rassig, zum Teil luftig, gesichert mit vielen Stiften und einigen Seilen. Nur bei guter Witterung begehen! Steinschlaggefahr!
Schwierigkeit: In der Nordwestflanke häufig A/B bis B/C, wenige Stellen C. Am Grat mehrere Stellen UIAA I–II und bis B/C.
Höhenunterschied: Ca. 1600 Hm, davon Klettersteig ca. 400 Hm.
Höchster Punkt: Rjavina, 2532 m.
Exposition: Aufstieg Nordwest, dann Gratüberschreitung.
Stützpunkte: Dom Valentina Staniča (Stanič-Haus), 2332 m, Tel. +386 41 584 666, en.pzs.si/koce.php?pid=23.
Hinweis: Karte siehe Tour 42.

Typische Stelle im Aufstieg, mit vielen Trittstiften.

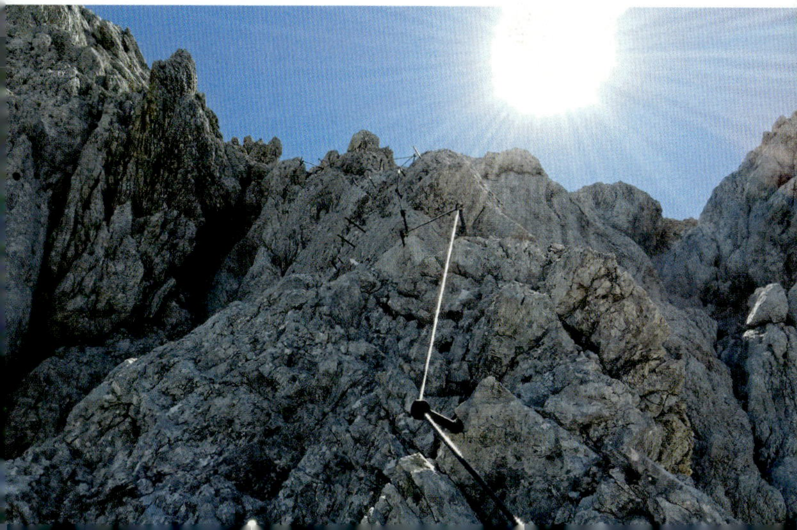

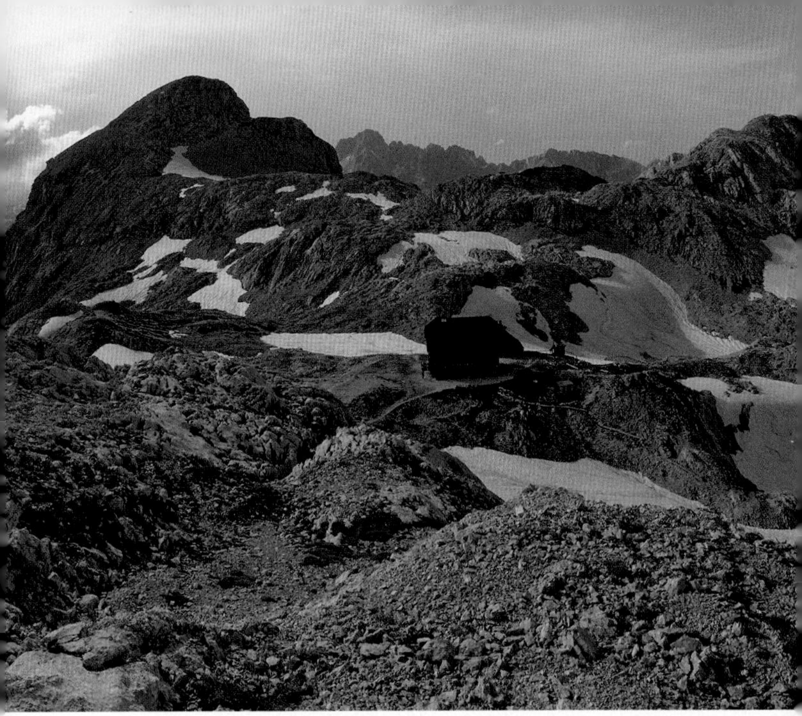

Unweit des Stanič-Hauses: Blick zur Vrbanova špica (Bildmitte) und Rjavina (rechts).

Zustieg: Wie bei Tour 42 (Vrbanova špica). Bei der Abzweigung zur Vrbanova špica geht man nach links und noch ca. 30 Min. das Kottal hinauf zu einer weiteren roten Tafel am Rande des Pekel-Kars auf ca. 2100 m.
Klettersteig: Von der Abzweigung geht man kurz über Geröll zum Wandfuß. An Drahtseilen, Klammern und vielen Stiften steigt man durch die Nordflanke und über die linksseitigen Rippen und Grate bergauf. Die ganze Flanke durchzieht roter Fels und Geröll. Der Ausstieg befindet sich in der Scharte zwischen den beiden Gipfeln. Von der Scharte gelangt man ostwärts zum Hauptgipfel, indem man dem Steig nach links hinauf zu einem Drahtseil und über Platten und Schrofen zu einem Steinmann folgt. Über den anschließenden Grat steigen wir an Drahtseilen ausgesetzt zu einem etwa 30 m langen Kamin und durch diesen luftig in eine weitere Scharte. Entlang des wild zersägten Grates, über Stufen und Schrofen und an zwei interessanten Felsfenstern vorbei gelangt man in die Nordostflanke und weiter durch Rinnen wieder auf den Grat und über Platten am letzten Grataufschwung zum Hauptgipfel.

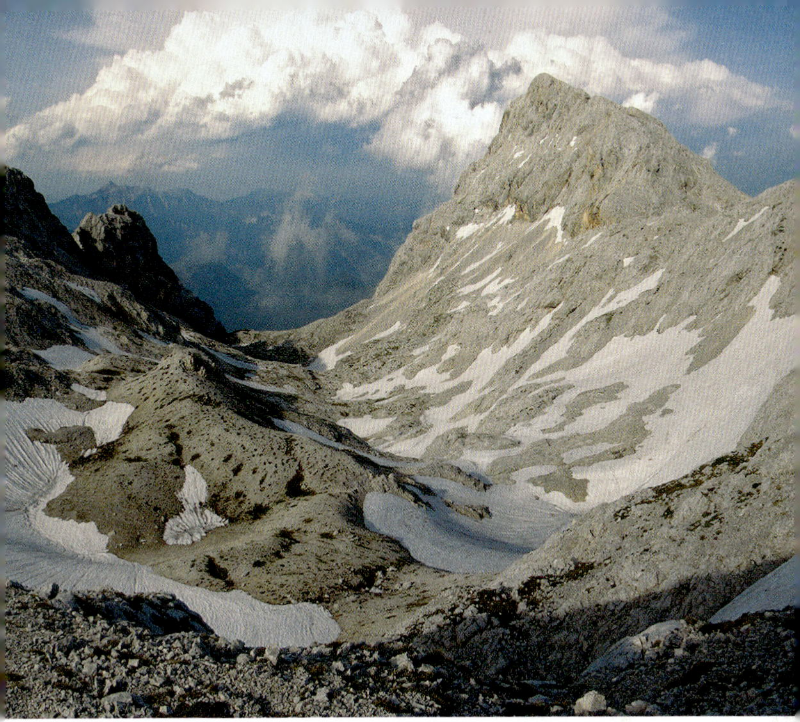

Vom Hauptgipfel geht man wieder zurück zur Ausstiegsscharte in der Nordwestflanke. Von hier könnte man über diese wieder absteigen. Um die Tour aber zu komplettieren, klettert man über einen Felsabbruch (rotes Gestein) wieder bergauf. Ein Seil leitet durch einen Felsspalt zu einem kleinen Holzsteg. Über eine Steilwand, die mittels Eisenstiften überwunden wird, gelangt man nun auf einen Grat, dem man absteigend in eine Scharte folgt. Von dieser geht es über Blöcke auf den Westgipfel.
Vom Westgipfel führt der Steig über Schutt abwärts zu einem Grat (herrlicher Blick zum Triglav). Ein kurzer Abstieg durch einen Kamin unterbricht den Gratverlauf. An einer Höhle vorbei erreichen wir weiterhin absteigend an Seilen und Stiften in schrofigem Gelände eine Rinne, die allmählich zur Schlucht wird. Mehrere Seile und Stifte leiten über eine steile Felsrippe und geneigte Platten hinunter. Man steigt nun über Schrofen und Geröll zum Dovška-Törl (Dovška vratca, 2254 m) und, den Markierungen folgend, entweder weiter zum Stanič-Haus oder gleich direkt rechts ins Kottal ab.
Abstieg: Vom Stanič-Haus geht man zuerst in Richtung Nordost und dann durch das Kottal zum Ausgangspunkt.

44 Über den Skozi žrelo auf den Krainer Storžič

5.30 Std.

Durch die »Gurgel« auf den Gipfel

Der mächtige Felskegel des Krainer Storžič nördlich von Kranj ist den Karawanken vorgelagert und liegt nahe an den Steiner Alpen. Seine geografische Zugehörigkeit ist strittig. Dessen ungeachtet ist er beliebt aufgrund der herrlichen Fernsicht und der so vielfältigen Alpenflora auf seiner Südseite. Der Klettersteig Skozi žrelo ist ein lohnender Eisenweg. Er führt auf den Westgrat und über diesen zum Gipfel.

Ausgangspunkt: Storžič-Berghaus, 1123 m, Parkplatz; Zufahrt von Tržič über Lom.
Gehzeiten: Storžič-Berghaus – Einstieg 0.30 Std., Einstieg – Gipfel 2.30–3 Std., Abstieg 2–2.30 Std.; gesamt ca. 5.30 Std.
Charakter: Teils gesicherter Steig. Für Bergerfahrene kaum schwierig, Trittsicherheit und Schwindelfreiheit jedoch erforderlich. Im Frühsommer lang Schneefelder, besonders in den Rinnen.
Schwierigkeit: A bis B, reichlich Gehgelände.
Höhenunterschied: Ca. 1000 Hm, davon ca. 500 Hm teils gesichert.
Höchster Punkt: Krainer Storžič, 2132 m.
Exposition: Nord.
Stützpunkte: Dom pod Storžičem (Storžič-Berghaus), 1123 m, Tel. +386 40 627 808, en.pzs.si/koce.php? pid=77.

Zustieg: Vom Parkplatz geht man südwärts über die Wiese zur Sennhütte (Brunnentrog) und sieht die markante Zentralschlucht (»Žrelo«) bereits vor sich. Bei der Hütte gehen wir nach links und nach ca. 50 m gleich wieder rechts. Geradeaus ginge es auf dem Normalweg auf den Gipfel. Über eine steile Geröllhalde hinauf erreicht man den Einstieg.

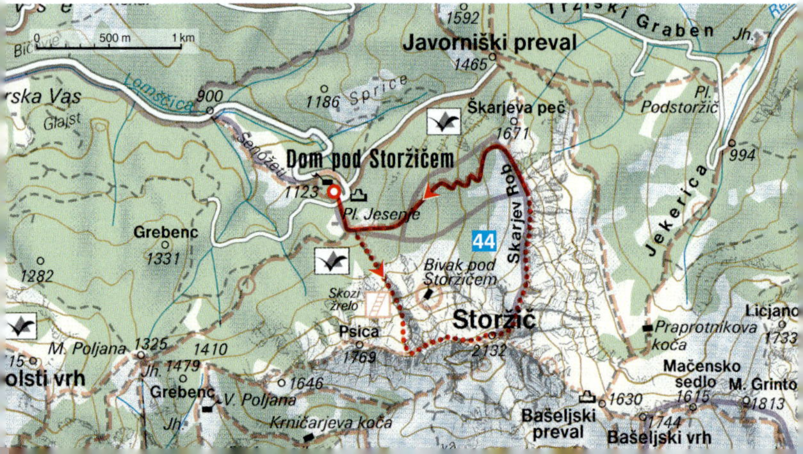

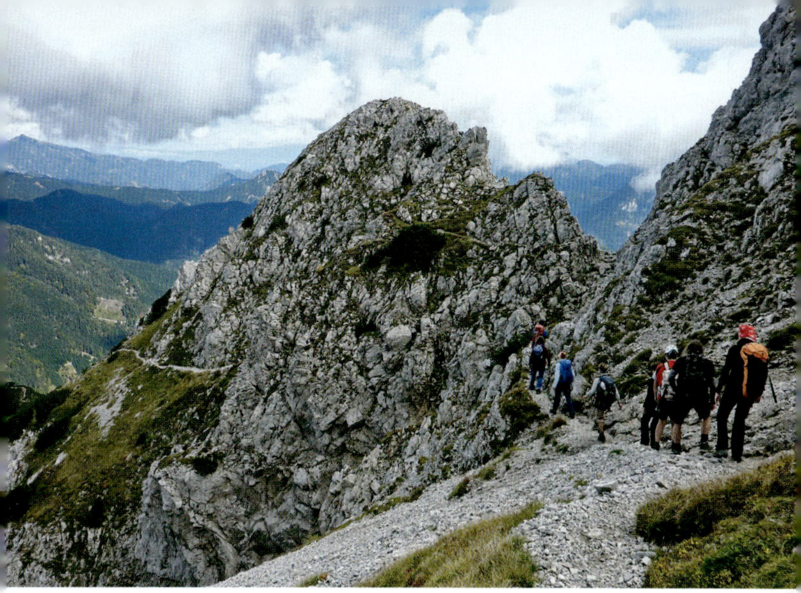

Der Abstieg über die Nordgrat-Route.

Steig: Die Route verläuft im unteren Teil stets rechts von der Zentralschlucht. Durch mehrere Rinnen, an Eisenstiften und teils mithilfe von Drahtseilen steigt man über den Rücken, der mit schütterem Wald und Latschen bedeckt ist, hinauf. Eine grasbewachsene Kanzel bietet eine brillante Aussicht. Weiter geht es über Stufen und Platten nach links zur Schlucht und durch diese zu einer Scharte auf ca. 1800 m. Im Frühsommer verwendet man für die letzten Höhenmeter zur Scharte am besten eine der schmalen Rinnen, in denen noch Firn liegt, anstatt mühsam über Geröll hinaufzusteigen. Nun geht man nach links durch Latschen in leichtem Auf und Ab zunächst auf die Südseite, dann über Stufen und Schrofen wieder auf die Nordseite. Über eine steile Rinne gelangt man nun auf den Westgrat (Achtung Steinschlag!), über diesen in kurzer, leichter Kletterei auf den Mali Storžič und schließlich in wenigen Minuten zum Hauptgipfel.
Abstieg: Für die Überschreitung nimmt man die gesicherte Nordgrat-Route (»Škarjev rob«). Mithilfe eines langen Drahtseils steigt man zunächst vom Gipfel nach Norden in die Schlucht und weiter durch eine steile Rinne hinab. Nach der Querung der Schlucht und einem leichtem Gegenanstieg erreicht man den Nordgrat, über den der Steig weiter zu einer mit Latschen bewachsenen Schneide hinunterführt. Den Markierungen nach links folgend gelangt man durch Wald zum Ausgangspunkt zurück.

45 Klettersteig auf die Jezerska und Kokrska Kočna

11.00 Std.

Zum westlichen Doppelgipfel der Steiner Alpen

Hoch über dem Jezersko- und Kokratal erhebt sich mit schroffen Wänden das breit ausladende Massiv der Kočna. Die Besteigung über den transversalen Alpenweg, der als rassiger Klettersteig über den nordwärts auslaufenden Felssporn zur Seeländer Scharte (Dolška škrbina, nicht zu verwechseln mit dem Seeländer Sattel!) führt, ist eine der interessantesten Klettersteigrouten in den Steiner Alpen. Die Tour bietet einige ausgesetzte und teilweise anspruchsvolle Passagen sowie einen spärlichst gesicherten Gipfelaufbau.

Ausgangspunkt: A) Talstation der Materialseilbahn im Ravenska Kočna, 1090 m; B) Parkplatz bei der Meierei Makekov Marof, 1050 m, Zufahrt südöstlich von Jezersko über die Weiler Mlinar und Makek.
Gehzeiten: Zur Tschechischen Hütte, je nach Ausgangspunkt, 1.30–2 Std., Tschechische Hütte – Einstieg 1 Std., Einstieg – Seeländer Scharte 2 Std., Seeländer Scharte – Jezerska Kočna 1 Std., Jezerska Kočna – Kokrska Kočna und retour 0.30–1 Std., Abstieg 4–5 Std.; gesamt ca. 11 Std.
Charakter: Alpiner Klettersteig. Der Abschnitt zur Seeländer Scharte ist teilweise ausgesetzt, die Bänder sind schmal und abdrängend. Der Steig zum Gipfel ist spärlich gesichert. Für schwächere Teilnehmer ist eine Partnersicherung sowie Übernachtung in der Hütte ratsam.
Schwierigkeit: Gesicherte Stellen meist A/B bis B/C, mehrere ungesicherte Passagen, zu und zwischen den Gipfeln längere Passagen bis UIAA I–II.
Höhenunterschied: Ca. 1600 Hm, davon Klettersteig ca. 700 Hm.
Höchster Punkt: Jezerska Kočna, 2540 m.
Exposition: Nord, oben Nordost.
Stützpunkte: Češka koča na Spodnjih Ravneh (Tschechische Hütte), 1542 m, Tel. +386 40 28 33 00, en.pzs.si/koce.php?pid=83; Bivak v Kočni, 1952 m, en.pzs.si/koce.php?pid=107.
Hinweis: Karte siehe Tour 46. Für Konditionsstarke bietet sich der Abstieg über den Grintovec an als Verbindung dieser Tour mit den Touren 46 und 47. Aufgrund starker Unwetter 2022 und 2023 sind einige Wege noch immer gesperrt. Unbedingt vorab Info bei den Hütten einholen!

Kurz vor der Seeländer Scharte.

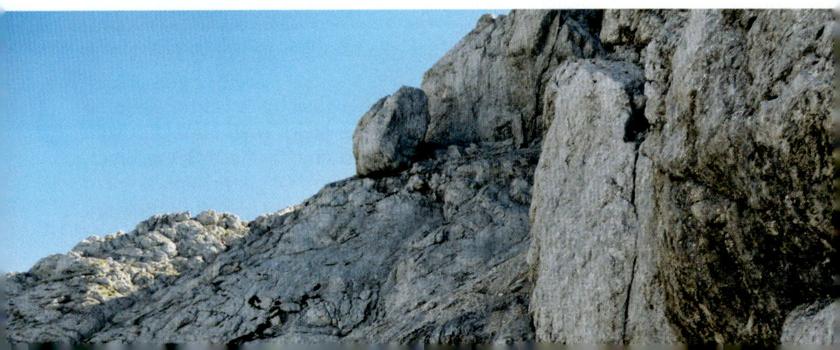

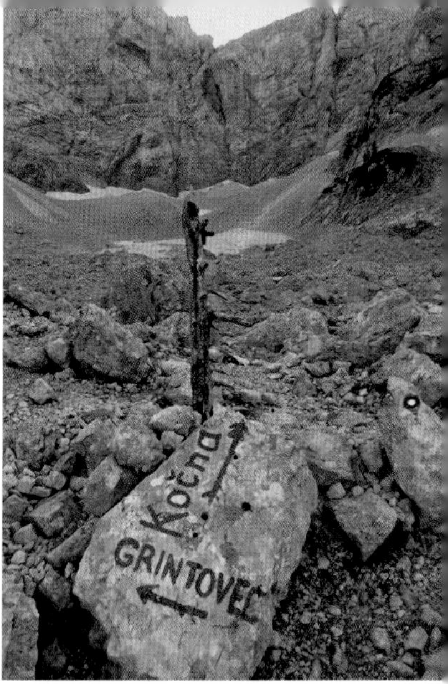

An der Weggabelung im Ravni-Kar.

Zustieg: A) An der Talstation der Materialseilbahn folgen wir der Beschilderung zur Tschechischen Hütte.
B) Vom Marof-Hof geht man auf einem Karrenweg in wenigen Minuten zu einer Quelle, dann durch Wald steil bergauf. Bei einer Weggabelung führt der Weg rechts fast eben durch Wald bis an einen steilen, latschenbestandenen Abhang. Auf Bändern und Holzstegen (Drahtseile, A) erreichen wir, zuletzt ansteigend, die Tschechische Hütte. Von dort folgt man der Markierung und steigt steil und mühsam in das Ravni-Kar unter den Nordwänden hinauf, bis man die Wegteilung auf ca. 1800 m erreicht.
Klettersteig: Wir folgen nun dem Kremžarjeva pot (Kremžar-Steig), der nach rechts und vom Schottersteig des steilen Kars zu einem steilen Felssporn führt. An der Gratschneide steigt man ungesichert steil und ausgesetzt in einem in die Felswand eingelagerten kleinen Kar empor. Über schuttbedeckte Bänder führt der gut gesicherte Steig bis zum Felsansatz und weiter auf Bändern in die östliche Felsflanke, wobei zwei Passagen mit Höhenverlusten zu bewältigen sind. Weiter geht es wieder leicht ansteigend unter ein überhängendes Felsdach, dann steigt man über schräge Bänder und Platten in großartiger Felsszenerie hinauf zur Seeländer Scharte (Dolška škrbina, ca. 2350 m). Hier ist ein Notabstieg nach Süden zum Bivak v Kočni möglich. Der Klettersteig zur Jezerska Kočna führt nach rechts (westwärts) auf ein schmales, ausgesetztes Felsband, das sich zu einem kurzen Kriechband verengt, welches man nur bäuchlings durchrobben kann (Rucksack vor sich herschieben). Über schuttbedeckte Bänder gelangt man auf dem Nordostrücken bis zu einem kurzen Felsansatz, der teils in leichter Kletterei und teils gesichert überwunden wird. Auf einem weiteren schuttbedeckten Felsband quert man im Halbbogen um den Vorgipfel, geht auf einem schmalen, ausgesetzten und abdrängenden Band über das kleine Joch zwischen Vor- und Hauptgipfel und erreicht schließlich über Schutt den Hauptgipfel.
Abstieg: Wie Aufstieg. Der obere Teil im Ravni-Kar lässt sich gut im Schutt bzw. auf Firn abfahren.

TOP 46 Klettersteig auf den Grintovec

10.00 Std.

Von der Tschechischen Hütte

Der Grintovec, der »Zerschrundene« oder »Morsche« (grintov = morsch), ist der höchste Gipfel der Steiner Alpen. Er erhebt sich in der Mitte der Zentralgruppe. An klaren Tagen reicht die Sicht von den adriatischen Küstenbergen über die benachbarten Julischen Alpen und Karawanken bis zu den Hohen Tauern.

Ausgangspunkt: A) Talstation der Materialseilbahn im Ravenska Kočna, 1090 m; B) Parkplatz bei der Meierei Makekov Marof, 1050 m, Zufahrt südöstlich von Jezersko über die Weiler Mlinar und Makek.
Gehzeiten: Zur Tschechischen Hütte, je nach Ausgangspunkt, 1.30–2 Std., Tschechische Hütte – Einstieg 1 Std., Einstieg – Seeländer Scharte 2 Std., Seeländer Scharte – Gipfel 1–1.30 Std., Abstieg über Normalweg 3.30–4 Std.; gesamt ca. 10 Std.
Charakter: Alpiner Klettersteig. Der Abschnitt bis zur Seeländer Scharte ist teilweise ausgesetzt, die Bänder sind schmal und abdrängend. Der weitere Verlauf ist ebenfalls anspruchsvoll und teilweise luftig. Für die Nordabdachung sind Pickel oder Teleskopstöcke ratsam, ebenso reichlich Trinkwasser!
Schwierigkeit: Gesicherte Stellen meist A/B bis B/C, mehrere ungesicherte Passagen und zum Gipfel Stellen UIAA I–II.
Höhenunterschied: Ca. 1700 Hm, davon Klettersteig ca. 700 Hm.
Höchster Punkt: Grintovec, 2558 m.
Exposition: Meist Nord, Nordwest.
Stützpunkte: Češka koča na Spodnjih Ravneh (Tschechische Hütte), 1542 m, Tel. +386 40 28 33 00, en.pzs.si/koce.php?pid=83; Bivak v Kočni, 1952 m m, en.pzs.si/koce.php?pid=107.
Hinweis: Konditionsstarke können im Aufstieg auch gleich die Jezerska Kočna (Tour 45) mitnehmen. Aufgrund starker Unwetter 2022 und 2023 sind einige Wege noch immer gesperrt. Unbedingt vorab Info bei den Hütten einholen!

Blick vom oberen Ende der Nordabdachung zurück zur Seeländer Scharte.

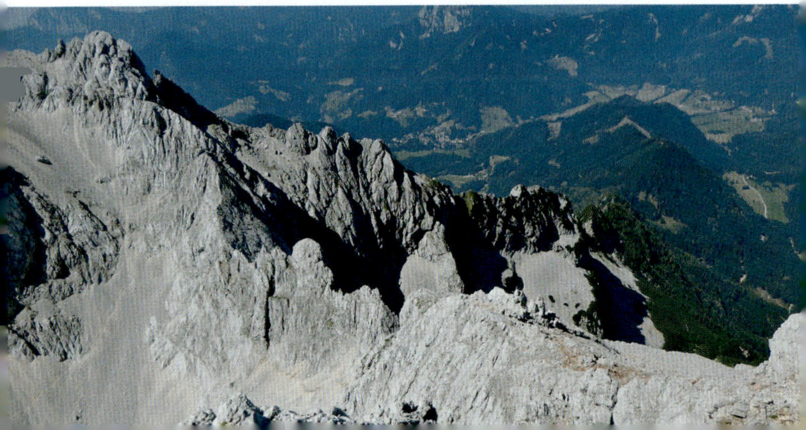

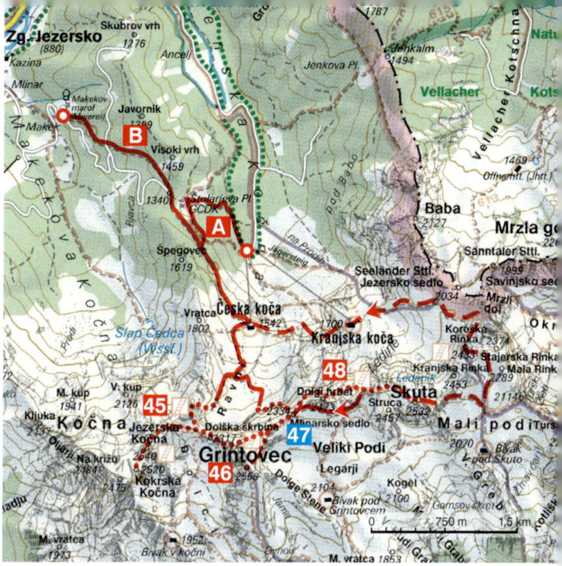

Zustieg: Wie bei Tour 45.

Klettersteig: Zuerst steigen wir wie bei Tour 45 hinauf zur Seeländer Scharte (Dolška škrbina, ca. 2350 m).

Von der Scharte steigt man ostwärts auf den Grat und über eine breite, griffige und vielfach gestufte Rinne ungesichert bis zur Wegabzweigung südlich ins Kar hinunter (teils UIAA I-II). Hier ist ein Notabstieg nach Süden zum Bivak v Kočni möglich. Wir aber steigen links hinauf und an vier Eisenstiften sehr steil und etwas ausgesetzt zur Gratschneide (2317 m). Am flacher abfallenden, sich verbreiternden Gratrücken erreicht man den drahtseilgesicherten, steileren Abstieg in eine kleine Scharte. Über ein schmales Schuttband in der Felsflanke steigt man weiter ins Kar hinab.

Nun führt der Steig entlang des Felsfußes, leicht steigend und teilweise über Schneefelder, ostwärts. Sehr mühsam, teils über Schutt und schrofigen Fels gelangen wir hinauf zu einem Joch vor dem eigentlichen Gipfelaufbau. Rechtshaltend steigen wir weiter über schrofiges Felsgelände, das oft mit feinem Schutt bedeckt ist, zu einer drahtseilgesicherten, kurzen Rinne. Oberhalb der Rinne geht man weiter über gestuftes, großteils schotterbedecktes Gelände in den rötlichen Bereich der Westwand des Grintovec. Bald wendet sich der Weg nach links und führt, meist seilgesichert (A/B bis B), über ein Bändersystem durch die Wandstufe hinaus auf die Nordabdachung. In der Nordabdachung führt der Steig durch groben Schutt zu einer Wegteilung (links in Richtung Mlinarsko sedlo, rechts in Richtung Grintovec). Von dort steigen wir über den Rücken hinauf. Zuletzt über einige Plattenfolgen und eine letzte Platte mit vielen Trittstiften und wenig Drahtseil (A/B) erreicht man den Gipfel.

Abstieg: Für den Abstieg empfiehlt sich der Normalweg (Tour 47). Man geht über die Nordabdachung zurück zur Wegteilung und dort nach rechts zum Mlinarsko sedlo, an dem man dann nach links (nördlich) zur Tschechischen Hütte hinabsteigt.

47 Normalweg auf den Grintovec

9.00 Std.

Nordseitiger Anstieg auf den höchsten Berg der Steiner Alpen

Obwohl es sich hier um den Normalweg handelt, ist dieser Felsgang nicht zu unterschätzen. Im Frühsommer liegen hier noch steile Firnfelder, wobei die ungesicherten Passagen oftmals ernste Probleme bereiten können. Bei guten Verhältnissen bietet dieser Anstieg aber auch weniger Geübten ein einzigartiges Bergerlebnis, gelangt man doch zum höchsten Punkt der ganzen Gebirgsgruppe.

Ausgangspunkt: A) Talstation der Materialseilbahn im Ravenska Kočna, 1090 m; B) Parkplatz bei der Meierei Makekov Marof, 1050 m, Zufahrt südöstlich von Jezersko über die Weiler Mlinar und Makek.
Gehzeiten: Zur Tschechischen Hütte, je nach Ausgangspunkt, 1.30–2 Std., Tschechische Hütte – Einstieg 1 Std., Einstieg – Mlinarsko sedlo 1.30 Std., Mlinarsko sedlo – Gipfel 1 Std., Abstieg 3.30–4 Std.; gesamt ca. 9 Std.
Charakter: Teils gesicherter Steig. Für gute Geher bei normalen Verhältnissen problemlos, Pickel bzw. Teleskopstöcke ratsam.
Schwierigkeit: A bis B, mehrere längere ungesicherte Passagen.
Höhenunterschied: Ca. 1700 Hm, davon ca. 700 Hm teils gesichert.
Höchster Punkt: Grintovec, 2558 m.
Exposition: Nordwest.
Stützpunkte: Češka koča na Spodnjih Ravneh (Tschechische Hütte), 1542 m, Tel. +386 40 28 33 00, en.pzs.si/koce.php?pid=83; Bivak Pavla Kemperla, 2104 m, en.pzs.si/koce.php?pid=110, architektonisch sehenswert.
Hinweis: Karte siehe Tour 46. Aufgrund starker Unwetter 2022 und 2023 sind einige Wege noch immer gesperrt. Unbedingt vorab Info bei den Hütten einholen!

Pause am Mlinarsko sedlo. Im Hintergrund der Dolgi hrbet.

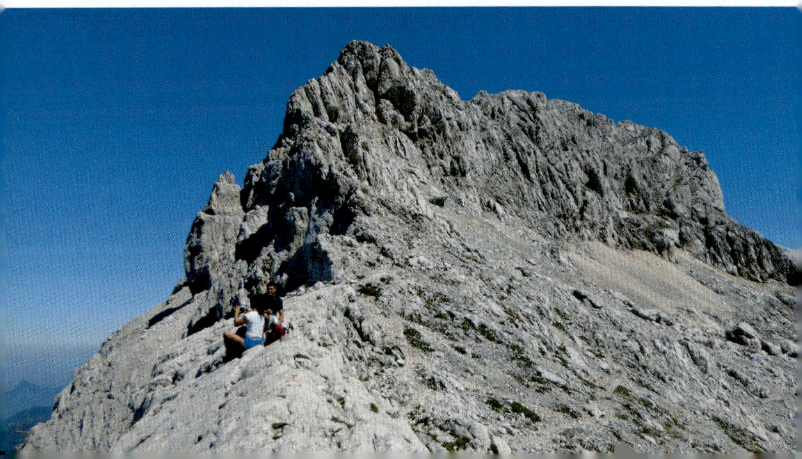

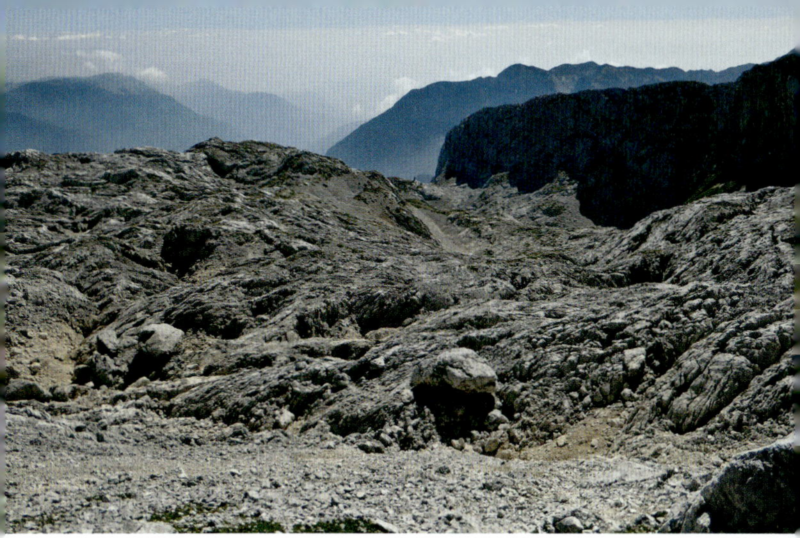

Blick vom Mlinarsko sedlo über die Veliki Podi nach Süden.

Zustieg: Wie bei Tour 45.
Steig: Von der Wegteilung (rote Markierung »Grintovec« auf einem großen Stein) im Ravni-Kar steigen wir nach links durch das steile Kar bis zu den Schneefeldern im oberen Karabschnitt. Markierte Felsblöcke in den Schneefeldern weisen den Weg zum Einstieg. Zunächst steigt man ungesichert längs einer Wasserrinne über den Felsansatz hinauf (letztes Wasser). Auf einem breiten Schuttband führt der Steig nach links zu einer steilen, gesicherten Felspassage und dann weiter auf einem ungesicherten Band zu einer gegliederten Felsrippe. Leicht absteigend zu einem langen, fast ebenen Band und über viele kleinere Bänder im Zickzack aufwärts erreicht man – stets gut markiert und wo nötig gesichert – den Mlinarsko sedlo (2334 m). Jetzt geht man auf der Südseite nach rechts (westwärts), hält sich etwas unterhalb der Gratschneide und steigt zunächst im Gehgelände, später über einige Kletterpassagen (bis UIAA I) bergauf. Nach einem Steilaufschwung mit einigen Trittstiften erreicht man den Mali Grintovec und folgt dann dem Grat in leichtem Auf und Ab zur Nordabdachung (einige Seilsicherungen, meist A/B, einzelne Stellen bis B). Nun führt der Steig über groben Schutt zur Wegteilung, wo von rechts Tour 46 einmündet. Von dort geht es weiter Richtung Südwesten über den Rücken hinauf. In weitem Bogen steigt man durch Schuttfelder und zuletzt über einige Plattenfolgen und eine letzte Platte mit vielen Trittstiften und wenig Drahtseil (A/B) zum Gipfel.
Abstieg: Wie Aufstieg.

48 Klettersteig über den Dolgi hrbet auf die Skuta

11.00 Std.

Rassiger Steig in den Steiner Alpen

Die Skuta (slowenisch für »Topfen«) ist der dritthöchste Gipfel der Steiner Alpen. Er ragt aus den Karen als eleganter, heller Felsstock mit senkrecht abbrechenden Nord- und Südwänden auf. Der gesicherte Gratweg über den Dolgi hrbet bietet Einblicke in die gähnenden Felsschluchten der Nordwände. Optisches Highlight ist der faszinierende Überblick über die urweltliche Karstlandschaft der »Podi«, der »Böden« oder »Tennen«. Der Gipfel selbst bietet eine gute Übersicht über die gesamte Gruppe.

Ausgangspunkt: A) Talstation der Materialseilbahn im Ravenska Kočna, 1090 m; B) Parkplatz bei der Meierei Makekov Marof, 1050 m, Zufahrt südöstlich von Jezersko über die Weiler Mlinar und Makek.
Gehzeiten: Zur Tschechischen Hütte, je nach Ausgangspunkt, 1.30–2 Std., Tschechische Hütte – Einstieg 1 Std., Einstieg – Mlinarsko sedlo 1.30–2 Std., Mlinarsko sedlo – Dolgi hrbet – Gipfel 2–3 Std., Abstieg 3.30–4 Std.; gesamt ca. 11 Std.
Charakter: Alpiner Klettersteig. Der Abschnitt bis zum Mlinarsko sedlo ist kaum schwierig, aber durch Vorausgehende steinschlaggefährdet. Bis in den Sommer hinein liegen nordseitig noch oft steile und harte Firnfelder, daher sind Pickel oder Teleskopstöcke ratsam! Der Klettersteig über den Dolgi hrbet ist eine rassige Ferrata mit Auf und Ab ohne viel Höhengewinn, teilweise sehr ausgesetzt und zeitraubend, Sicherungen sind spärlich vorhanden.
Schwierigkeit: Zum Mlinarsko sedlo A und A/B und mehrere längere ungesicherte Passagen, über den Dolgi hrbet A/B bis C und UIAA I–II.
Höhenunterschied: Ca. 1700 Hm, davon Klettersteig ca. 700 Hm.
Höchster Punkt: Skuta, 2532 m.
Exposition: Nord, dann West-Ost-Gratüberschreitung.
Stützpunkte: Češka koča na Spodnjih Ravneh (Tschechische Hütte), 1542 m, Tel. +386 40 28 33 00, en.pzs.si/koce.php?pid=83; Bivak Pavla Kemperla, 2104 m, en.pzs.si/koce.php?pid=110, architektonisch sehenswert.
Tipp: Für eine Mehrtagestour kann man von der Skuta 500 Hm südöstlich absteigen (teils gesichert, bis B, und UIAA I) zum Plateau Mali podi und von dort auf die Rinke (Tour 49) oder Turska gora (Tour 50) weitergehen.
Hinweis: Karte siehe Tour 46.

Zustieg: Wie bei Tour 45.
Klettersteig: Von der Wegteilung im Ravni-Kar steigen wir wie bei Tour 47 nach links hinauf zum Mlinarsko sedlo (2334 m). Dort führt der Steig sofort ostwärts, nach links über Felsen (und oberhalb des Schotters) am Grat entlang zum ersten markanten Einschnitt, der als »Y« bereits vom Sattel aus gut sichtbar ist. Hier beginnt der eigentliche Klettersteig. Dieser führt zunächst nach links (A/B), steilt dann auf und geht über einen Riss weiter (teilweise ungesichert, eine Stelle UIAA II). Weiter oben zieht der Steig nach rechts (einige Trittstifte, B) und nach weiterer, kurzer Kletterei erreicht man ein Podest mit einigen großen Steinmännchen. Von diesem Podest aus gehen wir süd-

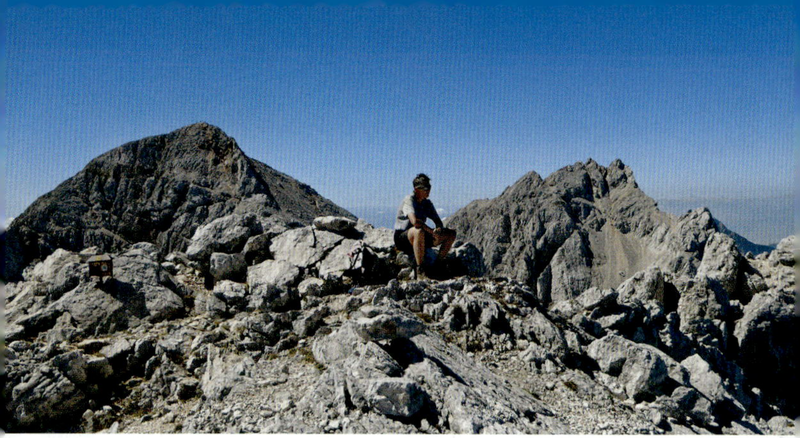

Am Gipfel des Dolgi hrbet, dahinter Grintovec (links) und die beiden Kočne (rechts).

seitig leicht abwärts um den Vorgipfel des Dolgi hrbet herum in einen Sattel, und von diesem unschwierig zum Gipfel hinauf (2473 m).
Von dort geht es teils recht luftig und ausgesetzt am Grat weiter und hinunter in eine Scharte (2 kurze Stellen A/B). Aus dieser steigen wir hinauf auf ein Köpfl (längerer Abschnitt A/B bis B) und drüben wieder eine Felsstufe hinunter (B/C). Anschließend geht man gesichert zuerst an einem Fenster vorbei und nähert sich nach einer längeren Querung (A) wieder dem Grat. Die spannende Wegführung setzt sich in stetigem Auf und Ab fort. Wir halten uns nun fast immer südlich knapp unterhalb des wildzerklüfteten Grates (wenige Stifte, meist UIAA I), bis wir schließlich zu einer sehr engen Scharte gelangen. An einer senkrechten, etwas abdrängenden und plattigen Wandstelle (C) steigen wir wieder hinauf in die Südflanke eines Gratturmes und erreichen wieder etwas leichteres Felsgelände (bis UIAA I, kaum Trittstifte). Bald erreicht man die Kreuzung, wo man auf den von unten heraufkommenden Normalweg zur Skuta trifft.
Auf der Felskuppe Štruca (2457 m, wenige Schritte vom Steig entfernt) steht man schließlich vor der Steinwüste der Skuta. An bezeichneter Stelle »voda« findet man oft Firnreste in einem der Felstöpfe. Ein bequemer Schuttpfad führt zunächst in den kleinen flachen Karkessel und von dort in wenigen Minuten zum schuttbedeckten Gipfelklotz der Skuta.
Abstieg: Vom Gipfel gehen wir auf dem Schuttsteig zurück zur Štruca. Hier leiten rote Markierungen in südlicher Richtung über gut gestuften Fels hinab. Vom Wandfuß gelangt man in westlicher Richtung, immer den Markierungen folgend und zuletzt leicht ansteigend, zum Mlinarsko sedlo zurück. Damit wird der Dolgi hrbet zeitsparend südlich umgangen. Der weitere Abstieg erfolgt entlang der Aufstiegsroute.

49 Teils gesicherter Steig auf die Rinke

9.00 Std.

Doppelgipfel inmitten der Steiner Alpen

Die Koroška Rinka und die Kranjska Rinka können über das wildromantische Kotschnatal direkt von Österreich aus bestiegen werden. Wegen seiner besonderen Flora und Fauna ist das Gebiet der Vellacher Kotschna Naturschutzgebiet. Kürzer und damit »mittel« wird die Tour von einer der Hütten aus. Damit lässt sich diese Tour ideal mit anderen in den Steiner Alpen kombinieren. Sie bietet einen guten Einblick in die recht kleinräumige Struktur der Steiner Alpen und der Gipfel eine grandiose Rundumsicht.

Ausgangspunkt: Parkplatz auf ca. 960 m vor dem Schranken in der Vellacher Kotschna.
Gehzeiten: Parkplatz – Seeländer Sattel 3–3.30 Std., Sattel – Einstieg 0.30 Std., Einstieg – Gipfel 1.30 Std., Abstieg 3–4 Std.; gesamt ca. 9 Std.
Charakter: Teils gesicherter Steig. Schön, aber nur an den absolut notwendigen Stellen mit Seil gesichert. Oft nur Trittstifte und geschlagene Stufen. Teils defekte Verankerungen.
Schwierigkeit: Zwei kurze Stellen C, sonst meist A und A/B, selten B. Viel Gehgelände und Kletterstellen bis UIAA I-II.
Höhenunterschied: Ca. 1500 Hm, davon ca. 300 Hm teils gesichert.
Höchster Punkt: Koroška Rinka, 2433 m, bzw. Kranjska Rinka, 2453 m.
Exposition: Nord und Nordwest.
Stützpunkte: Keine. Für Notfälle: Bivak pod Skuto na Malih podih, 2025 m. Alternativzustiege über: Kranjska koča na Ledinah (Krainerhütte), 1700 m, Tel. +386 31 309 600; Frischaufov dom na Okrešlju (Frischaufhütte), 1396 m, Tel. +386 41 380 177, en.pzs.si/koce.php?pid=91.
Tipp: Das Biwak ist allein schon wegen seiner Architektur sehenswert.
Hinweis: Aufgrund starker Unwetter 2022 und 2023 sind einige Wege noch immer gesperrt. Unbedingt vorab Info einholen!

Zustieg: Vom Parkplatz geht man noch ca. 20 Minuten der Forststraße entlang und zweigt dann bei einem Wegweiser nach links auf Weg 613 zum Sanntaler Sattel ab. Zuerst steil hinauf, dann unter den Felswänden nach

Der Einstieg wird vom Felsfenster bewacht.

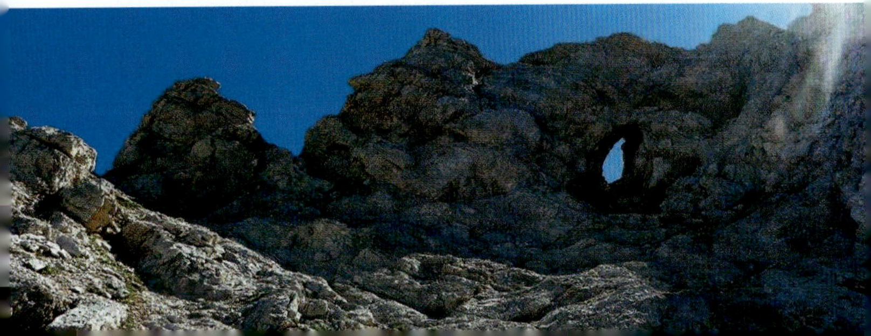

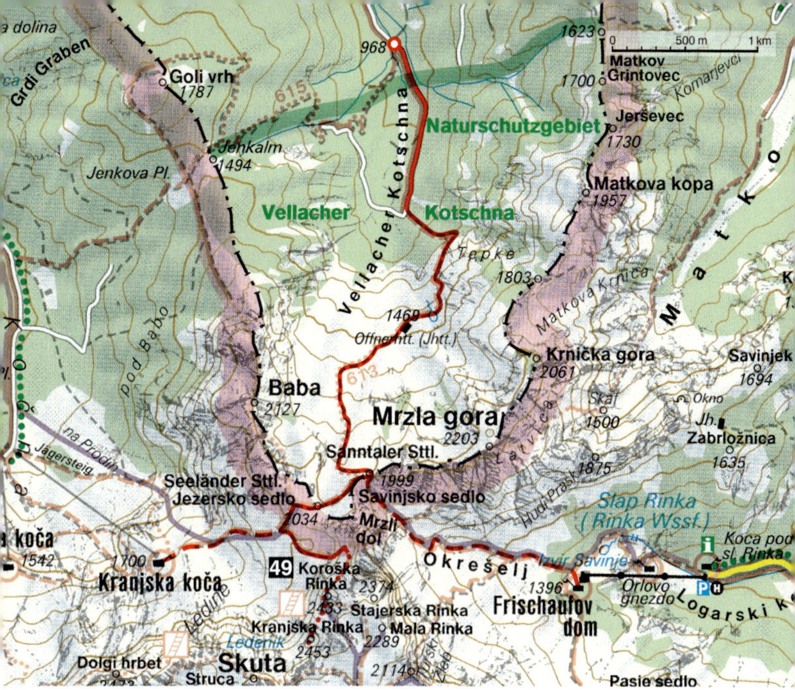

rechts querend (teils bis A/B) und weiter steil hinauf erreicht man die Offnerhütte (1469 m) mit nahegelegener Quelle. Wir steigen weiter über Kare und später über Schrofen zum Sanntaler Sattel (1999 m). Nach rechts erreicht man alsbald den Seeländer Sattel (2034 m) und damit slowenisches Staatsgebiet. Um eine Doline herum steigt man im Schutt nach Osten hinauf zu einem Felsfenster, unterhalb dessen sich der Einstieg befindet.

Steig: Knapp unterhalb des Fensters beginnen die Sicherungen (B). Der Steig führt bald an einem zweiten Fenster vorbei. Der weitere Aufstieg verläuft in direkter Linie in der Westflanke, meist knapp unterhalb des Grates, hauptsächlich durch Rinnen und Verschneidungen. Dabei sind nur wenige Stellen mit Drahtseilen versichert (bis C), oft findet man in den Fels geschlagene Stufen und Eisenstifte. Der Ausstieg ist direkt am Gipfel.

Wer als Draufgabe zur südwestlich gelegenen und 20 m höheren Kranjska Rinka möchte, kann dies in ca. 1.30 Std. und mit weiteren ca. 200 Hm bewerkstelligen (Hin + Retour). Der Steig leitet zunächst südlich eine rote Rinne hinab, quert dann unter den Felswänden westwärts und führt über ein Kar und Schrofen auf den Nachbargipfel (keine Sicherungen).

Abstieg: Wie Aufstieg.

50 Teils gesicherter Steig auf die Mrzla gora

8.00 Std.

Durch die warme Südflanke auf den kalten Berg

Die Mrzla gora (Kaltenberg) bildet einen großartigen Talabschluss im südlichsten Kärnten. Sie ist einer der wenigen Gipfel der Steiner Alpen, die auf der österreichisch-slowenischen Grenze liegen. Der Aufstieg ist äußerst rassig und verläuft in wilder Felsszenerie. Vom Gipfel bietet sich eine reizvolle Schau auf die meisten Gipfel der Steiner Alpen – sie stehen allesamt wie aufgefädelt im Süden.

Ausgangspunkt: Parkplatz auf ca. 1000 m im Talschluss des Logartals (Logarska dolina, mautpflichtig); Zufahrt von Eisenkappel über den Paulitschsattel, von Slowenien über Solčava taleinwärts.
Gehzeiten: Parkplatz – Frischaufhütte 1.30 Std., Frischaufhütte – Einstieg 1.30 Std., Einstieg – Gipfel 2 Std., Abstieg 3–3.30 Std.; gesamt ca. 8 Std.
Charakter: Teils gesicherter Steig. Äußerst sparsam gesichert und gleichzeitig teils sehr ausgesetzt. Seil zur Partnersicherung wird eindringlich empfohlen!
Schwierigkeit: Wo Sicherungen vorhanden sind, bis B; Kletterstellen öfter und länger bis UIAA II.
Höhenunterschied: Ca. 1200 Hm, davon ca. 400 Hm teils gesichert.
Höchster Punkt: Mrzla gora (Kaltenberg), 2203 m.
Exposition: Südwest.
Stützpunkte: Frischaufov dom na Okrešlju (Frischaufhütte), 1396 m, Tel. +386 41 380 177, en.pzs.si/koce.php?pid=91.

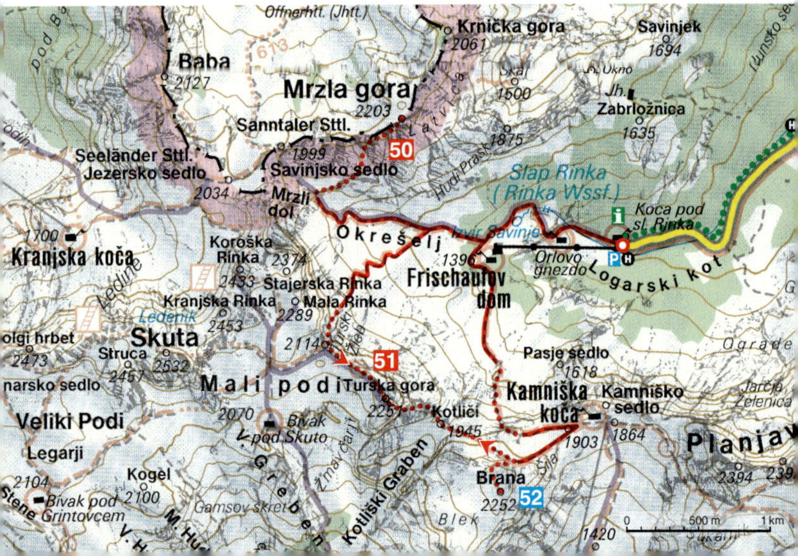

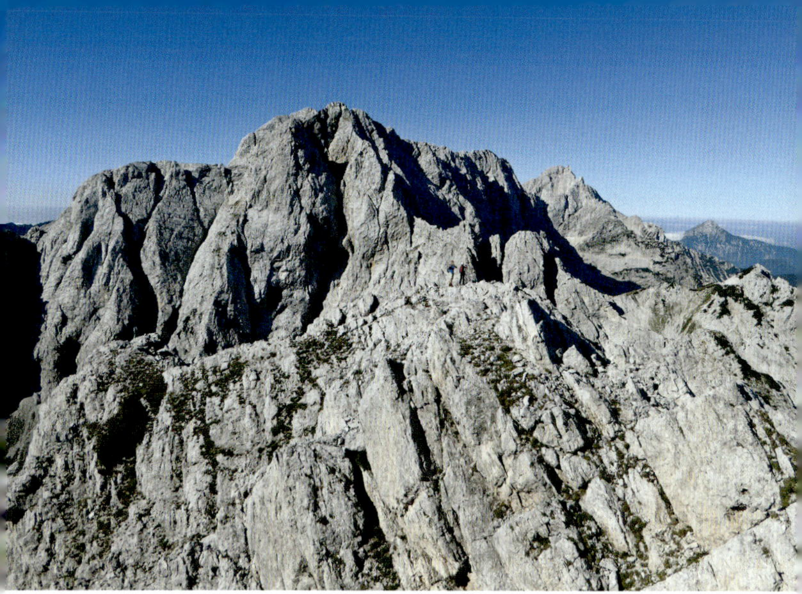

Am Gipfel: Blick zu Rinke und Skuta.

Zustieg: Vom Parkplatz steigt man vorbei am Rinka-Wasserfall (Slap Rinka) und auf dem südseitig gelegenen Weg zur neu errichteten Frischaufhütte auf. Dabei quert man den Bach oberhalb des Wasserfalls und kommt an der Savinja-Quelle (Izvir Savinje) vorbei. Durch das Okrešelj-Hochtal gehen wir zunächst links vom Bachbett weiter. Bald gelangen wir in das Hochkar (Mrzli dol), queren dort das Bachbett und steigen dann rechts über einen Grasrücken bis zur Weggabelung auf ca. 1800 m auf.
Steig: Von der Weggabelung erreicht man steil und in Serpentinen nach rechts hinauf eine grüne Terrasse, von der aus man auf ausgeprägten Steigspuren zum Wandfuß hinüber quert. Nun steigt man durch die zerklüftete Wand, die gute Sicherungsmöglichkeiten (Stifte und Seil) bietet, in stetem Auf und Ab, erst südseitig vom Grat, dann auf die Nordseite wechselnd in einer Verschneidung hinauf. Ab hier führt der Steig ungesichert, aber ausreichend markiert weiter durch die stark gegliederte Wand. Der Fels bietet aufgrund seiner Kompaktheit und Gliederung aber ausreichend Griffe und Tritte. Nach einem etwas überraschenden Rechtsschwenk gelangt man schließlich auf den Grat und folgt diesem ungesichert und teils sehr ausgesetzt bis zum kurzen Abstieg in die Stephansscharte. Anschließend führt der Steig wieder zurück auf den Grat und auf diesem weiter zum Gipfel.
Abstieg: Wie Aufstieg. Im Abstieg sind die Markierungen besser erkennbar.

51 Klettersteig auf die Turska gora

8.00 Std.

Durch die »Dachrinne« Turski žleb

Diese Tour bietet eine interessante Fauna und Flora. Viele Wildziegen, Steinböcke und Gämsen tummeln sich oft entlang des Steiges in dieser bizarren und recht menschenleeren Gegend.

Ausgangspunkt: Parkplatz auf ca. 1000 m im Talschluss des Logartals (Logarska dolina, mautpflichtig); Zufahrt von Eisenkappel über den Paulitschsattel, von Slowenien über Solčava taleinwärts.
Gehzeiten: Parkplatz – Frischaufhütte 1.30 Std., Frischaufhütte – Einstieg 2 Std., Einstieg – Gipfel 1.30–2 Std., Abstieg 2.30–3.30 Std.; gesamt ca. 8 Std.
Charakter: Alpiner Klettersteig. Ausreichend gesicherter, aber teilweise ausgesetzter Anstieg durch die nordseitige Schlucht. Aufgrund der Lage des Klettersteiges sind die Seile sehr oft ausgerissen oder beschädigt – unbedingt vorher Auskunft bei der Hütte einholen!
Schwierigkeit: Meist A bis B, am Anfang wenige Stellen B/C, öfter UIAA I.
Höhenunterschied: Ca. 1400 Hm, davon Klettersteig ca. 500 Hm.
Höchster Punkt: Turska gora (Türkenberg), 2251 m.
Exposition: Nord.
Stützpunkte: Frischaufov dom na Okrešlju (Frischaufhütte), 1396 m, Tel. +386 41 380 177, en.pzs.si/koce.php?pid=91, Bivak pod Skuto na Malih podih, 2025 m, en.pzs.si/koce.php?pid=108, beide architektonisch sehenswert.
Hinweis: Karte siehe Tour 50.

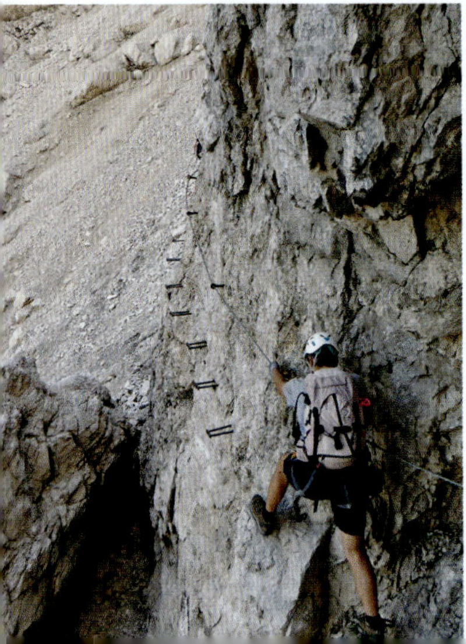

Zustieg: Wie bei Tour 52 zur Frischaufhütte. Von dort gehen wir im Okrešelj-Hochtal nach Westen, bis zu einer Abzweigung mit dem Hinweis »Turski žleb«, bei der wir uns nach Süden wenden. Über lange, teils grasbewachsene Schotterhalden steigt man in engem, steilem Zickzack hinauf zum Einstieg am unteren Ende der Turski žleb (»Dachrinne«). Durch diese sehr steinschlaggefährdete und meist mit Firn gefüllte Schluchtrinne kann man ohne Klettersteig den Türkensattel (2114 m) erreichen.
Klettersteig: Wir aber steigen

Die hier typischen Querungen mit den vielen Trittstiften.

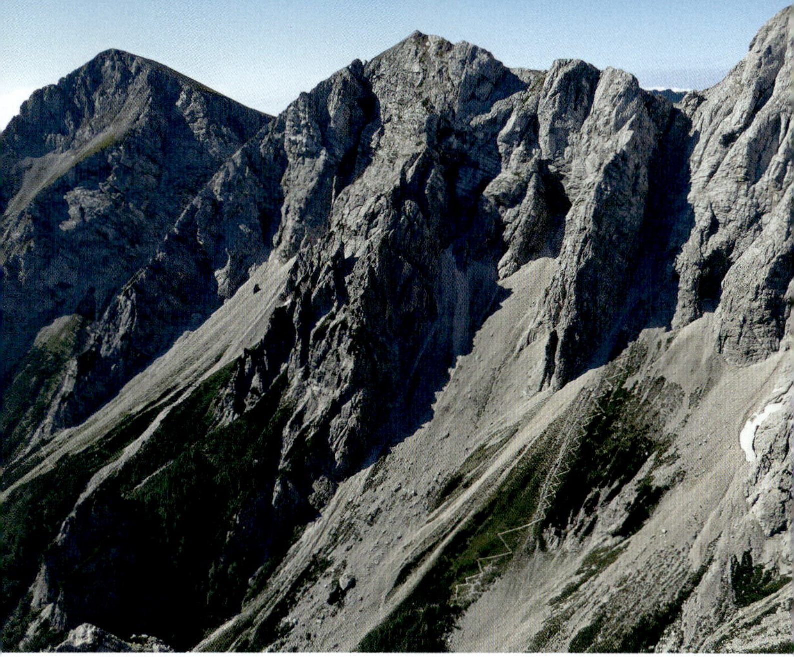

Brana (links) und Turska gora (Mitte). Deutlich zu sehen ist der steile Aufstieg im Zickzack zur »Dachrinne«.

rechts von der Rinne über den ausgesetzten, jedoch nicht sehr hoch über dem Schluchtgrund verlaufenden Klettersteig hinauf. Zuerst bewältigt man eine leiterähnliche Steilstufe mithilfe vieler Klammern (ca. 10 m B/C). Dann führt der Steig unter einem Überhang schräg nach links oben (ebenfalls B/C). Nun gelangen wir auf einem Band (A und teils ungesichert) zur ersten Querung mit vielen Trittstiften (B), ca. 5 m oberhalb des Schluchtgrundes. Um ein Felsköpfl (A/B) herum geht es dann gleich zur nächsten Querung (B). Anschließend gehen wir im Zickzack hinauf auf eine Rampe (ungesichert und A bis A/B), wo wir Gehgelände erreichen. Es folgt eine Querung nach links in den oberen Teil der Schluchtrinne. Ab hier steigt man mühsam in felsdurchsetztem und teilweise losem Geröll sehr steil hinauf. Der obere Rand der Rinne ist begrenzt durch eine Felsstufe auf der östlichen Seite, wo man über ein ungesichertes, aber unschwieriges Band den Türkensattel erreicht. Von dort geht man unschwierig nach Osten und in ca. 30 Minuten zum Gipfel.

Abstieg: Wie Aufstieg. Oder als Rundtour in Verbindung mit Tour 52.

52 Über die Brana auf die Turska gora

10.00 Std.

Ein leichter, aber abwechslungsreicher Anstieg in den Steiner Alpen

Sowohl Brana als auch Turska gora liegen nahe am Steiner Sattel, eingebettet zwischen der Planjava im Osten und den hohen Zentralbergen Skuta und Grintovec im Westen. Diese Tour bietet eine großartige, teilweise exponierte Wanderung oberhalb des Landschaftsparks Logarska Dolina mit herrlichen Rundblicken.

Ausgangspunkt: Parkplatz auf ca. 1000 m im Talschluss des Logartals (Logarska dolina, mautpflichtig); Zufahrt von Eisenkappel über den Paulitschsattel, von Slowenien über Solčava taleinwärts.
Gehzeiten: Parkplatz – Frischaufhütte 1.30 Std., Frischaufhütte – Steiner Hütte 1.30–2 Std., Steiner Hütte – Gipfel 2–2.30 Std., Abstecher auf die Brana + 1 Std., Abstieg 3.30–4.30 Std.; gesamt ca. 10 Std.
Charakter: Teils gesicherter Steig. Gut gesicherter, teils ausgesetzter, jedoch leichter Anstieg zur Steiner Hütte. Danach spärlich gesichert und oft ausgesetzt. Evtl. Übernachtung in einer der Hütten.
Schwierigkeit: Zum Steiner Sattel meist A, Stellen A/B. Zum Gipfel oft A/B, wenige Stellen B, mehrere ungesicherte Stellen bis UIAA I-II.
Höhenunterschied: Ca. 1500 Hm, davon teils gesichert zum Steiner Sattel ca. 200 Hm, zum Gipfel nochmals ca. 400 Hm. Abstecher auf die Brana + 200 Hm.
Höchster Punkt: Brana, 2252 m.
Exposition: Nord, dann Ost.
Stützpunkte: Frischaufov dom na Okrešlju (Frischaufhütte), 1396 m, Tel. +386 41 380 177, en.pzs.si/koce.php?pid=91; Kamniška koča na Kamniškem sedlu (Steiner Hütte), 1864 m, Tel. +386 8 16 14 989, en.pzs.si/koce.php?pid=86.
Hinweis: Karte siehe Tour 50.

Zustieg: Vom Parkplatz steigt man vorbei am Rinka-Wasserfall (Slap Rinka) und auf dem südseitig gelegenen Weg zur neu errichteten Frischaufhütte auf. Dabei kommt man am Bach oberhalb des Wasserfalles und an der Savinja-Quelle (Izvir Savinje) vorbei. Bei der Frischaufhütte am Beginn des Okrešelj-Hochtales wenden wir uns nach Süden und steigen zunächst durch Wald und Latschen über einen schön angelegten Steig unter die Nordabbrüche der Brana hinauf. Eine Geröllflanke wird nach links gequert, ehe man unter einem Felsgrat weiter in eine steile, grasbewachsene Flanke steigt. Durch diese gehen wir dann in vielen engen Windungen hinauf zum Einstieg.
Steig: Der ausgesetzte Weg führt vom Wandfuß gut gesichert und über in den Fels geschlagene Stufen nach links hinauf (bis A/B). Eine Schluchtrinne wird gequert. Über weitere Stufen und eine steile Rampe gelangt man an das obere Ende der Steilstufe. Nun quert man etwas ausgesetzt über Geröll und Fels zum Steiner Sattel (Kamniško sedlo). Eine Rast bei der nahe gelegenen Steiner Hütte bietet sich an.
Direkt am Sattel zweigt der Steig nach rechts ab (Richtung Turska glava).

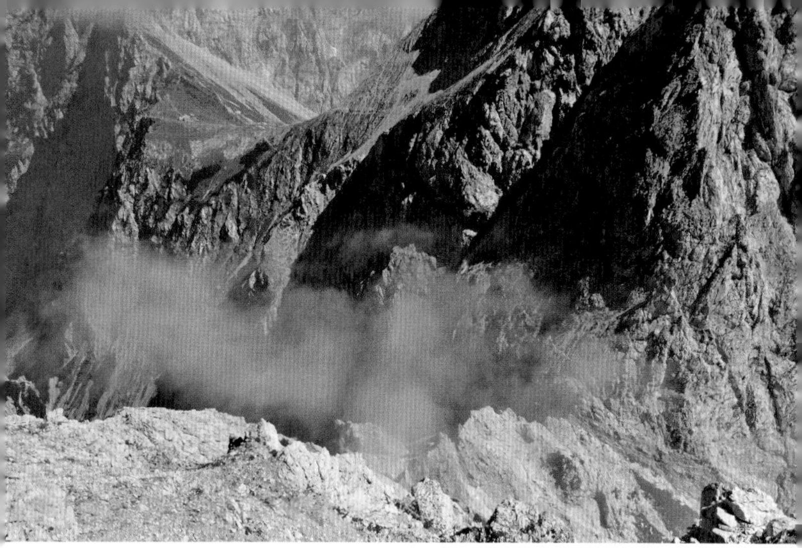

Blick über den Ostgrat der Turska gora hinunter zur Kotliči-Scharte.

Man geht ein Stück über die Felsen und Geröllhalden zurück, die man auf dem Weg zur Steiner Hütte gequert hat. Dabei ist es wichtig, den markierten, aber weniger gut sichtbaren, oberen Weg ganz am Felsfuß zu nehmen. Den unteren nimmt man im Abstieg, nachdem man sich an der Abfahrt im Geröll erfreut hat.

Der Abstecher auf die Brana beginnt am Ende des Geröllfeldes und führt über Schrofen und kleinere Felsstufen am Nordwestrücken hinauf. Ab und zu findet man ein Seil (A), öfters jedoch leichtes Klettergelände (UIAA I). Allmählich verflacht sich der Rücken und man wandert in wenigen Minuten zum Gipfel. Abstieg wie Aufstieg.

Der Weiterweg führt zunächst flach nach Westen und dann überraschend entlang einer steilen Rampe gut 50 Hm nach unten (A und A/B) und quert eine Schuttrinne. In den steilen Flanken unter den Nordabbrüchen der Brana steigt man recht ausgesetzt fast waagrecht hinüber zur Kotliči-Scharte. Die Felsformationen in der Scharte umgehen wir großräumig im Süden (einige Stellen bis A/B) und machen dabei noch ein paar Extra-Höhenmeter. Den Ostrücken der Turska gora hinauf ist vorwiegend Gehgelände, gespickt mit einzelnen Klammern und Seilstücken (A, teils UIAA I). So erreicht man einen senkrechten Tunnel, der durchstiegen wird (B). Bald erreichen wir eine Einkerbung im nun gratähnlichen Rücken, die wir südlich umgehen (bis B). In wenigen Serpentinen gelangt man dann zum Gipfel.

Abstieg: Wie Aufstieg.

53 Kopinšek-Steig auf die Ojstrica

9.00 Std.

Über den Ostgrat auf den östlichsten Hochgipfel der Steiner Alpen

Die Ojstrica ist der östlichste der hohen und markanten Gipfel in den Steiner Alpen. Auch auf diesen prächtigen Berg leitet ein luftiger Steig, der einen faszinierenden Überblick über die gesamte Gruppe vermittelt.

Ausgangspunkt: Planincev-Hütte im Logartal (Logarska dolina, mautpflichtig), Parkplatz bei der Brücke; Zufahrt von Eisenkappel über den Paulitschsattel, von Slowenien über Solčava taleinwärts.
Gehzeiten: Brücke – Klemenshütte 1–1.30 Std., Klemenshütte – Einstieg 2 Std., Einstieg Kopinšek-Steig – Gipfel 2 Std., Abstieg 3–4 Std.; gesamt ca. 9 Std.
Charakter: Teils gesicherter Steig. Trittsicherheit, Schwindelfreiheit und Ausdauer sind erforderlich. Teils ausgesetzt und sehr luftig.
Schwierigkeit: A/B bis B/C und mehrere ungesicherte Passagen.
Höhenunterschied: Ca. 1550 Hm, davon ca. 500 Hm teils gesichert.
Höchster Punkt: Ojstrica, 2350 m.
Exposition: Ost.
Stützpunkte: Dom planincev v Logarski dolini (Planincev-Hütte), 837 m, Tel. +386 31 366 842, en.pzs.si/koce.php?pid=92; Koča na Klemenči jami pod Ojstrico (Klemenshütte), 1208 m, Tel. +386 41 276 254, en.pzs.si/koce.php?pid=93; Kocbekov dom na Korošici (Kocbek-Haus), 1808 m, Tel. +386 31 743 030, en.pzs.si/koce.php?pid=90.
Hinweis: Variante oder ggf. Notabstieg (ca. 1 Std.) auf dem Normalweg nach Süden hinab zum Kocbek-Haus.

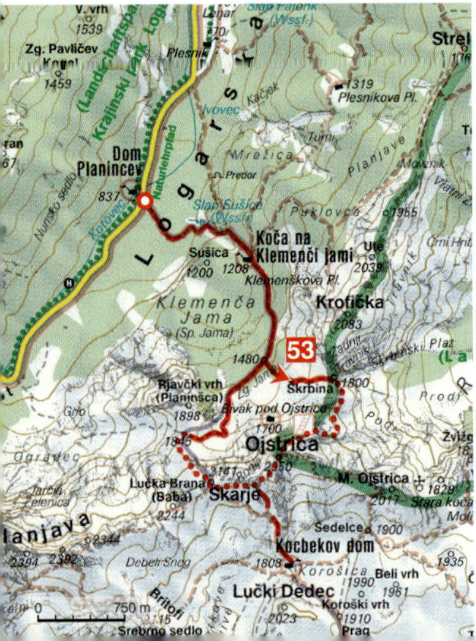

Zustieg: Am Parkplatz folgen wir den Wegweisern nach Südosten zur Klemenshütte. Dabei geht man zunächst fast eben durch den Wald bis zur Talstation der Materialseilbahn, dann steil und etwas mühsam in vielen Kehren durch Mischwald hinauf zur Hütte. Nun folgen wir vorerst der Hinweistafel »Škarje« (= Schere) durch Buchenwald aufwärts zu einem turmartigen Felsaufbau und gehen an dessen Fuß nach rechts an einer Wandflucht entlang. Steil bergauf steigt man bis zur Wegteilung im Hochkar und geht dann links. Über eine bewaldete Flanke und weiter oben über Blöcke und einen Grassteig wird die Škrbina (= Scharte, 1800 m) erreicht.

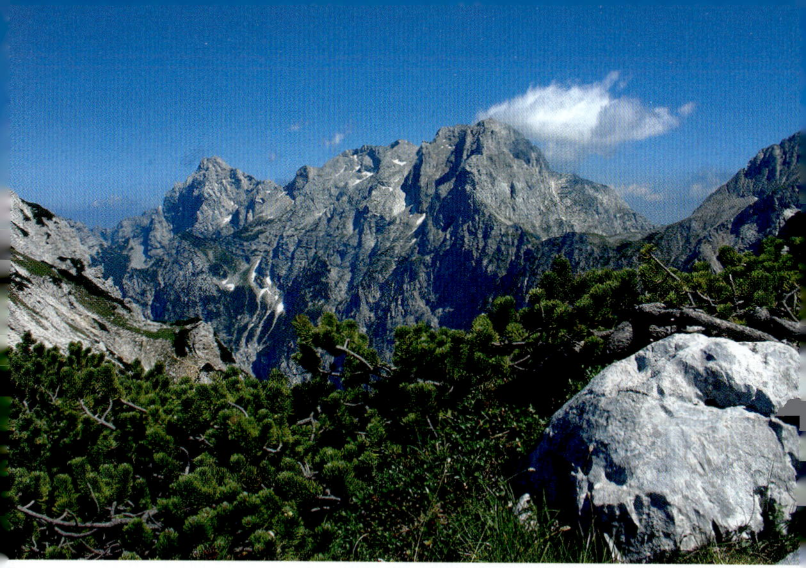

Blick vom Sanntaler Sattel zur Ojstrica (links) und zur Planjava (rechts).

Steig: Jetzt leiten die ersten Sicherungen über eine Felskanzel auf die Ostseite, dann folgt sofort wieder Gehgelände. Über Schrofen, Stufen und Platten (Drahtseile, Eisenstifte) steigen wir weiter hinauf. Durch einen gesicherten Riss, gefolgt von einer stufigen Rampe gelangt man in eine Scharte, auf die leichterer Fels folgt. Man überwindet eine luftige Passage mit blauem Gestein. Drahtseile leiten über Schrofen und Grasbänder die steile Ostflanke hinauf. Nach einigem Auf und Ab, und zuletzt über eine Querung einer Schlucht erreicht man den luftigen Grat und gelangt zu einem Kamin (schwierigste Stelle, sehr ausgesetzt). Über Schrofen quert der Steig nahezu waagrecht nördlich unterhalb des Gipfels die gesamte Nordflanke. So gelangen wir in die Westpartien und von dort in wenigen Minuten zum Gipfel.
Abstieg: Auf dem Normalweg steigt man zunächst südwestwärts hinunter. Bei der Wegteilung folgt man dem Hinweis »Škarje« nach rechts. Nach wenigen Metern geht es sehr steil und ausgesetzt (Eisenstifte) abwärts und durch steile Felsflanken, Absätze und Rinnen in ein Kar. Hier mündet auch ein vom Kocbek-Haus (Kocbekov dom) heraufführender Steig ein. Es folgt ein kurzer, steiler Gegenanstieg zur Škarje-Scharte (2141 m). Nun führt der Weg steil über Schrofen und Blockwerk nach Norden hinab und dann über Schutt in die Latschenzone. Hier findet sich nochmals eine Wegteilung, an der wir den rechten Weg zur Klemenshütte nehmen und weiter zum Ausgangspunkt absteigen.

54 Teils gesicherter Steig auf den Kordeschkopf

5.00 Std.

Felsvergnügen mit Seilbahnunterstützung

Der Kordeschkopf ist die höchste Erhebung der Petzen, eines Gebirgsstockes, der der Karawankenkette weit nach Nordosten vorgelagert ist und die letzte, mächtige Felsformation der Ostkarawanken darstellt. Die Petzen ist durchzogen von zahlreichen Karen und Mulden. Und von den Gipfeln hat man wegen ihrer alleinstehenden Lage einen grandiosen Rundblick.

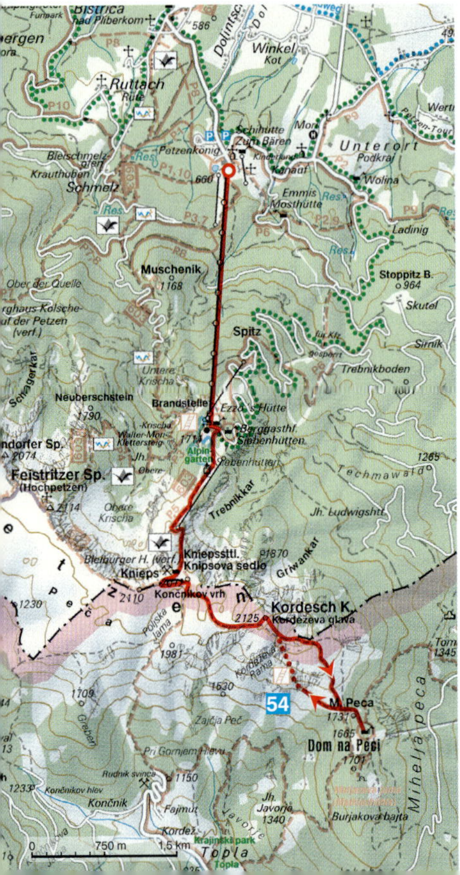

Ausgangspunkt: Bergstation der Petzen-Kabinenbahn, Parkplatz bei der Talstation. Betriebszeiten und Preise der Bahn: petzen.net.

Gehzeiten: Bergstation – Kniepssattel – Gipfel 1.30–2 Std., Abstieg zum Petzenhaus 1 Std.; Petzenhaus – Einstieg 0.30 Std., Einstieg Klettersteig – Gipfel 1–1.30 Std., Abstieg vom Gipfel zur Bergstation 1 Std.; gesamt ca. 5 Std.

Charakter: Teils gesicherter Steig. Für Bergerfahrene unschwierig. Trittsicherheit ist dennoch erforderlich. Vorsicht bei Nebel, auf den Grashängen und in den Mulden ist die Orientierung schwierig.

Schwierigkeit: Durchwegs A und A/B.

Höhenunterschied: Ungefähr 900 Hm, davon ca. 300 Hm teils gesichert.

Höchster Punkt: Kordeschkopf (Peca, Kordeževa glava), 2125 m.

Exposition: Süd.

Stützpunkte: Panoramarestaurant »oben«, 1708 m, Tel. +43 664 154 9370, panoramarestaurant-oben.at/de; Dom na Peci (Petzenhaus), 1665 m, Tel. +386 40 215 584, en.pzs.si/koce.php?pid=71.

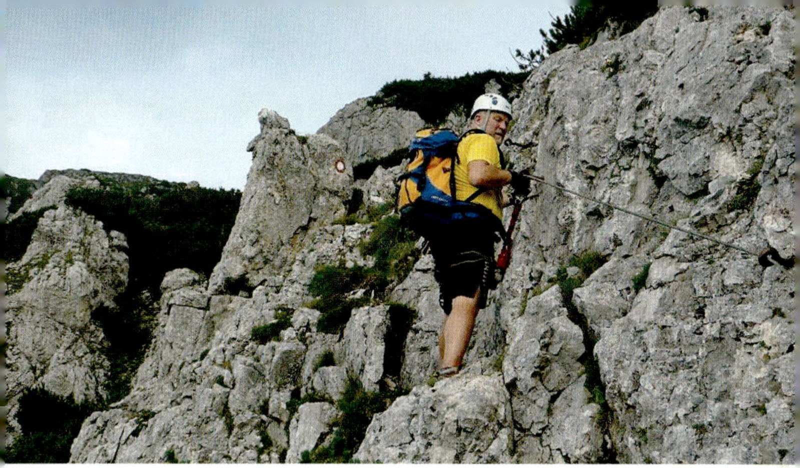

Typischer Verlauf des Steiges.

Zustieg: Von der Bergstation folgt man dem beschilderten und markierten Weg zum Kniepssattel, 2012 m. Über diesen gehen wir dann leicht abwärts nach links auf eine Hochalm, um im leichten Gegenanstieg über Grasmatten den Zwischengipfel zu erreichen. Über einen weiten, mit Gras und Latschen bewachsenen Sattel gelangt man schließlich auf den Kordeschkopf. Vom Gipfel folgt man dem markierten Steig über Grasstufen und Schrofen abwärts und gelangt nach etwa einer Stunde zum Petzenhaus. Eilige wenden sich bereits kurz vor dem Petzenhaus, beim Sattel (am Beginn der freien Stelle) nach rechts, dort ist die Abzweigung zum Klettersteig (»Zelo Zahtevna Pot« = sehr schwieriger Weg). Die anderen gehen zum Petzenhaus und von dort gut gestärkt ein Stück zurück bis zur genannten Abzweigung. Oder man macht noch einen kleinen Umweg zu der etwas südlich gelegenen Höhle »Votlina Kralja Matjaža«. Der Wegweiser bei der Abzweigung zum Klettersteig gibt auch an, dass es in beide Richtungen auf den Gipfel (»Vrh Pece«) geht, und zwar schneller über den gesicherten Steig, was wohl nur für sehr versierte Berggeher gilt.
Steig: Dem Wegweiser folgen wir nach Westen durch dichte Latschen und Geröll in eine Schlucht zu den ersten Seilen. Über Stifte und gute Tritte steigt man etwa 50 m hinauf und erreicht links eine Kanzel. Über Bänder und Rinnen geht es meist gesichert weiter und man klettert über festeren Fels etwas steiler hinauf. Wir steigen weiter zunächst über Schrofen, dann auf einem Steig durch Latschen, bis wir den Gipfelaufbau sehen. Über einen Almboden kommt man auf den zuvor begangenen Abstiegsweg, auf dem man der Markierung folgend erneut den Gipfel erreicht.
Abstieg: Über den Weg, auf dem wir zum ersten Mal zum Gipfel gelangt sind.

55 Walter-Mory-Klettersteig

2.30 Std.

Zuerst hinunter und dann hinauf

Der Walter-Mory-Klettersteig ist ein Mittelding zwischen reinem Sportklettersteig und alpinem Klettersteig und sollte daher keinesfalls unterschätzt werden. Er endet auf der Brandstelle, einer Felswand nahe der Bergstation der Petzen-Kabinenbahn. Um zum Einstieg zu gelangen, muss man zuerst von der Bergstation absteigen.

Ausgangspunkt: Bergstation der Petzen-Kabinenbahn, Parkplatz bei der Talstation. Betriebszeiten und Preise der Bahn: petzen.net.
Gehzeiten: Bergstation – Abzweig Untere Krischa 1–1.30 Std., Klettersteig 1 Std., gesamt ca. 2.30 Std.
Charakter: Alpiner Klettersteig. Relativ kurzer, aber rassiger und im oberen Teil luftiger Klettersteig nahe der Seilbahn. Die Schlüsselstelle ist nahe am Ausstieg!
Schwierigkeit: Meist A bis C, oft B, kurze Stelle C/D.
Höhenunterschied: Ca. 250 Hm.
Höchster Punkt: Bergstation der Petzen-Kabinenbahn, 1711 m.
Exposition: Nordwest.
Stützpunkt: Panoramarestaurant »oben«, 1708 m, Tel. +43 664 154 9370, panoramarestaurant-oben.at/de.
Tipp: Kann gut mit Tour 54 kombiniert werden.

Schöner Tiefblick zum Einstieg.

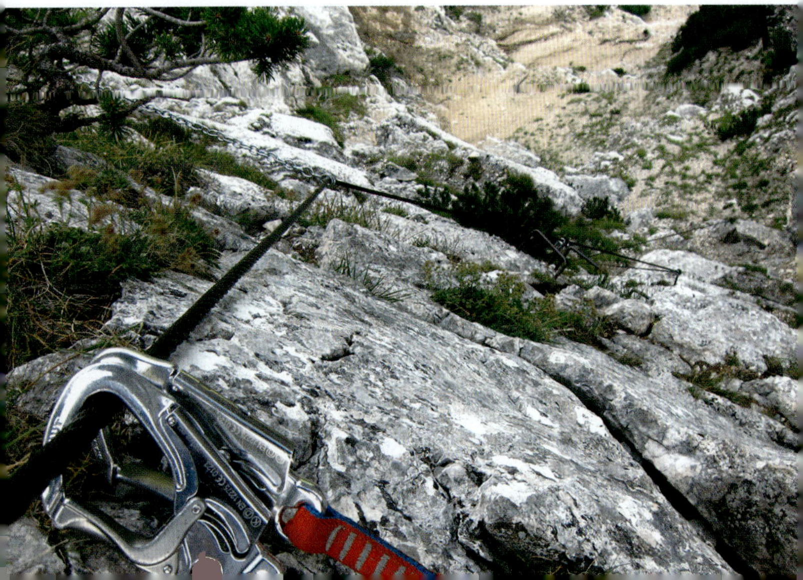

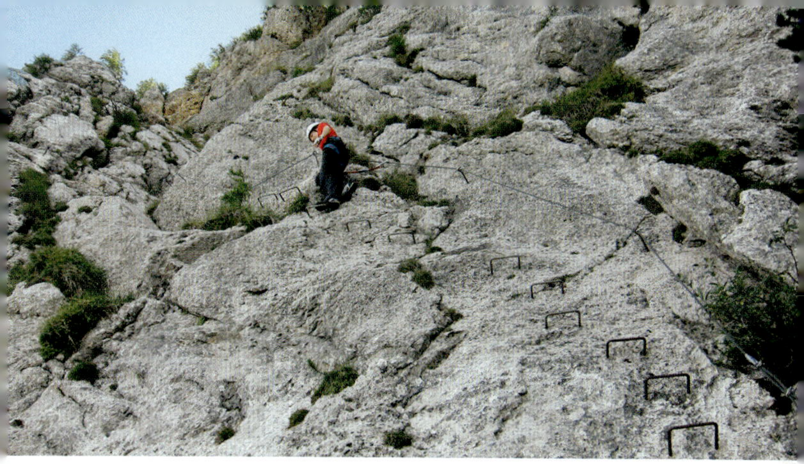

Auf dem Weg zum Ausstieg.

Zustieg: An der Bergstation folgt man den Wegweisern zur Krischahütte bzw. zum Klettersteig. Der Weg führt an einem Speichersee vorbei durch Lärchenwald hinunter in das Krischakar und vorbei an der idyllischen Krischahütte (unbewirtschaftete Jagdhütte). Wir steigen weiter hinab bis zu einer Wegkehre, an der der Zustieg zum Klettersteig abzweigt.

Klettersteig: Von der Abzweigung steigt man zunächst steil über Geröll und in engen Kehren zum Wandfuß hinauf. Über eine Rampe und eine mit reichlich Klammern versehene Steilstufe (B) erreichen wir ein Band, das zu einem Geröllfeld leitet (A und A/B). Nun führt der Steig über Felsstufen und Rinnen (B bis C) weiter hinauf und wir erreichen bald quer über Geröll (A) das Steigbuch. Von diesem steigt man über Bänder (B) zum Pfeiler, den man mithilfe von anfangs zahlreichen, weiter oben dann wenigen Klammern (B bis C, Schlüsselstelle kurz C/D) ersteigt. Etwas unverhofft steht man am Ausstieg auf der Brandstelle nahe der Bergstation, einer tollen Aussichtskanzel ins Petzenland.

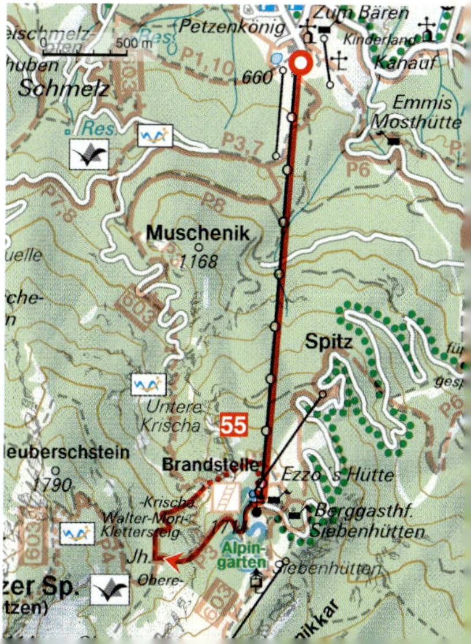

56 Zu den Felsentoren der Uschowa

4.30 Std.

Die Felsentore, ein Naturwunder!

Im hinteren Remschenig-Graben, am Nordhang der Uschowa, befindet sich eines der schönsten und interessantesten Naturdenkmäler Kärntens: die »Felsentore der Uschowa«, drei große natürliche Durchbrüche in einer relativ schmalen Felsschneide.

Ausgangspunkt: 2 km südlich von Eisenkappel, in Vellach, zweigt von der Seebergbundesstraße ein Sträßchen nach links in den Remschenig-Graben ab. Diesem folgt man bis zum kleinen Parkplatz beim Wegkreuz oder parkt knapp dahinter auf der Schotterstraße (auf ca. 850 m, Hinweistafel zu den Felsentoren).

Gehzeiten: Parkplatz – erstes Felsentor 2 Std., weiter zum zweiten und dritten (Großen) Felsentor 0.30 Std., Abstieg vom Großen Tor 2 Std.; gesamt ca. 4.30 Std.

Charakter: Teils gesicherter Steig. Netter Halbtagsausflug, der auch früh und spät im Jahr machbar ist. Der steile Abstieg von den Toren erfordert jedoch besondere Vorsicht (Rutschgefahr)!

Schwierigkeit: Kurz A, sonst Gehgelände.

Höhenunterschied: Ca. 700 Hm.

Höchster Punkt: Drittes (Großes) Felsentor, 1508 m.

Exposition: Zustieg Nord, Klettersteig Süd.

Tipp: Ein Abstecher zur Höhle Potočka Zijalka ist lohnenswert, wenn man schon mal in der Gegend ist. Bei der Abzweigung im Abstieg geht man nach links zur Grenze und dort nochmals auf bezeichnetem Steig nach links.

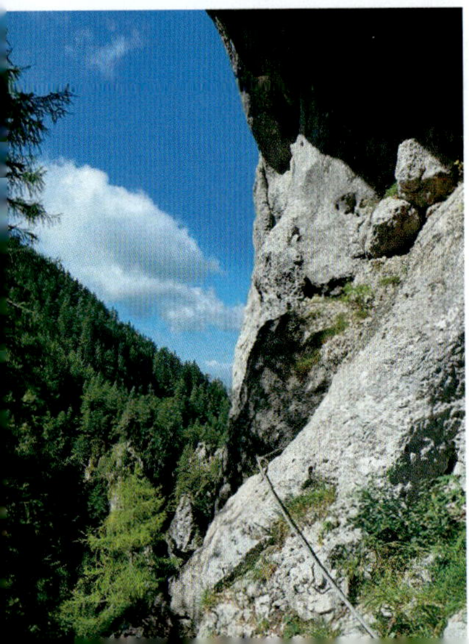

Zustieg: Vom Parkplatz folgt man dem Hinweis »Felsentore«, geht nach der Bez. 652 anfangs auf schlechtem Steig am Remschenig-Bach entlang bergan und gelangt nach etwa 20 Min. (hier stand einst die Lipuschmühle) zur Tafel »KGW« (Kärntner Grenzweg). Wir überschreiten nun den Bach. Man folgt den Markierungen 652 und geht somit zuerst steil bergan, dann fast eben südwestwärts unterhalb der Felsen weiter. Nach ca. 2 km biegt der Steig auf die Südseite der Felsschneide und man kommt bald zu einer Hinweistafel. Steigspuren führen steil nach links hinauf.

Der kurze Klettersteig knapp unterhalb des ersten Felsentors.

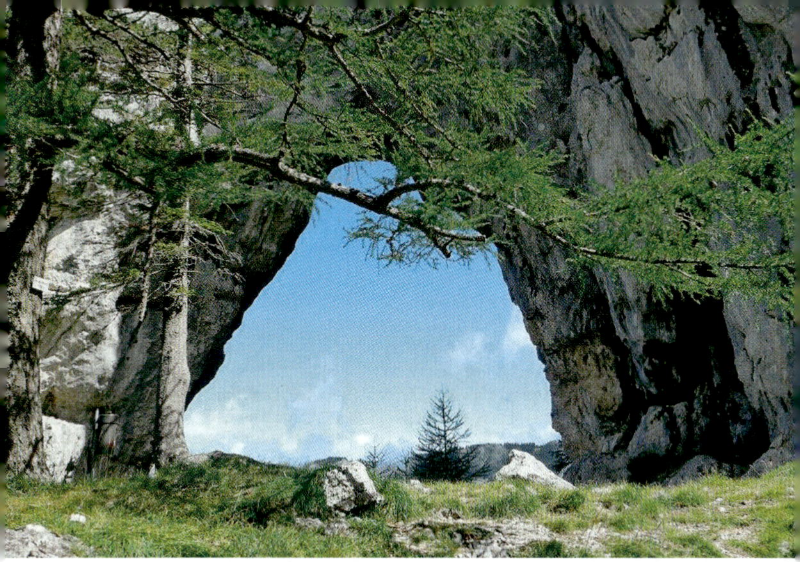

Herrlicher Blick durch das dritte Felsentor.

Steig: An der Tafel verlassen wir den Steig und folgen den aufwärts führenden Steigspuren. Eine Steilstufe wird überwunden und man gelangt so zum unteren Tor (1410 m). Man erklimmt es mithilfe von Eisenstiften und Drahtseilen (A) und durchschreitet es, um dann schräg links aufwärts zum zweiten Tor zu gelangen. Nach etwa 20 Min. erreicht man das dritte, das Große Tor. Dabei führt der Steig über das erste Tor (kurz A). Dieses einmalige Naturwunder, das einer grandiosen Felsaula gleicht, befindet sich in 1508 m Höhe (Kassette mit Wegbuch). Vom zweiten und dritten Tor aus genießt man zudem herrliche Ausblicke nach Norden.

Abstieg: Vom Großen Tor steigen wir auf einem markierten Steig in südöstliche Richtung ab. Dieser Steig ist teilweise mit Drahtseilen gesichert. An der Wegkreuzung (Kärntner Grenzweg) biegen wir nach rechts hinunter ab, gelangen bald zum Einstieg und gehen über den Zustiegsweg zum Ausgangspunkt zurück.

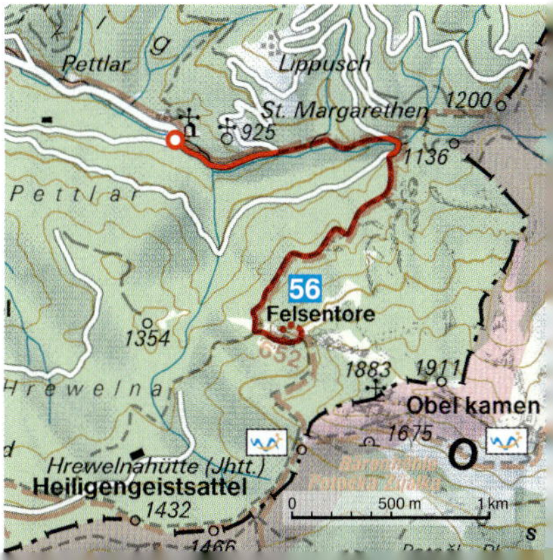

TOP 57 Klettersteig auf den Türkenkopf

3.00 Std.

Kraftraubende Route über der Vellach

Dieser Sportklettersteig, der direkt von der Vellach über mehrere der Trobewände führt, ist ganz im modernen Stil angelegt und bietet versierten Klettersteiggehern ein prickelndes Erlebnis. Es kommen nahezu alle Schwierigkeitsgrade in einem guten Mix vor. Der Steig wurde im Rahmen des Projekts »karawanken@zukunft.eu« im EU-Programm »Österreich – Slowenien 2007–2013« von der Alpinschule x-nature in Eisenkappel errichtet.

Ausgangspunkt: Parkplatz bei der alten Tischlerei kurz vor (nördlich von) Eisenkappel, rechts der Vellach, 530 m.
Gehzeiten: Parkplatz – Einstieg 5 Min., Einstieg – Türkenkopf 2–2.30 Std., Abstieg zum Ende des Klettersteiges 0.30 Std., weiterer Abstieg zum Parkplatz 0.30 Std.; gesamt ca. 3 Std.
Charakter: Sportklettersteig. Sehr kraftraubend, mit langen, luftigen und schwierigen Passagen. Die Mitnahme einer Pausenschlinge ist empfehlenswert, weil die natürlichen Rastplätze weit auseinander liegen. Kein Notausstieg!
Schwierigkeit: Im unteren Teil meist B/C bis C/D mit wenigen Querungen A, im Mittelteil lange Schlüsselstelle D und D/E, im oberen Teil abwechselnd A und C, im Abstieg eine Stelle B/C, sonst A bis B.
Höhenunterschied: Ca. 300 Hm Aufstieg, ca. 100 Hm Abstieg.
Höchster Punkt: Türkenkopf, ca. 830 m.
Exposition: Ost.
Tipp: Für Kinder und schwächere Teilnehmer sind der Koschlak-Klettersteig (mehrmals B/C und C, direkt vom Parkplatz weg) sowie die Abstiegsroute besser geeignet.

Zustieg: Vom Parkplatz geht man wenige Minuten flussabwärts zum Einstieg. Bei Hochwasser sollte man nicht zusteigen!
Klettersteig: Der Klettersteig teilt sich in vier Teile: Die Bachwand, den Pfeiler, die Hauptwand und die Schlusswand. Vom Einstieg quert man direkt über der Vellach (B bis C) zu einer Rampe und gelangt so in die Bachwand. Über diese geht es bereits sehr luftig und mithilfe einiger Klammern nach oben (C bis C/D). Nach einem kurzen, erdigen Band (A/B) folgen einige kürzere Aufschwünge (C bis C/D), ehe man ins Waldgelände (A) kommt. Vor dem Pfeiler steigt man kurz nach links und dann im Zickzack steil und ausgesetzt nach oben (C). Die Spitze des Pfeilers bietet sich als Aussichtspunkt und Rastplatz

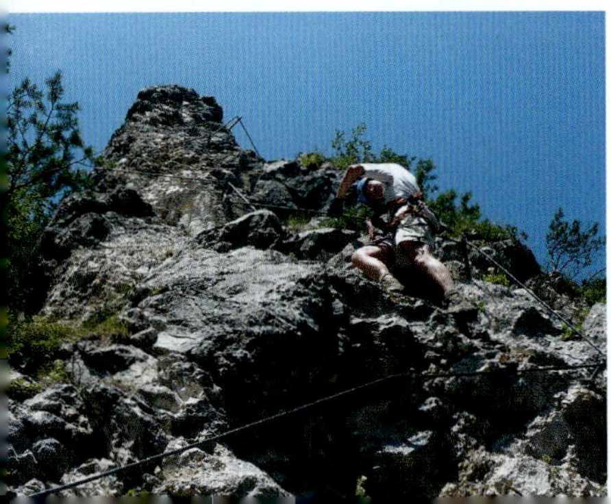

Am Pfeiler.

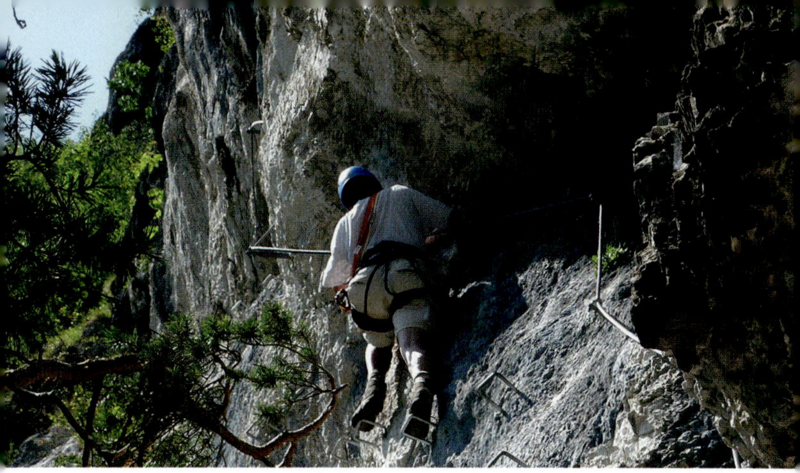

Nervenkitzel am Beginn der Schlüsselstelle.

an. Weiter geht es über leichtes Waldgelände zur Hauptwand, die zuerst entlang einer Verschneidung erstiegen wird (B bis C). Nun kommen wir zur Schlüsselstelle, einem Überhang mit Klammern (D/E) und unmittelbar nachfolgend einer mit einigen Klammern versehenen, sehr luftigen und steilen Wand (D). Über ein Schotterband quert man nach rechts zu einer kurzen Wandstelle (C) und gelangt über diese in leichtes Gelände (A). Die Schlusswand (C), die anschließende Querung (A/B) und der kurze Abstecher zum Türkenkopf (A, Aussichtspunkt) stellen nach der Hauptwand wohl kaum noch ein Problem dar, machen den Steig in Summe aber doch recht lang. Für den Abstieg geht man nach links und gelangt über erdige Bänder und eine Kletterstelle (B) zur kurzen Abschlusswand mit einer Verschneidung (B/C).

Abstieg: Über einen leicht abwärts durch den Wald führenden Steig erreicht man einen markierten Wanderweg, dem man nach links zur Türkenschanze und zurück zum Parkplatz folgt.

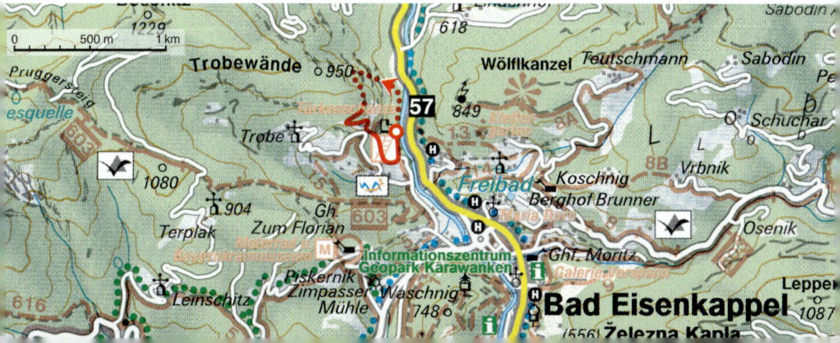

58 Krainersteig auf den Kärntner Storschitz

4.00 Std.

Eine Aussichtswarte mit Blick zu den Steiner Alpen

Diese Halbtagestour auf einen besonderen Aussichtsberg ist gut als Eingehtour für Begehungen in den nahen Steiner Alpen geeignet. Die Spitze des Kärntner (Vellacher) Storschitz mit seinen Felswänden im Osten (ein besonders altes Kalkriff, nämlich aus dem Paläozoikum) vermittelt dem Betrachter schroffe Steilheit. Ganz anders stellt sich die Süd- bzw. Westseite dar, die meist von einem Wald- und Latschengürtel umgeben ist. Dieser interessante, gesicherte Steig wurde nach dem verdienten Gendarmeriebeamten Alois Krainer benannt.

Ausgangspunkt: Seebergsattel, Parkplatz beim Zollhaus auf der Passhöhe 1218 m.
Gehzeiten: Seebergsattel – Louisenhütte 20 Min., Louisenhütte – Kärntner Storschitz 1.30–2 Std., Abstieg 1.30 Std.; gesamt ca. 4 Std.
Charakter: Teils gesicherter Steig. Trittsicherheit erforderlich. Kurze Seilpassagen, die bei normalen Verhältnissen problemlos sind.
Schwierigkeit: Kurz A, meist Gehgelände.
Höhenunterschied: Ca. 550 Hm, davon ca. 100 Hm teils gesichert.
Höchster Punkt: Kärntner (Vellacher) Storschitz (Pristovški Storžič), 1759 m.
Exposition: Südost und Süd.

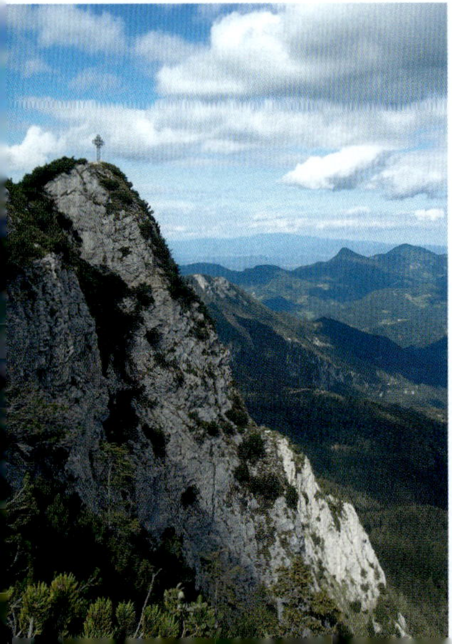

Zustieg: Vom österreichischen Zollhaus am Seebergsattel gehen wir nordostwärts auf Weg 626 durch Wald zur Louisenhütte. Dort teilt sich der Weg (geradeaus ginge es weiter zum Pasterksattel). Wir folgen der Hinweistafel »Krainersteig« nach links, zuerst ansteigend durch Wald, vorbei an einem Brunnentrog, dann südwestwärts zu einer Waldlichtung und weiter westwärts an der Staatsgrenze entlang, teilweise auf einem Güterweg. Bald geht es nach rechts über eine Grünzone und Geröll zu einem Steilhang.
Steig: Nun steigen wir den Steilhang hinauf (Drahtseile) und nach

Schon von Weitem erblickt man das mächtige Gipfelkreuz.

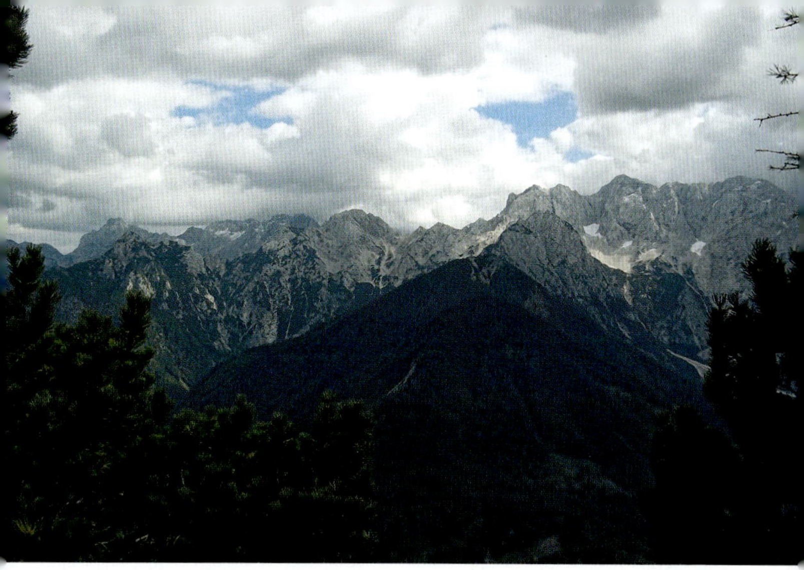

Entlang des Aufstieges und am Gipfel bietet sich immer wieder ein herrlicher Blick zu den Steiner Alpen.

einer Querung nach rechts in ein Schartl (nochmals Drahtseile). Vom Schartl steigen wir kurz ab, und gelangen anschließend durch Latschen und Schrofen wieder auf den Grat und auf diesem in Kürze zum Gipfel des Storschitz (schönes Gipfelkreuz, das »Plebiszitkreuz«, grandiose Fernsicht).

Abstieg: Wir folgen dem Normalweg vom Gipfel nordostwärts durch Latschen und weiter der Markierung hinunter auf eine Almwiese. Hier überklettern wir einen Zaun (Tafel) und wandern durch zauberhaften, selten schönen Hochwald weiter. Auf einem Güterweg (628) gelangen wir dann zum Pasterksattel, (1401 m). Dort biegen wir rechts ab und queren östlich des Storschitz zum Ausgangspunkt beim Zollhaus.

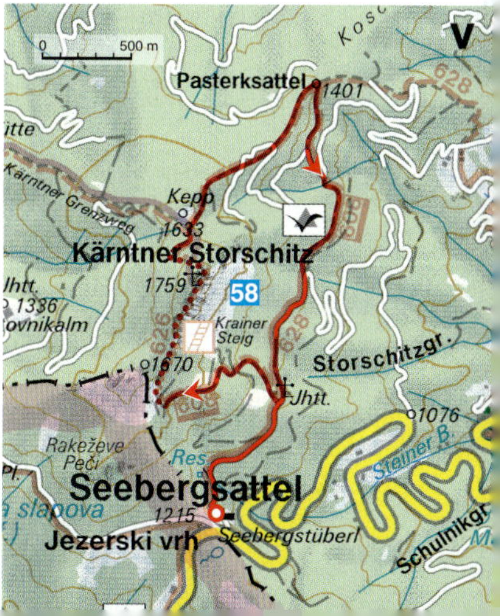

59 ÖTK-Steig auf den Koschutnikturm

5.00 Std.

Über die Hängebrücke oder lieber doch nicht?

Die Koschuta ist ein selbstständiger Seitenteil der Karawankenkette und bietet eine Vielzahl von Tourenzielen. Der Koschutnikturm ist der höchste Gipfel der Koschuta und die schönste Erhebung der ganzen Gruppe. Einen sehr schönen Anstieg hat man über den Klettersteig, der 2006 saniert und teilweise neu trassiert wurde. Seit 2008 gibt es im unteren Abschnitt eine etwas weniger steinschlaggefährdete Variante über eine kühne Hängebrücke.

Ausgangspunkt: Parkplatz beim Koschutahaus, dorthin Mautstraße (4 Euro, im Koschutahaus zu entrichten), die knapp westlich von Zell-Pfarre ansetzt.
Gehzeiten: Koschutahaus – Einstieg 1.30–2 Std., Einstieg – Koschutnikturm 1 Std., Abstieg 2–2.30 Std.; gesamt ca. 5 Std.
Charakter: Alpiner Klettersteig. Für erfahrene Bergsteiger ein Schmankerl, für schwächere Teilnehmer eine ernstzunehmende Tour, die alle Facetten eines Klettersteigs bietet. Im unteren Teil herrscht hohe Steinschlaggefahr (besonders über die Direktvariante). Beim Einstieg kann lange in den Sommer hinein ein Schneefeld liegen.
Schwierigkeit: A bis B, im oberen Teil A und A/B, Brückenvariante kurz B/C.
Höhenunterschied: Ca. 850 Hm, davon Klettersteig ca. 250 Hm.
Höchster Punkt: Koschutnikturm (Košutnikov turn), 2136 m.
Exposition: Nord.
Stützpunkt: Koschutahaus, 1280 m, Tel. +43 680 238 5932, koschutahaus.at/.

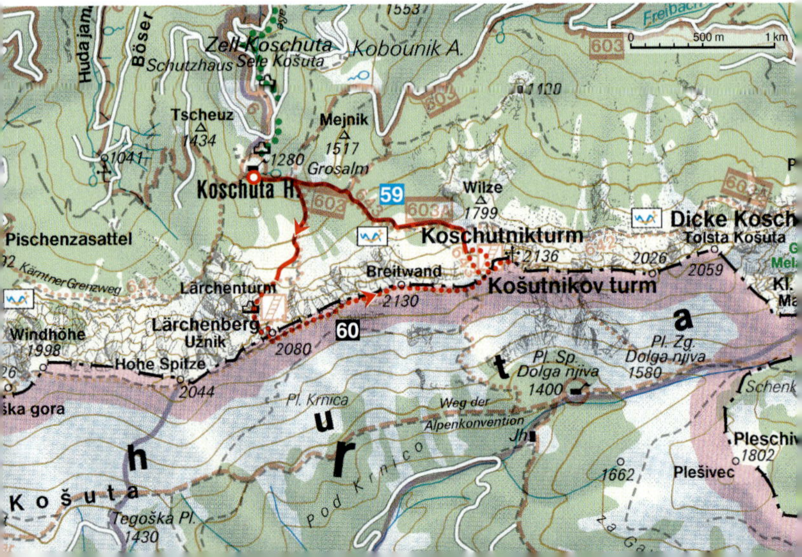

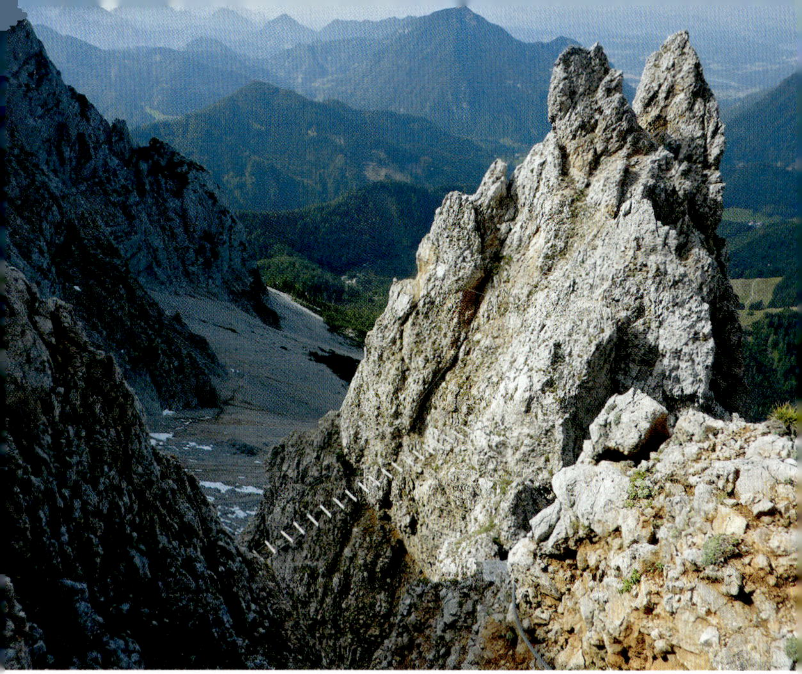

Die neue Hängebrücke, dahinter der Anstieg und das Koschutahaus.

Zustieg: Vom Koschutahaus geht man auf Steig Nr. 642 durch schönen Buchenwald in östlicher Richtung aufwärts über die Grosalm zum Mejnik-Sattel. Vom Sattel gelangt man rechts aufwärts durch Latschen in eine Rinne und weiter über einen Steilhang in eine Mulde, die sich bis in den Frühsommer als Schneefeld zeigt. Nach etwa 10 Min. erreicht man eine Wegteilung. Wir nehmen den rechten Weg und steigen mühsam über eine der vielen steilen Steigspuren, und, je nach Schneeverhältnissen, die Schuttreisen bzw. Schneefelder hinauf zur großen Rinne.
Klettersteig: Nun hat man die Wahl: Für die Brückenvariante quert man nach links zum Wandfuß des nördlich vorgelagerten Felsturms und ersteigt diesen, zuerst in leichtem Hin und Her, dann in gerader Linienführung über seine Westflanke (A bis B). Etwa auf Höhe der Brücke führt der Steig in die Südflanke und man steigt luftig zum Brückenkopf hinüber (A/B bis B/C). Die Begehung der überraschend stark wackelnden Brücke erinnert einen stark an entsprechende Balanceübungen im Hochseilgarten und erfordert einigen Mut. Sie sollte nur einzeln erfolgen. Auf der anderen Seite angekommen ist man am Vereinigungspunkt der beiden Varianten.

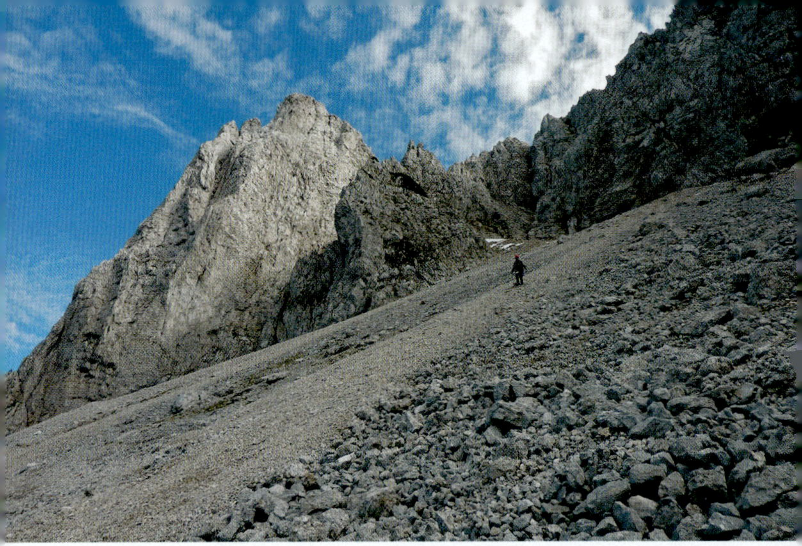

Im Abstieg machen die Schuttreisen mehr Spaß.

Für die Direktvariante steigt man etwas weiter über den Schutt hinauf zum Wandfuß des Hauptmassivs rechts von der Rinne. Die Drahtseile leiten über Platten unterhalb eines Überhangs nach links und dann über Felsstufen gerade nach oben (A bis B). Über ein Band quert man nach links und direkt unter der Brücke zum Vereinigungspunkt.

Der weitere Anstieg führt weiter nach links, durch eine Rinne und über einen Felskopf auf den Grat und über diesen zur Einsattelung zwischen Koschutnikturm und Breitwand (A bis A/B). Hier enden die Drahtseile. Abermals nach links abbiegend gelangen wir auf slowenisches Gebiet und folgen dem Grenzgrat über Grasstufen etwas abwärts, dann den Steigspuren wieder aufwärts und gelangen schließlich über leichte Schrofen und Geröll zum Gipfel.

Abstieg: Wie Aufstieg. Von einem Abstieg durch die Ostschlucht ist wegen Steinschlaggefahr dringend abzuraten!

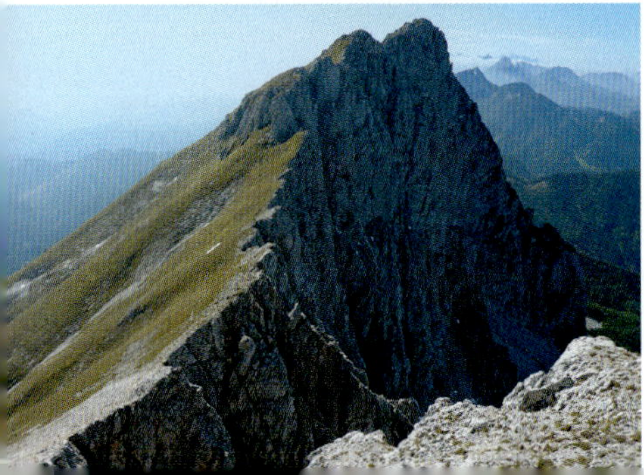

Blick vom Koschutnikturm zur Breitwand.

7.00 Std.

Klettersteig auf den Lärchenturm 60

Rassiger Klettersteig mit schwierigem Abstieg

Der relativ neue Sportklettersteig auf den Lärchenturm ergänzt das Angebot an Klettersteigen in der Koschuta im oberen Schwierigkeitsbereich. Über 800 m Stahlseil wurden in einer ausgeklügelten Linienführung durch die Nordseite des Lärchenturms gelegt, sodass möglichst geringe Steinschlaggefahr besteht. Die Herausforderung am Lärchenturm ist jedoch der Abstieg, denn die direkte Variante (wie im Aufstieg) ist sehr schwierig und mühsam. Der Abstieg in die Lärchenturmscharte ist zwar kürzer, aber genauso schwierig, und dann stehen noch der Aufstieg zur Breitwand und der Abstieg über den ÖTK-Steig bevor. Und die Notabstiege über den Lärchenriegel (rutschig, UIAA II) bzw. über die Lärchenschlucht (extrem steinschlaggefährdet) sind eigentlich nicht einmal im Notfall eine Option.

Ausgangspunkt: Parkplatz beim Koschutahaus, dorthin Mautstraße (4 Euro, im Koschutahaus zu entrichten), die knapp westlich von Zell-Pfarre ansetzt.

Gehzeiten: Koschutahaus – Einstieg 1 Std., Einstieg – Lärchenturm 1.30–2.30 Std., direkter Abstieg 2 Std., Abstieg über Breitwand und ÖTK-Steig 4 Std.; gesamt ca. 7 Std.

Charakter: Sportklettersteig. Sehr schwierig und teils ausgesetzt, die heiklen Stellen sind erst im obersten Teil. Abstieg nur über sehr schwierige Passagen möglich.

Schwierigkeit: Guter Mix von A bis D, hauptsächlich B bis C/D, im Mittelteil etwas leichter, Gipfelaufschwung und Abstieg D.

Höhenunterschied: Ca. 900 Hm, davon Klettersteig ca. 350 Hm.

Höchster Punkt: Lärchenturm, 1965 m, bzw. Breitwand, 2130 m.

Exposition: Nord, teils West, Abstieg in die Scharte Südwest.

Stützpunkt: Koschutahaus, 1280 m, Tel. +43 680 238 5932, koschutahaus.at/.

Hinweis: Karte siehe Tour 59.

Tipp: Wenn man schon über den ÖTK-Steig absteigt, kann man gleich noch den Koschutnikturm samt herrlicher Rundumsicht mitnehmen (+ 1 Std., siehe Tour 59).

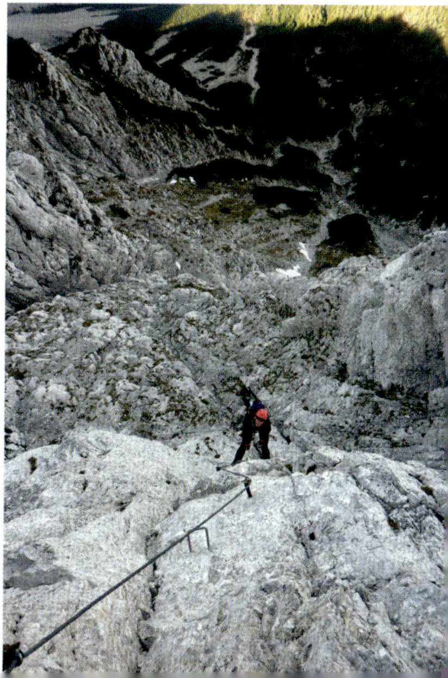

Direttissima zum Gipfel.

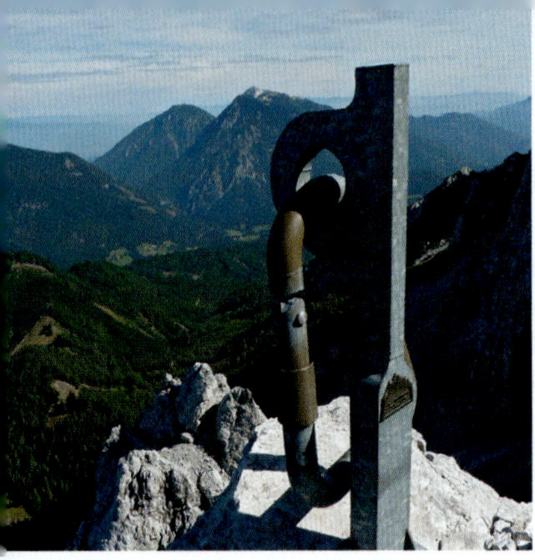

Herrlicher Blick vom Gipfel (mit Karabiner statt Kreuz) zum Hochobir.

Zustieg: Vom Koschutahaus geht man auf Steig Nr. 642 kurz in östliche Richtung durch schönen Buchenwald und wendet sich dann beim Wegweiser »Lärchenturm/Lärchenschlucht« nach rechts. Zunächst führt der Weg durch Latschen, dann über ein Geröllfeld. Weiter rechts haltend steigt man über Geröll weiter und unterhalb des Wandfußes etwas mühsam in engen Serpentinen hinauf.

Klettersteig: In einem Rechtsbogen ersteigen wir die erste Steilstufe (B bis C) und erreichen über eine Platte (D) ein Band, dem wir nach rechts folgen (A). Über Platten (meist C/D) und Rinnen (A bis B) erreicht man die Lärche. Der Steig führt weiter über eine Schlucht nach rechts und über eine Rinne hinauf zu einer kleinen Scharte (A bis B/C). Ab dort steigt man hauptsächlich entlang des Kamms nach oben (B bis C), wobei an zwei Stellen ein Pfeiler rechts umgangen wird (jeweils C/D). Ein weiterer Steilaufschwung (C/D) führt schließlich zur Weggabelung. In diesem Bereich gilt erhöhte Steinschlaggefahr durch Geröll und vertikale Linienführung.

Die Umgehungsvariante führt nach rechts über ein Band (A), dann über Platten (B bis C) zur Abzweigung in die Lärchenturmschlucht und weiter über eine Steilstufe (C/D) auf die Gipfelhöhe. Über ein Band und mit einem Spreizschritt über einen Felsspalt erreicht man den Gipfelfelsen mit dem einen Meter großen Karabiner (A). Die Direktvariante führt mithilfe spärlichst platzierter Trittbügel senkrecht und sehr kraftaufwendig direkt zum Gipfelkarabiner (durchgehend C/D und D).

Abstieg: Wie Aufstieg. Man steigt aber besser zunächst die Umgehungsvariante bis zur Abzweigung in die Lärchenturmschlucht ab (A, dann C/D). Von dort führt der Steig ausgesetzt über Platten und Steilstufen, zuletzt kurz überhängend in die Lärchenturmscharte hinunter (durchgehend C bis D). Nun wenden wir uns nach rechts und steigen auf einem Steiglein in einigen Kehren und über Rinnen ca. 200 Hm ungesichert zum Lärchenberg (2080 m) hinauf. Teils auf slowenischer Seite über Grashänge, teils über den Grat (einige Stellen A/B und UIAA I) gelangt man nach ca. 2 Stunden leichtem Auf und Ab nach Osten über die Breitwand zur Abzweigung des ÖTK-Steigs. Über diesen steigen wir nun wie bei Tour 59 zum Koschutahaus ab.

Spektakulärer Abstieg in die Lärchenturmscharte.

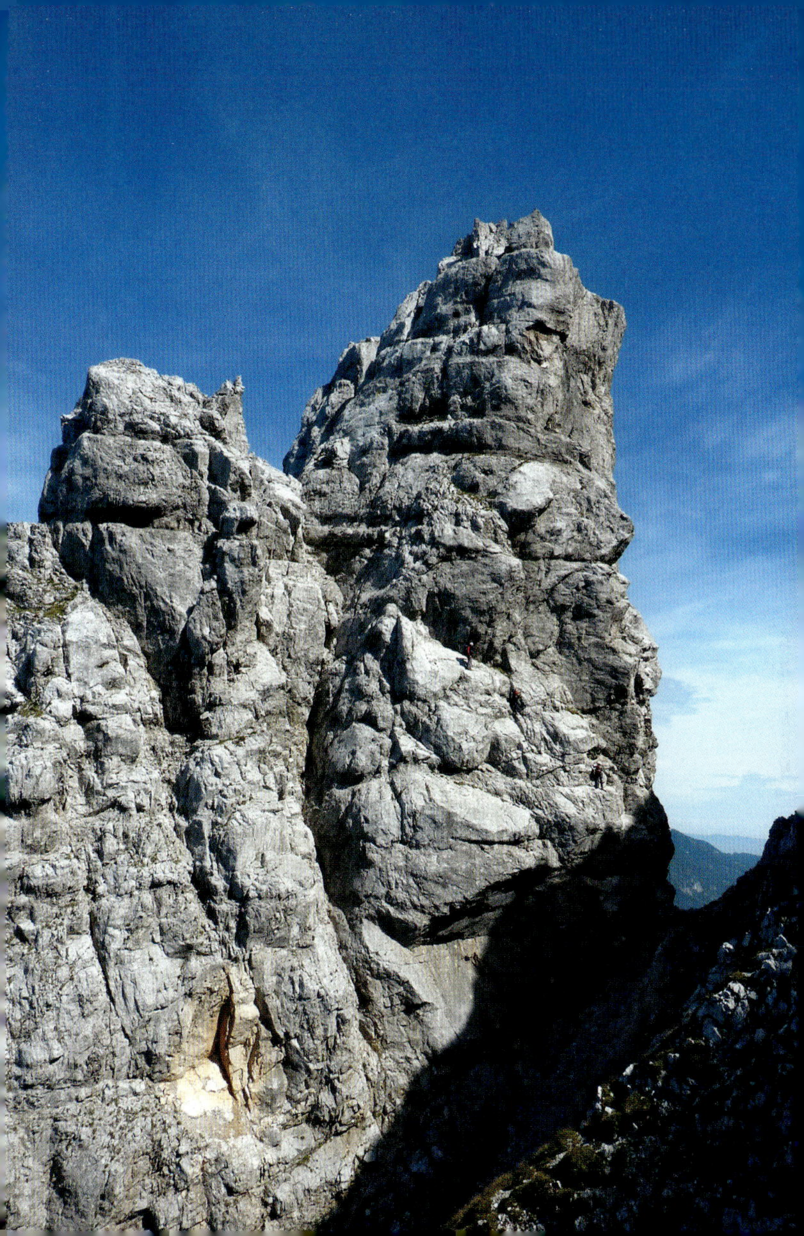

61 Teils gesicherter Steig auf den Hochturm

6.00 Std.

Zum westlichsten Gipfel der Koschuta

Der Hochturm ist der westlichste Gipfel des langgestreckten Koschutazuges. Er ist als Endpunkt des markanten Kamms (Zajmenove peči) vom Südportal des Loibltunnels aus zu sehen. So wie die meisten Gipfel der Koschuta hat auch der Hochturm im Süden steile Grashänge, seine Nordflanke ist jedoch sehr steil und äußerst brüchig. Der Steig nutzt geschickt eine Abdachung (Latschen) und einige Rinnen durch diese Nordflanke.

Ausgangspunkt: Südlich des Loiblpasses in der Kehre unterhalb des KZ-Gedenkparks auf ca. 950 m.
Gehzeiten: Ausgangspunkt – Koroschitza-Alm 1.30–2 Std., Koroschitza-Alm – Hainschsattel 0.30 Std., Hainschsattel – Gipfel 1–1.30 Std.; Abstieg 2.30–3 Std.; gesamt ca. 6 Std.
Charakter: Teils gesicherter Steig. In den anfänglichen Rinnen teils Sicherungen, im oberen Teil leichte Kletterei und Gehgelände. Im gesamten Verlauf ist der Fels sehr brüchig.
Schwierigkeit: A bis B, mehrere Stellen UIAA I.
Höhenunterschied: Ca. 1100 Hm, davon ca. 400 Hm teils gesichert.
Höchster Punkt: Hochturm (Veliki vrh), 2088 m.
Exposition: Nordwest.
Stützpunkte: Planina Korošica (Koroschitza-Alm), 1554 m, hribi.net/gora/planina_korosica/11/71.
Tipp: Eine Überschreitung der gesamten Koschuta mit Abstieg z. B. über den ÖTK-Steig (Tour 59) bietet sich an, bedarf aber einiger Logistik. Wer es nicht so weit mag, kann vom Hainschsattel noch die Loibler Baba überschreiten (kurz A/B im Gipfelbereich).

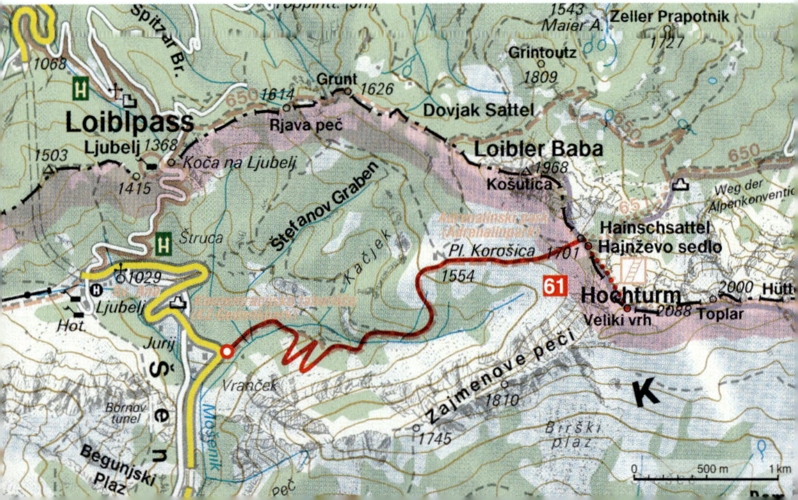

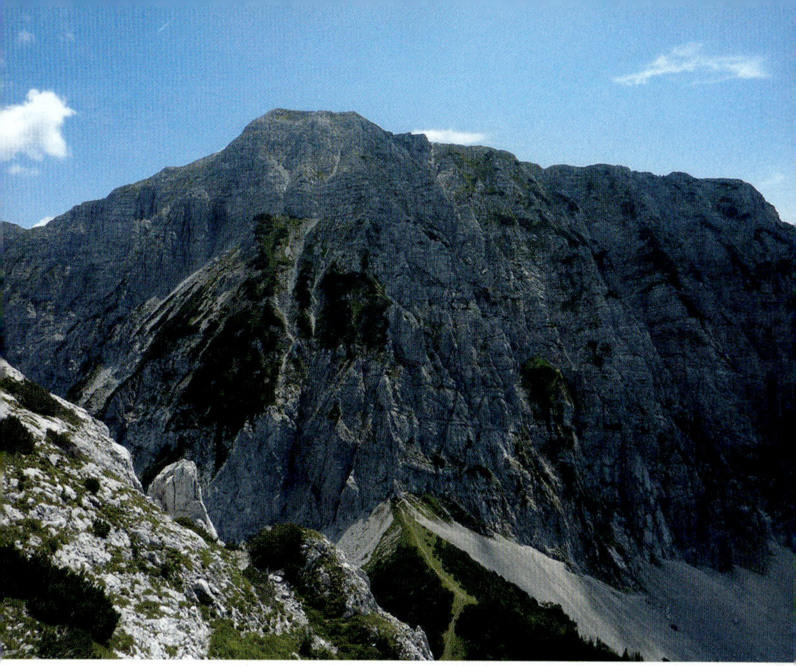

Blick vom Loibler Baba zum Hochturm; der Steig verläuft ungefähr in der Bildmitte.

Zustieg: Von der Kehre (kleiner Parkplatz) führt ein Forstweg sanft ansteigend entlang des Baches, quert diesen dann und steilt anschließend stark auf. Einige Kehren mit viel grobem Schotter sind mühsam zu bewältigen, bevor der Weg wieder flacher wird und in mit Wald durchsetztem Almgelände in einem weiten Bogen zur Koroschitza-Alm führt. Von der Alm gelangt man über einen Steig, der die Südflanke der Loibler Baba quert, zum Hainschsattel, 1701 m. Dabei hält man sich im Zweifelsfall jeweils links.
Steig: Die Drahtseile beginnen direkt am Südende des langen, nur mit Gras bewachsenen Sattels. Nach der S-förmigen Umgehung eines Felsspornes führt der Steig durch eine Rinne senkrecht hinauf (A/B und B). Nun steigt man nach links und über brüchiges Gestein zur nächsten Rinne (A, UIAA I) und über diese hinauf in den Latschengürtel (A bis B). Eine kurze Holzleiter erleichtert den Anstieg über eine erdige Rinne. Danach folgt Gehgelände durch den Latschengürtel. Allmählich wird das Gelände felsiger und man steigt in leichter Kletterei, die sich mit Gehpassagen abwechselt, über den Rücken zum Gipfel.
Abstieg: Wie Aufstieg.

TOP 62 Klettersteig auf den Hochstuhl

6.30 Std.

Ein besonderer Steig an der Grenze

Der Hochstuhl ist die höchste Erhebung der Karawanken und ein Grenzberg zu Slowenien. Der Klettersteig wurde 1967 vom Bergrettungsdienst Klagenfurt errichtet und im Juni 2001 bis zum tiefsten Punkt des Felsaufbaus des Hochstuhls erweitert. Seine Besteigung hat einen hohen Erlebniswert, schon wegen der umfassenden Aussicht. In den letzten Jahren wurde der Steig nach einem Felssturz im unteren Bereich an einigen Stellen verlegt und teils neu eingebohrt.

Ausgangspunkt: Parkplatz im Bärental, 1140 m. Zufahrt von der B85, der Hinweistafel »Klagenfurter Hütte« folgend ins Bärental, an der Stouhütte vorbei noch etwa 3 km weiter.
Gehzeiten: Parkplatz – Kar-Kehre 1 Std., Kar-Kehre – Hochstuhl 2.30–3 Std., Abstieg über Klagenfurter Hütte 2.30–3 Std.; gesamt ca. 6.30 Std.
Charakter: Alpiner Klettersteig. Kurzer Zustieg und langer Klettersteiganteil – eine Genusstour für Bergerfahrene. Achtung bei Nebel vor dem und im Geröllkessel (Orientierung!). Oftmals bis in den Frühsommer stellenweise steile Schneefelder, Pickel oder Teleskopstöcke daher empfehlenswert.
Schwierigkeit: Im unteren Teil A/B bis B/C, im oberen Teil Gehgelände bis A/B.
Höhenunterschied: Ca. 1100 Hm, davon Klettersteig ca. 700 Hm.
Höchster Punkt: Hochstuhl (Stol), 2236 m.
Exposition: Nord.
Stützpunkte: Stouhütte (privat), 960 m; Klagenfurter Hütte, 1664 m, Tel. +43 664 107 22 14, alpenverein.at/klagenfurter-huette/; Prešernova koča na Stolu (Preschern-Hütte), 2174 m, Tel. +386 48 28 03 01, en.pzs.si/koce.php?pid=65.

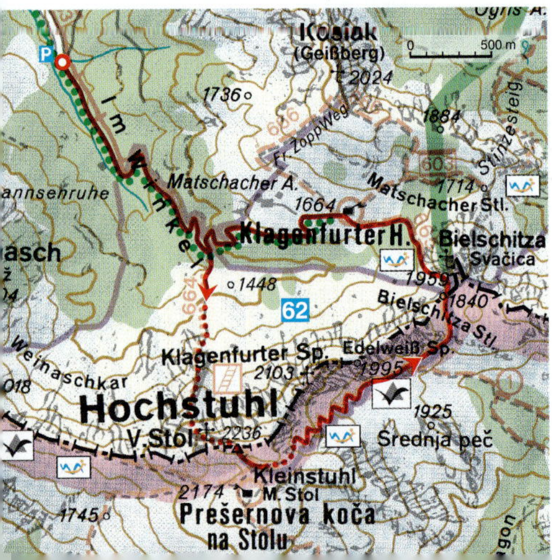

Zustieg: Vom Parkplatz gehen wir auf der Forststraße durch Laubwald bergauf zur sogenannten Kar-Kehre (1420 m). Von hier zweigt man nach rechts ab und steigt durch das Kar bis zum markierten Einstieg (1520 m) nahe dem tiefsten Punkt auf der linken Seite des Felssporns.
Klettersteig: Am Einstieg steigt man sofort steil und ausgesetzt in schöner Kletterei und mit Drahtseilen und Klammern gut ge-

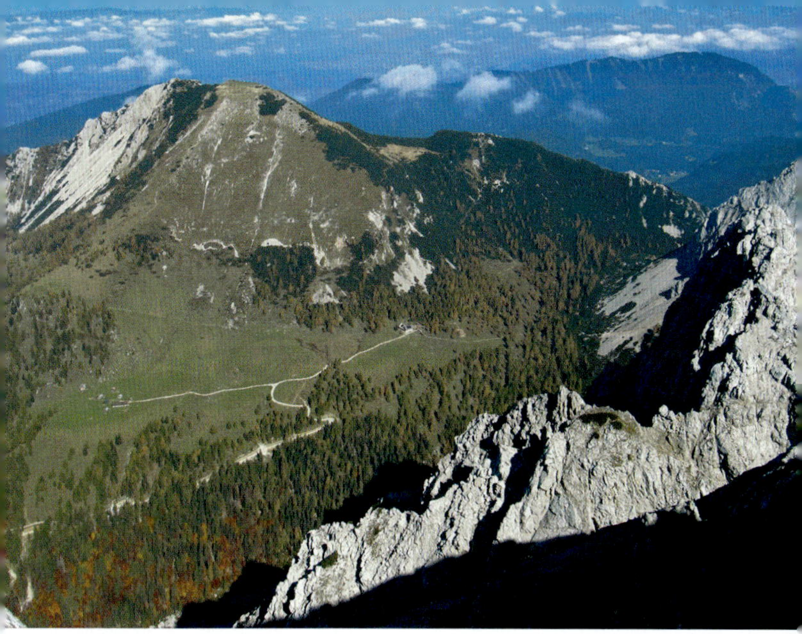

Fantastische Aussicht zur Klagenfurter Hütte und zum Geißberg.

sichert (B bis B/C) aufwärts. Nach einer kaminartigen Rinne (A/B) und immer wieder an Lärchen vorbei (A bis B) erreicht man ein Latschenfeld. Weiter geht es leicht nach rechts und luftig auf den Grat und über diesen steil hinauf (A bis A/B). Über eine Scharte und eine Rinne steigt man weiter, bis man an deren Ende über Stufen und Schrofen zu einer kleinen Felsnische gelangt. In leichter Kletterei erreicht man wieder eine Rinne und bald darauf über Geröll und Grasstufen das sogenannte Dach. Nun geht man in der Westflanke in einigen Serpentinen unschwierig zum Gipfel. Von dort hat man grandiose Tal- und Fernblicke, vor allem nach Süden ins Save-Tal, in die Hohen Tauern und die nahen Julischen Alpen.

Abstieg: Für den Abstieg empfiehlt sich der Normalweg über den Bielschitza-Sattel. Vom Gipfel steigt man in südöstlicher Richtung zur Preschern-Hütte bzw. zum Kleinstuhl ab. Bald darauf führt der Weg nach links und anfangs recht mühsam über eine lange Geröllhalde hinunter in einen Felskessel (im Frühsommer Schneefeld). Etwas nach links über Schrofen und Grasmatten ansteigend quert man zum Bielschitza-Sattel (1840 m). Unterhalb der Bielschitza (kurz A) steigt man dann zur Klagenfurter Hütte ab und gelangt über eine Forststraße zum Ausgangspunkt zurück.

63 Rotschitza-Klettersteig

2.00 Std.

Eine willkommene Abwechslung an warmen Nachmittagen

Schlucht- und Klamm-Klettersteige erfreuen sich in letzter Zeit zunehmender Beliebtheit. Das gilt auch für den leicht erreichbaren und sehr gut gesicherten Rotschitza-Klettersteig. Obwohl der Steig ziemlich kurz ist, kommt der Abenteuer- und Fun-Faktor in keinem Fall zu kurz. Da er nicht sehr lang, wenig schwierig und zudem abwechslungsreich ist, ist er auch für Kinder gut geeignet. Aber auch für die »Großen« hat der Steig einiges zu bieten – als Einsteigertour ist er daher sehr zu empfehlen. Der Blick aus dem Mittelteil der Klamm zum Faaker See, dessen Trinkwasserhauptlieferant die Rotschitza ist, ist wirklich einmalig!

Ausgangspunkt: Baumgartnerhof, 919 m, mit großem Parkplatz, Anfahrt von Finkenstein über Alt-Finkenstein bzw. Burgruine Finkenstein.

Gehzeiten: Baumgartnerhof – Einstieg 0.30 Std., Einstieg – Ausstieg 1 Std., Abstieg 0.30 Std.; gesamt ca. 2 Std.

Charakter: Fun-Klettersteig. Kurzer, sehr gut gesicherter Klettersteig entlang des Rotschitza-Bachs.

Schwierigkeit: Meist A/B, Schlüsselstelle B/C.

Höhenunterschied: Ca. 350 Hm, davon Klettersteig 200 Hm.

Höchster Punkt: Ausstieg aus dem Rotschitza-Graben, 1280 m.

Exposition: Nord.

Stützpunkt: Baumgartnerhof, am Ausgangspunkt, Tel. +43 4254 229010, baumgartnerhof.at/.

Hinweis: Der Steig verläuft am und über den Rotschitza-Bach und ist daher teils rutschig. Nach starkem Regen unbedingt meiden!

Tipp: Als kurzweiliger Abstecher lohnt sich ein Besuch im nahe gelegenen Klettergarten Kanzianiberg. Zwischen den Kletterrouten verstecken sich nette und abwechslungsreiche Klettersteigstücke (gesamt ca. 3 Std., A bis E). Die Durchstiege im Inneren der beiden Prasvale sowie die lange Seilbrücke zwischen beiden sorgen für ungewöhnliche Ein- und Tiefblicke. Einige sehr ausgesetzte Trittstiftpassagen und Abschnitte ohne offensichtliche Tritte bieten ausreichend Nervenkitzel. Eine Übersichtskarte der Steige befindet sich an der Infotafel neben der Straße.

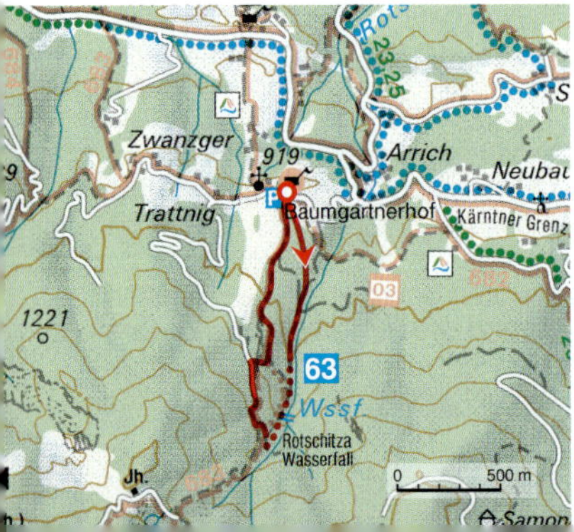

Zustieg: Vom östlichen Ende des Parkplatzes führt der Weg leicht abwärts und über Wiesen zu einem Forstweg, über den man zum Rotschitza-Bach gelangt. Nun weiter auf dem Forstweg entlang des Baches aufwärts. Vor der Brücke zweigt ein Steig vom Forstweg ab, dem wir bis zum Wasserfall folgen.

Klettersteig: Am Einstieg neben dem Wasserfall steigen wir zunächst über eine Platte hinauf

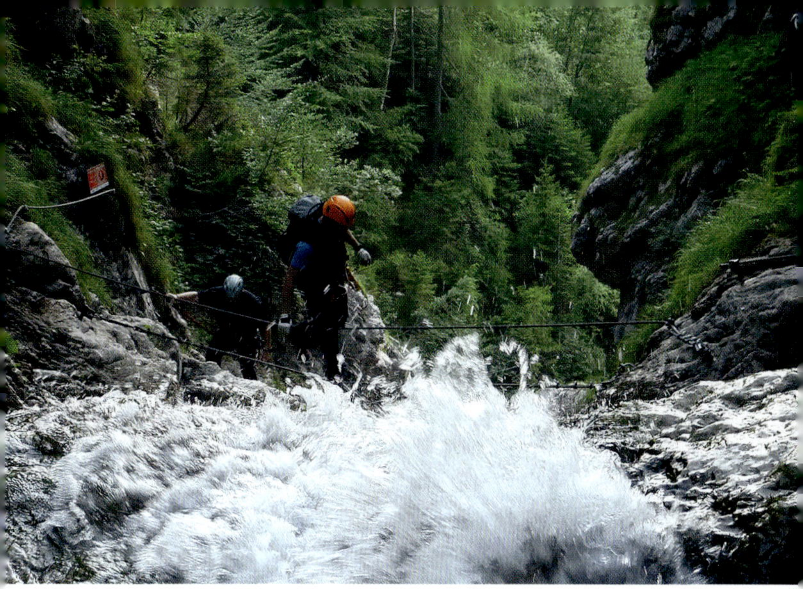

An der zweiten Seilbrücke im mittleren Teil des Klettersteigs.

(reichlich Trittstifte) und direkt neben dem Wasser teils über Trittstifte weiter bis unter die erste Seilbrücke. Der Aufschwung zur Seilbrücke stellt die Schlüsselstelle dar. Auf der Seilbrücke oder knapp davor dreht man sich talauswärts, um das Halteseil zu erhangeln. Steht man erst einmal auf der Seilbrücke, blickt man in die Rotschitza-Schlucht hinunter und auf den Faaker See. Eine tolle Aussicht für alle, die sich trauen, an dieser Stelle den Weit- und Tiefblick zu genießen!

Der Steig führt nun am Rande des Bachbetts oft über Trittstifte und über eine zweite Seilbrücke auf die Ostseite des Baches. Dort quert er einen Zulauf (Achtung Spritzwasser!) und führt dann flacher, mal links, mal rechts vom Bach, bergan. Die Bachquerungen sind nicht gesichert. Eine Felsstufe vor dem ersten Wehr ist mit reichlich Trittstiften versehen und stellt die letzte steilere Passage dar. Oberhalb des ersten Wehrs steigt man ungesichert durch das Bachbett und erreicht nach ca. 200 m, kurz vor dem zweiten Wehr, den Ausstieg nach rechts.

Abstieg: Zunächst führt der Steig ziemlich flach im Wald zur Abzweigung am Weg 683, der vom Baumgartnerhof zur Mitzl-Moitzl-Hütte und weiter auf den Schwarzkogel bzw. den Mallestiger Mittagskogel leitet. Über diesen Weg (kurzes Stück Forststraße) gelangt man direkt zum Parkplatz beim Baumgartnerhof hinab.

64 Däumling-Klettersteig

4.00 Std.

Kurze, knackige Runde für Schwindelfreie

Östlich des Nassfeldpasses thront der dolomitenartig schroffe Gartnerkofel über den breiten Schneisen der Skipisten.

Ausgangspunkt: Watschiger Alm am Nassfeld, 1638 m.
Gehzeiten: Watschiger Alm – Einstieg 1 Std., Klettersteig 1 Std., Ausstieg – Gipfel 20 Min.; Abstieg 1–1.30 Std.; gesamt ca. 4 Std.
Charakter: Fun-Klettersteig. Kurze, anspruchsvolle Tour mit einigen luftigen Seilbrücken und spannenden Steilpassagen.
Schwierigkeit: Meist B und B/C, zwei Stellen C, zwei lange Seilbrücken (B).
Höhenunterschied: Ca. 550 Hm, davon Klettersteig ca. 150 Hm.
Höchster Punkt: Gartnerkofel, 2195 m.
Exposition: West.
Stützpunkte: Watschiger Alm, facebook.com/WatschigerAlm/; Gasthof Plattner, plattner.at (2024 geschlossen).

Zustieg: Kurz vor dem Parkplatz bei der Watschiger Alm geht es nach rechts hinauf. Anfangs durch Wald, dann einen Bach querend und über einen Rücken gelangen wir zur Skipiste, der wir zur Bergstation der Gartnerkofelbahn folgen. Falls die Bahn fährt, könnte man auch mit dieser herauffahren. Von hier steigen wir über die Schuttpiste hinauf zur Bergstation des FIS-Sessellifts (1888 m). Nun geht es noch ein Stück weiter, den Wanderweg entlang, bis zur Abzweigung nach rechts hinüber in Richtung Klettersteig. Bei einem Rastplatz mit Bank und Topo-Tafel befindet sich der Einstieg (1970 m). Von hier aus kann man den gesamten Klettersteig grandios überblicken.

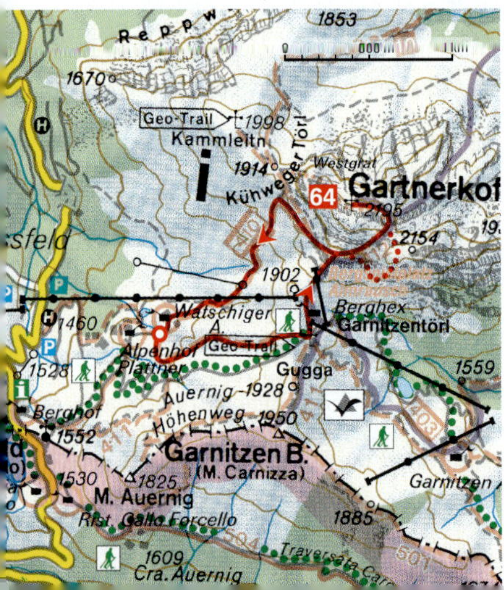

Klettersteig: Zunächst steigen wir bergab in eine Schotterrinne und queren diese (A). Nach einer kurzen Querung der grasdurchsetzten Flanke erreichen wir die erste – lange und schwankende – Seilbrücke. An deren Ende geht es gleich rassig zur Sache: Über Steilstufen und Platten führt der Steig in leichtem Hin und Her hinauf auf den Däumling. Dabei sind bereits längere schwierige Passagen zu meistern (B bis C). Nach einem kurzen Abstieg dürfen wir

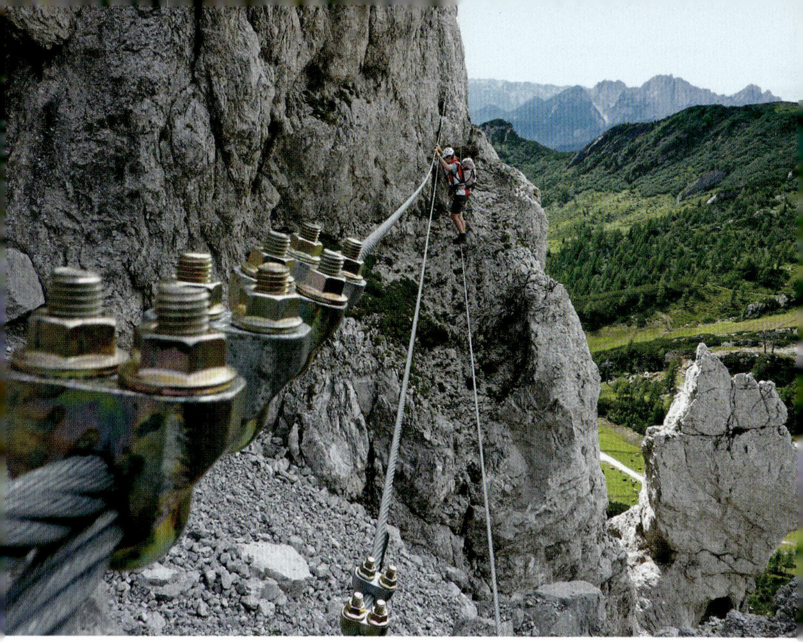

Die wackelige Seilbrücke beim Einstieg.

uns über die zweite, wackelige Nepal-Brücke hangeln, wobei die Geländerseile unangenehm tief angebracht sind. Wem es danach reicht, der kann hier nach links hinunter den Notabstieg nehmen (B). Ansonsten folgt nach einer kurzen Verschnaufpause (A) die nächste Plattenflucht (B) zu einer Kante. Ausgesetzt über diese und ein kräftiges Steilstück (C) gelangen wir um eine Ecke zu zwei weiteren kurzen Seilbrücken. Danach führt der Steig leichter (A/B) über einen Rücken zum Ausstieg bei einer Bank.
Vom Ausstieg erreicht man in wenigen Minuten den Normalweg. Über diesen steigen wir in ca. 20 Min. zuerst zu einer Scharte und dann zum Gipfel des Gartnerkofels mit seinem markanten Kreuz und einem schönen Rundumblick über das gesamte Nassfeldgebiet, das Gailtal und die friulanischen Berge im Süden.
Abstieg: Dem Normalweg folgend steigt man zuerst durch die leicht geröllige Flanke und dann die Rinne hinunter zur Sessellift-Bergstation, dann nach rechts die FIS-Abfahrt hinunter. Bei der Abzweigung zum Kühweger Törl wenden wir uns scharf nach links und folgen der Piste weiter talwärts. Schließlich queren wir unterhalb der Gartnerkofelbahn und erreichen auf einem Forstweg bald darauf den Ausgangspunkt.

65 Klettersteig über den Winkelturm

4.30 Std.

Eine kurze, genussvolle Überschreitung

Nördlich des Rosskofels erheben sich zwei recht unscheinbare Gipfel, die sich für Kletter- und Klettersteigtouren geradezu anbieten. Zudem sind sie rasch und einfach erreichbar. Es handelt sich um den Winkelturm, 2040 m, und den etwas höheren, westlich vom Winkelturm gelegenen Torre Clampil. Der kleinere ist der bekanntere und auch oft der einzige im Kartenmaterial vermerkte. In den Jahren 2007 und 2008 wurden auf diesen Bergen zwei Klettersteige errichtet. Hier wird die leichtere Route beschrieben, die eine Überschreitung beider Gipfel ermöglicht. Die schwierigere führt in gerader Linie durch die teils überhängende Nordwand des Torre Clampil (erst C, dann 100 Hm D bis E); sie ist am Einstieg dieses Klettersteiges ebenfalls ausführlich beschrieben.

Ausgangspunkt: Parkplatz am Nassfeldpass, 1540 m. Alternativ Bergstation des Millennium-Expresses (nassfeld.at/de/Summer-World/Hike-World/Sommerbergbahnen) auf der Madritschen.
Gehzeiten: Nassfeldpass – Madritschen 1–1.30 Std., Madritschen – Einstieg 15 Min., Klettersteig Aufstieg 1 Std., Klettersteig Abstieg 30 Min.; weiterer Abstieg 2–2.30 Std.; gesamt ca. 4.30 Std.
Charakter: Alpiner Klettersteig. Relativ kurz und leicht, mit einer etwas heikleren Passage im Abstieg. Gut geeignet, um Gusto auf mehr zu bekommen.
Schwierigkeit: Meist A und A/B, mehrere kurze Stellen B, eine Stelle B/C im Abstieg.
Höhenunterschied: Ca. 750 Hm, davon Klettersteig ca. 200 Hm aufwärts und ebenfalls ca. 200 Hm abwärts.
Höchster Punkt: Torre Clampil, 2078 m.
Exposition: Ost (Aufstieg), West (Abstieg).
Stützpunkte: Betriebe am Nassfeldpass und auf der Madritschen.
Tipp: Sehr empfehlenswert ist es, in der Winkelscharte direkt auf Tour 66 auf den Rosskofel zu wechseln und vom Rosskofel dann den Normalweg zum Rudnigsattel abzusteigen (+ 1–1.30 Std.).

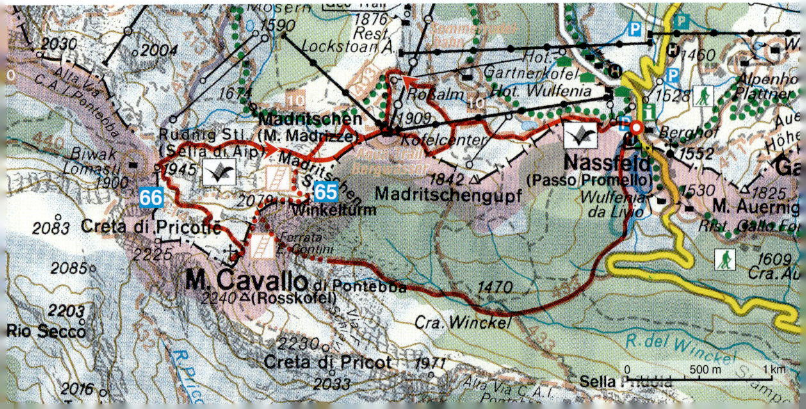

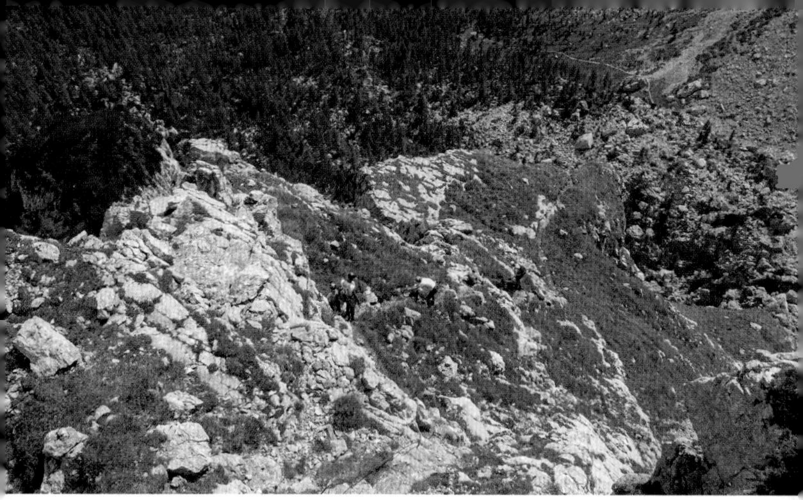

Im Aufstieg (dahinter unten der Abstiegsweg durch das Winkeltal).

Zustieg: Vom Parkplatz direkt auf der Passhöhe des Nassfeldpasses wandern wir auf dem KHW (Karnischen Höhenweg) 03 hinauf zur Madritschen (1909 m) und dann entlang des »Aqua Trails« zum Madritschensattel (1833 m) hinunter. Südöstlich des Speichersees befindet sich eine Schautafel mit Wegweisern zu beiden Klettersteigen.
Klettersteig: Vom Einstieg geht man zunächst, den Markierungen folgend, über Geröll und Blockwerk bis zum höchsten Punkt des Geröllkegels. Dort beginnen die ersten Seile, die in wenigen Serpentinen hinauf zu einer kleinen Scharte führen (A). Nun führt der Steig am Ostgrat hinauf, wobei mehrere Steilstufen zu überwinden sind, die durch felsdurchsetzte, grasbewachsene Passagen verbunden sind (A bis B). Am Gipfel des Winkelturms begrüßen einen ein markierter Stein und eine kleine Madonnenstatue. Der Steig führt nun kurz nach Norden und um einen Felsvorsprung herum hinunter in die Scharte zwischen Winkelturm und Torre Clampil (A/B und B). Rasch gelangt man zunächst über gestuften Fels (A), dann über die recht große, sanfte und grasbewachsene Nordabdachung zum Gipfelkreuz am Torre Clampil.
Vom Gipfel in nördliche, dann westliche Richtung absteigend erreicht man wieder Felsgelände. Drahtseile führen zum Westgrat (A und A/B) und auf diesem über eine Steilstufe (B/C) in die Winkelscharte.
Abstieg: Von der Winkelscharte steigen wir nach Osten zur Winkelalm ab, in entgegengesetzter Richtung zum Aufstieg in Tour 66, und gehen dann zum Ausgangspunkt zurück. Gut kann man auch vom Gipfel den Klettersteig wieder zum Einstieg am Madritschensattel absteigen und zur Bergbahn zurückgehen.

66 Via ferrata Enrico Contin auf den Rosskofel

6.00 Std.

Ein etwas anderer Weg, um das Meer zu sehen

Der Rosskofel ist ein Grenzberg zu Italien, dessen wunderschöne und vielfältige Flora hervorzuheben ist. Zudem sieht man an klaren Tagen von hier aus sogar das Meer. Der Steig wurde 1969 zum Andenken an den verdienstvollen Präsidenten des CAI Pontebba errichtet und bietet die praktische Möglichkeit, auf italienischer Seite durch das Winkeltal auf den Rosskofel zu gelangen.

Ausgangspunkt: Parkplatz am Nassfeldpass, 1540 m.
Gehzeiten: Parkplatz – Einstieg 1.30–2 Std.; Klettersteig 1.30 Std., Abstieg 2.30–3 Std.; gesamt ca. 6 Std.
Charakter: Teils gesicherter Steig. Wo wirklich nötig, finden sich Eisenstifte und Drahtseile. Im Aufstieg zur Winkelscharte kann lange in den Sommer hinein Schnee liegen.
Schwierigkeit: Meist A und A/B, kurz B, sowie UIAA I.
Höhenunterschied: Ca. 1000 Hm, davon ca. 200 Hm teils gesichert.
Höchster Punkt: Rosskofel (Monte Cavallo), 2240 m.
Exposition: Ost, dann Nord.
Stützpunkte: Biwak Lomasti südwestlich unterhalb des Rudnigsattels, 1900 m; Betriebe am Nassfeldpass.
Hinweis: Karte siehe Tour 65.

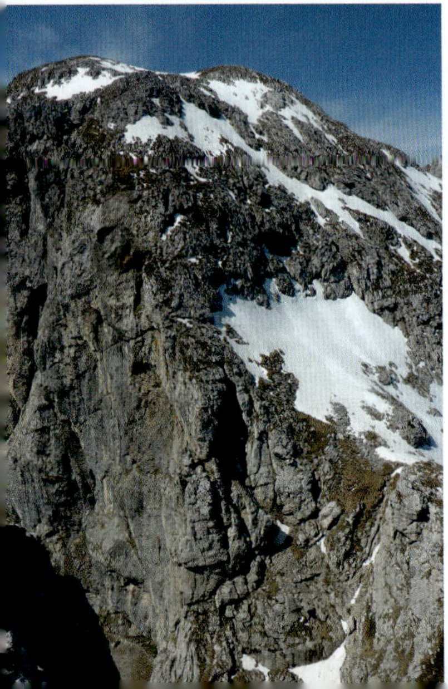

Zustieg: Vom Parkplatz am Nassfeldpass wandern wir westlich des Sees auf Weg Nr. 433 durch das Moor und dann durch Wald zur unteren Winkelalm (Cra. Winckel, 1470 m). Inmitten des Almbodens steht ein Zollhaus, an diesem geht man links vorbei zu einem Felsblock mit rotem Hinweispfeil. Wir steigen weiter durch Lärchenwald und über Blockwerk immer rechts von den Schuttreisen der Rosskofel-Nordwand aufwärts. Auf einem Almplateau (ca. 1650 m) stößt man auf einen großen Felsblock mit verschiedenen Hinweisen: Pfeil nach links »Via F. Schiavi«, Pfeil in gerader Richtung »Forc. Ferrata Contin«,

Der Steig verläuft vom Schneefeld unten zur Scharte rechts und über den Gratrücken in der Bildmitte nach oben.

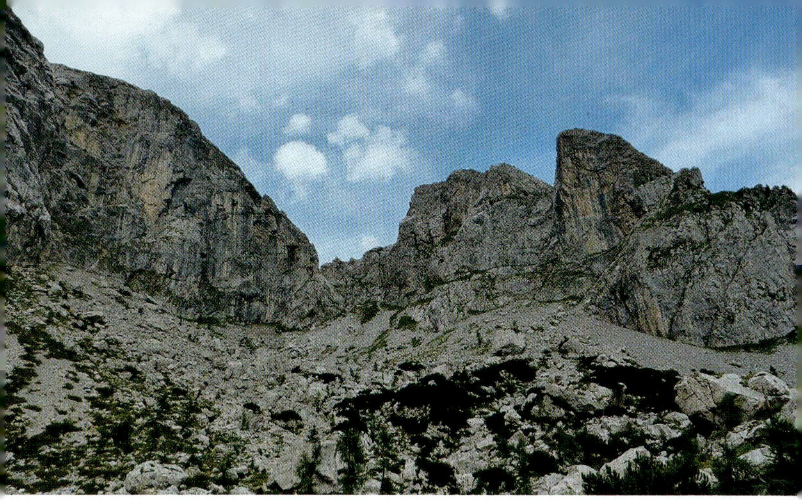

Das Blockkar zwischen Rosskofel und Winkelturm. In der Bildmitte ist die Winkelscharte bereits zu erahnen.

man folgt Letzterem. Man hält sich leicht links und gelangt über Felsblöcke in einen breiten Kessel unterhalb der Nordwand. Rechts in dem Blockgewirr sieht man einen markanten Felsblock mit einem breiten Spalt. An diesem vorbei steigen wir steil und mühsam nach links über Schrofen und Geröll zu der schon sichtbaren Rinne, die von der Winkelscharte herabführt.
Steig: Die Scharte wird mithilfe eines kurzen Drahtseils (A/B) und in leichter Kletterei erstiegen. Von der Scharte klettert man nach links über Stufen und Schrofen an Drahtseilen empor (A und A/B). In der Folge wechseln sich gesicherte Stellen und Gehgelände ab, wobei eine Steilstufe und Felsrippen sowie eine kurze Rinne (teils B) zu ersteigen sind. Steil empor gelangt man auf einen gratähnlichen Vorbau (A/B). Über grasbedecktes Terrain, durch einen Graben und vorbei an graugrünen Felsbrocken geht man nun unschwierig zum Gipfel.
Abstieg: Über den Anstiegsweg oder – etwas länger, aber viel schöner – auf folgender Strecke: Wir folgen kurz dem Aufstiegsweg hinunter zur Wegteilung, an der wir den Normalweg (Nr. 414) nach links wählen. Zuerst abwärts, dann unterhalb der Nordwände querend und anschließend wieder steil hinab erreichen wir den Rudnigsattel (1945 m). Nun steigt man auf dem ziemlich ausgetretenen Weg (KHW 03) in die Rudnigalm ab und dann wieder ca. 200 Hm zur Madritschen hinauf, bevor der gemütliche Abstieg zum Nassfeldpass beginnt. Versierte Wanderer können Höhe halten und nahe des Rudnigsattels in östliche Richtung abzweigen. Man gelangt so direkt zum Madritschensattel und von diesem weiter zur Madritschen.

67 Via ferrata Crete Rosse auf den Trogkofel

5.00 Std.

Durch den Trog auf den Kofel

Was diesen Eisenweg so attraktiv macht, ist nicht nur der kurze Zugang, sondern, dass er dank seiner Exposition als erste wie auch letzte Tour des Jahres gemacht werden kann. Die Anlage wurde 1980 vom CAI Pontebba errichtet.

Ausgangspunkt: Rudnigalm. Auffahrt von Tröpolach über Schlanitzen auf guter Schotterstraße (Viehgatter bitte immer schließen), mit PKW etwa 30 Min. Fahrzeit.
Gehzeiten: Rudnigalm – Einstieg 1.30 Std., Einstieg – Gipfel 1–1.30 Std., Abstieg über Uiberlachersteig 2 Std.; gesamt ca. 5 Std.
Charakter: Alpiner Klettersteig. Kurzer südseitiger Anstieg durch eine schluchtartige Rinne (»Trog«) und über eine kurze, ausgesetzte Schlüsselstelle. Ab dem begrünten Kessel Gehgelände bis zum Gipfel.
Schwierigkeit: Durch den »Trog« meist A/B, selten B, Schlüsselstelle B/C.
Höhenunterschied: Ca. 700 Hm, davon Klettersteig ca. 150 Hm.
Höchster Punkt: Trogkofel (Creta di Aip), 2280 m.
Exposition: Süd.
Stützpunkte: Rudnigalm, 1621 m, Tel. +43 664 945 81 32, alpenvereinaktiv.com/de/bewirtschaftete-huette/rudnigalm/9866717/; Biwak Lomasti südwestlich unterhalb des Rudnigsattels, 1900 m.

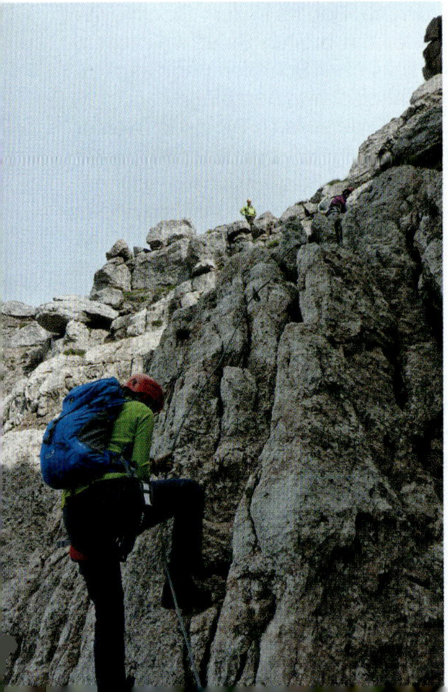

Zustieg: Bei der Rudnigalm gehen wir auf Steig Nr. 413 bergaufwärts und folgen dann den Markierungen durch das Kar der Rudnigalm, vorbei an der Abzweigung zum Uiberlachersteig und zuletzt steil hinauf, bis der Weg auf den Karnischen Höhenweg (KHW 03) trifft. Diesem folgt man nach rechts. Nach einem kurzen Abstieg und einer kurzen Querung unterhalb der Südwände des Trogkofels erreicht man den Einstieg.
Klettersteig: Man klettert rechts über gut gestuften Fels hinauf zur Tafel (A) und weiter rechts in eine schluchtartige Rinne, die man bis zu deren Ende (A bis B, meist A/B) durchsteigt. Über Felsstufen gelangt man zu einer Kante und über

In der Schlüsselstelle.

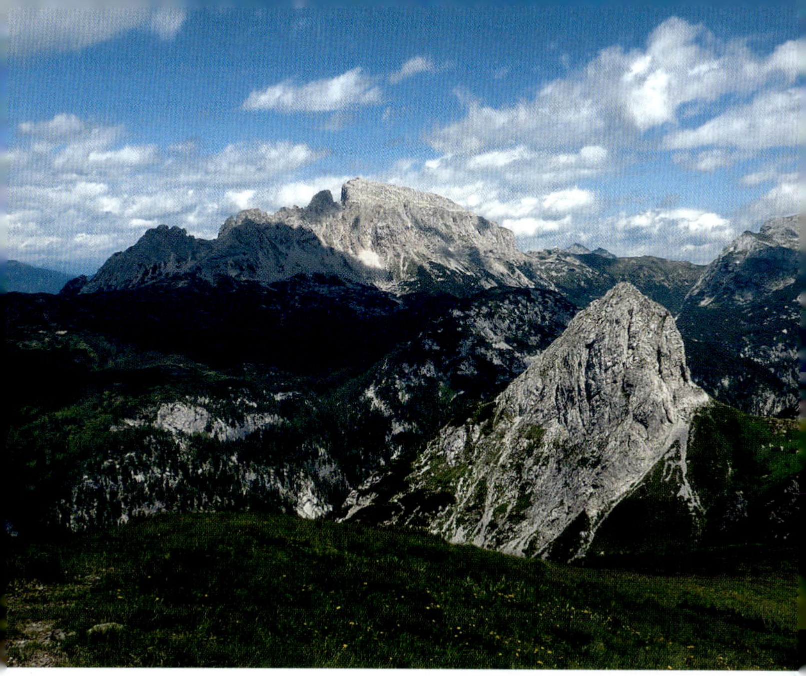

Der Trogkofel von Süden. Der Steig verläuft in der Nähe des Wolkenschattens rechts.

diese hinauf auf eine kleine Schuttterrasse (Achtung, keine Steine lostreten!). Weiter geht es durch eine Höhle und durch eine kaminartige Verschneidung auf eine Kanzel. Nun führt der Steig luftig über eine Wandstufe hinauf (B/C) und in der Folge über Felsabsätze und Schrofen in einen begrünten Kessel. Den rot-blauen Markierungen folgend erreichen wir über Geröll und plattigen Fels schließlich den Gipfel (Gehgelände).

Abstieg: Wie Aufstieg oder über den Uiberlachersteig wie in Tour 68 beschrieben.

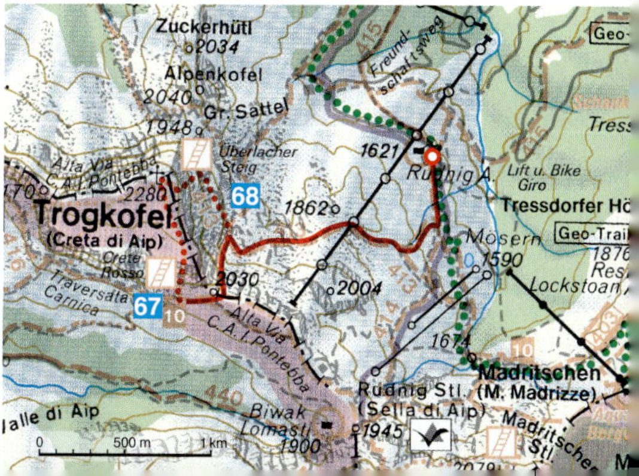

68 Uiberlachersteig auf den Trogkofel

4.30 Std.

Eine altbewährte Aufstiegsroute

Seine schönste Seite zeigt der Trogkofel dem Gailtal. Die fast senkrechten Nordwände werden im oberen Teil durch eine sanfte Stufenform abgeschwächt, wo bis in den Sommer hinein ein großes Schneefeld liegt. Geschickt führt der Uiberlachersteig unter den Ostabbrüchen vorbei und durch die Nordostflanke. Oben erwarten uns ein grandioser Rundumblick, ein Gipfelkreuz und viel Platz.

Ausgangspunkt: Rudnigalm. Auffahrt von Tröpolach über Schlanitzen auf guter Schotterstraße (Viehgatter bitte immer schließen), mit PKW etwa 30 Min. Fahrzeit.
Gehzeiten: Rudnigalm – Trogkofel 2–2.30 Std., Abstieg 2 Std.; Gesamtzeit ca. 4.30 Std.
Charakter: Teils gesicherter Steig. Für Felsversierte normalerweise problemlos zu begehen. Die Steiganlage wurde 2010 saniert, es wurden die Ketten durch Drahtseile ersetzt.
Schwierigkeit: A bis B, mehrere Stellen UIAA I.
Höhenunterschied: Ca. 650 Hm, davon ca. 200 Hm teils gesichert.
Höchster Punkt: Trogkofel (Creta di Aip), 2280 m.
Exposition: Nordost.
Stützpunkte: Rudnigalm, 1621 m, Tel. +43 664 945 81 32, alpenvereinaktiv.com/de/bewirtschaftete-huette/rudnigalm/9866717/.
Hinweis: Karte siehe Tour 67.

Auf der 15-sprossigen Leiter.

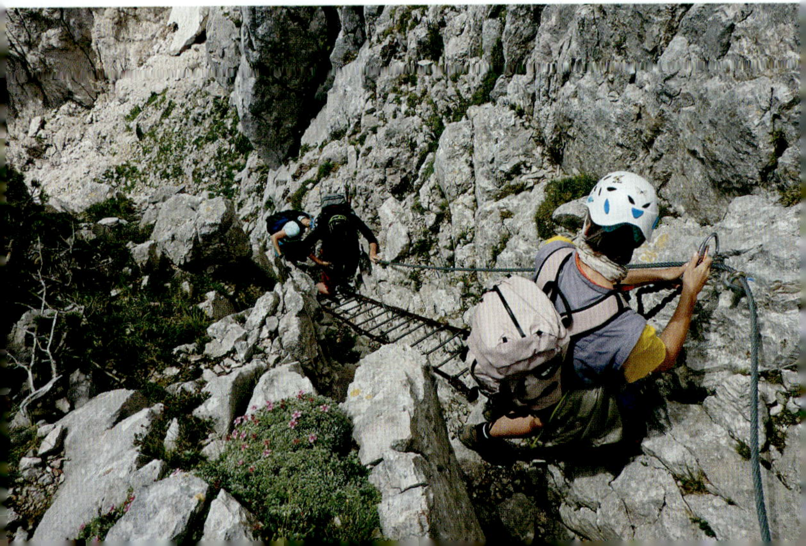

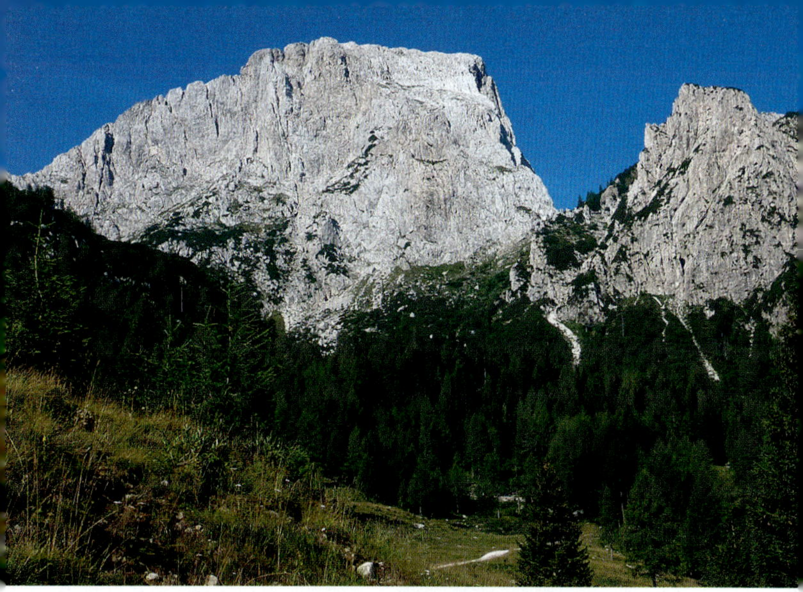

Der Steig führt über die latschendurchsetzten Stellen schräg nach rechts hinauf auf das Geröllfeld und dann links auf das Gipfelplateau.

Zustieg: Bei der Rudnigalm gehen wir auf Steig Nr. 413 bergaufwärts und folgen dann den Markierungen durch das Kar der Rudnigalm bis zur Abzweigung zum Uiberlachersteig (Wegweiser) direkt unterhalb der Ostwand des Trogkofels.
Steig: An der Abzweigung quert man unterhalb der Ostwände in nördlicher Richtung schräg hinauf. Die erste Seilsicherung führt zu einer Leiter (B). Der Steig führt weiter hinauf in eine Schlucht, die man gleich wieder nach rechts verlässt. (Achtung: Hohe Steinschlaggefahr! Markierungen in der Schlucht weiter oben ignorieren!) Nun gelangt man auf eine Terrasse, von der aus man rechts oben einen markanten Zacken sieht, zu dem wir uns hin bewegen. Über Schrofen, Stufen und kleine Wandabsätze erreichen wir eine luftige 13-sprossige Eisenleiter, der sofort im Anschluss eine zweite, 15-sprossige, folgt (jeweils B, dazwischen A und A/B). Jetzt erreicht man rechts ein Band, von welchem aus man zu einem kanzelartigen Aufbau gelangt. Steil hinauf steigt man über Stufen und Schrofen über ein Geröllfeld (bis in den Frühsommer Schneefeld) und anschließend in leichter Kletterei nach links hinauf über Schrofen und Felsblöcke auf das Gipfelplateau (teils bis A/B). In wenigen Minuten erreicht man nun den Gipfel (Gehgelände).
Abstieg: Wie Aufstieg.

TOP 69 Überschreitung von Monte Zermula und Zuc della Guardia

6.00 Std.

Weißer Fels in sattem Grün

Der Monte Zermula erstreckt sich südlich parallel zum Grenzkamm. Sein breiter, langgezogener Rücken mit der eigenartigen Gesteinsform erscheint dem Betrachter wie ein Felsriff. Der Zuc della Guardia hingegen ragt wie ein Zuckerhut aus dem satten Grün der Umgebung. Die hier beschriebene Route verbindet die Überschreitung des Monte Zermula mit der Überschreitung des Zuc della Guardia. Auf Ersteren führt die »Via ferrata Amici della Montagna«, auf Letzteren die »Via ferrata degli Alpini al Zuc della Guardia«.

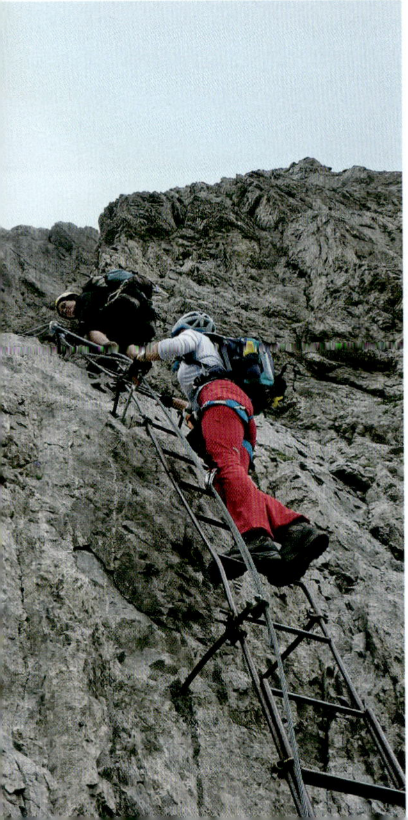

Ausgangspunkt: Passo del Cason di Lanza (Lanzenpass), 1552 m; Auffahrt von Paularo oder von Pontebba via Studena Bassa (diese Auffahrt ist nach starkem Regen öfter wegen Felssturz gesperrt – aktuellen Zustand erfragen!).

Gehzeiten: Lanzenpass – Einstieg 1 Std., Einstieg – Monte Zermula 1.30 Std., Abstieg zum zweiten Einstieg 1.30 Std.; Überschreitung Zuc della Guardia 1.30 Std., weiterer Abstieg 0.30 Std.; gesamt ca. 6 Std.

Charakter: Alpiner Klettersteig. Der rauhe Fels erleichtert das Steigen, Felsberührung sollte jedoch besonders am Monte Zermula vermieden werden. Nach schneereichem Winter sind für die steilen Schneefelder Teleskopstöcke ratsam.

Schwierigkeit: Am Monte Zermula oft B, meist aber leichter, wenige Stellen B/C. Am Zuc della Guardia anfangs mehrere, längere Stellen C, dann meist B, teils A/B.

Höhenunterschied: Ca. 800 Hm, davon Klettersteige ca. 250 Hm und 150 Hm.

Höchster Punkt: Monte Zermula, 2143 m; Zuc della Guardia, 1911 m.

Exposition: Nord (Monte Zermula), Süd (Zuc della Guardia).

Stützpunkte: Rifugio Casera Cason di Lanza am Lanzenpass, 1552 m, Tel. +39 348 820 65 05, escursionismo.it/rifugi-bivacchi/casera-cason-di-lanza-15575.

Einstieg mit Leiter am Zuc della Guardia.

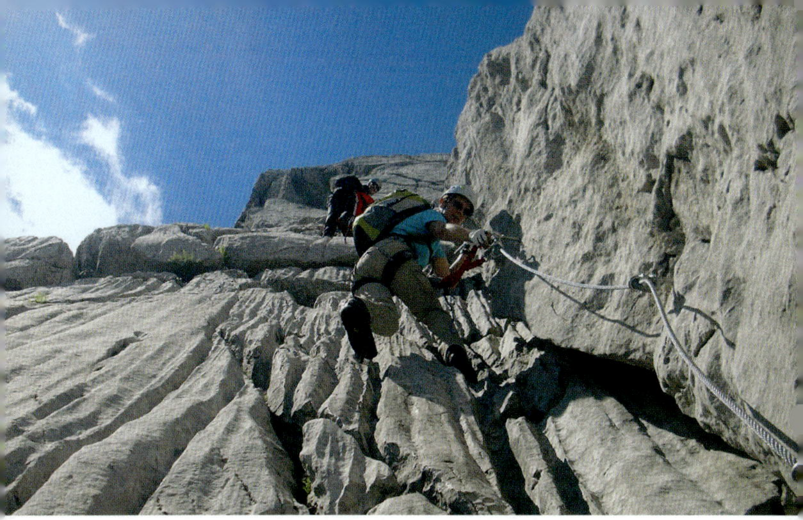

Ein typischer Steilaufschwung in der Ferrata Amici della Montagna.

Zustieg: Vom Lanzenpass beim Hinweis am Stein (»Ferrata«, gelb-rot) führt der Weg unter Lärchen und durch Latschen in Richtung Nordflanke des Monte Zermula. Im weiteren Verlauf gelangt man durch überwachsenes Blockgelände zu einer Schuttreise, die man quert. Weiter geht es über teils grasdurchsetztes Geröll und zuletzt mühsam einen steilen Schuttkegel hinauf zum Einstieg (oft Schneefeld).

Via ferrata Amici della Montagna am Monte Zermula: Zunächst steigen wir über Felsstufen, Platten und kaminartige Rinnen auf (meist B). Über einen Absatz und durch Geröllrinnen gelangen wir dann zu einer Kassette mit Wandbuch. Die Route führt weiter, etwas links haltend, über Steilstufen mit stark ausgeprägten Wasserrinnen und Schrofen in der Falllinie hinauf (A/B bis B/C). So gewinnt man rasch an Höhe und bald wird rechts oben der Gipfel sichtbar. Am Grat enden die Drahtseilsicherungen. Wir wenden uns nach rechts, einen Kriegssteig südlich unterhalb des Grates benutzend, und steigen dann über den begrünten letzten Aufschwung in wenigen Minuten zum Gipfel.

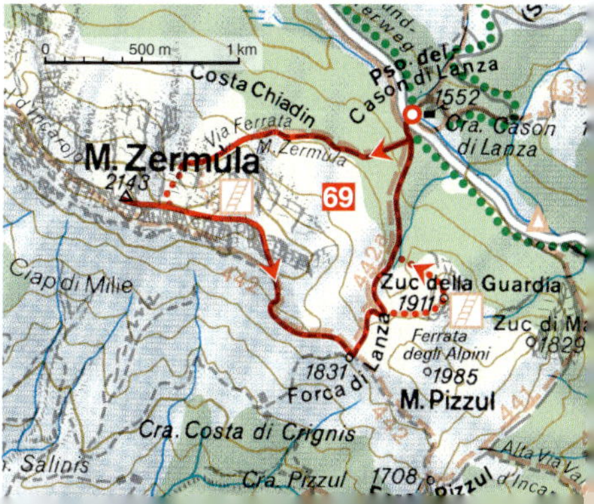

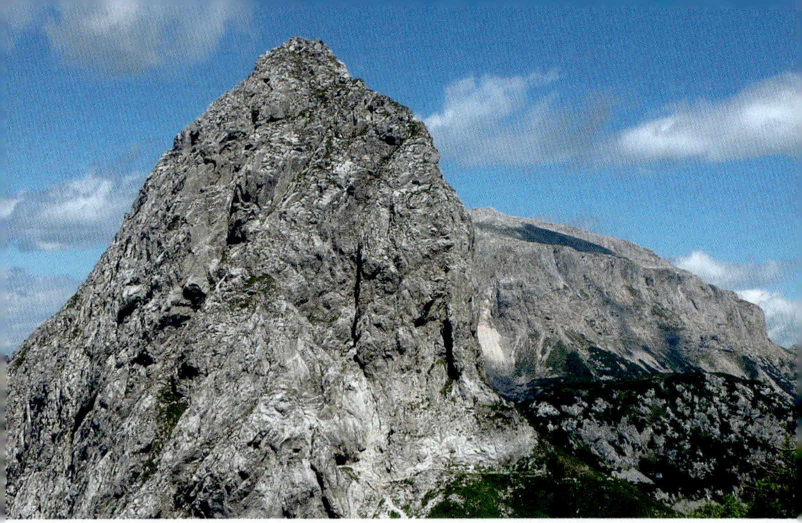

Zuc della Guardia: Überblick über den Steig, der von der Kaverne zuerst nach links hinauf und dann entlang der Verschneidung nach rechts auf den Gipfel führt.

Querung: Vom Gipfel steigt man anfangs entlang der Aufstiegsroute in Richtung Osten ab. Wir gehen jedoch am Klettersteig-Ausstieg vorbei und bleiben südlich unterhalb des Grates am Kriegssteig, der uns an einigen Kavernen vorbeiführt. Zuletzt leitet er steil hinunter auf einen Almboden, auf dem einige ehemalige Schützengräben überschritten werden (Achtung, diese sind im hohen Gras oft schwer zu sehen!). Bald erreicht man die Forca Lanza (1831 m), von wo aus man linker Hand auf dem Weg Nr. 442a hinunterwandert.
Bald darauf kommt man zu einer weiteren Weggabelung. Geradeaus führt der Weg direkt hinunter zum Lanzenpass. Wir gehen aber nach rechts, teils in und teils neben Schützengräben nahezu waagrecht hinüber zum Zuc della Guardia und dort bis zum Eingang der großen, weit sichtbaren Kaverne.
Via ferrata degli Alpini am Zuc della Guardia: Dieser Steig beginnt mit einer senkrechten Leiter (C) und führt dann über Platten zu einer Verschneidung, der man nach links hinauf folgt (B bis C). So gelangt man zum Wandbuch. Anschließend erreicht man eine Kanzel, wendet sich nach rechts, geht kurz am Grat entlang und steigt dann in einer Verschneidung nach rechts hinauf (A/B bis B/C). Allmählich wird der Fels stufiger und man gelangt in wenigen Minuten zum Gipfel (meist A/B).
Abstieg: Über einen abschnittsweise gesicherten Steig entlang des teils gerölligen und steilen Nordwestrückens erreicht man bald den Latschengürtel, den man durchquert. Am Nordende eines sumpfigen Kessels gelangt man schließlich auf Weg Nr. 442a, dem man nach rechts zum Lanzenpass folgt.

4.00 Std.

Klettersteig auf den Hohen Trieb

70

Kurzes Vergnügen auf Platten in Almnähe

Wegen ihrer günstigen Lage kann man allen Bergsteigern diese schöne und kurze Bergfahrt empfehlen. Die Begehung des Hohen Trieb setzt allerdings etwas alpine Erfahrung und Sicherheit im Fels voraus. Den gesamten Aufbau des Berges erblickt man erst vom Gipfel des Kleinen Trieb. Ungeübte begnügen sich mit der alpinen Schönheit des großen Bruders oder besteigen den Hohen Trieb auf dem Normalweg über den Westgrat. Der Hohe Trieb war wie die umliegenden Berge im Ersten Weltkrieg Kampfgebiet. In Gipfelnähe und darunter befinden sich Kavernen und verfallene Stellungsreste. Am Gipfel empfangen uns ein schönes Gipfereuz und ein grandioser Rundumblick.

Ausgangspunkt: Parkplatz nahe der Zollnerseehütte. Die Zufahrt erfolgt von Dellach im Gailtal, bei der Abzweigung Richtung Nölbling, danach fährt man ca. 2 km in Richtung Würmlach. Die Richtung weisen die Öltanks und zur Linken eine Hinweistafel (grüner Pfeil) »Geo Trail«. Nun beginnt die etwa 14 km lange Auffahrt auf einer Schotterstraße über die Vellacher Alm zum Parkplatz auf der Zollner Alm.
Gehzeiten: Zollnerseehütte – Kleiner Trieb 1.30 Std., Kleiner Trieb – Hoher Trieb 0.30–0.45 Std., Abstieg 2 Std.; gesamt ca. 4.00 Std.
Charakter: Alpiner Klettersteig. Für Felsversierte eine erlebnisreiche, kurze Tour; überraschend ausgesetzt, wenn man bedenkt, dass das Gelände von der Zollnerseehütte aus eher harmlos aussieht.
Schwierigkeit: Zwei kurze Stellen B/C, oft B, am Grat UIAA I.
Höhenunterschied: Ca. 500 Hm, davon Klettersteig ca. 150 Hm.
Höchster Punkt: Hoher Trieb (Monte Cuestalta), 2199 m.
Exposition: Nordost (Grat).
Stützpunkte: Zollnerseehütte, 1738 m, Tel. +43 676 960 22 09, alpenverein.at/zollnerseehuette/.
Tipp: Ein Abstecher zum Zollner See ist allemal lohnend, ebenso wie der Besuch des Geo-Trails bei der Hütte.

Das Gipfelkreuz mit blauer Madonna.

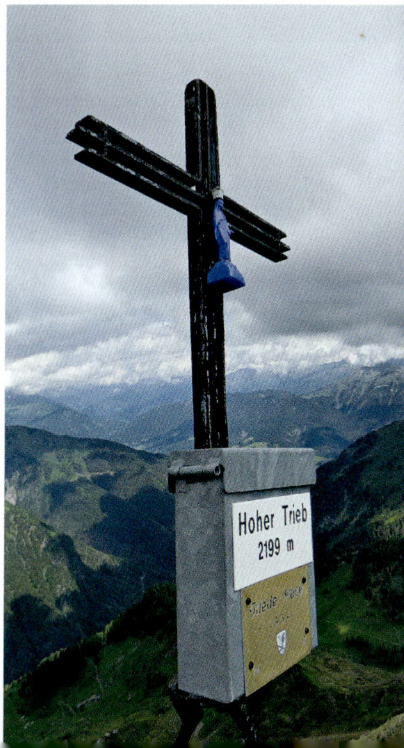

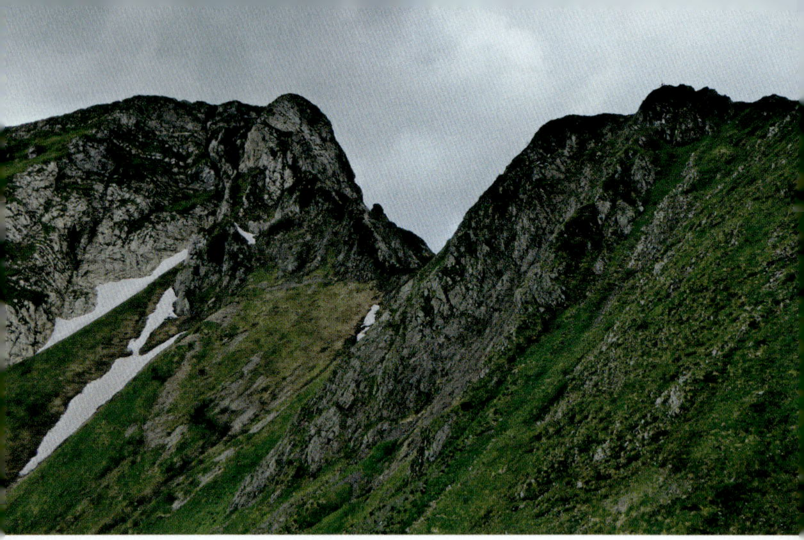

Gut zu sehen ist die Scharte zwischen Kleinem Trieb (rechts) und Hohem Trieb und der felsige Aufschwung, wo sich der Klettersteig befindet.

Zustieg: Von der Zollnerseehütte gelangen wir in südwestlicher Richtung auf Weg Nr. 421 (auch KHW 03) über Almböden in einen weiten Grassattel. Von dort geht es etwas mühsam in steilen Serpentinen über einen Hang mit Alpenrosen und Grünerlen aufwärts, und man erreicht in einer guten Stunde den Gipfel des Kleinen Trieb (2005 m).

Klettersteig: Vom Gipfel des Kleinen Trieb gelangt man steil absteigend (A/B) zum Sattel, der die beiden Gipfel verbindet und nicht gesichert ist. Mithilfe von Drahtseilsicherungen überwindet man dann den ersten Steilabsatz (ca. 2 m, B) über den Wandfuß. Darüber setzt sich der Aufstieg an teils locker gespannten Drahtseilen fort. Luftig am Grat (meist A/B) gelangt man zu einem Felsspalt, den man mit einem Spreizschritt überwindet (B). Über Schrofengelände (ungesichert und A/B) führt der Steig weiter zu einem Felsvorbau (B) mit anschließender Querung nach rechts (B). Über kleine Absätze geht es weiter hinauf, und alsbald luftig über Platten (B/C)

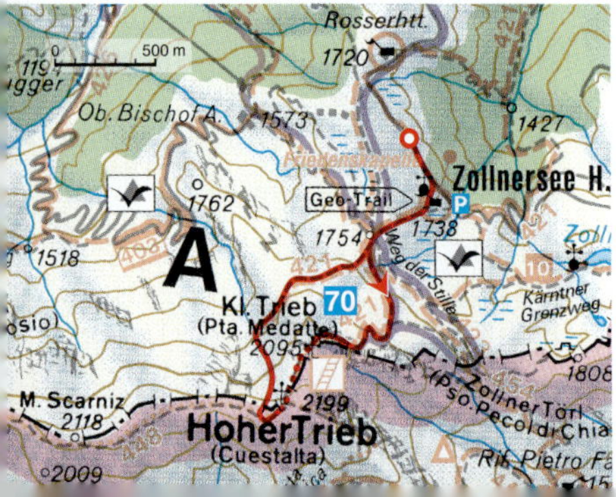

bis knapp unterhalb des Gipfels. Das Terrain wird nun flacher (A) und rasch gelangen wir zum höchsten Punkt des Hohen Trieb.

Abstieg: Wie Aufstieg oder als Rundtour über den Normalweg. Für die Rundtour steigen wir zunächst vom Gipfel nach Süden, dann nach Westen und vorbei an Stellungen ab. Der gut markierte, aber teils rutschige Steig führt alsbald in die Nordflanke des Hohen Trieb und dort steil nach unten ins Triebkar. Teils über Geröllhalden, teils über Almgelände queren wir von dort unter dem Kleinen Trieb vorbei zurück zum Grassattel, wo wir auf den Aufstiegsweg treffen und auf diesem weiter zur Hütte und zum Parkplatz absteigen.

Typisch: Über Platten geht es hinauf.

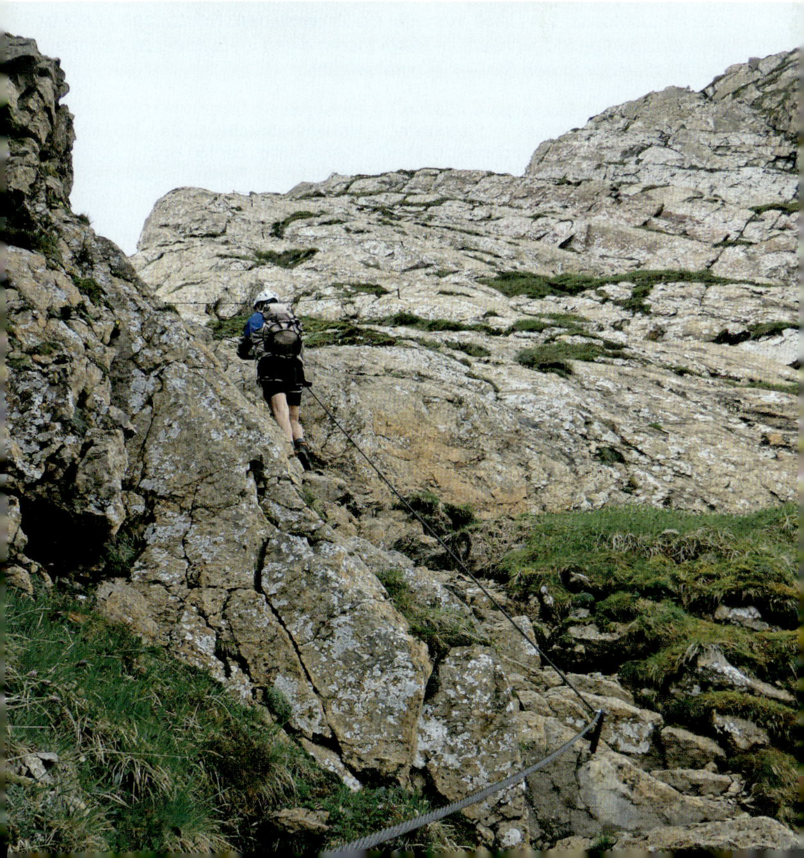

71 Klettersteig durch den Cellonstollen

2.30 Std.

Nass und finster, aber sehr beeindruckend

Die vier Klettersteige am Frischenkofel (Cellon) bieten für jeden etwas und lassen sich hervorragend kombinieren. Sie sind in der Form eines »H« angeordnet, den Mittelsteg bildet die Cellonschulter. Könner nehmen den linken Ast vom »H«, die Südroute, und bewegen sich damit im schwierigen Klettersteiggelände. Wer die Abwechslung sucht, wählt den Stollen unten und den Weg ohne Grenzen oben. Der rechte Ast vom »H«, zu dem der Stollen und der Steinbergerweg zählen, ist leichter. Der Cellonstollen ist, wie so vieles um den Plöckenpass, ein Relikt aus dem Ersten Weltkrieg. Heutzutage bietet er eine einzigartige Möglichkeit, im Berginneren einen Klettersteig zu begehen. Der Abstieg durch den Stollen ist nicht erlaubt.

Ausgangspunkt: Plöckenpass, 1357 m.
Gehzeiten: Plöckenpass – Stolleneinstieg 0.30 Std., Stollendurchstieg 0.30–1 Std., Abstieg ca. 1 Std.; gesamt ca. 2.30 Std.
Charakter: Alpiner Klettersteig. Wegen des fehlenden Tageslichts und der Nässe darf dieser leichte Klettersteig nicht unterschätzt werden. Eine Stirnlampe ist empfehlenswert.
Schwierigkeit: A bis B, teilweise Gehpassagen.
Höhenunterschied: Ca. 400 Hm, davon im Stollen ca. 150 Hm.
Höchster Punkt: Cellonschulter, 1829 m.
Exposition: Nordost.
Stützpunkte: Restaurants am Plöckenpass; das Plöckenhaus ist bis auf Weiteres geschlossen.
Hinweis: Gut zu kombinieren mit Tour 73 oder 74.

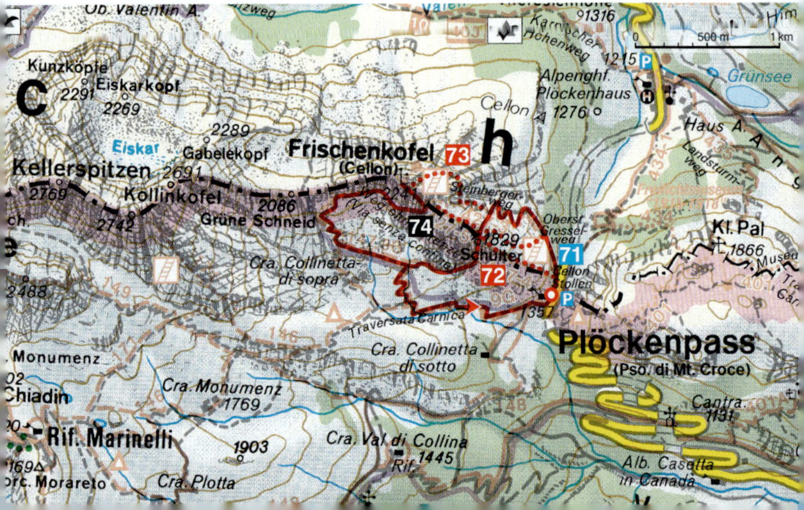

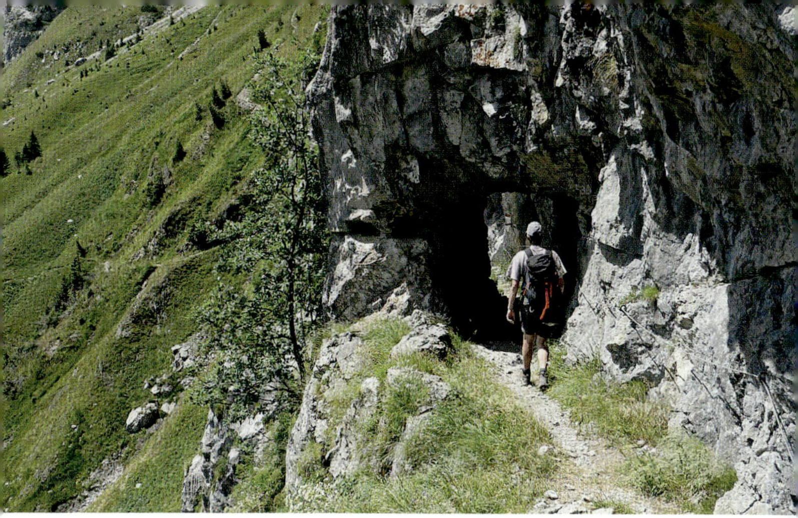

Im Abstieg auf italienischer Seite.

Zustieg: Vom Parkplatz unter dem Windrad folgen wir den Schildern und gelangen, den Straßentunnel übersteigend, in lichten Wald. Bei der ersten Weggabelung geht es nach links zum Oberst-Gressel-Gedenkweg, wir bleiben aber rechts. Bei der zweiten Weggabelung gehen wir links, rechts ginge es ohne Klettersteig über steile Almwiesen auf die Cellonschulter (unterer Teil des Steinbergerweges). Nach knapp 30 Min. erreichen wir den vermeintlichen und nach weiteren gut 5 Min. den tatsächlichen Stolleneingang.
Klettersteig: In gebückter Haltung geht man vorsichtig in den Stollen, um sich zunächst an die Dunkelheit zu gewöhnen. Neben der Dunkelheit ist sicher auch die Akustik gewöhnungsbedürftig. Im Stollen ist es meist sehr nass und dadurch extrem rutschig. Der Stollen ist auf weiten Strecken mit Klammern und Drahtseilen gesichert (A bis B). Der Steig führt ziemlich geradlinig parallel zu einer Felskante nach oben, aber eben im Inneren des Berges. Immer wieder gibt es Fenster, die den Stollen notdürftig mit Licht versorgen. Kurz nach dem Stollenausstieg bietet sich ein schöner Platz zum Rasten an, von dem man die Umgebung und ggf. die weiteren Touren bestaunen kann. Dann gehen wir auf dem markierten Steig weiter bergauf, der durch zwei rinnenartige Verschneidungen führt. Rasch sind wir auf der Cellonschulter.
Abstieg: Für den Abstieg wählt man an der Schulter rechts den Steinbergerweg oder – schöner und weniger abschüssig – links den Weg auf der italienischen Seite. Dieser führt durch ein paar kurze Tunnel und teilweise gesichert (A) über die Südhänge des Frischenkofels zur Unteren Collinetta-Alm und zurück zum Plöckenpass.

72 Oberst-Gressel-Gedenkweg auf die Cellonschulter

3.00 Std.

Luftige Alternative zum Stollen

Der Gedenkweg führte ursprünglich auf den Kleinen Pal östlich des Plöckenpasses. Die hohe Steinschlaggefahr veranlasste 2009 den ÖAV Obergailtal, diesen Steig in ähnlicher Schwierigkeit auf den Frischenkofel (Cellon) zu verlegen. Entstanden ist ein fantastischer Klettersteig, der sich vor allem durch den sehr kompakten Fels auszeichnet. Nahezu auf der gesamten Tour hat man atemberaubende Tiefblicke; fast so, als hinge man direkt über der Plöckenpass-Straße.

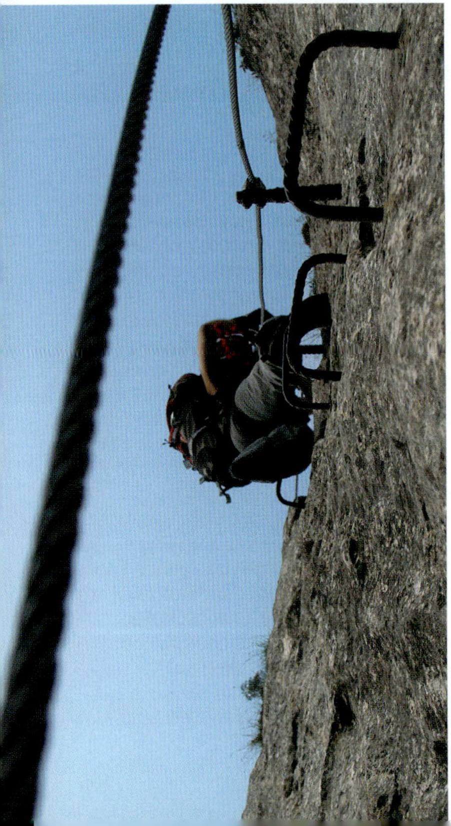

Ausgangspunkt: Plöckenpass, 1357 m.
Gehzeiten: Plöckenpass – Cellonschulter 1.30–2 Std., Abstieg ca. 1 Std.; gesamt ca. 3 Std.
Charakter: Alpiner Klettersteig. Luftige, oft ausgesetzte Route über glatte Platten, vorbildlich angelegt im Sinne eines modernen Sportklettersteiges. Achtung bei Nässe – durch den meist glatten Fels mit sehr wenigen Tritten wird der Klettersteig dann rasch um einen Grad schwieriger!
Schwierigkeit: Durchwegs B bis C, selten darunter, Schlüsselstelle C/D.
Höhenunterschied: Ca. 400 Hm, davon Klettersteig ca. 300 Hm.
Höchster Punkt: Cellonschulter, 1829 m.
Exposition: Ost.
Stützpunkte: Restaurants am Plöckenpass; das Plöckenhaus ist bis auf Weiteres geschlossen.
Tipp: Das Freilichtmuseum zum Ersten Weltkrieg am Kleinen Pal, das man bequem über den Alpini-Steig (Weg Nr. 401) auf italienischem Gebiet erreicht, ist einen Besuch wert. Man hat von dort einen guten Blick auf die gesamte Steiganlage.
Hinweis: Karte siehe Tour 71.

In der Schlüsselstelle.

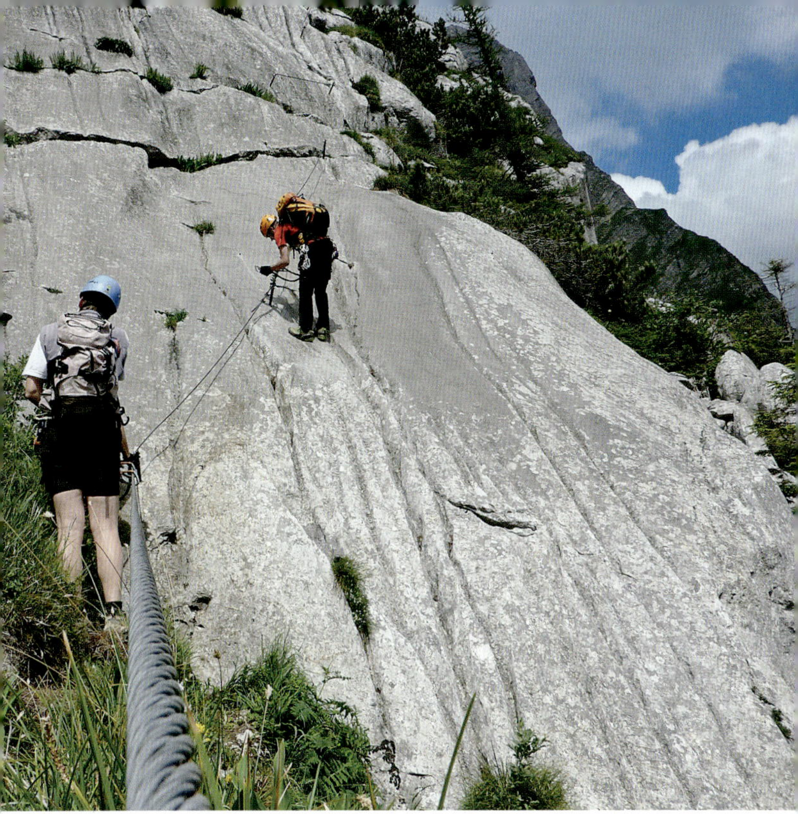

Über die Rillenplatten im oberen Teil.

Zustieg: Wir beginnen wie bei Tour 71. Aber gleich bei der ersten Weggabelung geht es nach links zum Einstieg (insgesamt rund 10 Min.).
Klettersteig: Gleich von Beginn an klettert man ziemlich lange über Platten steil hinauf (B bis C). Allmählich wird das Gelände strukturierter, der Steig führt über mehrere steile Stufen (abwechselnd A und C). Nach einer kurzen Gehpassage erreichen wir die Schlüsselstelle, eine über 10 m hohe Wand, die nur mit fünf Eisenklammern »entschärft« ist (C/D). Nach der Schlüsselstelle geht es teils über gestuften Fels, teils über Rillenplatten zum Ausstieg (A/B bis B/C). Dann wandert man auf dem markierten Steig weiter zur Cellonschulter.
Abstieg: Wie bei Tour 71.

73 Steinbergerweg auf den Frischenkofel

5.00 Std.

Klettersteig durch die Ostschlucht

Die Route des bekannten und auch vielbegangenen Klettersteigs auf den Frischenkofel an der österreichisch-italienischen Grenze wurde im Ersten Weltkrieg durch den Gendarmeriebeamten Steinberger unter schwierigsten Bedingungen erstiegen. Nach dem Krieg wurde diese historische Führe mittels Drahtseilen gesichert und so für Bergsteiger gangbar gemacht. Seit es den »Weg ohne Grenzen« (Tour 74) gibt, ist dieser Steig wegen der vergleichsweise unspektakulären Aussicht und der hohen Steinschlaggefahr etwas ins Hintertreffen geraten, wurde jedoch 2015 vorbildlich saniert.

Ausgangspunkt: Plöckenpass, 1357 m.
Gehzeiten: Plöckenpass – Cellonschulter 1–1.30 Std., Schulter – Frischenkofel 1.30–2 Std., Abstieg 2–2.30 Std.; gesamt ca. 5 Std.
Charakter: Alpiner Klettersteig. Steinschlaggefährdet, nahezu durchgängig direkt in der Ostschlucht bzw. in deren unmittelbarer Nähe. Teils exponierte Passagen.
Schwierigkeit: Durchwegs B bis B/C, direkt in der Schlucht teils UIAA I.
Höhenunterschied: Ca. 900 Hm, davon Klettersteig ca. 300 Hm.
Höchster Punkt: Frischenkofel (Cellon), 2241 m.
Exposition: Ost.
Stützpunkte: Restaurants am Plöckenpass; das Plöckenhaus ist bis auf Weiteres geschlossen.
Hinweis: Karte siehe Tour 71.

Zustieg: Wir beginnen wie bei Tour 71, gehen jedoch bei der zweiten Weggabelung nach rechts weiter und steigen über steile Almwiesen auf die Cellonschulter.
Klettersteig: Von der Cellonschulter quert man nach rechts zum unteren Ende der Ostschlucht (teils ausgesetzt). Diese überquerend gelangt man zur ersten Drahtseilsicherung. Sie führt zuerst steil über mit Gras durchsetzten Fels empor (A/B bis B/C), biegt dann nach links ab (B) und mündet über dem Einstieg in die Schlucht. Nun steigen wir direkt in der Schlucht meist ungesichert aufwärts und überwinden dabei einen markanten großen Stein. Bald aber weist uns ein rot-gelber Pfeil nach links. Der Steig führt nun wieder gesichert, immer links der Schlucht, über gestuften Fels und teils sehr steil und luftig empor (A/B bis B/C). Schließlich gelangt man über blumenreiche Grasmatten, die nur entlang der Klettersteigroute unterbrochen sind, weiterhin immer links von der Schlucht bis zum Ausstieg, wo ein kleiner Sattel in etwa 2100 m Höhe erreicht wird. Hier mündet auch der »Weg ohne Grenzen« ein. Wir wenden uns nach rechts und gelangen über einen Steig bald zum schon sichtbaren Gipfelkreuz.
Abstieg: Für den Abstieg nimmt man den sogenannten »Schafweg«, den Normalweg durch die Südflanke. Vom Gipfel kommt man im Zickzack am Ausstieg des Klettersteiges vorbei und erreicht über leichtes Felsgelände,

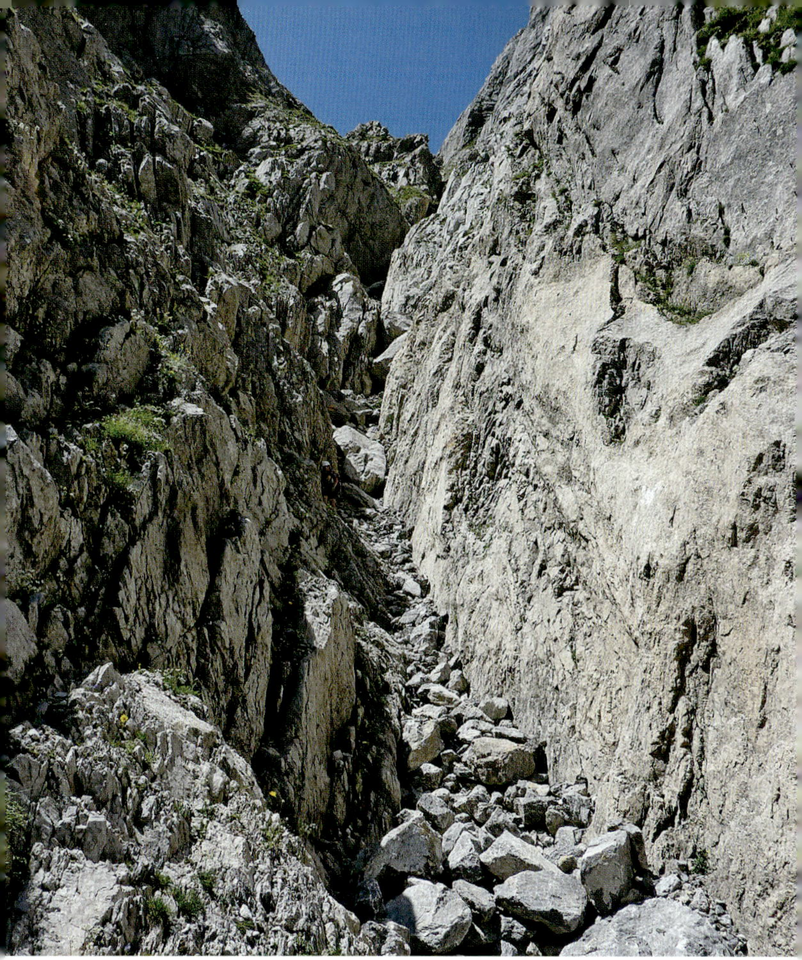

Immer links der Schlucht bleiben!

dann über Schrofen sowie steilen Fels das Almgelände der Oberen Collinetta-Alm (Cra. Collinetta di sopra). Bei der Einmündung in den Weg Nr. 146 wendet man sich nach links. Über Weiden und vorbei an Stellungen des Ersten Weltkriegs erreichen wir so alsbald die Passhöhe und damit den Ausgangspunkt.

TOP 74 Weg ohne Grenzen auf den Frischenkofel

6.00 Std.

Aufregend, ausgesetzt und abwechslungsreich

Der Beitritt Österreichs zur EU motivierte den ÖAV Kötschach-Mauthen 1995 zum Bau einer Eisenroute auf den Frischenkofel (Cellon). Ganz bewusst heißt diese Route daher »Weg ohne Grenzen« bzw. »Via Senza Confini«. Es entstand ein Klettersteig, der eine aufregende, ausgesetzte und abwechslungsreiche Linie im festen Fels zieht und sich großer Beliebtheit erfreut. Er erfordert allerdings die nötige Bergerfahrung, Ausdauer im ausgesetzten Fels und gute Kondition. Die als rassig und kühn zu bezeichnende Route ist mit 700 m Drahtseil und Eisenklammern hervorragend gesichert. Auf der Südseite des Frischenkofels erlebt man dann zur Belohnung einen Blumenreichtum besonderer Art.

Ausgangspunkt: Plöckenpass, 1357 m.
Gehzeiten: Plöckenpass – Cellonschulter je nach Variante 1–2.30 Std., Schulter – Frischenkofel 2–2.30 Std., Abstieg 2–2.30 Std.; gesamt ca. 6 Std.
Charakter: Alpiner Klettersteig. Anspruchsvolle, über weite Strecken sehr exponierte Routenführung. Für schwächere Teilnehmer Seilsicherung empfehlenswert. Vorsicht bei Nebel und Gewitterneigung, kein Fluchtweg!
Schwierigkeit: Mehrere und längere Stellen D, kaum unter B.
Höhenunterschied: Ca. 900 Hm, davon Klettersteig ca. 400 Hm.
Höchster Punkt: Frischenkofel (Cellon), 2241 m.
Exposition: Südost.
Stützpunkte: Restaurants am Plöckenpass; das Plöckenhaus ist bis auf Weiteres geschlossen.
Hinweis: Karte siehe Tour 71.

Einer der Steilaufschwünge in hervorragendem Fels.

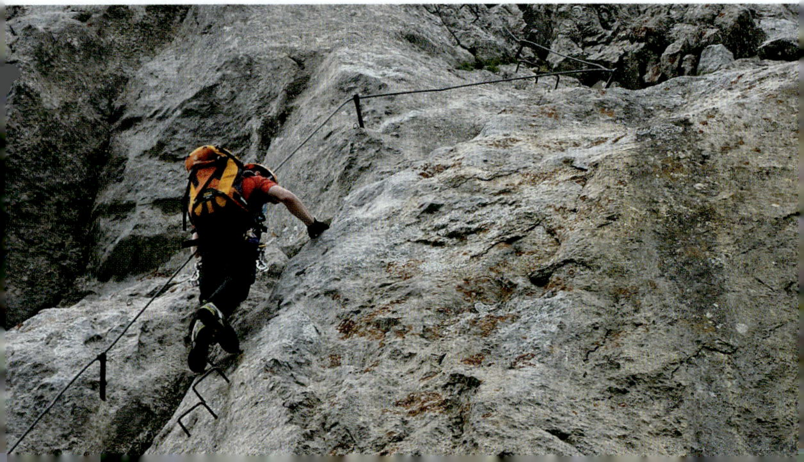

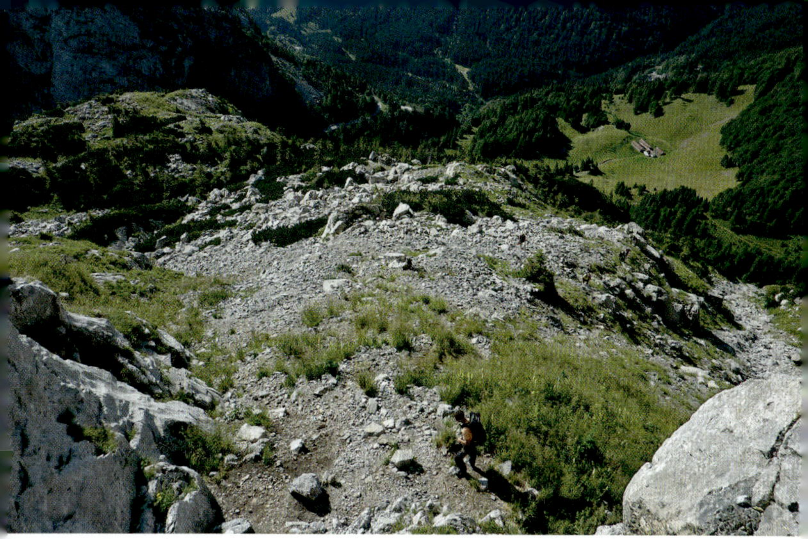

Blick vom Einstieg hinunter zur Collinetta-Alm, links die Cellonschulter.

Zustieg: Hier hat man die sprichwörtliche Qual der Wahl: Um zur Cellonschulter zu gelangen, nimmt man entweder den Stollen (Tour 71), den Oberst-Gressel-Gedenkweg (Tour 72), den unteren Teil des Steinbergerwegs (Tour 73), oder den Weg auf italienischer Seite (wie in Tour 71 als Abstieg beschrieben).

Klettersteig: Von der Cellonschulter gelangen wir, uns links aufwärts haltend, über Blockwerk bis unter die Felsen der Cellon-Ostwand und zum Wandfuß. Die erste Rinne (B) ist leicht bröckelig und wird abgelöst von einer glatten Plattenrampe (B bis C/D), die mit etlichen, aber weit auseinanderliegenden Klammern ausgestattet ist. Über einen Grat mit Felsblöcken (C) gelangt man zu einem senkrechten Kamin, der sehr kraftraubend durchstiegen wird (D). Der nachfolgende Grat ist eher flach (A/B) und endet in einem Steilaufschwung (B/C). Nach zwei Scharten kommen wir zur Schlüsselstelle des Klettersteigs (D): Der schräge Riss mit wenigen Tritten ist stark abdrängend. Diese Passage verlangt neben erheblicher Armkraft auch eine gute Klettertechnik. Ab hier geht es noch über eine Verschneidung und einen aus Platten bestehenden Grat (B bis C) hinauf in den Sattel, wo man Gehgelände erreicht und der Steinbergerweg einmündet. Zum Gipfelkreuz des Frischenkofels sind es dann noch ca. 15 Min. Hier erwarten einen die Überreste von Kriegsbauten aus dem Ersten Weltkrieg, aber auch eine grandiose Rundschau und stimmungsvolle Tiefblicke.

Abstieg: Wie bei Tour 73.

75 Weg der 26er auf die Hohe Warte

11.00 Std.

Direttissima in der Nordwand

Die Hohe Warte ist der höchste Gipfel der Karnischen Alpen. Die Erstbesteigung erfolgte 1865 durch Paul Grohmann mit Nicolo Sottocorona und dem Lesachtaler Bauern Hofer von der Südseite. Die Durchsteigung der Nordwand gelang erst 30 Jahre später (1898) Hans Kofler. Im Ersten Weltkrieg verlief hier die Front, daher mussten die Österreicher verschiedene Nordwege erschließen, so auch die Nordwand der Hohen Warte. Dieser historische Eisenweg wurde – einem ehemaligen Kriegssteig (damals mit Holzleitern) folgend – vom Jägerbataillon 26 Spittal/Drau des Österreichischen Bundesheeres errichtet. Dabei wurden 800 m Drahtseil und 200 Stifte bzw. Haken verbaut. Die Anlage wurde am 18. August 2000 eröffnet und erfreut sich seither großer Beliebtheit. Auf dem kühnen und interessanten Klettersteig sind Klettergewandtheit und erhebliche Armkraft allerdings unbedingt erforderlich (Reibungskletterei).

Ausgangspunkt: Untere Valentinalm, 1205 m, Zufahrt vom Parkplatz an der Plöckenstraße gegenüber dem Heldenfriedhof.

Gehzeiten: Untere Valentinalm – Valentintörl 3 Std., bzw. Wolayerseehütte – Valentintörl 0.30 Std., Valentintörl (Einstieg) – Gipfel 2.30–3 Std., Abstieg zum Rifugio Marinelli 1.30 Std., weiter zum Plöckenpass 2.30 Std., Querung zur Unteren Valentinalm 1 Std.; gesamt ca. 11 Std.

Charakter: Alpiner Klettersteig. Luftiger, teils ausgesetzter Klettersteig im höheren Schwierigkeitsbereich mit einigen Gehpassagen und im oberen Teil leichter Kletterei am Grat.

Schwierigkeit: Anfangs mehrere längere Stellen C bis D, am Grat A bis B und UIAA I–II.

Höhenunterschied: Ca. 1700 Hm, davon Klettersteig ca. 600 Hm.

Höchster Punkt: Hohe Warte (Monte Coglians), 2780 m.

Exposition: Nord, dann West.

Stützpunkte: Untere Valentinalm, 1205 m, Tel. +43 660 6799784, valentinalm.at/; Wolayerseehütte, 1959 m, Tel. +43 720 34 61 41, alpenverein.at/wolayerseehuette/; Rifugio Marinelli, 2120 m, Tel. +39 0433 77 91 77, cai-fvg.it/sentieri-e-rifugi/rifugi-e-opere-alpine/rifugi-in-fvg/104-rifugio-marinelli/.

Hinweis: Der in älteren Auflagen beschriebene Koban-Prunner-Weg ist an vielen Stellen sehr steinschlaggefährdet. Er führt über großteils schuttbedeckte Platten östlich des Weges der 26er in einem großen Bogen hinauf (UIAA I–II). Im oberen Teil quert er ein Kar, in dem lange in den Sommer hinein harter Firn liegt. Es sind kaum Stahlseile vorhanden, gelegentlich findet man einen Bohrhaken. Fazit: Wer einen Klettersteig gehen möchte, sollte den Weg der 26er wählen!

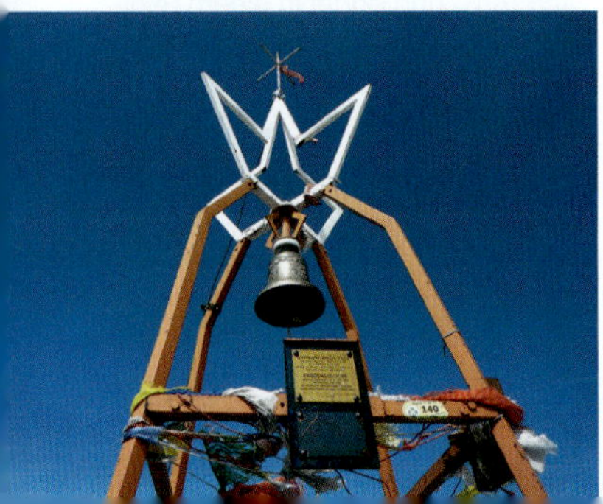

Die Friedensglocke am Gipfel.

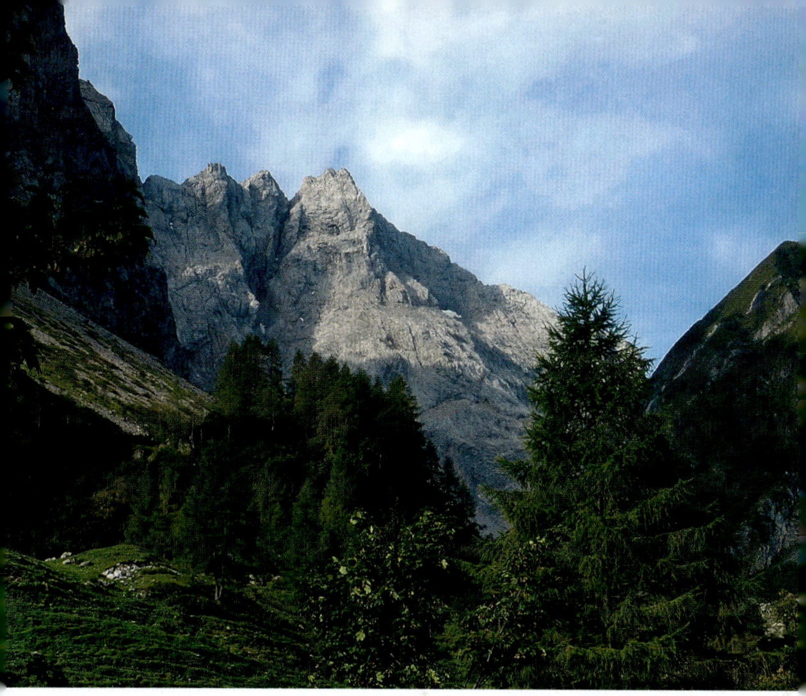

Gipfel und Westgrat der Hohen Warte sind bereits beim Aufstieg über die Valentinalm sehr dominant.

Zustieg: Von der Unteren Valentinalm (Gastwirtschaft) geht man auf einem Fahrweg aufwärts durch Wald und Sträucher auf die Obere Valentinalm (Herta-Hütte, Quelle) und dann auf dem KHW 03 talaufwärts weiter. Zwischen der Kellerwand links und dem Rauchkofel rechts gelangen wir steil und etwas mühsam (bis Frühsommer steiler Firn) hinauf zum Valentintörl (2138 m). Alternativ kann man auch von der Wolayerseehütte (Übernachtung, siehe Tour 76) zum Valentintörl aufsteigen.
Klettersteig: Direkt vom Valentintörl gibt es die Möglichkeit, auf einem kurzen, gesicherten Steig (A bis A/B) über die Felsformation mitten im Törl zu steigen. Einfacher ist es, wenn man einige Meter in Richtung Wolayersee absteigt, bei der Hinweistafel nach links abbiegt und so diese Felsformation an deren Fuß umgeht.
Der Steig leitet nun über Felsblöcke hinauf zu einem Stein und Tafeln mit Richtungshinweisen. Nach rechts gelangt man über Schutt steil aufwärts zu den ersten Drahtseilen des 26er-Klettersteigs (großer blauer Punkt).

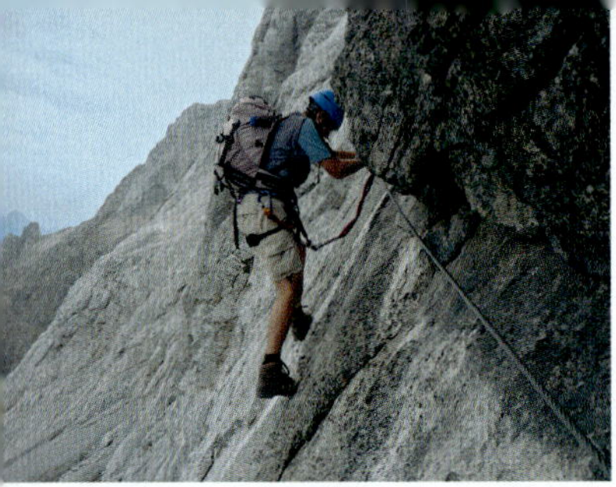

D-Stelle bei der ersten Querung nach dem Einstieg.

In eleganter Linienführung wird durch straff gespannte Seile der Verlauf vorgegeben. Im unteren Bereich führt der Steig über Platten, durch Kamine und Verschneidungen (durchgehend C bis D), wobei sehr wenige künstliche Tritthilfen zu finden sind. Einer etwas leichteren Stelle beim Wandbuch und der nachfolgenden Querung (B/C bis C) folgt nochmals ein Steilaufschwung (C/D), welcher erheblichen Kraftaufwand erfordert. Nun wird der Steig leichter (A bis B) und vereinigt sich beim großen Schutt- bzw. Schneefeld mit dem Koban-Prunner-Weg. Man steigt geradeaus weiter und in leichter Kletterei zum Beginn einer weiteren Drahtseilsicherung. Sie führt zunächst über Platten (A bis B), dann durch eine kaminartige Verschneidung sehr steil auf den Grat (B). Über einige Grattürme (A/B) und einen Spalt, der mit einem

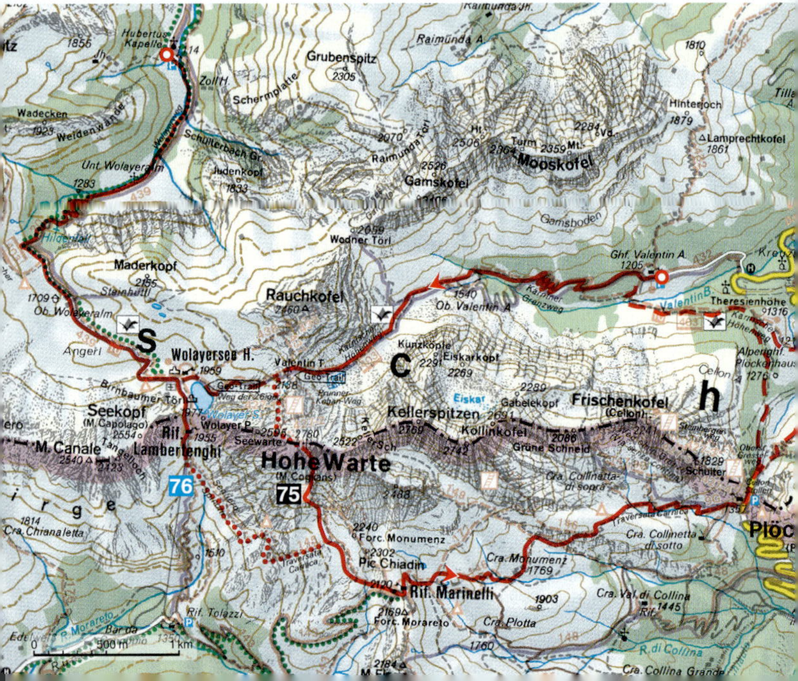

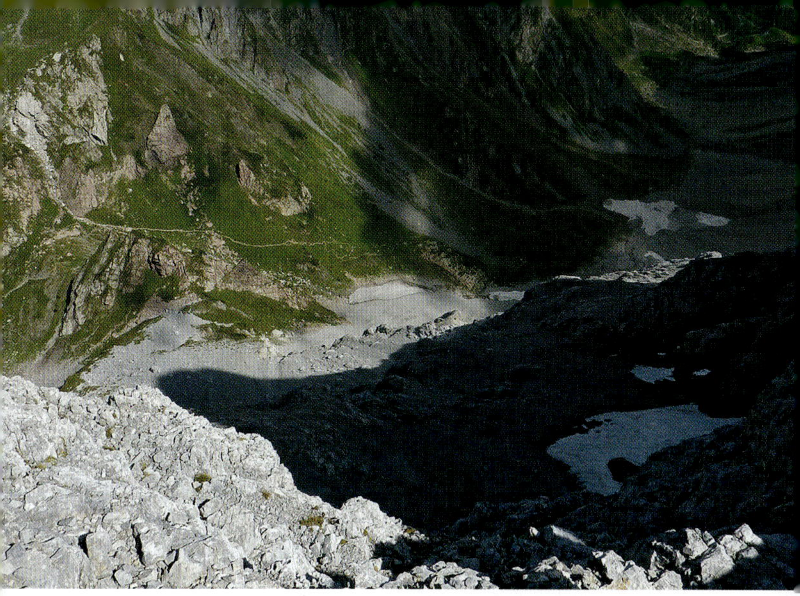

Atemberaubender Tiefblick vom Grat zum Valentintörl und ins Valentintal.

Spreizschritt überwunden wird, sowie über blockartige Stufen klettert man über den Westgrat zum Gipfel.

Abstieg: Für den Abstieg empfiehlt sich der Normalweg auf der Südseite der Hohen Warte. Dieser führt in mehreren Serpentinen über Felsstufen und Geröll in ein Kar und durch dieses weiter hinunter, bis nach links der Weg zum Rifugio Marinelli abzweigt. Landschaftlich schöner, aber etwas mühsamer ist die Variante über die Forca Monumenz und den Pic Chiadin.

Vom Rifugio Marinelli steigt man, dem beschilderten Weg folgend, über die »Traversata Carnica« zum Plöckenpass ab, wobei ein Gegenanstieg (ca. 100 Hm) durch eine Höhlung in einer Felsstufe die Möglichkeit bietet, ganz besondere Fotomotive einzufangen. Vom Plöckenpass kann man über Weg Nr. 434-1 zum Plöckenhaus und von dort auf dem KHW 03 über die Theresienhöhe zur Unteren Valentinalm zurückwandern. Weniger Höhenverlust macht man, wenn man vom Plöckenpass zunächst entlang der Straßengalerie und dann auf einem (unmarkierten) Forstweg, der über den Straßentunnel führt, weitergeht. Bei einer Forststraßenkreuzung nimmt man die Straße in nördlicher Richtung und erreicht so bald die Theresienhöhe. Der Abstieg über die Aufstiegsroute empfiehlt sich nur für sehr versierte Klettersteiggeher. Alternativ kann man über Tour 76 absteigen und von der Wolayerseehütte über das Valentintörl zum Ausgangspunkt zurückwandern.

76 Sentiero Spinotti auf die Hohe Warte

12.00 Std.

Über den Hohen Gang

Der Sentiero Spinotti wird als Alternative zu den rasanten Nordanstiegen gerne angenommen. Hier besteht auch für weniger versierte Bergsteiger die Möglichkeit, die Hohe Warte über leichteres Terrain in herrlicher Felsszenerie zu besteigen. Ein Reichtum an Alpenblumen verschiedener Art begleitet und erfreut den Alpinisten auf dieser Route.

Ausgangspunkt: Parkplatz bei der Hubertuskapelle unterhalb der Unteren Wolayeralm, 1114 m, Zufahrt von Birnbaum im Lesachtal.
Gehzeiten: Parkplatz – Wolayerseehütte 3 Std., über Wolayerpass und Rif. Lambertenghi zum Einstieg 0.30 Std., zum Gipfel 3–3.30 Std., Abstieg 5 Std.; ges. ca. 12 Std.
Charakter: Teils gesicherter Steig. Trittsicherheit und Schwindelfreiheit sind erforderlich. Teils sehr geröllig und abschüssig. Vorsicht bei Nässe und bei Nebel!
Schwierigkeit: A und oft A/B, viel Gehgelände, selten bis UIAA I.
Höhenunterschied: Ca. 1700 Hm, davon ca. 300 Hm teils gesichert.
Höchster Punkt: Hohe Warte (Monte Coglians), 2780 m.
Exposition: West.
Stützpunkte: Wolayerseehütte, 1959 m, Tel. +43 720 34 61 41, alpenverein.at/wolayerseehuette/; Rifugio Marinelli, 2120 m, Tel. +39 0433 77 91 77, cai-fvg.it/sentieri-e-rifugi/rifugi-e-opere-alpine/rifugi-in-fvg/104-rifugio-marinelli/; Rifugio Lambertenghi (wird schon seit längerem renoviert), 1955 m, Tel. +39 0433 78 60 74.
Tipp: Nahe dem Rifugio Lambertenghi gibt es seit 2007 eine 50 m lange Seilbrücke, an der man sich vergnügen kann. Atemberaubende Fotomotive ergeben sich quasi von selbst).
Hinweis: Karte siehe Tour 75.

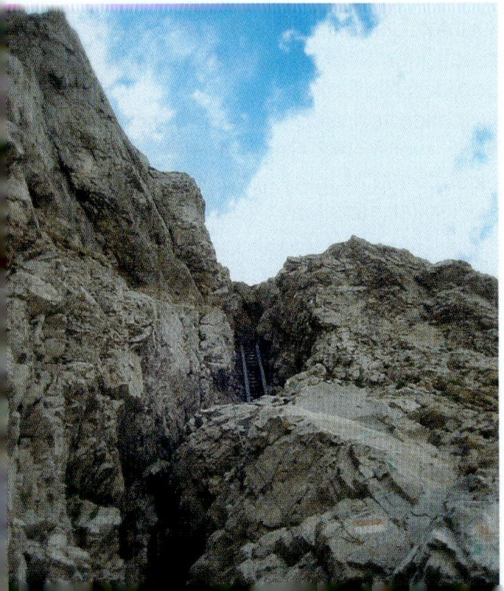

Zustieg: Am Parkplatz bei der Hubertuskapelle gehen wir auf einem Karrenweg über die Untere Wolayeralm in vielen Windungen und unterhalb des Wasserfalls (Hildenfall) bis zur Oberen Wolayeralm. Wir wandern weiter in Kehren aufwärts zu einem Sattel (links oben ein Gedenkstein am Frauenhügel) und in wenigen Minuten zur Wolayerseehütte. Von dort gelangt man am rechten Seeufer über den Wolayerpass zum Rifugio Lambertenghi und kurz dahinter bergabwärts zu einer Wegteilung.

Der Anfangskamin mit der massiven Leiter.

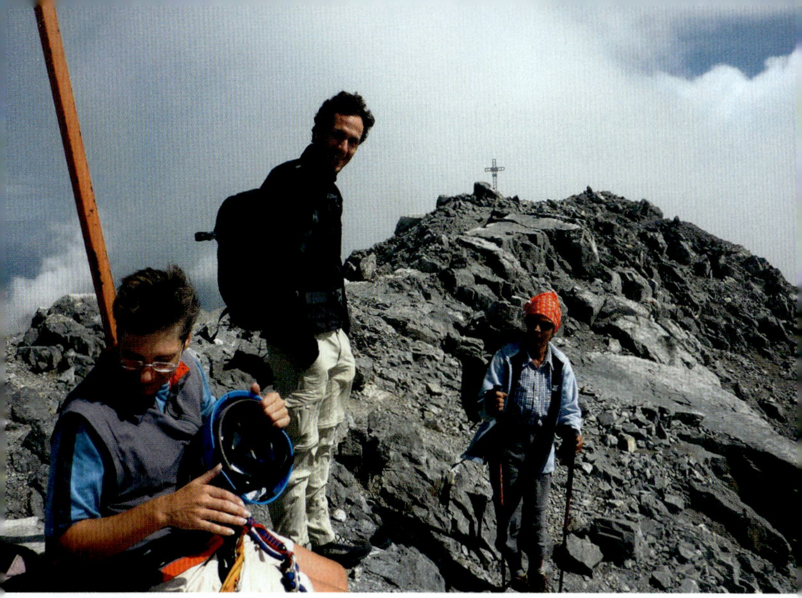

Am Gipfel der Hohen Warte.

Steig: Man benützt den Steig Nr. 145 zur Forca Monumenz (2240 m). Über eine Schutthalde erreicht man etwas absteigend einen Kamin. Diesen erklimmt man zunächst mithilfe von Drahtseilen, dann über eine massive Eisenleiter (A/B) und erreicht eine Kanzel. Jetzt führt der Steig nach links über künstliche Stufen aufwärts. Im Zickzack gelangt man empor zu einer Rinne bzw. zu einer rechtsseitigen Verschneidung und weiter über Stufen nach rechts aufwärts auf ein Band und zu einer Schlucht.
Nun steigt man über Schrofen und einige Platten, die mit Holzstufen versehen sind, auf ein Schuttband und in mehrmaligem Zickzack auf die »Schneid« in etwa 2100 m (herrliche Blicke auf den gegenüberliegenden Wolayerseekopf). Von der Schneid geht man auf gutem Steig zu einer Schutthalde, quert diese und steigt weiter auf eine begrünte Kuppe hinauf, von wo der Weg über Grasmatten mit einer Vielzahl von Alpenblumen ostwärts führt. Durch zwei mit Blöcken übersäte Kessel, die wie eine Mondlandschaft anmuten, erreicht man eine Weggabelung. Nach rechts führt der Sentiero Spinotti weiter zum Rifugio Marinelli hinunter. Wir aber marschieren links auf dem Normalweg, der über Schutthalden und Bänder steil und mühsam in ein Hochkar führt, auf die Hohe Warte, deren Gipfel man schließlich in leichter Kletterei über Stufen und Absätze erreicht.
Abstieg: Wie Aufstieg.

77 Teils gesicherter Steig auf die Westliche Raudenspitze

6.00 Std.

Geologisch interessante und abwechslungsreiche Tour

Im westlichen Teil des Karnischen Hauptkammes befinden sich die Östliche und Westliche Raudenspitze. Eine besondere Genusstour im Bereich des Hochweißsteinhauses bietet die Westliche Raudenspitze, deren geologischer Aufbau von vulkanischem Gestein geprägt ist. Dennoch sind Kalkbänke genauso wie Schiefer und Tuffstein vorhanden. Der Routenverlauf auf die Westliche Raudenspitze ist den natürlichen Gegebenheiten gut angepasst; die Route ist, wo nötig, mit Sicherungen ausgestattet.

Ausgangspunkt: Parkplatz ca. 150 m vor der Ingridhütte, 1651 m, auf der Frohnalm bzw. etwas vorher bei der Zollhütte, 1560 m (s. Karte, der Weg danach ist in einem recht schlechten Zustand). Die Zufahrt erfolgt von St. Lorenzen im Lesachtal durch das Frohntal.

Gehzeiten: Parkplatz – Hochweißsteinhaus 1 Std., Hochweißsteinhaus – Öfner Joch 0.30 Std, Öfner Joch – Westliche Raudenspitze 2–2.30 Std., Abstieg 2.30 Std.; gesamt ca. 6 Std.

Charakter: Teils gesicherter Steig. Längere Gratpassagen sowie steile Grashänge und abschüssiges Gelände erfordern insbesondere beim Abstieg und bei Nässe besondere Vorsicht.

Schwierigkeit: Gehgelände und stellenweise bis A/B.

Höhenunterschied: Ca. 1000 Hm, davon ca. 400 Hm teils gesichert.

Höchster Punkt: Westliche Raudenspitze (Monte Fleons), 2507 m.

Exposition: Ost.

Stützpunkte: Hochweißsteinhaus, 1867 m, Tel. +43 676 746 28 86, alpenverein.at/hochweisssteinhaus/.

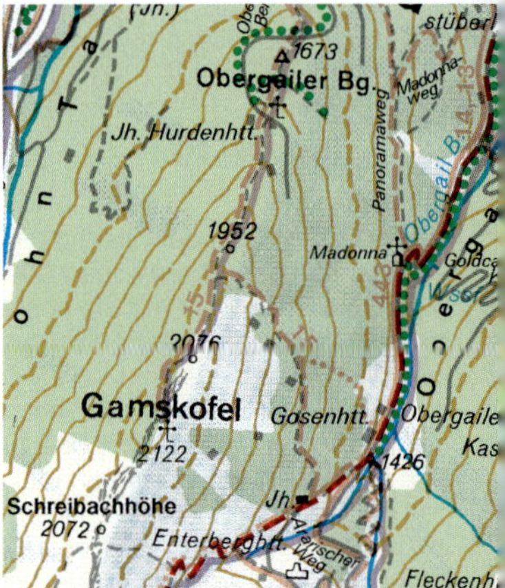

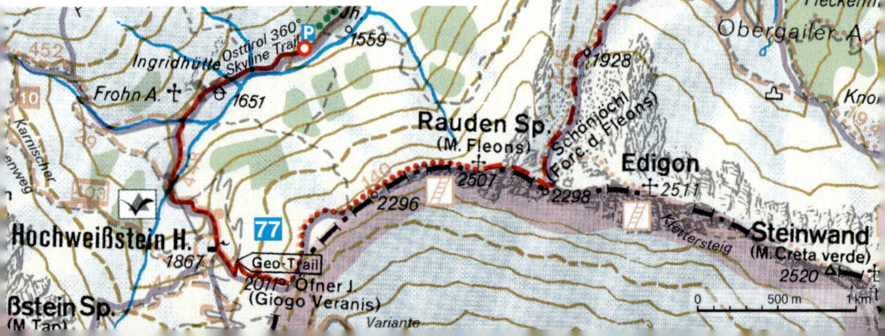

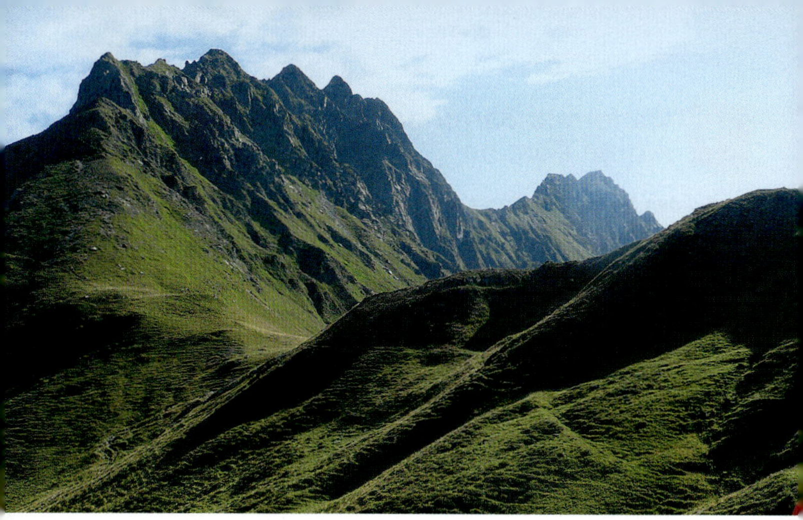

Zum Öfner Joch und hinauf über den Grat zur Raudenspitze, dahinter rechts der Edigon.

Zustieg: Am Parkplatz folgt man vorerst den Schildern über einen schönen Almboden, dann geht es allmählich bergan und schließlich in mehreren Windungen hinauf zum Hochweißsteinhaus. Vom Schutzhaus wenden wir uns nach Südosten zum Öfner Joch (2011 m). Links am Joch befindet sich die Figur des »Guten Hirten«.

Steig: Auf dem in nordöstlicher Richtung ansteigenden grasigen Gratsteig gewinnt man etwas mühsam an Höhe, gelangt auf die Nordseite der Raudenspitze, um dann auf die Südseite zu wechseln. Durch einen Schluchtgraben in stetiger Steilheit aufwärts, kommt man in blockiges Felsgelände und erblickt einen Vorgipfel bzw. einen großen Gratturm. Auf einem Felssteig absteigend gelangt man nun in eine kleine Scharte. Rechts erhebt sich ein markanter Grat, unterhalb dessen der Steig weiterführt (A/B). Wir steigen auf Felsbändern hinauf, wobei einige Grattürme und der Vorgipfel links (nördlich) umgangen werden. Durch kleine Schärtchen leicht absteigend gelangt man zum Wandfuß des Hauptgipfels, den man über Blockwerk erreicht. Rechts befinden sich glatte Platten, doch links davon helfen Drahtseile (A/B) über die gestufte Wand hinweg. Noch ein leichter Aufschwung und man steht am Gipfel mit seinem mächtigen Kreuz und einer herrlichen Rundschau!

Abstieg: Wie Aufstieg. Alternativ kann man auch auf einem ebenfalls gesicherten Steig nach Osten zum Schönjöchl (Forcella di Fleons, 2298 m) absteigen und auf dem Weg Nr. 445 zur Obergailer Alm gehen. So kommt man aber ins benachbarte Obergailer Tal.

78 Via ferrata Sartor auf den Monte Peralba

8.00 Std.

Auf den Spuren von Papst Johannes Paul II.

Der Monte Peralba ist berühmt wegen seiner guten Fernsicht. Wohl auch deshalb hat Papst Johannes Paul II. diesen Berg am 20. Juli 1988 bestiegen. Die hier beschriebene Tour vermittelt ein schönes und abwechslungsreiches Bergerlebnis, zumal sie über mehrere Sättel führt. Überall trifft man noch auf Reste von alten Kriegsbauten und unter dem Gipfel findet man Unmengen von verrostetem Stacheldraht.

Ausgangspunkt: Parkplatz ca. 150 m vor der Ingridhütte, 1651 m, auf der Frohnalm bzw. etwas vorher bei der Zollhütte, 1560 m (der Weg danach ist in einem recht schlechten Zustand). Die Zufahrt erfolgt von St. Lorenzen im Lesachtal durch das Frohntal.

Gehzeiten: Parkplatz – Hochweißsteinhaus 1 Std., Hochweißsteinhaus – Hochalpljoch (Passo dell Oregone) – Passo di Sesis – Einstieg 1.30–2 Std., Einstieg – Gipfel 1.30 Std., Abstieg über Normalweg zum Hochalpljoch 1 Std., weiterer Abstieg zum Parkplatz 2–2.30 Std.; gesamt ca. 8 Std.

Charakter: Alpiner Klettersteig. Für Geübte schönes Erlebnis, für schwächere Teilnehmer evtl. kurzes Seil ratsam. Bei Nebel im oberen Bereich Vorsicht, da nur durch Pfeile markiert. Beim Abstieg auf dem Normalweg kann man bis in den Frühsommer ein Firnfeld antreffen und findet generell viele rutschige Stellen und hohe Stufen.

Schwierigkeit: Im unteren Bereich wenige Stellen B, überwiegend A/B, dann A bis A/B und Gehgelände, im Abstieg A.

Höhenunterschied: Ca. 1200 Hm, davon Klettersteig ca. 400 Hm.

Höchster Punkt: Monte Peralba (Hochweißstein), 2694 m.

Exposition: Südost, Abstieg Nordost.

Stützpunkte: Hochweißsteinhaus, 1867 m, Tel. +43 676 746 28 86, alpenverein.at/hochweisssteinhaus/; Rifugio P. F. Calvi (Calvi-Hütte), 2164 m, Tel. +39 0435 46 92 32, cai-fvg.it/sentieri-e-rifugi/rifugi-e-opere-alpine/rifugi-in-fvg/110-rifugio-pier-fortunato-calvi/.

Tipp: Kürzer ist die Tour von italienischer Seite, denn vom Rif. Calvi geht man nur ca. 30 Min. zum Einstieg. Anfahrt und Zustieg wie bei Tour 79. Ansonsten eventuell Übernachtung auf einer der Hütten einplanen.

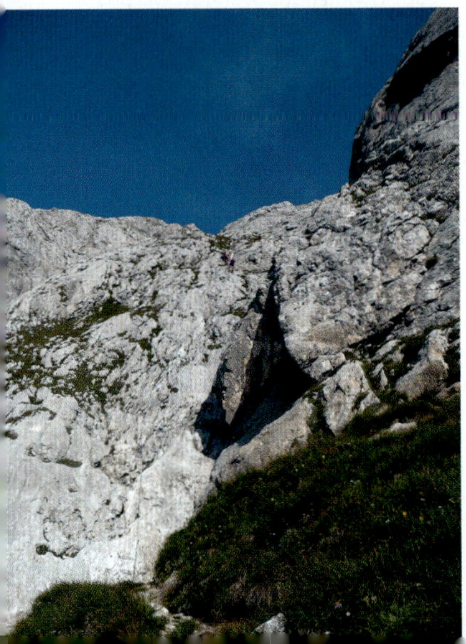

Der schwierigste Teil findet sich gleich zu Beginn des Klettersteiges.

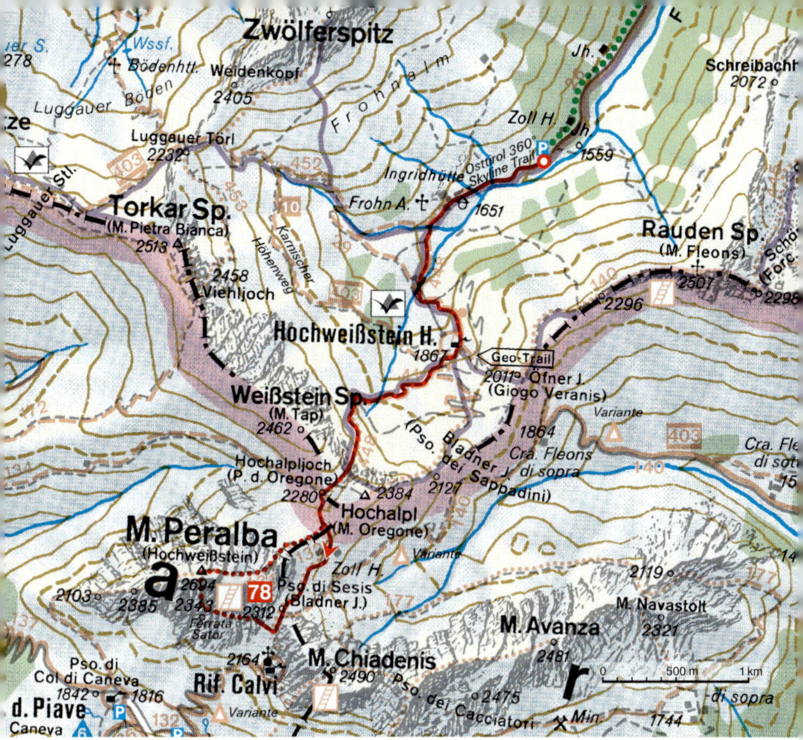

Zustieg: Am Parkplatz folgt man vorerst den Schildern über einen schönen Almboden, dann geht es allmählich bergan und schließlich in mehreren Windungen zum Hochweißsteinhaus hinauf. Beim Schutzhaus wenden wir uns nach rechts und gehen aufwärts zur Staatsgrenze am Hochalpljoch (2280 m) und von dort nach links, unterhalb der aus dem Ersten Weltkrieg stammenden Kavernen zum Passo di Sesis (2312 m). Vom Pass geht es kurz auf dem Steig in Richtung Rif. Calvi bergab, dann zweigt der Zugang zur Via ferrata Sartor nach rechts ab (Hinweis auf einem Steinblock). Nun gelangt man über Grasstufen und Schrofen, einmal kurz absteigend über Felsblöcke, schräg hinauf in eine Schlucht zum Einstieg (mit Gedenktafel des CAI Sappada für Brig. Piepo Sartor).
Klettersteig: Der Klettersteig startet mit einer Steilwand, die gesichert auf Eisenbügeln erstiegen wird (B). Im mäßig steilen Fels gelangt man etwa 100 m gerade empor zu einem Felskopf (A/B und B). Von diesem geht es weiter in Falllinie hinauf (weit unten erkennt man das Rif. Calvi). Den Sicherungen folgend gelangt man nach links zur Schlucht. Diese quert man über

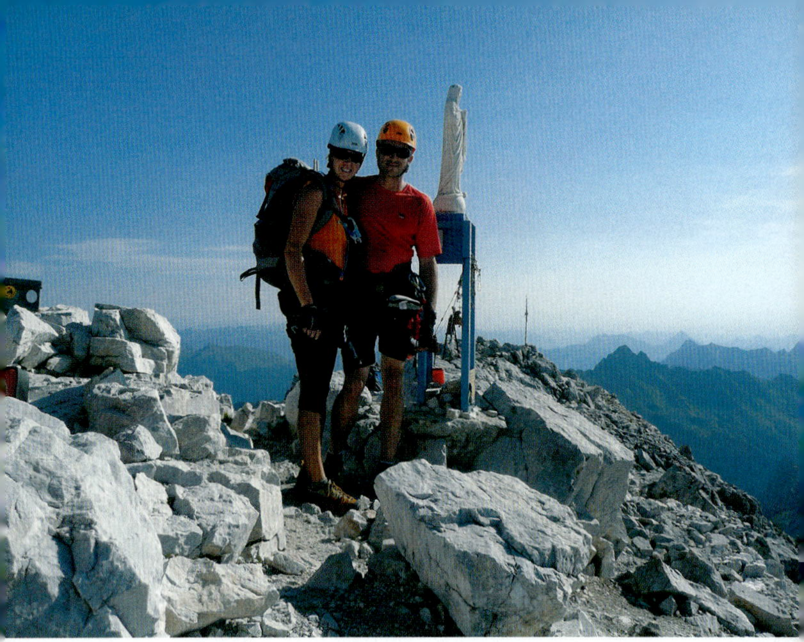

Gipfelmadonna mit Ausblick.

Rippen und Platten und über gesicherte Passagen, die über Steilstufen leiten. Über einen Felsrücken geht es wieder in Falllinie empor zu einem kleinen schuttbedeckten Platz, wo die Drahtseile auf der Höhe von etwa 2500 m enden. Ein Grasband und Stufen führen nach rechts auf eine Kanzel, von der aus man über Grashänge weiter aufsteigt und über Schrofen und Geröll zum höchsten Punkt gelangt. Hier befinden sich ein kleines Gipfelkreuz, eine Glocke und eine schöne Madonnenstatue. Die fantastische Fernsicht vom Großglockner bis ins italienische Flachland ist inklusive!

Abstieg: Zum Hochweißsteinhaus steigt man besser auf dem Normalweg über den Nordostrücken ab. Vom Gipfel in Richtung Nordosten gelangt man nach etwa 10 Min. linker Hand in eine Rinne, welche mit einem Drahtseil gesichert ist (A). Durch diese erreichen wir, über schwarzes Gestein (meist nass) absteigend, eine Geröllhalde (bis in den Frühsommer steiles Firnfeld) und steigen dann über steile Felsstufen ab zu einem Steig. Geradeaus geht es weiter zur Grenztafel an der Hochalplscharte. Hier folgt man den Schildern zum Hochweißsteinhaus und weiter zum Parkplatz.

Eisenklammern an der Einstiegswand.

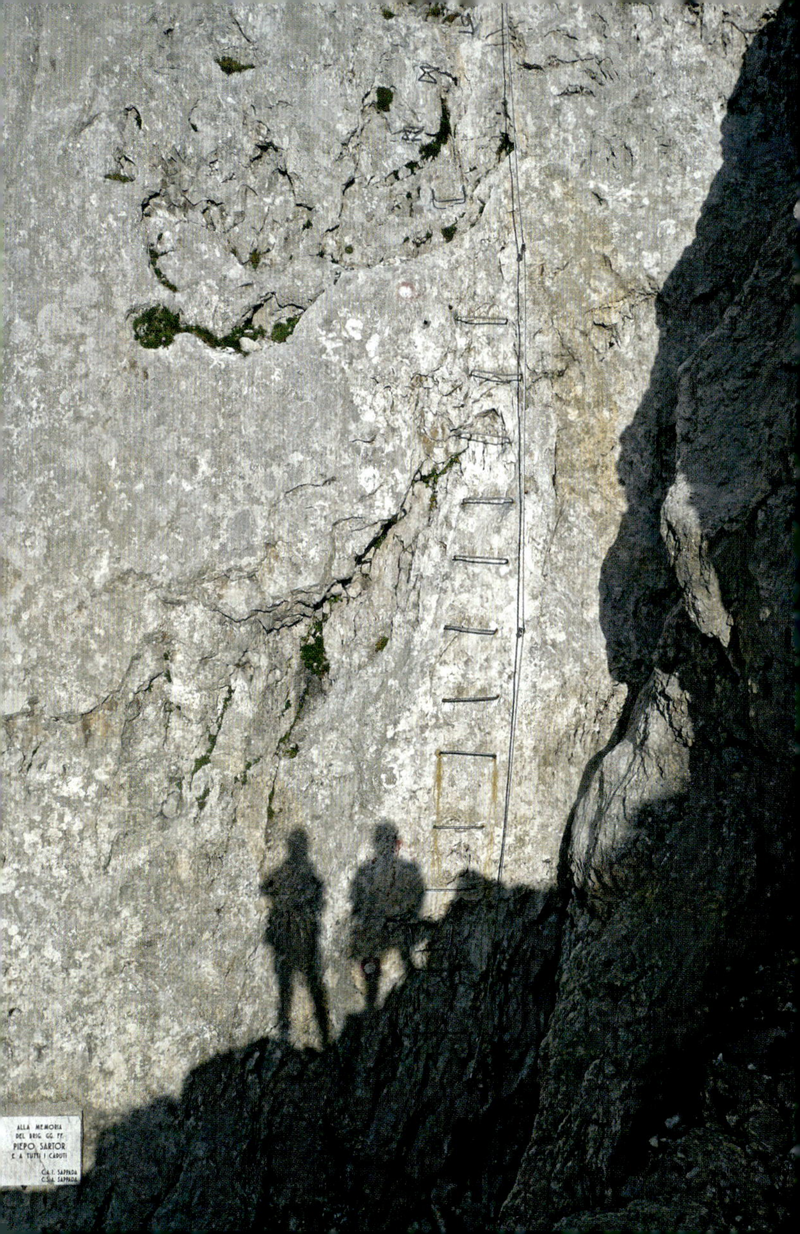
ALLA MEMORIA
DEL BRIG. GG. FF.
PIEPO SARTOR
E A TUTTI I CADUTI
C.A.I. SAPPADA
C.S.A. SAPPADA

79 Klettersteig auf den Monte Chiadenis

4.30 Std.

Auf den Spuren des Ersten Weltkrieges

Der Monte Chiadenis bietet schöne, lohnende Tourenmöglichkeiten. Im Ersten Weltkrieg war er – wie auch der Hochweißstein (Monte Peralba) – Kampfgebiet, wovon die noch vorhandenen Kriegsbauten und Relikte zeugen. Wählt man die Zufahrt von Sappada (Bladen) – eine deutsche Sprachinsel in Venetien –, gelangt man auf die Alm Sesis.

Ausgangspunkt: Parkplatz auf 1815 m im Valle di Sesis, Zufahrt über Sappada (Bladen).
Gehzeiten: Parkplatz – Rif. Calvi 1 Std., Hütte – Einstieg 15 Min., Einstieg – Monte Chiadenis 1–1.30 Std., Abstieg 2 Std.; gesamt ca. 4.30 Std.
Charakter: Alpiner Klettersteig. Teils luftiger, ausgesetzter, aber unschwieriger Klettersteig, der von Italienern gerne und viel begangen wird. Entsprechend abgeschmiert sind viele Tritte, also besondere Vorsicht bei Regen! Der Steig ist durchgehend gesichert, das Seil ist aber oft sehr tief montiert.
Schwierigkeit: Meist A bis A/B.
Höhenunterschied: Ca. 650 Hm, davon Klettersteig ca. 300 Hm.
Höchster Punkt: Monte Chiadenis (Südgipfel), 2459 m.
Exposition: West.
Stützpunkte: Rifugio P. F. Calvi (Calvi-Hütte), 2164 m, Tel. +39 0435 46 92 32, caifvg.it/sentieri-e-rifugi/rifugi-e-opere-alpine/rifugi-in-fvg/110-rifugio-pier-fortunato-calvi/.
Tipp: Am Einstieg befinden sich viele Kavernen und Stellungsreste aus dem Ersten Weltkrieg, die heute als Freilichtmuseum zu besichtigen sind. Ebenfalls nicht versäumen sollte man einen Besuch der Piave-Quelle in der Nähe des Rifugio Sorgenti del Piave, 1842 m, nahe dem Ausgangspunkt.

Zustieg: Vom Parkplatz unterhalb des Steinbruchs in Richtung Rif. Calvi. Wenige Meter unterhalb des Rif. Calvi steht rechts die Hinweistafel »Attrezzato Chiadenis«, der wir folgen und auf einem Steig hinauf zu einem Sattel (Kriegsstellungen) gelangen.

Am Gipfelgrat.

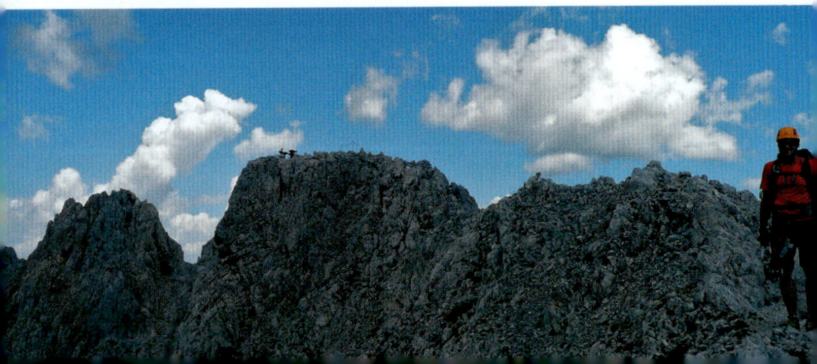

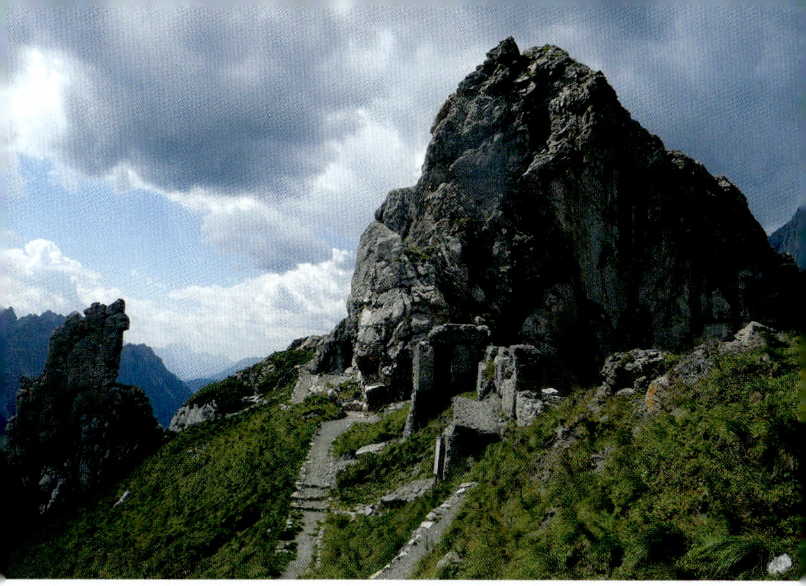

Stellungen und Kavernen am Einstieg.

Klettersteig: Vom Sattel gehen wir nach links zum Wandfuß und über Platten und Steilstufen weiter hinauf. Nun geht es über Grasstufen und Schrofen schräg nach links an einem Drahtseil weiter. Über eine etwa 20 m hohe, senkrechte Wand und dann über Stufen weiter nach rechts. gelangen wir hinauf zu einem Standplatz unter einem Felskopf und weiter über Wandstufen zu diesem Felskopf hinauf. Im weiteren Verlauf gehen wir nach links aufwärts auf eine Kuppe (schöne Tiefblicke), dann wiederum nach links und schräg über geblockte Stufen auf ein Band, das etwa 100 m schräg empor zu einer Schuttrinne führt. Dann geht es luftig etwa 100 m schräg empor, immer links von der Rinne, bis die Seile zu einem kleinen Geröllkessel führen. Ziemlich luftig erreicht man den Grat und in Folge links eine Kanzel. Den Sicherungen folgend steigt man etwas ab und geht weiter über Steilstufen am Grat entlang. In wenigen Minuten gelangen wir zum nicht höchsten, aber schönsten Gipfelpunkt des Monte Chiadenis – dem Südgipfel.

Abstieg: Wie Aufstieg.

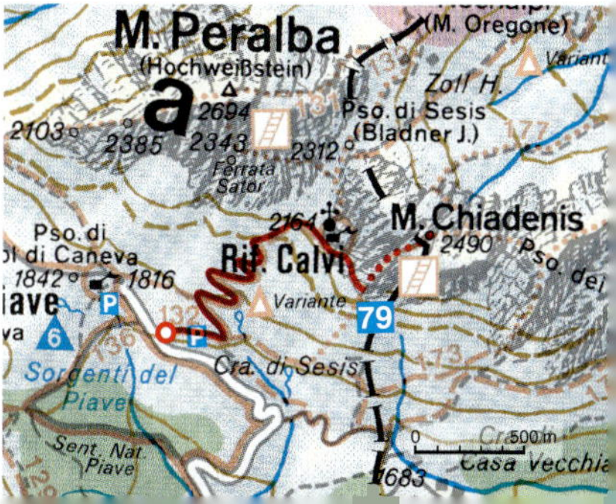

80 Via ferrata CAI Portogruaro auf den Monte Chiadenis

8.30 Std.

Klettersteig durch die Ostwand

Auch dieser Klettersteig hat seinen Ursprung in ehemaligen Kriegssteigen. Verglichen mit dem hellen, freundlichen Süd-Klettersteig ist die Via ferrata »CAI Portogruaro« ein etwas finsterer Geselle. Mehrere technisch anspruchsvolle Passagen sind zu bewältigen. Bei diesem Aufstieg muss man tüchtig zupacken (Armkraft), er ist wesentlich schwieriger als der Aufstieg von Süden. Dennoch eine schöne, lohnende Bergfahrt, die sich bestens für eine Überschreitung eignet.

Ausgangspunkt: Parkplatz ca. 150 m vor der Ingridhütte, 1651 m, auf der Frohnalm bzw. etwas vorher bei der Zollhütte, 1560 m (der Weg danach ist in einem recht schlechten Zustand). Die Zufahrt erfolgt von St. Lorenzen im Lesachtal durch das Frohntal.

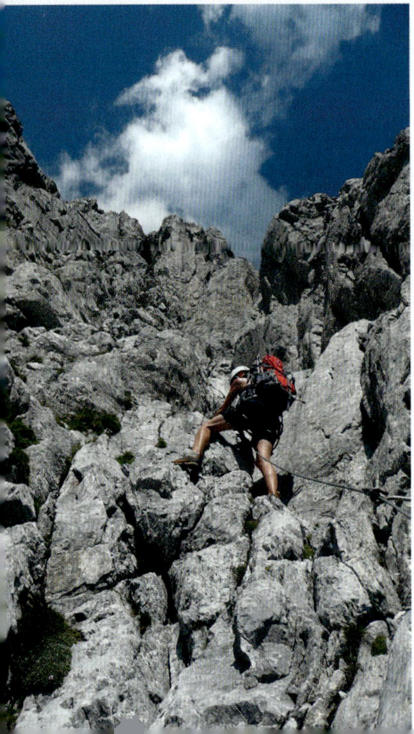

Gehzeiten: Parkplatz – Hochweißsteinhaus 1 Std., Hochweißsteinhaus – Bladner Joch (Passo dei Sappadini) – Passo di Sesis 1.30 Std., Passo di Sesis – Einstieg 0.30 Std., Einstieg – Monte Chiadenis 1.30 Std., Abstieg Gipfel – Rif. Calvi 1 Std., Rif. Calvi – Hochweißsteinhaus – Parkplatz 2.30–3 Std.; gesamt ca. 8.30 Std.

Charakter: Alpiner Klettersteig. Nur für gute Felsgeher geeignet; erhebliche Armkraft in der langen Rinne erforderlich, sehr ausgesetzt im oberen Bereich (Band), abgeschmierte Stellen!

Schwierigkeit: Mehrere Stellen C, sonst B. Am Band meist A bis B, zum Gipfel B/C.

Höhenunterschied: Ca. 800 Hm zum Gipfel, davon Klettersteig ca. 250 Hm. Weiters ca. 300 Hm im Abstieg.

Höchster Punkt: Monte Chiadenis (Südgipfel), 2459 m.

Exposition: Ost.

Stützpunkte: Hochweißsteinhaus, 1867 m, Tel. +43 676 746 28 86, alpenverein.at/hochweisssteinhaus/; Rifugio P. F. Calvi (Calvi-Hütte), 2164 m, Tel. +39 0435 46 92 32, cai-fvg.it/sentieri-e-rifugi/rifugi-e-opere-alpine/rifugi-in-fvg/110-rifugio-pier-fortunato-calvi/.

In der langen Rinne.

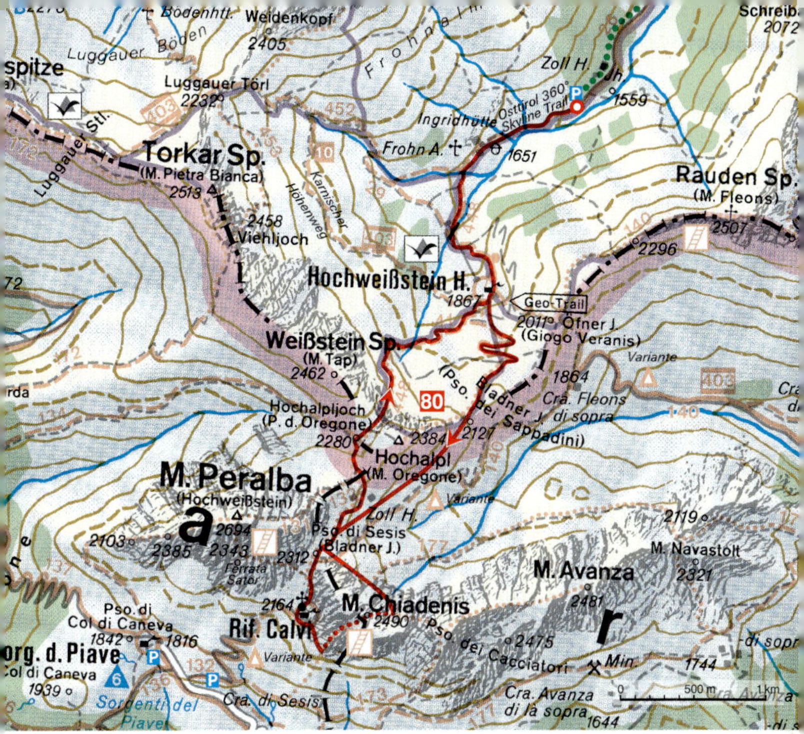

Zustieg: Am Parkplatz folgt man vorerst den Schildern vorbei an der Ingridhütte über einen schönen Almboden. Dann geht es allmählich bergan und schließlich in mehreren Windungen zum Hochweißsteinhaus hinauf. Beim Schutzhaus gehen wir in Serpentinen direkt nach Süden zur Staatsgrenze am Bladner Joch (Passo dei Sappadini, 2127 m). Von dort hat man bereits einen schönen Blick auf den Monte Chiadenis.

Der Steig quert leicht ansteigend die grasige Südflanke des Hochalpl (Monte Oregone), bis der Passo di Sesis (2312 m) erreicht ist. Von dort quert man unterhalb der Nordwände des Monte Chiadenis bis kurz vor den Passo dei Cacciatori, wobei man im Mittelteil der Querung ca. 100 Hm absteigt (kurz A). Nun steigt man zum nahen Gratansatz an und folgt dann einem Gras- und Schottersteig nach links. Am Fuße des Monte Chiadenis (Steinmann) steht eine Gedenktafel mit der Inschrift »Ripristino vie di guerra del Chiadenis, attrezzata dal CAI di Portogruaro« (»[Das ist ein] wiederhergestellter Kriegssteig auf den [Mt.] Chiadenis, als Klettersteig errichtet vom CAI Portogruaro«).

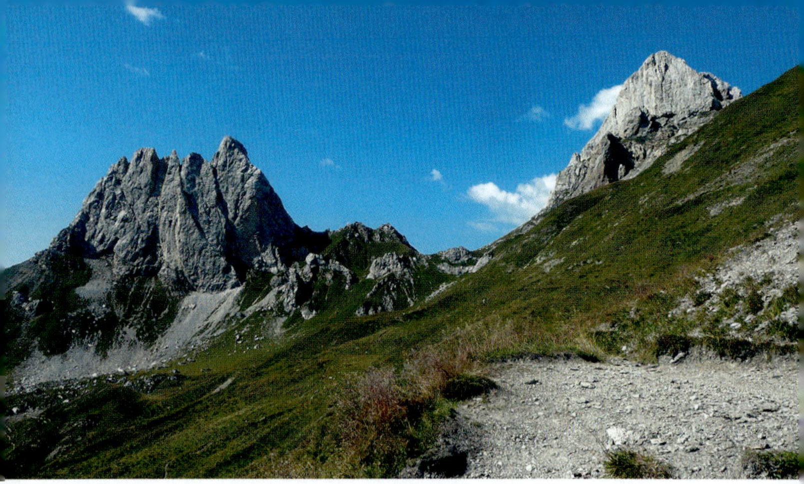

Monte Chiadenis (links) und Monte Peralba (rechts).

Klettersteig: Von der Tafel gelangt man über eine steile Verschneidung zu einem Felsspalt, von dem aus man eine etwa 15 m lange und schwierige Rinne (B/C) erreicht. Nachdem diese bezwungen ist, geht es in eine Schlucht. Diese leitet hinauf auf eine Kanzel, von der aus wir durch eine lange und steile Rinne (meist B, oft C) emporsteigen und bald eine Nische (Kaverne) erreichen. Von hier führt ein Abstecher nach rechts (über die Kaverne) auf den Nordgipfel (15 min, bis C). Nun folgt der Steig einem waagrechten Band in eine Scharte (A/D, ausgesetzt). Über diese gelangt man zu einer großen Schlucht, dann weiter aufsteigend in ein Schartl und danach steil in die Wand. Durch diese empor kommt man zu zwei weiteren Kavernen. Kurz danach gelangt man zu einem Absatz, von dem aus man an Trittbügeln senkrecht (C) hinaufsteigt und in wenigen Schritten den Südgipfel erreicht.

Abstieg: Am besten über den Klettersteig durch die Südseite (Tour 79) zum Rifugio Calvi. Von dort dann zurück zum Passo di Sesis und über das Hochalpljoch und das Hochweißsteinhaus zum Parkplatz im Frohntal.

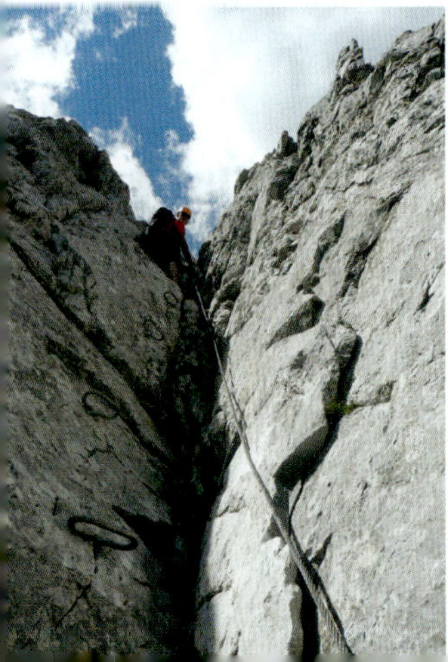

Endspurt zum Gipfel über Trittbügel.

5.30 Std.

Überschreitung der Porze 81

Alternative zum Karnischen Höhenweg

Wenn man von Obertilliach nach Süden schaut, sieht man schon die über dem Tal majestätisch thronende Porze. Wie die meisten Berge in dieser Gegend gleicht auch die Porze wegen der zahlreichen Stellungen aus dem Ersten Weltkrieg, die sich in den Berg bohren, einem Schweizer Käse. Es führen zwei Steige auf die Porze: die Ferrata Camoscio (der Gämsenweg) im Osten und der Austriaweg im Westen. Sie lassen sich ideal zu einer Porze-Überschreitung kombinieren. Beide sind relativ einfach und daher auch für Anfänger geeignet. Und Routiniers können die Steige »mitnehmen«, wenn sie am Karnischen Höhenweg unterwegs sind.

Ausgangspunkt: Parkplatz, 1690 m, am Ende des Obertilliacher Tals nahe am Klapfsee. Zufahrt von Obertilliach nach Süden.
Gehzeiten: Parkplatz – Porzehütte 0.45 Std., Hütte – Tilliacher Joch 0.30 Std., Tilliacher Joch – Einstieg 0.30 Std., Einstieg – Gipfel 1.30–2 Std., Abstieg zur Porzescharte 0.30 Std., weiterer Abstieg über die Porzehütte zum Parkplatz 1.30 Std.; gesamt ca. 5.30 Std.
Charakter: Teils gesicherter Steig. Schöne, relativ einfache Überschreitung in leicht ausgesetztem Terrain mit vielen Gehpassagen.
Schwierigkeit: Meist A, mehrere, längere Stellen A/B, wenige Stellen UIAA I. Viel Gehgelände.
Höhenunterschied: Ca. 1000 Hm, davon teils gesicherte Passagen im Aufstieg ca. 300 Hm, im Abstieg ca. 100 Hm.
Höchster Punkt: Porze (Cima Palombino), 2599 m.
Exposition: Nordost (Ferrata Camoscio), Nord (Austriaweg).
Stützpunkte: Porzehütte, 1942 m, Tel. +43 664 325 64 52, alpenverein.at/porzehuette/.
Hinweis: Diese Tour lässt sich auch in umgekehrter Richtung gut begehen und kann mit Tour 82 kombiniert werden.

Gipfelkreuz.

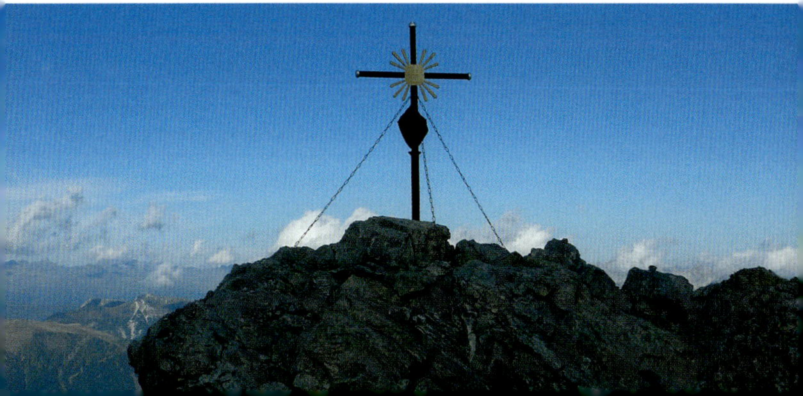

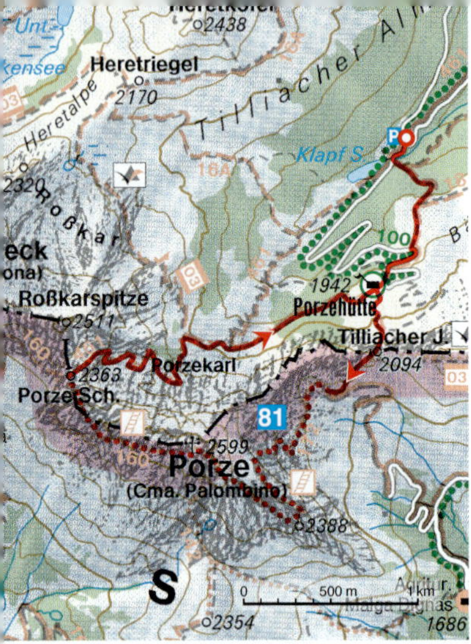

Über die Holzleiter.

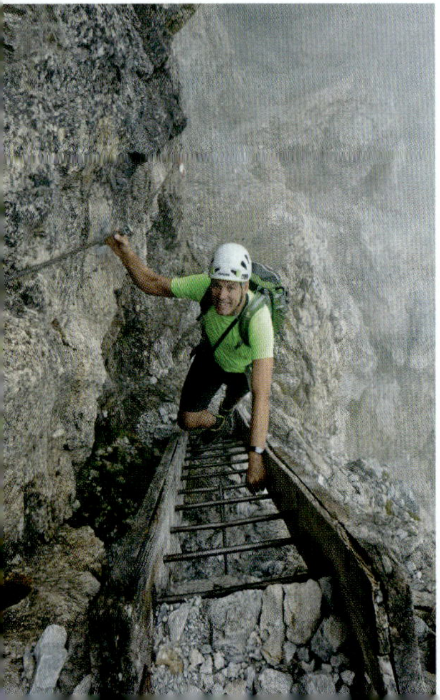

Zustieg: Am Parkplatz folgt man dem bezeichneten Steig oder alternativ der Zubringerstraße zur Porzehütte. Von der Hütte geht es auf einem Karrenweg zum Tilliacher Joch (Staatsgrenze, 2094 m) und nun am Karrenweg bleibend abwärts bis zur ersten Kehre. Dort zweigt der Zustieg zur Ferrata Camoscio ab und man gelangt erst flach über Almgelände und alsbald steil über einen Schuttkegel zum Einstieg.

Steig: Man steigt nach links in die Nordostflanke ein, zunächst im Wesentlichen über eine flache Rampe hinauf, wobei eine Felsstufe mit einer Holzleiter überwunden wird, und anschließend weiter nach links über ein Band. Gut gesicherte Passagen (A und A/B) wechseln sich mit Gehgelände ab. Einen steileren Aufschwung links einer Rinne bewältigen wir im Zickzack und gelangen so hinauf zum Punkt 2388 m auf dem Südostrücken der Porze. Dort steht ein hölzerner Wegweiser, der von unten wie ein kleines Kreuz aussieht. Nach einer kurzen Strecke über den Grat (A/B) verbreitert sich dieser zu einem grasigen Rücken (Ende der Seilsicherungen), dem wir weiter bergauf folgen. Zwei kurze Abstiege und ein sich wieder verschmälernder Grat (teils UIAA I) sorgen knapp vor dem Gipfel nochmals für Spannung und tolle Tiefblicke nach Norden. Das Gipfelkreuz samt direkt unterhalb liegender Kaverne ist dem Hauptgipfel nordseitig etwas vorgelagert.

Zum Austriaweg gelangt man, indem man vom Gipfel in westlicher Richtung über die felsdurchsetzten,

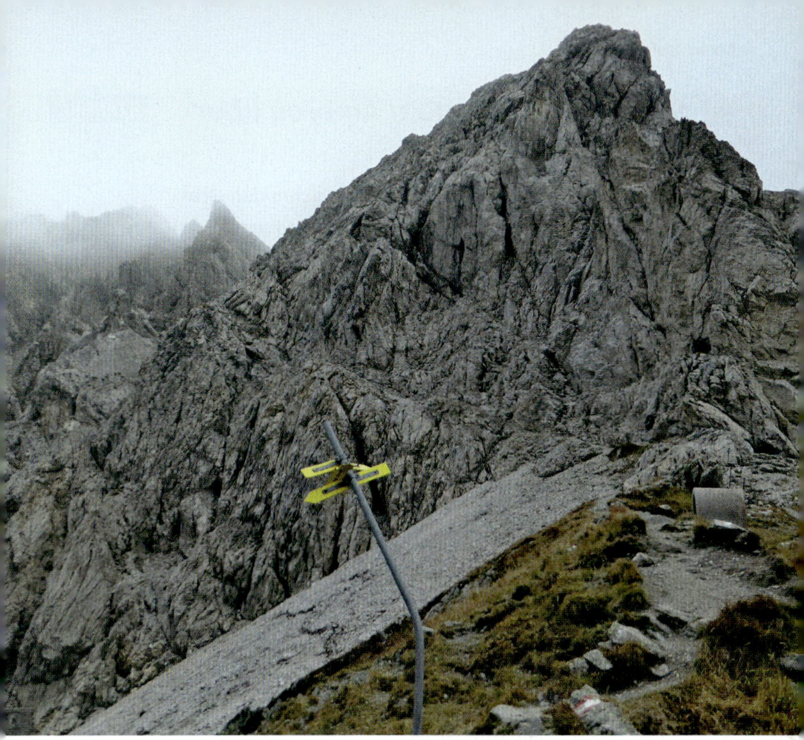

Austriaweg, von der Porzescharte aus gesehen.

grasigen Südhänge entlang des markierten Weges absteigt. Bei der Weggabelung an einer Scharte sieht man bereits hinunter zur Porzescharte. Hier beginnt der Austriaweg und wir wechseln auf die Nordseite (wenige Meter Drahtseile). Die auf italienischem Gebiet bleibende Abstiegsalternative ist für Anfänger nicht empfehlenswert. Über gestuftes Gelände führt der Weg zunächst ungesichert, dann gesichert (A) auf eine Kanzel. Dort wenden wir uns nach links und steigen über eine Rampe und im weiteren Verlauf über kurze Bänder zur Porzescharte ab (A/B).

Abstieg: Von der Porzescharte gehen wir, meist auf einem alten Kriegssteig, nach Nordosten hinunter bis zur Kreuzung mit dem Karnischen Höhenweg und folgen diesem kurz nach Osten. Nach der Querung des Schottergrabens (der Steig ist dort oft weggespült) kann man entweder direkt in das Obertilliacher Tal absteigen oder man folgt dem KHW 03 zur Porzehütte und steigt von dort zum Parkplatz ab.

82 Sentiero attrezzato d'Ambros über die Filmoorhöhe

8.00 Std.

Von der Leiter in den Stollen und über den schmalen Grat

Kriegssteige und Stollen aus dem Ersten Weltkrieg wurden 1983 zu diesem Klettersteig verbunden. Nachdem vor einigen Jahren ein großer Felssturz einen Teil des Stollens freigelegt hat, wurde der gesamte Klettersteig mittlerweile von den angrenzenden Comelico-Gemeinden renoviert und im Abbruchgebiet total erneuert. Sein voller italienischer Name ist »Sentiero attrezzato d'Ambros B. Corrado«. Auf den österreichischen Schildern und Karten findet man hingegen »Klettersteig Wildkarlegg, Roßkarspitze, Porze«, was etwas irreführend ist, denn dieser Steig führt auf keinen dieser drei Gipfel.

Ausgangspunkt: Parkplatz, 1680 m, am Ende des Obertilliacher Tals nahe am Klapfsee. Zufahrt von Obertilliach nach Süden.

Gehzeiten: Parkplatz – Heretriegel 1.30 Std., Heretriegel – Oberer Stuckensee – Filmoor-Standschützenhütte 1.30 Std., Hütte – Filmoorsattel (Forcella Cavallino) – Einstieg 0.30 Std., Klettersteig 2–2.30 Std., Querung zur Porzescharte 0.30 Std., Abstieg zum Parkplatz 1.30 Std.; gesamt ca. 8 Std.

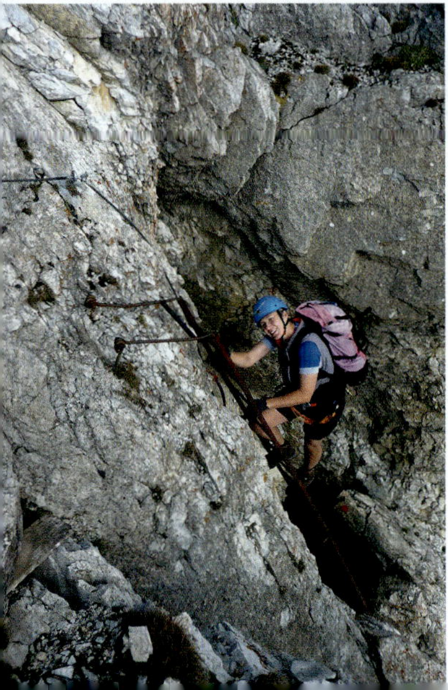

Charakter: Alpiner Klettersteig. Überschreitung mit mehreren Auf-Ab-Passagen auf Kriegssteigen und durch Stollen (keine Stirnlampe notwendig).

Schwierigkeit: Mehrere, kurze Stellen B/C, dazwischen meist A/B bis B. Über den ausgesetzten Grat oft keine Sicherung (Gehgelände), stellenweise UIAA I.

Höhenunterschied: Ca. 1200 Hm, davon Klettersteig (auf und ab) ca. 200 Hm.

Höchster Punkt: Filmoorhöhe (La Pitturina), 2457 m.

Exposition: Am Grat Nordwest nach Südost.

Stützpunkte: Filmoor-Standschützenhütte, 2350 m, Tel. +43 664 112 71 53, alpenverein.at/filmoorstandschuetzenhuette/; Porzehütte, 1942 m, Tel. +43 664 325 64 52, alpenverein.at/porzehuette/.

Hinweis: Diese Tour lässt sich auch in umgekehrter Richtung gut begehen und kann mit den Touren 81 und 83 kombiniert werden, wobei eine Nächtigung in der mittlerweile erweiterten Filmoor-Standschützenhütte empfehlenswert ist.

Die wahrscheinlich spektakulärste Stelle: Die Leiter endet direkt am Stolleneingang.

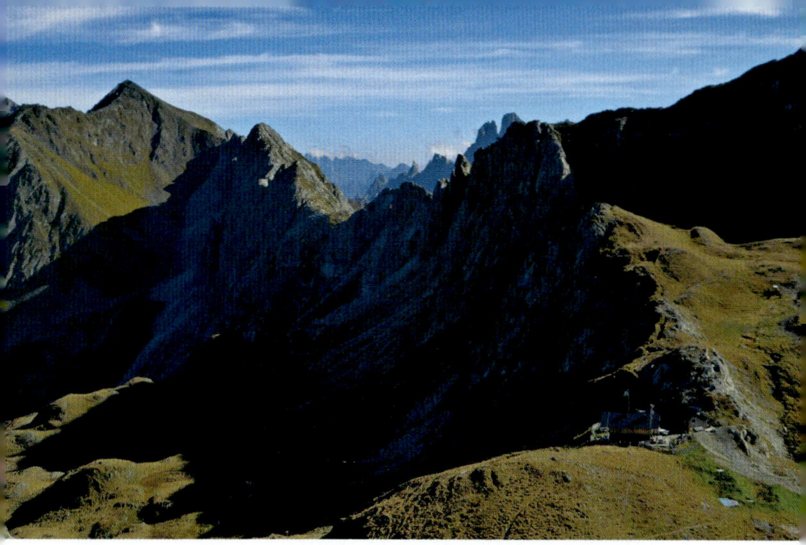

Der Klettersteig verläuft über diesen schmalen Grat, rechts im Vordergrund die Filmoorhütte.

Zustieg: Am Parkplatz folgen wir dem Steig in Richtung Porzescharte und wenden uns dann nach Nordwesten auf Steig Nr. 16A zum Heretriegel (2170 m). Von dort geht es bergab zum Oberen Stuckensee (2032 m) und dann hinauf zur Filmoor-Standschützenhütte (2350 m). Von der Hütte kann man direkt südwärts zum Einstieg gehen oder, landschaftlich schöner, zunächst zum Filmoorsattel (2453 m) und dann über den Grasrücken zum höchsten Punkt der Filmoorhöhe.

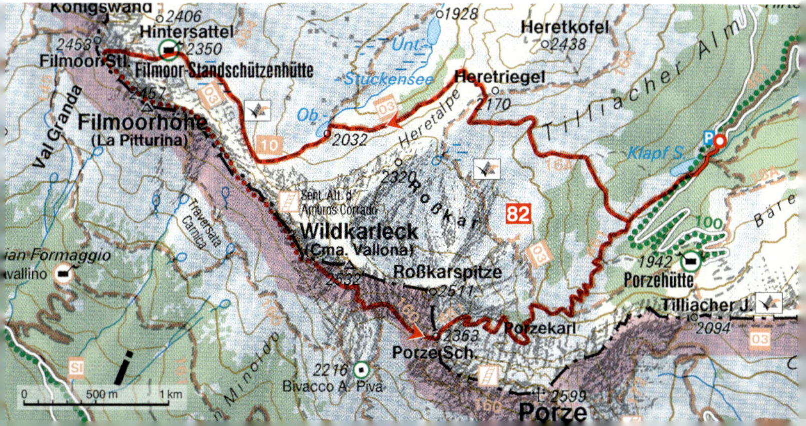

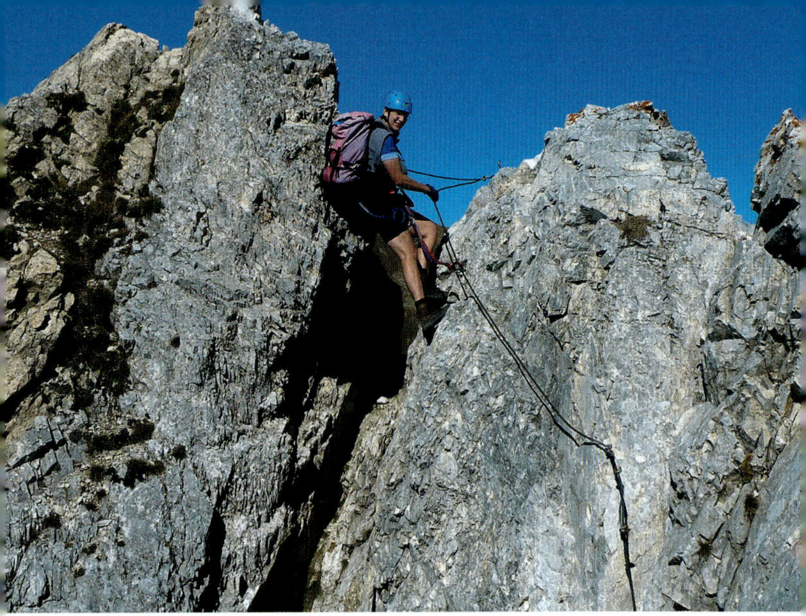

Luftige Passage am Grat.

Klettersteig: Der Steig beginnt bei kleinen Felszacken (Tafel, großer roter Punkt), die teils überstiegen, teils umklettert werden. Über eine steile Schotterrinne gelangt man gesichert (B) südlich hinunter. Hier besteht die Möglichkeit zum Notausstieg. Wieder hinauf und am Grat (A/B) entlang gelangt man zu einem steilen Abstieg (B/C). Diese Passagen charakterisieren den gesamten Wegverlauf: Kurzen Felsaufschwüngen folgen luftige Gratpassagen, dazwischen gibt es immer wieder Ab- und Aufstiege, meist auf südseitigen Schottersteigen, bei denen Konzentration erforderlich ist.
Ungefähr in der Mitte des Steiges gelangen wir auf einen breiten, etwa 400 m langen Grasrücken, dem wir bergauf folgen, um dann plötzlich vor der Leiter (B) und den Stollen (A und A/B) zu stehen. Nach diesen geht es südseitig am Grat unschwierig (meist A) weiter und kurz hinab zum Ausstieg (A/B).
Abstieg: Die abschüssige Südwestflanke des Wildkarleggs querend gelangen wir rasch in ein Kar und durchschreiten dieses ostwärts zur Porzescharte. Von dort gehen wir, meist auf einem alten Kriegssteig, nach Nordosten hinunter bis zur Kreuzung mit dem Karnischen Höhenweg und folgen diesem kurz nach Osten. Nach der Querung des Schottergrabens (der Steig ist dort oft weggespült) kann man entweder direkt in das Obertilliacher Tal absteigen oder man folgt dem KHW 03 zur Porzehütte und steigt von dort zum Parkplatz ab.

7.30 Std.

Klettersteig auf die Große Kinigat 83

Ein rassiger Sportklettersteig auf einen Gipfel mit grandioser Aussicht

Lange Zeit gab es auf die Kinigat nur die Südrampe und den Klettersteig West von der Scharte zwischen Kleiner und Großer Kinigat. Beide Steige sind recht kurz und leicht (bis A/B). 2011 wurde mithilfe der EU-Regionalförderung ein rassiger Klettersteig durch die Nordwand gelegt, der vollkommen den heutigen Klettersteigstandards und -trends entspricht.

Ausgangspunkt: Am Ende des Erschbaumertals, ca. 1700 m. Zufahrt von Kartitsch, Ortsteil Erschbaum, zum Sägewerk (großer Parkplatz). Die Weiterfahrt ins Tal wird derzeit geduldet.
Gehzeiten: Ausgangspunkt – Einstieg 1.30 Std., Einstieg – Kartitscher Köpfl 1–1.30 Std., Köpfl – Gipfel 2–2.30 Std., Abstieg 2–2.30 Std.; gesamt ca. 7.30 Std. Ab/bis Sägewerk ist die Tour ca. 2 Std. länger.
Charakter: Alpiner Klettersteig. Lange, schwierige und kraftraubende Plattenkletterei durch die Nordwand, atemberaubende Tiefblicke entlang der gesamten Strecke. Rastpausen an den bezeichneten Stellen sollten unbedingt gemacht werden. Es gibt keinen Notausstieg!
Schwierigkeit: Über weite Strecken C/D und D, im oberen Teil A/B bis C.
Höhenunterschied: Ca. 1000 Hm, davon Klettersteig ca. 500 Hm.
Höchster Punkt: Große Kinigat (Monte Cavallino), 2689 m.
Exposition: Nord.
Stützpunkte: Filmoor-Standschützenhütte, 2350 m, Tel. +43 664 112 71 53, alpenverein.at/filmoorstandschuetzenhuette/.

Am Elfenbeinpfeiler.

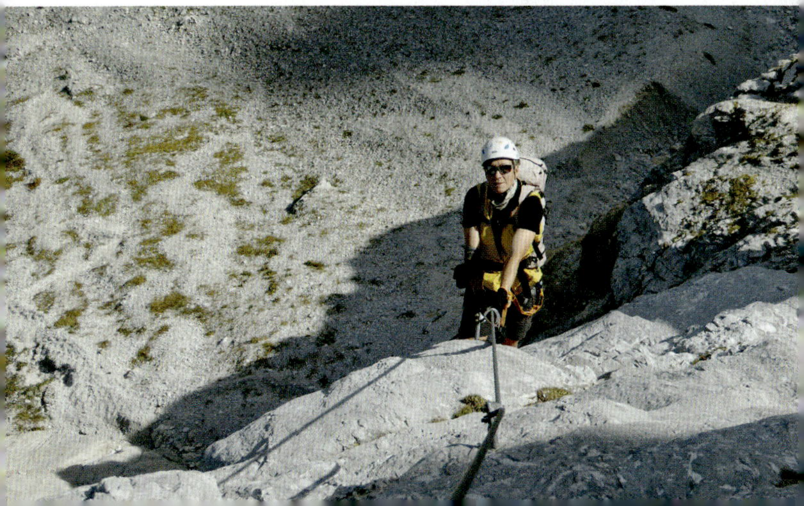

Zustieg: Am Ende der Forststraße steigt man im Zickzack zur Tscharrhütte (1935 m) auf und geht weiter über die Almböden der Tscharre bis kurz vor einen markanten Felsen inmitten des Hochtals. Am Wegweiser »Zum Klettersteig« folgen wir zunächst dem Bachbett und steigen dann steil den leicht bewachsenen Schuttkegel nach rechts hinauf (bis in den Sommer hinein Firnfeld). Ein Steig ist kaum zu erkennen, die Markierung erfolgt hauptsächlich durch Steinmännchen. Der bezeichnete Anseilplatz (blaue Tafel) direkt am Felsen sollte unbedingt gewählt werden, um die Steinschlaggefahr zu minimieren!

Klettersteig: Wir steigen nach rechts kurz über eine Rampe (B), um dann die ersten steilen Passagen und Platten zu bewältigen (C bis D). Den Elfenbeinpfeiler und das Schwitzerwandl (jeweils D, dazwischen B/C bis C/D) passierend erreichen wir den ersten Rastplatz am Kartischer Köpfl (2290 m). Nach dem Wandaufschwung und einer glatten Platte (beide D) steigt man über die Silberplatte (B) zum zweiten Rastplatz mit Biwakmöglichkeit. Danach geht es durch die Rote Rinne (C) und über plattiges Gelände (B) auf den Grat und über diesen (A/B) in ein Schuttkar. Von dort gelangt man über

Ganz schön steil: die Silberplatte.

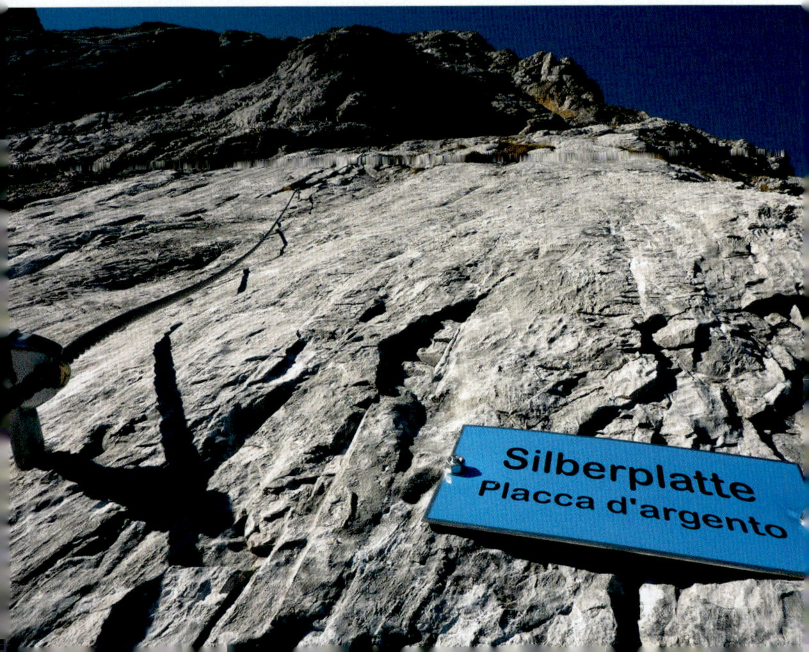

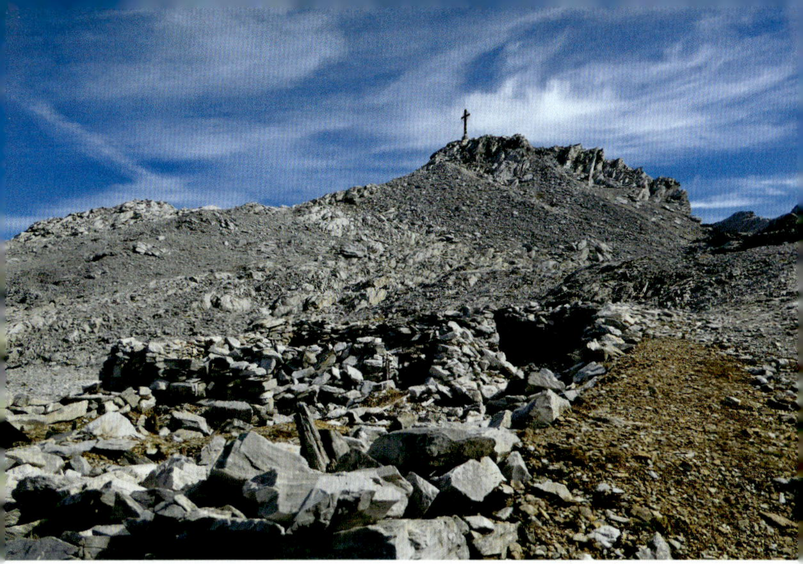

Der Endspurt zum Gipfel.

eine kleine Felsstufe (A) und Gehgelände in ca. 30 Min. auf den Gipfel.

Abstieg: Vom Gipfel gehen wir ein kurzes Stück den Aufstiegsweg zurück und dann nach links die Rampe (A/B) durch die Südwand der Großen Kinigat hinunter. Die Schutthänge querend erreicht man leicht absteigend die Filmoorscharte (2453 m). Hungrige machen einen Abstecher zur Filmoor-Standschützenhütte (ca. 30 Min. Umweg). Wir marschieren dann über den Hintersattel (2406 m) in die Tscharre und treffen bald auf den Aufstiegsweg, dem wir zur Forststraße folgen.

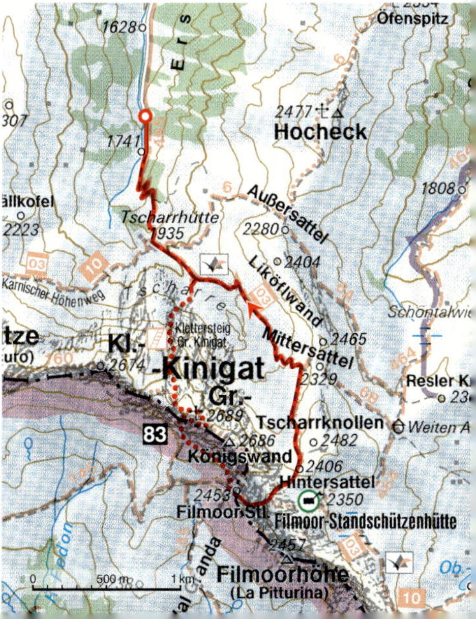

Stichwortverzeichnis

A
Agriturismo Malga Plan dei Spadovai 66
Agriturismo Prati Oitzinger 54
Aljažev dom v Vratih 116, 120, 123, 126, 128
Aljaž-Haus 116, 120, 123, 126, 128
Alpini-Steig 196
Alpinum Juliana 96
Alt-Finkenstein 176
Austriaweg 219
B
Bamberg-Weg 120
Bärental 174
Baumgartnerhof 176
Bavški Grintavec 96
Bivacco Adriano Suringar 28, 32
Bivacco Alberto Busettini 79, 82
Bivacco CAI Gorizia 51
Bivacco CAI Tarvisio 79, 82
Bivacco Carlo e Gianni Stuparich 28
Bivacco Dario Mazzeni 56
Bivacco Luca Vuerich 38
Bivacco Nogara 77, 82
Bivacco/Ricovero Armando Bernardinis 66
Bivacco/Ricovero Battaglione Alpini Gemona 61, 64
Bivacco Sandro del Torso 26
Bivak na Črniku nad Drežnico 99
Bivak Pavla Kemperla 142, 144
Bivak pod Kotovim sedlom 92
Bivak pod Skuto na Malih podih 146, 150
Bivak v Kočni 138, 140
Biwak IV 116
Biwak Lomasti 182, 184
Bladen 214
Brana 152
Brazza-Hütte 28, 32, 36, 38
Breitwand 169
C
Calvi-Hütte 210, 216
Camporosso 59
Carlo-Chersi-Steig 54, 56
Cellon 198, 200
Cellonschulter 194, 196, 198, 200
Cellonstollen 194
Češka koča na Spodnjih Ravneh 138, 140, 142, 144
Cima del Cacciatore 59
Cima di Riobianco 51
Cima di Terra Rossa 36, 38
Cima Palombino 219
Cima Vildiver 66
Cime Castrein 42
Cmir 128
Creta di Aip 184
D
Däumling 178
Dellach 191
Dogna 66
Dognatal 66
Dolgi hrbet 144
Dolič-Hütte 118
Dom na Peci 156
Dom Petra Skalarja na Kaninu 72
Dom Planika pod Triglavom 120
Dom planincev v Logarski dolini 154
Dom pod Storžičem 136
Dom Valentina Staniča 120, 123, 126, 128, 130, 133
Drežnica 99
Due Pizzi 66
E
Edelweißhütte 120
Eisenkappel 148, 150, 152, 154, 160, 162
Erjavčeva koča na Vršiču 94, 102, 105
Erjavec-Hütte 94, 102, 105
Erschbaum 225
Erschbaumertal 225
F
Felsentore (Uschowa) 160
Fensterweg (Prisojnik) 102
Ferrata Camoscio 219
Filmoorhöhe 222
Filmoor-Standschützenhütte 222, 225
Findeneggweg 32
Finkenstein 176
Flitscher Grintavec 96
Forcella Mose 44
Foronon del Buinz 38
Frischaufhütte 148, 150, 152
Frischauf-Hütte 146
Frischaufov dom na Okrešlju 146, 148, 150, 152
Frischenkofel 198, 200
Frohnalm 208, 210, 216
Frohntal 208, 210, 216
Fusine 79, 82, 85
G
Gamsmutterzug 48
Gartnerkofel 178
Gasthof Plattner 178
Gilberti-Hütte 71, 72
Gomiščkovo zavetišče na Krnu 99
Grego-Hütte 28, 61, 64
Grintovec 140, 142
Große Kinigat 225
Großer Nabois 54
H
Hanzasteig 108
Hintere Ponza 82
Hintere Trenta 96
Hochstuhl 174
Hochturm 172
Hochweißstein 210
Hochweißsteinhaus 208, 210, 216
Hohe Ponza 82, 85
Hoher Trieb 191

Hohe Warte 202, 206
Hubertuskapelle 206
Hütte im Walde 108

I

Ingridhütte 208, 210, 216

J

Jalouc 88, 92
Jalovec 88, 92
Jezerska Kočna 138, 140
Jezersko 138, 140, 142, 144
Jôf di Miezegnot 61
Jôf di Montasio 28, 32, 34
Jôf Fuart 44, 46
Jubiläumsweg (Prisojnik) 105

K

Kaltenberg 148
Kamniška koča na Kamniškem sedlu 152
Kanin 70, 72
Kaninski podi 72
Kanjavec 118
Kärntner Storschitz 164
Kastreinspitzen 42
Klagenfurter Hütte 174
Klapfsee 219, 222
Kleine Mojstrovka 94
Kleiner Pal 196
Kleine Weißenbachspitze 51
Klemenshütte 154
Klettersteig Silva Koren 99
Koban-Prunner-Weg 202
Kobarid 99
Koča na Doliču 118
Koča na Gozdu 108
Koča na Klemenči jami pod Ojstrico 154
Koča na Mangrtskem sedlu 74, 77, 82
Koča v Krnici 111, 114
Kocbek-Haus 154
Kocbekov dom na Korošici 154
Kokrska Kočna 138
Komarsteig 118
Kopinšek-Steig 154
Kordeschkopf 156
Koroschitza-Alm 172
Koroška Rinka 146
Koschuta 166, 169, 172
Koschutahaus 166, 169
Koschutnikturm 166, 169
Košutnikov turn 166
Kotschnatal 146
Kottal 130, 133
Krainerhütte 146
Krainersteig 164
Krainer Storžič 136
Kranjska Gora 94, 111, 114
Kranjska koča na Ledinah 146
Kranjska Rinka 146
Krisch 111
Križ 111
Križka stena 111
Krn 99
Krn-Hütte 99
Krnica-Hütte 111, 114

L

Lago del Predil 42, 44, 48, 51
Lago di Fusine superiore 77, 79, 82, 85
Lanzenpass 188
La Pitturina 222
Lärchenturm 169
Leiterweg (Montasch) 34
Lengarjev rovt 130, 133
Logarska dolina 148, 150, 152, 154
Logartal 148, 150, 152, 154
Loibler Baba 172
Loiblpass 172
Lom 136
Luknja-Pass 120
Luschariberg 59
Lussari 59

M

Madritschen 180
Makek 138, 140, 142, 144
Makekov Marof, Meierei 138, 140, 142, 144
Mala Mojstrovka 94
Malga Grantagar 42, 44, 46, 48
Mangart 74, 76, 82
Mangart-Hütte 74, 77, 82
Mangartplateau 74, 76
Mihov dom na Vršiču 108, 111, 114
Mihov-Haus 108, 111, 114
Millennium-Express 180
Mittagskofel 61, 64
Mittlere Ponza 82
Mlinar 138, 140, 142, 144
Mlinarsko sedlo 144
Modeon del Buinz 38
Mojstrana 116, 120, 123, 126, 128, 130, 133
Montasch 28, 32, 34
Monte Canin 72
Monte Cavallino 225
Monte Cavallo 182
Monte Chiadenis 214, 216
Monte Cimone 26
Monte Coglians 202, 206
Monte Cuestalta 191
Monte Fleons 208
Monte Nabois Grande 54
Monte Nero 99
Monte Peralba 210
Monte Piper 64, 66
Monte Santo di Lussari 59
Monte Zermula 188
Mosesscharte 46
Mrzla gora 148

N

Naboisscharte 54, 56
Nassfeld 178
Nassfeldpass 178, 180, 182
Nevea-Sattel 26, 32, 34, 36, 38, 42, 44, 48, 70
Nordwandbänderweg 118
Normalweg (Grintovec) 142
Normalweg (Wischberg) 46

O

Oberer Weißenfelser See 77, 79, 82, 85
Oberst-Gressel-Gedenkweg 196
Obertilliach 219, 222
Obertilliacher Tal 219, 222
Ojstrica 154
ÖTK-Steig 166, 169, 172

P

Passo del Cason di Lanza 188
Passo del Predil 74, 76

Paularo 188
Paulitschsattel 148, 150, 152, 154
Pecol-Alm 26, 28, 32, 34, 36, 38
Pellarini-Hütte 54, 56
Petzenhaus 156
Petzen-Kabinenbahn 156, 158
Piave-Quelle 214
Planicatal 88, 92
Planina Korošica 172
Planincev-Hütte 154
Planinski dom Tamar 88, 92
Plöckenpass 194, 196, 198, 200
Pogačnikov dom na Kriških podih 111
Pogatschnig-Haus 111
Pontebba 68, 188
Ponza di dentro 82
Ponza di mezzo 82
Ponza Grande 85
Ponzagrat 82
Porze 219
Porzehütte 219, 222
Poštarski dom na Vršiču 94, 102, 105
Posthütte 94, 102, 105
Potočka Zijalka 160
Prag-Weg 123
Predilpass 74, 76
Prehodavci-Hütte 118
Preschern-Hütte 174
Prešernova koča na Stolu 174
Prestreljenik-Fenster 72
Prisank 102, 105, 108
Prisojnik 102, 105, 108
Pristovški Storžič 164

R

Raibler See 42, 44, 48, 51
Ravenska Kočna 138, 140, 142, 144
Remschenig-Graben 160
Rifugio Casera Cason di Lanza 188
Rifugio Celso Gilberti 71, 72
Rifugio Fratelli Grego 28, 61, 64
Rifugio Giacomo di Brazza 28, 32, 36, 38
Rifugio Grego 56
Rifugio Lambertenghi 206
Rifugio Luigi Pellarini 54, 56
Rifugio Luigi Zacchi 79, 82, 85
Rifugio Marinelli 202, 206
Rifugio Pellarini 56
Rifugio P. F. Calvi 210, 214, 216
Rifugio Sorgenti del Piave 214
Rinka-Wasserfall 152
Rinke 146
Rio degli Uccelli 68
Rjavina 133
Rosskofel 180, 182
Rotschitza-Graben 176
Rotschitza-Klettersteig 176
Rudnigalm 184, 186
Rudnigsattel 182, 184

S

Saiseratal 28, 54, 59, 61
Sappada 214
Schlanitzen 184, 186
Seebachtal 51
Seebergsattel 184
Seeländer Sattel 146
Sella di Somdogna 64
Sella Nabois 54, 56
Sella Nevea 26, 32, 34, 36, 38, 42, 44, 48, 70
Senitiero Battaglione Alpini Gemona 64
Sentiero attrezzato Anita Goitan 48
Sentiero attrezzato Ceria Merlone 38
Sentiero attrezzato d'Ambros 222
Sentiero attrezzato Leva 36
Sentiero del Centenario 51
Sentiero Spinotti 206
Škrlatica 116
Skuta 144
Slap Rinka 152
Slowenischer Klettersteig 74
Soča-Quelle 96
Solčava 148, 150, 152, 154
Somdogna-Sattel 64
Špik 114
Srednja Ponca 82
Stanič-Haus 120, 123, 126, 128, 130, 133
Steinbergerweg 198
Steiner Hütte 152
Steinerner Jäger 59
St. Lorenzen im Lesachtal 208, 210, 216
Stol 174
Storžič-Berghaus 136
Stouhütte 174
Strug 82
Strugova 82
Studena Bassa 188
Stuparich-Biwak 28

T

Tamar-Hütte 88, 92
Tičar-Haus 94, 102, 105
Tičarjev dom na Vršiču 94, 102, 105
Tominšek-Weg 126
Torre Clampil 180
Trenta 94
Triglav 120, 123, 126
Triglav-Haus 120, 123, 126
Triglavski dom na Kredarici 120, 123, 126
Trogkofel 184, 186
Tröpolach 184, 186
Tržič 136
Tschechische Hütte 138, 140, 142, 144
Türkenkopf 162
Turska gora 150, 152

U

Uiberlachersteig 186
Untere Valentinalm 202
Untere Wolayeralm 206
Uschowa 160

V

Valbruna 54, 61
Valle di Sesis 214
Valle Rio del Lago 51
Veliki vrh 172

Vellach 160, 162
Vellacher Kotschna 146
Vellacher Storschitz 164
Veunza 79, 82
Vevnica 79, 82
Via Amalia Zuani-Bornettini 28
Via della Vita 79
Via delle Cenge 71
Via ferrata Amici della Montagna 188
Via ferrata CAI Portogruaro 216
Via ferrata Crete Rosse 184
Via ferrata degli Alpini al Zuc della Guardia 188
Via ferrata Divisione Julia 70
Via ferrata Enrico Contin 182
Via ferrata Ferrante 68
Via ferrata Norina 26
Via ferrata Sartor 210
Via Italiana 76
Via Senza Confini 200
Visoka Ponca 85
Vratatal 116, 120, 123, 126, 128
Vrbanova špica 130
Vršič-Pass 94, 102, 105, 108, 118
Vršič-Straße 111, 114

W

Walter-Mory-Klettersteig 158
Watschiger Alm 178
Weg der 26er 202
Weg ohne Grenzen 200
Weißenfels 79, 82, 85
Westliche Raudenspitze 208
Winkelturm 180
Wischberg 44, 46
Wolayerseehütte 202, 206

Z

Zacchi-Hütte 79, 82, 85
Zadnja Ponca 82
Zadnja Trenta 96
Zadnjicatal 118
Zajmenove peči 172
Zasavska koča na Prehodavcih 118
Zavetišče pod Špičkom 88, 92
Zell-Pfarre 166, 169
Zollner Alm 191
Zollner See 191
Zollnerseehütte 191
Zuc della Guardia 188
Zweispitz 66

Umschlagbild:
Beim Ausstieg des Leiterweges auf den Jôf di Montasio (Tour 4).

Bild im Innentitel:
Reges Treiben beim Einstieg und auf der Rampe im Klettersteig auf die Mala Mojstrovka (Tour 28).

Bild auf S. 7:
Spektakulär, aber nicht besonders schwierig: Passage in der Via ferrata Ferrante (Tour 18).

Alle 173 Fotos von Alois Goller, ausgenommen die Fotos der Seiten 28, 30, 56, 58, 79, 80 (unten), 81, 85, 128, 131, 134/135 (freund-derberge.at); 39, 40, 41, 220 (Maj-Britt Macher); 60, 112, 125, 126, 164, 165 (Werner Skrinar); 49, 50, 146, 157, 160, 161, 183 (Klaus Bäck); 130, 133 (Ines Schnabl); 155 (Heinz Sternig); 158, 159 (Hannes Gfrerer); 196 (Volkmar Pirkopf); 209, 210, 212, 213, 214, 215, 216, 218 oben/unten (Daniel Gross).

Kartografie:
56 Wanderkärtchen im Maßstab 1:50.000 und 1:75.000,
zwei Übersichtskarten im Maßstab 1:500.000
und eine Übersichtskarte im Maßstab 1:1.250.000

Werk-Nr.: 3372

6., aktualisierte Auflage 2024

ISBN 978-3-7633-4738-4

FSC
www.fsc.org
MIX
Papier | Fördert gute Waldnutzung
FSC® C147178

Wir freuen uns über jeden Korrekturhinweis zu diesem Wanderführer!
Bitte per E-Mail an: leserzuschrift@rother.de

ROTHER BERGVERLAG · München
D-82041 Oberhaching · Keltenring 17 · Tel. +49 89 608669-0 · rother.de